BIBLIOTHEK

DES

DEUTSCHEN HISTORISCHEN INSTITUTS IN ROM

—

BAND XLIV

LORENZO VALLAS SCHRIFT GEGEN DIE KONSTANTINISCHE SCHENKUNG

De falso credita et ementita Constantini donatione

Zur Interpretation und Wirkungsgeschichte

VON

WOLFRAM SETZ

MAX NIEMEYER VERLAG TÜBINGEN

1975

ISBN 3-484-80063-1

© Max Niemeyer Verlag Tübingen 1975
Satz und Druck: Buchdruckerei Eugen Göbel, Tübingen
Einband von Heinr. Koch, Tübingen

Die vorliegende Arbeit wurde 1971 vom Fachbereich Geschichte der Universität Tübingen als Dissertation angenommen; sie wurde für den Druck durchgesehen und ergänzt.

Der Verfasser dankt Herrn Professor H. Fuhrmann, der die Arbeit angeregt und gefördert hat, sowie allen, die Hinweise gegeben und Material beschafft haben, und nicht zuletzt Herrn Professor R. Elze für die Aufnahme in die „Bibliothek des Deutschen Historischen Instituts in Rom".

Der Untersuchung ist im Anhang mit getrennter Paginierung der Text von Lorenzo Vallas *De falso credita et ementita Constantini donatione* beigegeben, der mit Angabe von Seiten- und Zeilenzahl zitiert wird.

INHALT

A. VALLAS KRITIK AM CONSTITUTUM CONSTANTINI

QUELLEN

Laurentii V a l l a e opera,
   nunc primo non mediocribus vigiliis et iudicio quorundam eruditissimorum virorum in
   unum volumen collecta et exemplaribus variis collatis emendata...
   Basileae apud Henricum Petrum, Mense Martio, Anno MDXL
- *Elegantiarum Lib. VI*, S. 1–235
- *De reciprocatione sui et suus libellus*, S. 235–253
- *Antidoti in Poggium Lib. IIII*, S. 253–366
- *In eundem Dialogorum Lib. II*, S. 366–389
- *In Antonium Raudensem annotationum libellus*, S. 390–438
- *Ad Alphonsum regem epistola apologetica*, S. 438–445
- *Invectivarum sive Recriminationum*
   In Benedictum Morandum Lib. II, S. 445–459
   In Barptolomaeum Facium et Antonium Panhormitam Lib. IIII, S. 460–632
   In Bartoli de Insigniis et Armis libellum ad Candidum Decembrem epistola, S. 633–643
- *Dialecticarum disputationum Lib. III*, S. 643–761
- *Contra Donationis, quae Constantini dicitur, Privilegium, ut falso creditum Declamatio*,
   S. 761–795
- *Apologia pro se et contra calumniatores ad Eugenium IIII. Pontificem Max.*, S. 795–801
- *Annotationes in Novum Testamentum*, S. 801–895
- *De voluptate et vero bono Lib. III*, S. 896–999
- *De libero arbitrio*, S. 999–1010

Die Ausgabe wurde inhalts- und seitengleich 1543 erneut aufgelegt. Zitiert wird nach dem in
einigen Seitenzahlen korrigierten Nachdruck Torino 1962 (Monumenta politica et philo-
sophica rariora, series I, 5). Dem Nachdruck liegt ein Exemplar der Ausgabe von 1540
zugrunde. Zitiert als Opera I. In einem 2. Band hat der Herausgeber, Eugenio G a r i n,
folgende Schriften zusammengefaßt (zitiert als Opera II):

- *De rebus a Ferdinando Hispaniarum rege ... gestis* (1528), S. 1–62
- *Sermo de mysterio Eucharistiae* (1479), S. 63–72
- *Opuscula quaedam* (1503), S. 73–130
- Johannes V a h l e n, Laurentii Vallae opuscula tria, S. 131–338
   Oratio habita in principio sui studii, S. 281–286
   De professione religiosorum, S. 287–322
   Traductio Demosthenis pro Ctesiphonte, S. 326–337
- Johannes V a h l e n, Lorenzo Valla über Thomas von Aquino, S. 339–352
   Encomium Sancti Thomae Aquinatis, S. 346–352
- Remigio S a b b a d i n i, Cronologia documentata della vita di Lorenzo della Valle, detto
   il Valla, S. 353–454
- Girolamo M a n c i n i, Alcune lettere di Lorenzo Valla, S. 455–464
- *Ad Alphonsum regem aliud Siculum aliud Neapolitanum esse regnum*, S. 465–474
- Francesco A d o r n o, Quattro lettere e un carme di Lorenzo Valla, S. 475–484.

Kritische Editionen:

- *Collatio Novi Testamenti* (ed. Alessandro P e r o s a), Istituto Nazionale di Studi sul Rinascimento, Studi e Testi 1 (1970).
- *De falso credita et ementita Constantini donatione* (ed. Wolfram S e t z), Textabdruck im Anhang (demnächst in: Monumenta Germaniae Historica, Quellen zur Geistesgeschichte des Mittelalters 10).
- *De libero arbitrio* (ed. Maria A n f o s s i), Opuscoli Filosofici 6 (1934).
- *De vero falsoque bono* (ed. Maristella de P a n i z z a L o r c h), Bari 1970.
- *Gesta Ferdinandi Regis Aragonum* (ed. Ottavio B e s o m i), Thesaurus Mundi 10 (1973).
- *Repastinatio dialectice et philosophie* (ed. Gianni Zippel), Thesaurus Mundi (im Druck).

A l e x a n d r i n u s : Joh. Antonii a S. Georgio … ac Card. Alexandrini Commentaria super decretum, Lugduni 1511.

A n t o n i n u s : Divi Antonini archiepiscopi Florentini chronicorum opus, Lugduni 1586.

B o l o g n i n i : Privilegium totum aureum iamdiu concessum regiae ac studiorum vere alumniae civitati Bononiae … per sacratissimum ac christianissimum olim Theodosium secundum … noviter commentatum … per clarissimum utriusque doctorem … Ludovicum Johannis de bologninis… Anno Mcccclxxxxi, die xv. Junii (GKW 4626, Hain 3438).

C o c h l a e u s , Johannes, De Petro et Roma adversus Velenum Lutheranum, Coloniae 1525.

C o c h l a e u s , Johannes, Von der Donation des Keysers Constantini, und von Bepstlichem gewalt, Grundtlicher bericht aus alten bewerten Lerern und Historien. Auch etwas vom Laurentio Valla, vom Cypriano, vom Ireneo, Hieronymo etc. (1537).

C o n s t i t u t u m C o n s t a n t i n i (ed. Horst F u h r m a n n), Monumenta Germaniae Historica, Fontes iuris Germanici antiqui in usum scholarum separatim editi X (1968).

C o r p u s I u r i s C a n o n i c i (ed. E. F r i e d b e r g), Pars I: Decretum Magistri Gratiani, Leipzig 1879.

C o r t e s e : A(ntonius) Cortesius, Antivalla, in: A n t o n a z z i, S. 223–234.

E d o : Petrus Hedus, Antidotum (Wien, Österr. Nationalbibliothek, Cod. 4917); Apologia (Assisi, Bibl. Com., Cod. 580).

H u t t e n : Ulrichs von Hutten Schriften (ed. Eduard B ö c k i n g), Band I–V, Leipzig 1859 –1861.

K u e s : Nicolai de Cusa De concordantia catholica libri tres (ed. Gerhard K a l l e n), Opera omnia XIV, Hamburg 1963.

L u t h e r , Martin, An den christlichen Adel deutscher Nation, in: Werke, Weimarer Ausgabe, Bd. 6 (1888), S. 404–469.

L u t h e r , Martin, Einer aus den hohen Artikeln des päpstlichen Glaubens, genannt Donatio Constantini, in: Werke, Weimarer Ausgabe, Bd. 50 (1914), S. 69–89.

M o m b r i t i u s , Boninus, Sanctuarium seu Vitae Sanctorum, nova editio, t. II, Paris 1910.

P e c o c k , Reginald, The Repressor of over much Blaming of the Clergy (ed. Churchill B a b i n g t o n), Rerum Britannicarum Medii Aevi Scriptores 19, London 1860.

P r i v i l e g i u m T h e o d o s i a n u m : Il Privilegio Teodosiano. Edizione critica e commento a cura di G. F a s o l i e G. B. P i g h i. Studi e memorie par la storia dell'Università di Bologna, n. s. 2 (1961), S. 55–94.

X

Piccolomini, Aeneas Silvius, Pentalogus, in: Bernardus Pez, Thesaurus anecdotorum novissimus IV, 3, Augustae Vindelicorum 1723, Sp. 637–744.
Piccolomini, Aeneas Silvius, Dialogus (de donatione Constantini), Romae 1475; zitiert nach: Opera inedita (ed. Josephus Cugnoni), Reale Accademia dei Lincei, Memorie della Classe di scienze morali, storiche e filologiche 8 (1883), S. 234–299.
Platina, Liber de Vita Christi ac omnium pontificum (ed. Giacinto Gaida), Rerum Italicarum Scriptores N. S. 3, 1 (1913/32).

Quirino, Lauro, Sanctio Constantini: siehe S. 118–120.

Steuchus, Augustinus, Contra Laurentium Vallam De falsa Donatione Constantini libri duo, Lugduni 1547.

Teronda, Leonardo (Memoriali), in: Gaeta, Valla, S. 211–228 und S. 228–252.

LITERATUR

Agostini, G. degli, Notizie istorico-critiche intorno la vita e le opere degli scrittori viniziani, Venezia 1752–1754.
Adorno, Francesco, Di alcune orazioni e prefazioni di Lorenzo Valla. Filologia e nuovo metodo degli studi, Rinascimento 5 (1954), S. 191–225; zit.: Orazioni.
Adorno, Francesco, Quattro Lettere e un carme di Lorenzo Valla. Codice 662 della Biblioteca dell'Università di Bologna, cc. 270b–272a, Rinascimento 6 (1955), S. 117–124. Auch in: Opera II, S. 475–484, zit.: Lettere.
Anderson, Marvin W., Laurentius Valla: Renaissance Critic and Biblical Theologian, Concordia. Theological Monthly 39 (1968), S. 10–27.
Andreucci, C., siehe unter Pontarin.
Antonazzi, Giovanni, Lorenzo Valla e la Donazione di Costantino nel secolo XV con un testo inedito di Antonio Cortesi, Rivista di Storia della Chiesa in Italia 4 (1950), S. 186–234.

Baar, P. A. van den, Die kirchliche Lehre der Translatio Imperii Romani bis zur Mitte des 13. Jahrhunderts, Roma 1956 (Analecta Gregoriana 78).
Barozzi, Luciano, siehe unter Sabbadini.
Battaglia, Felice, Il pensiero giuridico e politico di Nicolò Cusano, Rivista di storia del diritto italiano 8 (1935), S. 5–67 und S. 205–283.
Benzing, Josef, Hutten und seine Drucker. Eine Bibliographie der Schriften Huttens im 16. Jahrhundert. Mit Beiträgen von Heinrich Grimm, Wiesbaden 1956 (Beiträge zum Buch- und Bibliothekswesen 6), zit.: Hutten.
Benzing, Josef, Die Buchdrucker des 16. und 17. Jahrhunderts im deutschen Sprachgebiet, Wiesbaden 1963 (Beiträge zum Buch- und Bibliothekswesen 12), zit.: Buchdrucker.
Berti, Giuseppe, Elementi della politica in Lorenzo Valla, Archivio storico per le Province Parmensi, 4. ser. 9 (1957), S. 271–300.
Besomi, Ottavio, Dai ‚Gesta Ferdinandi regis Aragonum' del Valla al ‚De orthographia' del Tortelli, Italia medioevale e umanistica 9 (1966), S. 75–121, zit.: Gesta.

Besomi, Ottavio, Un nuovo autografo di Giovanni Tortelli: uno schedario di umanista, Italia medioevale e umanistica 13 (1970), S. 95–134, zit.: Tortelli.

Billanovich, Giuseppe, Petrarch and the textual tradition of Livy, Journal of the Warburg and Courtauld Institutes 14 (1951), S. 137–208.

Black, Antony, Monarchy and Community. Political Ideas in the Later Conciliar Controversy 1430–1450, Cambridge 1970 (Cambridge Studies in Medieval Life and Thought, 3. ser., vol. 2).

Boese, Helmut, Die Konstantinische Schenkung in den Verhandlungen des Florentiner Konzils, Deutsches Archiv 21 (1965), S. 576–592.

Borst, Arno, Geschichte an mittelalterlichen Universitäten, Konstanz 1969 (Konstanzer Universitätsreden 17).

Calonja, Juan Ruiz, Alfonso el Magnánimo y la traducción de ‚Iliáda‘ por Lorenzo Valla, Boletin de la Academia de Buenas Letras de Barcelona 23 (1950), S. 109–115.

Camporeale, Salvatore I., Lorenzo Valla. Umanesimo e teologia, Firenze 1972.

Caro, Jakob, Lorenzo Valla und der Humanismus, in: Vorträge und Essays, Gotha 1906, S. 48–70.

Caprioli, Severino, Indagini sul Bolognini. Giurisprudenza e filologia nel Quattrocento italiano, Milano 1969 (Ius nostrum 15).

Casacci, A., Gli ‚Elegantiarum libri‘ di Lorenzo Valla, Atene e Roma 7 (1926), S. 187–203.

Caserta, Ernesto, Il problema religioso nel ‚De voluptate‘ del Valla e nell’ ‚Aegidius‘ del Pontano, Italica 43 (1966), S. 240–263.

Clausen, Johannes, Laurentius Valla, hans liv og skrifter, Kjöbenhavn 1861.

Coleman, Christopher Bush, Constantine the Great and Christianity, New York 1914 (Studies in History, Economics, Public Law, edited by the Columbia University 60, 1).

Corbellini, Alberto, Note di vita cittadina e universitaria pavese nel Quattrocento, Bollettino della Società Pavese di Storia Patria 30 (1930), S. 1–282.

Di Napoli, Giovanni, Lorenzo Valla. Filosofia e religione nell’umanesimo italiano, Roma 1971 (Uomini e Dottrine 17).

Döllinger, Ignaz von, Die Papstfabeln des Mittelalters. Ein Beitrag zur Kirchengeschichte, Stuttgart 1863, 2. Auflage bearbeitet von J. Friedrich, Stuttgart 1890.

Drakenborch, Arnold (De vita Laurentii Vallae), in: T. Livii Patavini Historiarum ab urbe condita libri, Tomus VII, Lugduni Batavorum, Amstelaedami 1746.

Fasoli, G., e Pighi, G. B., Il Privilegio Teodosiano. Edizione critica e commento, Bologna 1961 (Studi e memorie per la storia dell’Università di Bologna, n. s. 2, S. 55–94).

Ferguson, Arthur B., Reginald Pecock and the Renaissance Sense of History, Studies in the Renaissance 13 (1966), S. 147–165.

Fois, Mario, Il pensiero cristiano di Lorenzo Valla nel quadro storico-culturale del suo ambiente, Roma 1969 (Analecta Gregoriana 174).

Freudenberger, Theobald, Augustinus Steuchus aus Gubbio, Augustinerchorherr und päpstlicher Bibliothekar (1497–1548), und sein literarisches Lebenswerk, Münster 1935 (Reformationsgeschichtliche Studien und Texte 64/65).

Fuhrmann, Horst, Constitutum Constantini, Einleitung und Text, Monumenta Germaniae Historica, Fontes iuris Germanici antiqui in usum scholarum separatim editi X (1968), zit.: Constitutum.

Fuhrmann, Horst, Konstantinische Schenkung und abendländisches Kaisertum. Ein Beitrag zur Überlieferungsgeschichte des Constitutum Constantini, Deutsches Archiv 22 (1966), S. 63–178, zit.: Kaisertum.

Fuhrmann, Horst, Zu Lorenzo Vallas Schrift über die Konstantinische Schenkung, Studi Medievali, 3. ser. 11 (1970), S. 913–919, zit.: Vallas Schrift.

Fuhrmann, Horst, Einfluß und Verbreitung der pseudoisidorischen Fälschungen. Von ihrem Auftauchen bis in die neuere Zeit, 3 Bände, Stuttgart 1972–1974 (Schriften der Monumenta Germaniae Historica XXIV), zit.: Pseudoisidor.

Gabotto, Ferdinando, L'epicureismo di Lorenzo Valla, Rivista di Filosofia scientifica 8 (1889), S. 651–673.

Gaeta, Franco, Lorenzo Valla. Filologia e storia nell'umanesimo italiano, Napoli 1955, zit.: Valla.

Gaeta, Franco, Un codice inesplorato della ‚Declamatio' di Lorenzo Valla, Giornale storico della letteratura italiana 132 (1955), S. 372–379, zit.: Un codice.

Gaeta, Franco, Una polemica quattrocentesca contro la De falso credita et ementita Constantini donatione declamatio di Lorenzo Valla, Rivista storica italiana 64 (1952), S. 383–398, zit.: Una polemica.

Garin, Eugenio, Der italienische Humanismus, Bern 1947.

Garofalo, Salvatore, Gli umanisti italiani del secolo XV e la bibbia, Biblica 27 (1946), S. 338–375; auch in: La Bibbia e il Concilio di Trento, Roma 1947.

Gerl, Barbara, Die Bedingtheit des Ich. Zur Frage des Autobiographischen bei Lorenzo Valla, in: Studia Humanitatis. Ernesto Grassi zum 70. Geburtstag, München 1973, S. 189–208.

Gerl, Barbara, Rhetorik als Philosophie. Laurentius Valla, München 1974 (Humanistische Bibliothek I, 13).

Gill, Joseph, Eugenius IV – Pope of Christian Union, London 1961.

Goez, Werner, Translatio Imperii. Ein Beitrag zur Geschichte des Geschichtsdenkens und der politischen Theorien im Mittelalter und in der frühen Neuzeit, Tübingen 1958.

Gothein, Eberhard, Die Culturentwicklung Süd-Italiens, Breslau 1886.

Grass, Nikolaus, Cusanus als Rechtshistoriker, Quellenkritiker und Jurist, in: Cusanus-Gedächtnisschrift, hrsg. von N. Grass, Innsbruck/München 1970, S. 102–210.

Gray, Hanna H., Vallas Encomium of St. Thomas Aquinas and the Humanist Conception of Christian Antiquity, in: Essays in history and literature presented to Stanley Pargellis, Chicago 1965, S. 37–52, zit.: Vallas Encomium.

Gray, Hanna H., Renaissance Humanism: The Pursuit of Eloquence, Journal of the History of Ideas 24 (1963), zit. nach: Renaissance Essays, hrsg. von P. O. Kristeller und Ph. P. Wiener, New York 1968, S. 199–216, zit.: Eloquence.

Gregorovius, Ferdinand, Geschichte der Stadt Rom im Mittelalter. Vom V. bis XVI. Jahrhundert, 8 Bände, Stuttgart 1859–1872, Neuausgabe in 3 Bänden von Waldemar Kampf, Basel 1953–1957.

Grimm, Harold J., Lorenzo Valla's Christianity, Church History 18 (1949), S. 75–88.

Grimm, Heinrich, Die Buchführer des deutschen Kulturbereichs und ihre Niederlassungsorte in der Zeitspanne 1490 bis um 1550, Archiv für Geschichte des Buchwesens 7 (1967), Sp. 1153–1772, zit.: Buchführer.

Grimm, Heinrich, Ulrich von Hutten. Wille und Schicksal, Göttingen 1971 (Persönlichkeit und Geschichte 60/61), zit.: Hutten.

Hallauer, Hermann Josef, Der Pentalogus des Aeneas Silvius Piccolomini, Diss. Köln 1951 (masch.).

Hay, Denis, The Italian Renaissance in its Historical Background, Cambridge 1961, dt.: Geschichte Italiens in der Renaissance, Stuttgart 1962.

Holborn, Hajo, Ulrich von Hutten, Göttingen, 3. Auflage 1968 (ursprünglich deutsch 1929, erweiterte englische Ausgabe 1937).

Joachimsen, Paul, Geschichtsauffassung und Geschichtsschreibung in Deutschland unter dem Einfluß des Humanismus, Berlin 1910 (Beiträge zur Kulturgeschichte des Mittelalters und der Renaissance 6).

Kisch, Guido, Enea Silvio Piccolomini und die Jurisprudenz, Basel 1967.

Kristeller, Paul Oskar, Eight Philosophers of the Italian Renaissance, London 1965. Darin: Valla (S. 19–36), zit.: Eight Philosophers.

Kristeller, Paul Oskar, The Humanist Bartolomeo Facio and his unknown correspondence, in: From the Renaissance to the Counter-Reformation, Essays in honour of Garrett Mattingly, London 1966, S. 56–74, zit.: Facio.

Laehr, Gerhard, Die Konstantinische Schenkung in der abendländischen Literatur des Mittelalters bis zur Mitte des 14. Jahrhunderts, Berlin 1926 (Historische Studien 166), zit.: Schenkung I.

Laehr, Gerhard, Die Konstantinische Schenkung in der abendländischen Literatur des ausgehenden Mittelalters, Quellen und Forschungen aus italienischen Archiven und Bibliotheken 23 (1932), S. 120–181, zit.: Schenkung II.

Levine, Joseph M., Reginald Pecock and Lorenzo Valla on the Donation of Constantine, Studies in the Renaissance 20 (1973), S. 118–143.

Levison, Wilhelm, Konstantinische Schenkung und Silvester-Legende, in: Miscellanea Francesco Ehrle II (Studi e testi 38), Rom 1924, S. 159–247. Zitiert nach: Aus rheinischer und fränkischer Frühzeit, Düsseldorf 1948, S. 390–465.

Loreau, Max, Lorenzo Valla en de geest van het retorische, Dialoog 2 (1961/1962), S. 290–300.

Maccarrone, Michele, Vicarius Christi. Storia del titolo papale, Roma 1952 (Lateranum, n.s. 18).

Maffei, Domenico, Gli inizi dell'Umanesimo giuridico, Milano 1956, zit.: Gli inizi.

Maffei, Domenico, La Donazione di Costantino nei giuristi medievali, Milano 1964, zit.: La Donazione.

Maier, Ernst, Die Willensfreiheit bei Laurentius Valla, Diss. Bonn 1911.

Mancini, Girolamo, Vita di Lorenzo Valla, Firenze 1891, zit.: Vita.

Mancini, Girolamo, Alcune Lettere di Lorenzo Valla, Giornale storico della letteratura italiana 21 (1893), S. 1–48, zit.: Lettere.

Mancini, Girolamo, Giovanni Tortelli, cooperatore di Nicolò V nel fondare la Biblioteca Vaticana, Archivio storico italiano 78 (1920), S. 161–268, zit.: Tortelli.

Manfredi, Giacomo, Lorenzo Valla e i giuristi medioevali, Archivio storico per le Province Parmensi, 4. ser. 9 (1957), S. 267–270.

Marcel, Raymond, Les Perspectives de l','Apologetique' de Lorenzo Valla à Savonarola, in: Courants religieux et Humanisme à la fin du XVe et au début du XVIe siècle, Paris 1959, S. 83–100.

Mercati, Giovanni, Intorno a Eugenio IV, Lorenzo Valla e fra Ludovico di Strassoldo, Rivista di storia della Chiesa in Italia 5 (1951), S. 43–52.

Mesnard, Pierre, Une application curieuse de l'humanisme critique à la théologie: L'éloge de saint Thomas par Laurent Valla, Revue Thomiste 55 (1955), S. 159–167 (folgt eine französische Übersetzung des Encomium).

Miglio, Massimo, L'umanista Pietro Edo e la polemica sulla Donazione di Costantino, Bullettino dell'Istituto storico italiano per il medio evo 79 (1968), S. 167–232.

XIV

Momigliano, Arnaldo, Note sulla leggenda del cristianesimo di Seneca, Rivista storica italiana 62 (1950), S. 325–343.

Monrad, D. G., Die erste Kontroverse über den Ursprung des apostolischen Glaubensbekenntnisses. Laurentius Valla und das Konzil zu Florenz, deutsche Übersetzung Gotha 1881.

Morisi, Anna, A proposito di due redazioni della ‚Collatio Novi Testamenti‘ di Lorenzo Valla, Bullettino dell'Istituto storico italiano per il medio evo 78 (1967), S. 345–381, zit.: Due redazioni.

Morisi, Anna, La filologia neotestamentaria di Lorenzo Valla, Nuova Rivista storica 48 (1964), S. 35–49, zit.: La filologia.

Mühlenberg, Ekkehard, Laurentius Valla als Renaissancetheologe, Zeitschrift für Theologie und Kirche 66 (1969), S. 466–480.

Nardi, Bruno, Nel mondo di Dante, Roma 1944 (darin: La ‚Donatio Constantini‘ e Dante, S. 107–159; Fortuna della ‚Monarchia‘ nei secoli XIV e XV, S. 161–205).

Nolhac, Pierre de, Pétrarque et l'Humanisme, Paris, 2. Auflage 1907, Nachdruck Torino 1959.

Oliver, R. P., Giovanni Tortelli, in: Studies presented to David Moore Robinson, St. Louis 1953, Band 2, S. 1257–1271.

Otto, Carl, Johannes Cochlaeus der Humanist, Breslau 1874.

Panizza Bové, Maristella de, Le tre redazioni del ‚De voluptate‘ del Valla, Giornale storico della letteratura italiana 121 (1943), S. 1–22.

Panizza Bové, Maristella de, Le tre versioni del ‚De vero bono‘ del Valla, Rinascimento 6 (1955), S. 349–364.

Paoli, Alessandro, Lorenzo Valla, ovvero la filosofia della politica nel Rinascimento. Con documenti inediti, Roma 1872.

Paparelli, Gioacchino, Enea Silvio Piccolomini. Pio II, Bari 1950.

Paschini, Pio, Una famiglia di curiali nella Roma del Quattrocento: I Cortesi, Rivista di storia della Chiesa in Italia 11 (1957), S. 1–48.

Pastor, Ludwig von, Geschichte der Päpste seit dem Ausgang des Mittelalters, Band I, Freiburg 8. und 9. Auflage 1926, Band II, Freiburg 10.–12. Auflage 1928.

Pepe, Gabriele, L'opuscolo di Lorenzo Valla contro il potere temporale dei Papi, Civiltà moderna 2 (1930), S. 1135–1148, zit.: L'opuscolo.

Pepe, Gabriele, La filologia medievalistica in L. Valla, Ethos. Rivista di cultura 2 (1946), S. 125–129, zit.: La filologia.

Pepe, Gabriele, Einleitung zu: La falsa donazione di Costantino (contro il potere temporale dei Papi) di Lorenzo Valla, Milano 1952 (Universale Economica 132); Auszug in: M. Fubini, E. Bonora, Antologia della critica letteraria II, Torino, 3. Auflage 1955, S. 18–21.

Petrucci, Enzo, I rapporti tra le redazioni latine e greche del Costituto di Costantino, Bullettino dell'Istituto storico italiano per il medio evo 74 (1962), S. 45–160.

Pighi, G. B., siehe unter Fasoli.

Poggiali, Cristoforo, Memorie intorno alla vita e agli scritti di Lorenzo Valla, Piacenza 1790.

Polka, Leon Brayton, The Religious Thought of Lorenzo Valla, Diss. Harvard University 1964 (nicht zugänglich).

Polman, Pontien, L'Elément Historique dans la Controverse religieuse du XVIe siècle, Gembloux 1932.

Pontarin, F., und Andreucci, C., La tradizione del carteggio di Lorenzo Valla. I. Pontarin, Francesco, Dagli autografi alle edizioni; II. Andreucci, Chiara, Le fonti, Italia medioevale e umanistica 15 (1972), S. 171–213.

Posch, Andreas, Die ,Concordantia catholica' des Nikolaus v. Cusa, Paderborn 1933 (Veröffentlichungen der Görres-Gesellschaft 54).

Radetti, Giorgio, La politica di Lorenzo Valla, Giornale critico della filosofia italiana 21 (1950), S. 326–334, zit.: La politica.

Radetti, Giorgio, Einleitung zu: Lorenzo Valla, Scritti filosofici e religiosi, Firenze 1953, zit.: Scritti.

Radetti, Giorgio, La religione di Lorenzo Valla, in: Medioevo e Rinascimento. Studi in onore di Bruno Nardi, Firenze 1955, Band II, S. 597–620, zit.: La religione.

Regoliosi, Mariangela, Nuove ricerche intorno a Giovanni Tortelli, Italia medioevale e umanistica 9 (1966), S. 123–189 (I) und 12 (1969), S. 129–196 (II).

Renaudet, Augustin, Préréforme et humanisme à Paris pendant les guerres d'Italie (1494–1517), 2. Auflage Paris 1953 (Bibliothèque Elzevirienne N.S. 3).

Ryba, Bohumil, De Laurentii Vallae Declamationis codice Φ, Listy Filologické 57 (1930), S. 453–482.

Romano, G., L'origine della denominazione ,Due Sicilie' e un'orazione inedita di Lorenzo Valla, Archivio storico per le Province Napoletane 22 (1897), S. 371–403.

Sabbadini, Remigio, Cronologia documentata della vita di Lorenzo della Valle, detto il Valla, in: Luciano Barozzi und R. Sabbadini, Studi sul Panormita e sul Valla, Firenze 1891, S. 49–148. Auch in Opera II, S. 353–454.

Sabbadini, Remigio, Storia e critica di testi latini, Catania 1914, 2. Auflage Padova 1971 (Medioevo e umanesimo 12).

Saitta, Giuseppe, Nicolò Cusano e l'umanesimo italiano, Bologna 1957.

Santangelo, Vincenzo, Retorica e letteratura nel ,De vero bono' di Lorenzo Valla, Giornale italiano di filologia 16 (1963), S. 30–45.

Savino, Enzo, Un curioso poligrafo del Quattrocento (Galateo), Bari 1941.

Schiavone, Michele, Intorno all'Encomium Thomae Aquinatis di Lorenzo Valla, Rivista di Filosofia neo-scolastica 47 (1955), S. 73–79.

Schwahn, Walter, Lorenzo Valla. Ein Beitrag zur Geschichte des Humanismus. Diss. Berlin 1896.

Segarizzi, Arnoldo, Lauro Quirini umanista veneziano del secolo XV, Memorie della Reale Accademia delle Scienze di Torino, Scienze morali, storiche e filologiche, ser. II, tom. LIV (1904), S. 1–28.

Seigel, Jerrold E., Rhetoric and Philosophy in Renaissance Humanism, Princeton 1968.

Sigmund, Paul E., Nicholas of Cusa and medieval political Thought, Cambridge (Mass.) 1963.

Simanowski, Johanna, Die Konstantinische Schenkung in der Politik und Publizistik des Mittelalters, Diss. Königsberg 1925 (masch.).

Solmi, E., Lorenzo Valla a Pavia, Pavia 1912.

Soria, Andres, Los Humanistas de la corte de Alfonso el Magnanimo, Granada 1956.

Spahn, Martin, Johannes Cochläus. Ein Lebensbild aus der Zeit der Kirchenspaltung, Berlin 1898.

Strauß, David Friedrich, Ulrich von Hutten, Leipzig 1858, 2. Auflage Bonn 1871.

Timmermans, B. J. H. M., Valla et Erasme, défenseurs d'Epicure, Neophilologus 23 (1938), S. 414–419.

Tiraboschi, Girolamo, Storia della Letteratura italiana, Tomo VI, Roma 1784.

Trinkaus, Charles, The Problem of Free Will in the Renaissance and the Reformation, Journal of the History of Ideas 10 (1949), zitiert nach: Renaissance Essays, hrsg. von P. O. Kristeller und Ph. P. Wiener, New York 1968, S. 187–197, zit.: Free Will.

Trinkaus, Charles, Humanist Treatises on the Status of the Religious: Petrarch, Salutati, Valla, Studies in the Renaissance 11 (1964), S. 7–45.

Trinkaus, Charles, In Our Image and Likeness. Humanity and Divinity in Italian Humanist Thought, London 1970.

Urbano, Giuseppe, Lorenzo Valla e fra Antonio da Bitonto, Milano o. J. (1911).

Vaccari, Pietro, Lorenzo Valla e la scienza giuridica del suo tempo, Archivio storico per le Province Parmensi, 4. ser. 9 (1957), S. 253–266.

Vahlen, Johannes, Lorenzo Valla, Almanach der Kaiserlichen Akademie der Wissenschaften Wien 14 (1864), S. 181–225, zit.: Valla, nach der Separatausgabe Wien 1864.

Vahlen, Johannes, Laurentii Vallae opuscula tria, Sitzungsberichte der phil.-hist. Classe der Kaiserlichen Akademie der Wissenschaften Wien 61 (1869), S. 7–66 und S. 357–444; 62 (1869), S. 93–149. Auch in: Opera II, S. 131–338, zit.: Opuscula.

Vahlen, Johannes, Lorenzo Valla über Thomas von Aquino, Vierteljahrsschrift für Kultur und Litteratur der Renaissance 1 (1886), S. 384–396. Auch in: Opera II, S. 339–352.

Vallese, Giulio, Retorica medioevale e retorica umanistica, in: Studi da Dante ad Erasmo di letteratura umanistica, Napoli 1962, 3. Auflage 1966, S. 55–93.

Vansteenberghe, Edmond, Le cardinal Nicolas de Cues (1401–1464), Paris 1920.

Vasoli, Cesare, Filologia critica e logica in Lorenzo Valla, in: La Dialettica e la retorica dell'Umanesimo. Invenzione e metodo nella cultura del XV e XVI secolo, Milano 1968 (überarbeitete Fassung von: Le ‚Dialecticae Disputationes‘ del Valla e la critica umanistica della logica aristotelica, Rivista critica di storia della filosofia 12 [1957], S. 412–434; 13 [1958], S. 27–46).

Vismara, Felice, L'invettiva. Arma preferita dagli umanisti nelle lotte private, nelle polemiche letterarie, politiche e religiose, Milano 1900.

Voigt, Georg, Die Wiederbelebung des classischen Alterthums oder das erste Jahrhundert des Humanismus, Berlin 1859, 3. von M. Lehnerdt besorgte Auflage Berlin 1893.

Voigt, Georg, Enea Silvio de' Piccolomini als Papst Pius der Zweite und sein Zeitalter, 3 Bände, Berlin 1856–1863, zit.: Piccolomini.

Walser, Ernst, Poggius Florentinus. Leben und Werke, Leipzig/Berlin 1914 (Beiträge zur Kulturgeschichte des Mittelalters und der Renaissance 14).

Watanabe, Morichimi, The political Ideas of Nicholas of Cusa, Geneva 1963.

Whitfield, J. H., Petrarch and the Renascence, Oxford 1943, 2. Auflage New York 1965.

Widmer, Berthe, Enea Silvio Piccolomini in der sittlichen und politischen Entscheidung, Basel und Stuttgart 1963 (Basler Beiträge zur Geschichtswissenschaft 88), zit.: Piccolomini.

Widmer, Berthe, Enea Silvio Piccolomini. Papst Pius II. Ausgewählte Texte aus seinen Schriften, Festgabe der Historischen und Antiquarischen Gesellschaft zu Basel an die Universität, Basel/Stuttgart 1960, zit.: Texte.

Wildschut, Jesaias, Commentatio: Praemissa narratione de vita et scriptis Laurentii Vallae, investigetur et exemplis demonstretur, quaenam ejus tam in Historiam Ecclesiasticam, quam in Theologiam Christianam, imprimis N. T. interpretationem, pro aetatis suae ratione, fuerint merita, Lugduni Batavorum 1830/1831 (Annales Academiae).

Wolff, Max von, Lorenzo Valla. Sein Leben und seine Werke, Leipzig 1893.

Zippel, Gianni, Lorenzo Valla e le origini della storiografia umanistica a Venezia (Cultura e politica nel 15° sec.: note e documenti), Rinascimento 7 (1956), S. 93–133, zit.: Storiografia.

Zippel, Gianni, Note sulle redazioni della ‚Dialectica‘ di Lorenzo Valla, Archivio storico per le Province Parmensi, 4. ser. 9 (1957), S. 301–315, zit.: Dialectica.

Zippel, Gianni, La ‚Defensio quaestionum in philosophia‘ di Lorenzo Valla e un noto processo dell'Inquisizione napoletana, Bullettino dell'Istituto storico italiano per il medio evo 69 (1967), S. 319–347, zit.: La Defensio.

Zippel, Gianni, L'autodifesa di Lorenzo Valla per il processo dell'inquisizione napoletana (1444), Italia medioevale e umanistica 13 (1970), S. 59–94, zit.: L'autodifesa.

Zumpt, C. G., Leben und Verdienste des Laurentius Valla, Zeitschrift für Geschichtswissenschaft 4 (1845), S. 397–434.

Falsitas sub velamine sanctitatis tolerari non debet.
Innozenz III.

Non desiderat sinceritas christiana patrocinium falsitatis.
Lorenzo Valla

LORENZO VALLA

Stationen seines Lebens

Lorenzo Valla wurde 1407 in Rom geboren, wo er fünfzig Jahre später als Domherr der Laterankirche und Rhetorikprofessor an der Universität starb.[1] Seine Vorfahren stammten aus Piacenza, sein Vater Luca studierte an der Universität Pavia Rechtswissenschaft, heiratete in die Advokatenfamilie der Scribani ein und wurde schließlich Konsistorialadvokat an der römischen Kurie. Auch sein Onkel Melchiorre Scribani gehörte zur Kurie, so daß Valla später von sich sagen konnte: *ego certe et natus et alitus Romae atque in Romana (ut vocant) Curia.*[2] Die Voraussetzungen für Erziehung und schulische Bildung des jungen Lorenzo waren nicht besonders günstig, die römische Universität war seit dem Tode Innozenz' VII. (1406) geschlossen und wurde erst durch Eugen IV. (1431) wieder eröffnet. So lernte er weitgehend als Autodidakt im Kreis der päpstlichen Sekretäre. Giovanni Aurispa und Rinuccio da Castiglione haben ihn mit der griechischen Sprache vertraut gemacht, die er jedoch nach eigenem Eingeständnis nie so beherrschte wie Latein. Die wichtigste Begegnung seiner Jugend war wohl die mit Leonardo Bruni, den er wahrscheinlich 1426 kennenlernte, als dieser als Gesandter von Florenz in Rom war.

Seit 1421 war Papst Martin V. (1417–1431) in Rom. Mit seinem Onkel war Valla häufig in der päpstlichen Kanzlei, diskutierte schon bald mit den Sekretären über die Redekunst. Daraus erwuchs die bis heute verschollene *Comparatio Ciceronis Quintilianique.* Der 21jährige Valla bewies darin die Unabhängigkeit seines Urteils, indem er in einer Zeit des Ciceronianismus die Bedeutung Quintilians als Lehrer der Rhetorik herausstellte. Nach dem Tode seines Onkels bewarb sich Valla um dessen Nachfolge als päpstlicher Sekretär. Trotz hoher Fürsprecher lehnte der Papst unter Hinweis auf die

---

[1] Mancini, Vita di Lorenzo Valla (1891) bietet noch immer die grundlegende Biographie. Vor ihm lagen die Skizzen von Poggiali (1790), Zumpt (1845), Clausen (1861) und Vahlen (1864); es folgten die kurzen Darstellungen von Wolff (1893) und Schwahn (1896). Eine gute Zusammenfassung der jetzt gesicherten Daten und neue Einzelheiten bietet Fois (1969) in den biographischen Kapiteln.

[2] Opera I, S. 386.

Jugend des Bewerbers ab. Valla selbst gab nicht zuletzt Intrigen Poggios die Schuld an dem Mißerfolg. Wenig später verließ er Rom, um zunächst in Piacenza Erbangelegenheiten zu regeln. Erst fast zwanzig Jahre später sollte er in seine Vaterstadt zurückkehren.

Für die nächsten Jahre gibt es nur wenige sichere Daten. Im Herbst 1431 erhielt Valla den Lehrstuhl für Rhetorik in Pavia als Nachfolger von Gasparino Barzizza. Zuvor hatte er vielleicht privat schon Vorlesungen gehalten, vielleicht hat er auch einige Zeit in Mailand verbracht. In Pavia trat er in enge Beziehung zu Catone Sacco, Pier Candido Decembrio und Maffeo Vegio. Wohl schon in Piacenza erschien die erste Fassung seines philosophisch-rhetorischen Hauptwerks *De voluptate*. In den wenigen Jahren in Norditalien hat Valla die Erfahrungen gesammelt, die er später in den *Elegantiae linguae Latinae* und den *Dialecticae Disputationes* verwertete. In einem Streit mit den Juristen der Universität, ausgelöst durch die Behauptung, Bartolo da Sassoferrato sei höher einzuschätzen als Cicero, antwortete Valla mit einer Streitschrift gegen Bartolos *De insigniis et armis*. Der Streit trug dazu bei, daß Valla 1433 Pavia verließ. Er lehrte anschließend in Mailand und vielleicht auch in anderen Städten Norditaliens.

Von entscheidender Bedeutung wurde ein Aufenthalt in Florenz 1434. Nachdem er schon 1431, kurz nach dessen Wahl, zu Eugen IV. Kontakt aufgenommen hatte, versuchte er jetzt erneut, in päpstliche Dienste zu treten. Er empfahl sich dem Papst mit dem dritten Buch von *De voluptate* in einer überarbeiteten Fassung.[3] Der Aufenthalt in Florenz brachte Valla in Kontakt mit Francesco Filelfo und Giovanni Tortelli, mit dem ihn in den nächsten Jahren eine zunehmend engere Freundschaft verbinden sollte.

Das erneute Gesuch an den Papst blieb ohne Erfolg, Valla mußte sich um eine neue Tätigkeit bemühen. Diese fand er bei dem König von Sizilien und Neapel, Alfonso V. Es ist nicht klar, wie beide zusammengefunden haben. Vielleicht ist Valla dem König in Mailand begegnet, wo dieser nach der Seeschlacht von Ponza (1435) eine Zeitlang Gefangener des Herzogs Filippo Maria Visconti war, der ihn aber bald wieder frei ließ und sich sogar mit ihm verbündete. Noch sieben Jahre zogen sich die kriegerischen Ereignisse hin, bis Alfonso 1442 Neapel erobern und 1443 mit Papst Eugen den Frieden von Terracina schließen konnte.

Dreizehn Jahre gehörte Valla zu dem Humanistenkreis um Alfonso als *consiliarius, secretarius, familiaris* des Königs. Er lehrte in Neapel Rhetorik, durfte sich schließlich sogar *poeta laureatus* nennen. In diesen Jahren war Valla zumeist in der Nähe des Königs. Poggios Verleumdungen gegenüber betont er nachdrücklich, daß er an den Kriegszügen teilgenommen und sich

---

[3] Vgl. S. 70.

2

dabei sogar in Gefahr gebracht habe. Glücklich war er über dieses Leben nicht, bitter hat er sich über die fehlende Muße beklagt. Trotzdem sind diese Jahre die literarisch fruchtbarsten seines Lebens. Die Arbeit an den *Elegantiae* setzte er fort, *De voluptate* wurde erneut überarbeitet, hinzu kamen die *Dialectica*. 1440 entstand *De falso credita et ementita Constantini donatione*.[4] Einzelne Streitgespräche fanden ihren Niederschlag in den Dialogen *De libero arbitrio* und *De professione religiosorum*. Textkritische Bemühungen galten Livius, Sallust und Quintilian. Er übersetzte die Ilias, Fabeln des Äsop und die Kyropädie Xenophons; die Kranzrede des Demosthenes scheint er schon in Florenz übertragen zu haben. König Alfonso drängte ihn, eine Geschichte seines Hauses zu schreiben. Valla ist diesem Wunsch mit den *Gesta Ferdinandi regis Aragonum* nur zum Teil nachgekommen. Dieses einzige historiographische Werk Vallas war Anlaß zu einer heftigen Kontroverse mit Bartolomeo Facio. Aber auch mit seinen anderen Werken hatte sich Valla manche Feindschaft zugezogen, nicht nur wegen der darin vertretenen Ansichten, sondern auch wegen der kompromißlosen Härte, mit der er an Zeitgenossen und anerkannten Autoritäten Kritik übte. In einer *Epistola apologetica* hat er sich zu rechtfertigen versucht, er bezeichnet darin die Kritik an früheren Autoren als Antrieb für den wissenschaftlichen Fortschritt überhaupt.[5]

Seine Gegner beschränkten sich jedoch nicht auf literarische Fehden oder Diskussionen; sie versuchten sogar, die Inquisition gegen Valla einzusetzen. Der Prozeß von 1444 bedeutete für Valla eine Erfahrung, die ihn entscheidend prägen sollte; der angriffsgewohnte Kritiker sah sich in die Defensive gedrängt, mußte sich und sein Werk verteidigen.

Die Vorgänge sind nicht in allen Einzelheiten rekonstruierbar.[6] Valla hatte sich u. a. zwei Bischöfe zu Feinden gemacht. Ein namentlich nicht genannter hatte ihn mit schwierigen juristischen Fragen herausgefordert, ein anderer, Giovanni Garsia, hatte ihn in eine Diskussion über den apokryphen Briefwechsel zwischen Jesus und König Abgar verwickelt. Auslösendes Moment war dann ein Streit mit dem Minoritenprediger Antonio da Bitonto, der behauptete, das apostolische Credo sei *articulatim* von den einzelnen Aposteln verfaßt. Valla bezog sich in seiner Argumentation u. a. auf ein Isidor-Zitat (Etym. VI 16,4) über das Konzil von Nicäa, das auch in das Dekret Gratians (Dist. XV c. 1,1) übernommen wurde und wo er *secundo* statt *secundum* las. Er forderte sogar in einem nicht überlieferten Schreiben an die iurisconsultos Neapolitanos eine Korrektur des Gratian-Textes. Als Einladung zu

---

[4] Zur Datierung der Schrift vgl. S. 62.
[5] Vgl. S. 49.
[6] Mancini, Vita, S. 181ff.; Fois, S. 359ff.; eine zusammenfassende Darstellung mit neuer Bewertung bei Di Napoli, S. 279ff.

einer Disputation hat er dann eine Vorladung aufgefaßt. Bei dem Verhör ging es nicht mehr nur um das Credo oder Gratian, sondern um angebliche Thesen aus seinen Werken wie *De voluptate, Dialectica* und *De libero arbitrio*. Das ganz und gar irreguläre Verfahren wurde durch König Alfonso beendet, ein reguläres Verfahren hat nicht mehr stattgefunden, eine Verurteilung ist nicht erfolgt. Es blieb Poggio vorbehalten, die Behauptung zu verbreiten, Valla sei zum Scheiterhaufen verurteilt und nur durch König Alfonso gerettet worden.[7]

Über das Verfahren gibt es keine offiziellen Dokumente, man ist weitgehend auf Vallas Angaben angewiesen. Da er aber seine Darstellung noch zu Lebzeiten der zumeist namentlich genannten Beteiligten gab, an der Darstellung aber von keiner Seite, auch nicht von Poggio, Kritik geübt wurde, wird man seiner Schilderung folgen dürfen, insbesondere auch seiner zusammenfassenden Beurteilung, daß das Verfahren eher als *iudicum conspiratio* zu bezeichnen sei: *Isti, quum neque disputando vincere me possent nec adversus libros meos scribere auderent, per causam earum rerum, quae ad religionem pertinere videbantur, etiam illa, quae ab religione longissime abhorrebant, condemnarunt, ne quando contra eos hiscere auderem, imo ne verbum quidem ullum facere.*[8]

Die Vorwürfe gegen Valla wurden auch nach Rom gemeldet, Valla hat sich dagegen in seiner an Papst Eugen gerichteten *Apologia pro se et contra calumniatores* zu rechtfertigen versucht. Eine erste Fassung, die *Defensio quaestionum*,[9] scheint schon unmittelbar nach dem Verhör abgefaßt worden zu sein. Seine Gegner hatten in Rom keinen Erfolg in dem Sinne, daß von kirchlicher Seite etwas gegen Valla unternommen worden wäre,[10] aber sie dürften mit dazu beigetragen haben, daß er unter dem Pontifikat Eugens IV. nicht mehr nach Rom zurückkehren konnte.

Denn schon bald nach dem Frieden von Terracina (1443) hatte sich Valla um eine Rückkehr nach Rom bemüht, ein Zeichen, daß der Aufenthalt in Neapel nicht seinen Vorstellungen vom Leben eines *homo litteratus* entsprach.[11] Im Winter 1443/44 wandte er sich ohne Erfolg an einflußreiche Vertreter des Kardinalskollegiums, 1444 reiste er, mit Empfehlungsschreiben des Königs versehen, nach Rom, mußte aber bald zurückkehren, da inzwischen die in Neapel erhobenen Vorwürfe auch in Rom bekannt geworden waren.

---

[7] Poggio, Opera omnia, S. 232.

[8] Opera I, S. 795 und S. 796.

[9] Zippel, L'autodifesa (mit Edition).

[10] Das schließt Di Napoli, S. 300, mit Recht aus der Wendung in der Apologia, wo Valla gegenüber Papst Eugen von sich sagt: *quem etsi tua fide, quam dederas, tutum esse oportebat* (Opera I, S. 795).

[11] Die Chronologie dieser Jahre hat Fois, S. 383ff., aufgehellt.

Valla fürchtete nach seinen eigenen Worten um sein Leben. 1446 reiste er ein zweites Mal nach Rom, in Neapel rechnete man schon nicht mehr mit seiner Rückkehr. Der Tod Eugens am 23. 2. 1447 verzögerte nochmals das Übersiedeln, erst unter Nikolaus V. (1447–1455) konnte er endgültig in seine Vaterstadt zurückkehren. Im November 1448 wurde er *scriptor litterarum apostolicarum,* päpstlicher Sekretär aber erst 1455 unter Kalixt III. (1455 bis 1458), der ihm auch das Kanonikat an der Laterankirche und andere Benefizien gewährte.

Seit 1450 war Valla zugleich Rhetorikprofessor an der Universität. Zu Beginn des akademischen Jahres 1455/56 hielt er eine Rede, in der er die Rolle des Papsttums bei der Förderung der Kultur und der Wissenschaften herausstellte[12]. Seine kritischen Arbeiten setzte er fort mit der Überarbeitung der *Annotationes in Novum Testamentum;* seine wichtigste Aufgabe in diesen Jahren war die Übersetzung des Herodot und Thucydides. Auch die Reihe der literarischen Fehden riß nicht ab. Gegenüber Benedetto Morandi mußte er seine Kritik an Livius rechtfertigen, die Kontroverse mit Poggio spaltete gar die geistige Welt in zwei Lager. Valla starb am 1. August 1457.

Zur Charakterisierung seiner Werke

Der Schlüssel zum Verständnis der Werke Vallas liegt in dem von Quintilian übernommenen Ideal des *verus orator* als *vir bonus dicendi peritus.*[13] Die *dicendi peritia* besteht nicht schon im grammatisch korrekten Gebrauch der Sprache, echte Latinitas setzt vielmehr die genaue Kenntnis der *consuetudo eruditorum atque eloquentium*[14] voraus. Das Studium hat sich dabei in erster Linie an den Prosaschriftstellern zu orientieren, nicht an der *licentia poetarum.*[15] Das Ergebnis seiner Bemühungen um das Wiederaufleben der Latinitas sind Vallas *Elegantiae linguae Latinae,* die er zu Recht als *eximium profecto ac maximum laboris mei fructum ac praemium*[16] bezeichnen konnte.

Die Sprache ist für Valla das größte Vermächtnis der Römer. Ihr Reich ist untergegangen, das Weltreich der lateinischen Sprache besteht fort. Dieses Reich geschaffen zu haben, war ihm ein *opus nimirum multo praeclarius multoque speciosius quam ipsum imperium propagasse.*[17] Mit ihrer Sprache brach-

---

[12] Vgl. S. 74.
[13] Vgl. S. 48.
[14] Opera I, S. 708f.; Camporeale, S. 178.
[15] Opera I, S. 22; vgl. auch De vero falsoque bono, S. 20, 10: ... *poetari, id est mendacium materie suavitate quadam circumlinire.*
[16] Opera I, S. 1.
[17] Opera I, S. 3.

ten die Römer den anderen Völkern die Kultur *(artes liberales, leges, sapientia)*, die jedoch im Mittelalter einer neuen Barbarei weichen mußte; der neuen Zeit war es beschieden, sie wieder aufzurichten. An dieser Aufgabe wollte sich Valla mit seinem Werk beteiligen, er wollte kein Geringerer sein als ein *alter Camillus*.[18]

Valla gibt keine Regeln für den Gebrauch einer toten Sprache, sondern versucht, den Sprachgebrauch der bedeutendsten Autoren zu analysieren: *non legem scribo, quasi nunquam aliter factum sit, sed quod frequentissime factitatum est.*[19] Dabei orientiert er sich vor allem an Cicero und Quintilian. Valla weiß um die historische Entwicklung der Sprache, weiß, daß Cicero und Quintilian zwei unterschiedlichen sprachgeschichtlichen Perioden angehören.[20] Zu den Wandlungen der Sprache hat die Berührung mit Griechenland ebenso beigetragen wie später der Einfluß christlicher Autoren. Valla war kein Purist, er spürt zwar genau der Bedeutung der einzelnen Vokabeln nach, hat aber andererseits auch für neue Dinge neue Wörter gefordert.[21] Latein ist für ihn auch keine heidnische Sprache, sondern ebenso die Sprache der Kirche. Die Beschäftigung mit den Klassikern ist deshalb dem Christen nicht nur erlaubt, sondern geradezu geboten. Seine Antwort auf die Streitfrage, ob ein Christ die alten Autoren lesen dürfe, liegt in dem Hinweis, daß auch in theologischen Dingen *elegantia* und *eloquentia* zur Argumentation gehören müßten: *qui vero eleganter loqui nescit et cogitationes suas literis mandat, in theologia praesertim, impudentissimus est et, si id consulto facere se ait, insanissimus.*[22] Er verweist auf Hieronymus und andere Kirchenväter, die wie er die klassischen Autoren als Lehrmeister der Beredsamkeit und als Quelle der Gelehrsamkeit geschätzt haben. Hinzu kommt, daß Latein vor allem als Sprache der Kirche den Untergang des römischen Reiches überlebt habe.

Die Elegantiae sollen nicht Selbstzweck sein, sondern Vorstufe zur eloquentia. Von allgemeinen Beobachtungen zu den einzelnen Wortarten über die Bedeutung verwandter Wörter wird der Leser bis zur Kritik an einzelnen Autoren geführt. Im Kern sind alle späteren Werke in den Elegantiae schon angelegt. Immer geht er von der Sprache aus, ob es sich nun um Grundbegriffe der philosophischen, theologischen oder juristischen Terminologie handelt

---

[18] Opera I, S. 5. Das Latein seiner Zeitgenossen (Poggio) kennzeichnet Valla als *loqui semilatine ac semibarbare* (Opera I, S. 388).

[19] Opera I, S. 22.

[20] Das hat C a s a c c i, S. 198ff. betont und ausführlich belegt.

[21] Auf diese Frage geht er in den Gesta Ferdinandi regis ein (B e s o m i, Gesta, S. 79 und 86); sie bestimmte die Kontroverse mit Facio. – Nicht weniger eindeutig wendet sich Valla gegen unnötige Neuschöpfungen: *... quid necesse est relinquere usitata vocabula, presertim accomodata atque honesta, et sectari vel potius fingere nova, quod nobis denegatum est?* (Collatio, S. 162, 7 zu *volatilia* statt *volucres*).

[22] Opera I, S. 120.

oder um einen zusammenhängenden Text wie das Constitutum Constantini; immer geht es um die Gefahren für das Denken und Argumentieren, die aus mangelhafter Kenntnis der Sprache erwachsen, oder um Folgerungen, die oberflächliche Interpreten aus Texten gezogen haben. Der orator Valla stellt sich stets in den Dienst einer Sache, die es zu begründen oder richtigzustellen gilt, und in den Dienst seiner Mitmenschen, denen er seine Erkenntnisse vermitteln möchte. Das gilt in besonderer Weise für seine Schrift gegen die Konstantinische Schenkung, die er selbst kennzeichnet als *oratio, qua nihil magis oratorium scripsi.*[23]

Mit dem Gespür für die Eigenart einzelner Autoren und die historische Entwicklung der Sprache sind die Elegantiae selbst schon Zeugnis einer kritischen philologischen Methode.[24] Ihre praktische Anwendung dokumentieren die textkritischen Bemühungen Vallas. So hat er die Schriften Sallusts und Quintilians vollständig kommentiert. Von besonderer Bedeutung ist seine Beschäftigung mit Livius.[25] Nachdem sich Petrarca vor allem mit der Konstituierung des Textes der 1. und 4. Dekade befaßt hatte und Antonio Beccadelli (Panormita) die Bücher 27–30 kommentiert hatte, befaßte sich Valla mit der ersten Hälfte dieser Dekade. Ein Nebenergebnis war eine kleine Abhandlung über die verwandtschaftlichen Verhältnisse der Tarquinier, in der er die Darstellung des Livius korrigiert. Voll Stolz hat er später betont, daß er seine Ansicht bei Dionysios von Halikarnaß bestätigt fand.[26]

Recht zahlreich sind die Übersetzungen aus dem Griechischen.[27] Die Kranzrede des Demosthenes übersetzte er, obwohl bereits eine Übersetzung von Leonardo Bruni vorlag. Valla zollte dieser Übersetzung höchstes Lob und war doch zugleich überzeugt, die Aufgabe wenigstens in einigen Punkten noch besser lösen zu können. Eine Gelegenheitsarbeit war die Übersetzung einiger Fabeln des Äsop. An die Übersetzung der Ilias machte er sich auf Drängen König Alfonsos, dem er auch die Übersetzung der Kyropädie Xenophons widmete. Seine bedeutendsten Leistungen auf diesem Gebiet sind die Übersetzungen des Thucydides und des Herodot.

In den Übersetzungen sah Valla eine notwendige Ergänzung zum Studium

---

[23] Vgl. S. 46.

[24] U. v. Wilamowitz-Moellendorf, Geschichte der Philologie (1921), Nachdruck Leipzig 1959, S. 11f.; dazu R. Pfeiffer, Von den geschichtlichen Begegnungen der kritischen Philologie mit dem Humanismus, Archiv für Kulturgeschichte 28 (1938), S. 191 –209, hier S. 197.

[25] Billanovich, S. 172: „... Valla, the champion of conjectural criticism, chose these books, which could only be restored by the extreme remedy of conjecture, for the display of his tight-rope-walking methods of philology."

[26] Opera I, S. 454.

[27] Vahlen, Opuscula I, S. 17ff. (= Opera II, S. 142ff.) und II, S. 435ff. (= Opera II, S. 271ff.).

der lateinischen Sprache. Das zeigt sich etwa darin, daß er den Vergleich zwischen dem römischen Reich und dem Weltreich der lateinischen Sprache ausweitet und die Übersetzungen aus dem Griechischen der Eroberung Griechenlands durch die Römer gleichsetzt.[28] Aber nicht nur griechisches Wissen wurde durch Übersetzungen erschlossen, auch die Zeugnisse des christlichen Glaubens mußten den Römern erst durch Übersetzungen vermittelt werden: *adeo nullum cum deo nos latini commercium haberemus, nisi testamentum vetus ex hebreo et novum e greco foret traductum.*

Vallas Einschätzung der Philosophie ist bestimmt von der Überzeugung, daß jenseits aller Argumente die offenbarte Wahrheit liegt, die sich nur in der christlichen Religion, nicht aber in den verschiedenen philosophischen Richtungen manifestieren könne. Den Anspruch, der sich in dem Wort *philosophus* ausdrückt, hat Valla nicht gelten lassen. Er greift zurück auf das Ideal des *sophos*, das er wiederum allein im *orator* verkörpert sieht.[29] Die Philosophie hat sich der Rhetorik unterzuordnen, nicht sie, sondern die *eloquentia* ist die *regina rerum*.[30] Wo er philosophische Themen behandelt, geschieht dies deshalb allein unter rhetorischem Aspekt, im Dienste der eloquentia.

Sein erstes philosophisches Werk, *De voluptate*, hat Valla mehrfach überarbeitet und dabei auch den Titel neutraler gefaßt als *De vero bono* oder *De vero falsoque bono*. Er hat die Dialogpartner ausgetauscht, in Einzelheiten vieles geändert, nicht zuletzt aufgrund weitergehender Studien und besserer Griechischkenntnisse, in der Tendenz aber hat das Werk keine Änderung erfahren.[31] Valla geht aus von dem griechischen ἡδονή, zu dem er mit Cicero allein in *voluptas* die angemessene lateinische Entsprechung sieht. Diese *voluptas* definiert er als *bonum undecunque quesitum, in animi et cor-*

---

[28] Vorwort zur Thucydides-Übersetzung (Cod. Vat. lat. 1801, f. 1 r): ... *tu* (Nikolaus V.) ... *mandasti cum alia aliis tum vero nobis quasi tuis prefectis, tribunis, ducibus, utriusque lingue peritis, ut omnem quoad possemus Greciam tue ditioni subiiceremus, id est ut grecos tibi libros in latinum traduceremus.*

[29] Der Unterschied zwischen beiden liegt auch im Moralischen. Für den orator gilt: *bene loqui – bene vivere* (Opera I, S. 908). Zum Ursprung der philosophischen Interpretation von *honestas* heißt es: ... *amatores negligentie et ignavie ... contumacissimum excogitaverunt sue turpitudinis patrocinium ... introduxeruntque novum dogma, sic abhorrens a sensu communi ut ab usu communi ipsorum vita recesserat* (Opera I, S. 957, De vero falsoque bono, S. 82, 43). Allgemeiner heißt es: *nihil omnino tam absurdum est dictu vel factu, cuius non autores philosophi fuerint* (Opera I, S. 916; De vero falsoque bono, S. 27, 12). – Entsprechend abgestuft ist das Lob für Cicero: *Cicero autem ingenue magis, ubi non tanquam philosophus, sed tanquam orator locutus est* (Opera I, S. 954; De vero falsoque bono, S. 79, 28).

[30] Diese Wendung hat Valla oft zitiert, vgl. Opera I, S. 120, 907, 954, 960.

[31] P a n i z z a - L o r c h in der Einleitung zu De vero falsoque bono, S. XXX ff.

poris oblectatione positum.[32] Bei der rhetorischen Ausgestaltung dieser Definition verzichtet Valla nicht auf Beispiele, die er selbst als *quedam hilariora et prope dixerim licentiosa*[33] bezeichnet. Die Diskussion geht aus von der stoischen Interpretation, die das *summum bonum* mit *honestas* gleichsetzt. Dagegen wird später mit Epikur argumentiert, von dem Valla noch in der Apologia sagt, daß er von allen Philosophen die wenigsten Fehler habe.[34] Es geht ihm dabei allerdings nicht darum, deren Argumentation genau nachzuzeichnen, er will nur die Unterschiede zwischen beiden und die Unzulänglichkeit der philosophischen gegenüber der christlichen Interpretation des summum bonum deutlich machen. Als orator nimmt er für sich das Recht in Anspruch, seine Argumente zu holen, wo immer sie zu finden sind, *in nullam sectam obstrictus.*[35]

Vallas Deutung der voluptas ist eine Absage an jeden Asketizismus und eine positive Bewertung des Lebens in all seinen Ausdrucksformen: *quod natura finxit atque formavit, id nisi sanctum laudabileque esse non posse.*[36] Die Beschäftigung mit den Vorstellungen der Stoiker und Epikureer sind das Vorspiel zur Beschreibung des summum bonum aus christlicher Sicht, der Seligkeit: *et confutavi sive damnavi utrorunque dogma Epicureorum atque Stoicorum docuique apud neutros atque adeo apud nullos philosophos esse vel summum vel expetendum bonum, sed potius in nostra religione consistere, non in terris assequendum, sed in celis.*[37] Die christliche Religion trägt so den Sieg über jede Philosophie davon.

Tugend ist für Valla Ausdruck des Willens, der ein bestimmtes Ziel braucht, auf das er sich ausrichten kann. Die höchste Tugend wird von Valla als *cari-*

---

[32] Opera I, S. 912, De vero falsoque bono, S. 21, 26.

[33] Opera I, S. 897, De vero falsoque bono, S. 3, 4. Vgl. die Bemerkung über das größere Verdienst der *meretrices* gegenüber den *sanctimoniales: melius merentur scorta et prostibula de genere humano quam sanctimoniales virgines et continentes* (Opera I, S. 924, De vero falsoque bono, S. 38, 18).

[34] *quis eo parcior, quis continentior, quis modestior? et quidem in nullo philosophorum omnium minus invenio fuisse vitiorum* (Opera I, S. 797).

[35] Opera I, S. 907, De vero falsoque bono, S. 14, 28. In De libero arbitrio heißt es über die Theologen: *male enim sentire mihi videntur de nostra religione, quam putant philosophiae praesidio indigere.* Valla verweist dagegen auf die Zeit der Kirchenväter: *... quicquid illis temporibus heresum fuit ... id omne fere ex philosophicorum dogmatum fontibus nascebatur, ut non modo non prodesset philosophia sanctissimae religioni, sed etiam vehementer obesset* (Opera I, S. 999, De libero arbitrio, S. 1).

[36] Opera I, S. 906, De vero falsoque bono, S. 14, 11.

[37] Opera I, S. 980, De vero falsoque bono, S. 116, 10. Die Beurteilung des Werkes hat seit je beim dritten Buch angesetzt, bei der Frage, ob Valla hier seine echte Meinung vertritt oder nur eine rhetorische Maske anlegt, vgl. K r i s t e l l e r, Eight Philosophers, G a e t a, Valla, S. 15ff. – Der Vorwurf, Valla sei ein Anhänger Epikurs, wurde schon von seinen Zeitgenossen erhoben, vgl. F o i s, S. 98ff.

tas oder *amor* bestimmt: *nihil amari propter aliud, nec etiam propter se.*[38] Das gilt für die Liebe zweier Menschen zueinander ebenso wie für die Liebe des Menschen zu Gott. Diese wiederum ist gleichbedeutend mit der Glückseligkeit, der höchsten Form der *voluptas*, auf die der Mensch ausgerichtet werden muß. Das Ziel setzt die Theologie, die sich aber, um den Willen beeinflussen zu können, der Rhetorik bedienen muß. So kann es sehr wohl eine Aufgabe des *orator* sein, die Glückseligkeit auszumalen.

Die Unterordnung der Philosophie unter die Rhetorik ist noch deutlicher in Vallas dialektischem Werk, der *Repastinatio dialectice et philosophie.*[39] Dialektik ist für Valla nicht mehr als die Grundform der Rhetorik selbst, eine *species confutationis,* und damit eine Voraussetzung, daß der Redner seiner Aufgabe gerecht werden kann: *dialecticus utitur nudo – ut sic loquar – syllogismo, orator autem vestito armatoque..., quoniam non tantum vult docere orator, ut dialecticus facit, sed delectare etiam ac movere.*[40] Wegen ihrer Funktion muß die Logik so einfach wie möglich gestaltet sein und vom ‚normalen‘ Sprachgebrauch ausgehen.[41] Die Neuschöpfungen der Scholastik werden deshalb ebenso abgelehnt wie die Überfülle der aristotelischen Kategorien.

Theologischen Fragen nähert sich Valla auf gleiche Weise wie philosophischen, indem er auch hier von der Grundbedeutung zentraler Begriffe ausgeht. Da die christliche Religion die *vera religio* ist, kann *religiosus* nichts anderes als *christianus* bedeuten.[42] In *De professione religiosorum* fragt Valla nach der Rolle und Bedeutung der Mönche in der christlichen Gemeinschaft. Aus dem Leben als Mönch kann kein besonderer Anspruch abgeleitet werden, denn dessen Tugenden lassen sich durchaus mit anderen vergleichen, die außerhalb der Klostermauern gelten. Valla ist überzeugt, daß die Gelübde der Mönche – *paupertas, continentia* und *oboedientia* – keineswegs schwerer

---

[38] Opera I, S. 798 b. Mühlenberg, S. 474 ff.

[39] So lautet der Titel in der von Zippel angekündigten Edition. Zu den verschiedenen Titeln und Fassungen Zippel, Dialectica.

[40] Opera I, S. 693. Zu Vallas Position vgl. Kristeller, Eight Philosophers; Vasoli. Zum Vergleich: Bruni, Dialogus ad P. P. Histrum 13: *Vide, quaeso, philosophiam, ... quae est omnium bonarum artium parens et cuius ex fontibus haec omnis derivatur humanitas* (zitiert bei Whitfield, S. 103) – Enea Silvio Piccolomini, Tractatus de liberorum educatione, über das Verhältnis von Rhetorik und Dialektik: *... sunt enim quodammodo inter se convertibiles, nam et ambae tum quaerere tum rationem reddere et defendere et accusare conantur...* (Opera, Basel 1551, S. 989).

[41] *At philosophia ac dialectica non solent ac ne debent quidem recedere ab usitatissima loquendi consuetudine et quasi a via vulgo trita et silicibus strata* (Opera I, S. 651).

[42] *Nam quid est aliud esse religiosum quam esse christianum et quidem vere christianum?* (Vahlen, Opuscula III, S. 105 = Opera II, S. 293). Entsprechend richtet Valla in der Apologia an Papst Eugen die Frage: *An vere tu, summe pontifex, tu, religionis caput, religiosus non es?* (Opera I, S. 800).

zu erfüllen sind als die Gebote der *dispensatio opum,* des *coniugium* und des *sapienter imperare.*[43] Das Gelübde ist für ihn nur ein freiwilliger Zwang derer, die ohne es nicht in der Lage sind, die Gebote Gottes zu erfüllen.[44]

Der Dialog *De libero arbitrio* stellt inhaltlich eine Ergänzung zu der Kritik an Boethius in De voluptate dar[45]. Voluptas als höchstes Gut bestimmt und zum Willen des Menschen in Beziehung gesetzt, provoziert die Frage nach der Freiheit des Willens. Valla wirft Boethius einen zu engen Gottesbegriff vor; seine eigene Ansicht versucht er mit einem Vergleich deutlich zu machen: Apollo kennt zwar das zukünftige Schicksal der Götter und Menschen, weiß aber nicht, warum es so verläuft *(ego nosco fata, non statuo);* erst die Fähigkeiten Apollos und Jupiters, der die Geschicke setzt, zusammen ergeben eine ungefähre Vorstellung von Gott.[46] Die Frage nach dem freien Willen muß also nicht nur vom Vorherwissen Gottes beurteilt werden, sondern auch von dessen Willen. Dieser ist den Menschen verborgen; trotzdem will Valla den menschlichen Willen frei wissen, er sieht ihn geprägt vom Glauben, vom Vertrauen auf das Wort Christi, daß er alle retten wolle. Er faßte seine Überzeugung zusammen in dem Satz: *fide stamus, non probabilitate rationum.*[47] Der Dialog über den freien Willen hat auch beim Inquisitionsverfahren 1444 eine Rolle gespielt; doch mehr als die Tatsache, daß er Boethius kritisiere, scheint Valla nicht vorgeworfen worden zu sein. Seine eigentliche Wirkung hatte der Dialog erst in der Reformationszeit, insbesondere Luther hat Worte höchsten Lobes gefunden.[48]

Charakteristisch für Vallas Stellung zu Philosophie und Theologie ist auch das *Encomium Sancti Thomae Aquinatis,*[49] in dem er über die virtutes und die scientia des Aquinaten sprechen will. Im ersten Punkt fällt sein Urteil positiv aus, er stellt Thomas neben den Ordensgründer Dominicus. Den zweiten Aspekt behandelt er, indem er Thomas mit den Kirchenvätern vergleicht, und dieser Vergleich fällt weniger günstig aus. Jene, so betont Valla, hätten noch zwischen Theologie und Philosophie zu unterscheiden gewußt: *neque dialecticorum ratiunculas neque metaphysicas ambages neque modorum significandi nugas in quaestionibus sacris admiscendas putaverunt.* Der Hinweis

---

[43] V a h l e n , Opuscula II, S. 107 = Opera II, S. 295.

[44] *Nam quid aliud ad promittendum vos induxit ... nisi ut nulla vos a cultu dei per libertatem arbitrii causa reflecteret* (V a h l e n , Opuscula III, S. 130 = Opera II, S. 318).

[45] *ostendere volumus Boetium nulla alia causa, nisi quod nimis philosophiae amator fuit, non eo modo quo debuit disputasse de libero arbitrio in quinto libro de consolatione. Nam primis quattuor libris respondimus in opere nostro de vero bono* (Opera I, S. 1000, De libero arbitrio, S. 9, 48). Boethius wird auch in den Dialectica und Elegantiae (VI 34 De Persona) kritisiert. M ü h l e n b e r g , S. 470ff., D i N a p o l i , S. 163ff.

[46] Opera I, S. 1005, De libero arbitrio, S. 32, 471.

[47] Opera I, S. 1009, De libero arbitrio, S. 50, 792.

[48] T r i n k a u s , Free Will, S. 196f.

[49] G r a y , Vallas Encomium.

auf die Sprache der Kirchenväter ist nur eine andere Version des gleichen Vorwurfs: diese folgten dem Beispiel ihrer Lehrer, sprachen deshalb nicht wie die *novi theologi* von *ens, entitas, quiditas* oder *identitas*. Die Kirchenväter erscheinen so als die wahren Nachfolger des Paulus, den Valla *omnium theologorum longe principem ac theologandi magistrum* nennt[50]. In der Betonung der Unvereinbarkeit von Theologie und Philosophie einerseits und der Verbindung zwischen Theologie und Rhetorik andererseits ist dieses letzte Werk Vallas – es entstand 1457 – ein Beispiel dafür, wie er seinen Überzeugungen über Jahrzehnte treu geblieben ist.

Die Vertrautheit mit der Theologie hat Valla als eine Voraussetzung für seine *Annotationes in Novum Testamentum* bezeichnet: *nam ad hoc componendum nemo idoneus sit, nisi qui grecus saltem mediocris, latinus eximius, in litteris sacris fuerit admodum exercitatus.*[51] Es geht darum, die griechische *veritas* angemessen in die lateinische Sprache zu übertragen. Wie er sich bei den Elegantiae auf die Arbeit der antiken Grammatiker berief, so beruft sich Valla hier darauf, daß er nur wiederhole, was vor ihm bereits Hieronymus getan habe, was aber im Laufe der Jahrhunderte durch fehlerhafte Überlieferung und mangelndes Verständnis zunichte gemacht worden sei: *errores editionum vel homines male obscura intelligentes nunquid a me, si modo hoc prestare possum, emendari non debent?*[52] Valla hält sich bewußt vor theologischen Aussagen zurück,[53] doch ist die sprachliche Kritik zuweilen auch von theologischer Bedeutung. Bellarmin hat deshalb Valla vorgeworfen, daß er nur auf die Bedeutung der Begriffe, nicht aber auf den Zusammenhang in der Schrift und den Gebrauch in der Tradition achte, und ihn in die Reihe der Vorläufer Luthers eingereiht.[54] Zu seiner Zeit hat Valla für die Annotationes höchstes Lob geerntet, etwa von Nikolaus von Kues, der um eine Abschrift bat, *quoniam multum mihi placet et utilis pro intellectu sacrae scripturae.*[55]

---

[50] Vahlen, Valla über Thomas von Aquino, S. 394 = Opera II, S. 350.

[51] Collatio, S. 7,7. Perosa geht in seiner Einleitung zur Collatio der Entstehungsgeschichte nach. Es gibt zwei voneinander unabhängige Fassungen; der von Valla bevorzugte Titel war *Collatio Novi Testamenti (cum greca veritate)*. Durch die Edition des Erasmus, der 1505 die zweite Fassung als *Annotationes in Novum Testamentum* herausgab, hat sich dieser Titel eingebürgert.

[52] Collatio, S. 10,1.

[53] Vgl. in den Dialectica die Wendung: ... *omisso hoc (ubi naufragium timendum est) scopulo: ad Aristotelis verba, ubi nihil periclitetur religio, revertamur* (Opera I, S. 655; vgl. Di Napoli, S. 80). Zu Vallas Kritik am Bibeltext Garofalo und Morisi, La filologia.

[54] Zippel, Storiografia, S. 100, Anm. 1, und S. 103, Anm. 1; Fois, S. 433f.; Di Napoli, S. 339ff.

[55] Brief von 1450 (Sabbadini, Cronologia, S. 127 = Opera II, S. 433). Über Jahre kursierten Abschriften der Collatio, doch hat Valla das Werk wahrscheinlich nicht mehr in einer endgültigen Fassung herausgegeben, vgl. Perosa, Collatio, S. L.

Vallas Kritik am Constitutum Constantini steht in einer Reihe mit den Streitgesprächen *De libero arbitrio* und *De professione religiosorum.* Hier wie dort war ein aktuelles Ereignis der Anlaß, sich mit einer Frage des religiösen Lebens bzw. der christlichen Tradition zu befassen. In den Dialogen ist der Anlaß genannt; eine Diskussion wird zu einem Dialog stilisiert. Warum er sich im April 1440 mit der Konstantinischen Schenkung befaßte, sagt Valla weder in der Schrift selbst noch in den Briefen, in denen er von diesem Werk spricht. Die Vermutung liegt nahe, daß die Diskussion über den römischen Primat auf dem Konzil in Florenz der Grund war, sich mit diesem wieder aktuell gewordenen Thema zu beschäftigen.[56] Ein Stück christlicher Tradition, das längst fragwürdig geworden war, hatten höchste Repräsentanten der Kirche ohne Bedenken zur Stütze theologischer Argumentation genommen, eine Legende hatte gleichen Rang wie die göttliche Offenbarung gewonnen. Valla mußte sich dadurch herausgefordert fühlen, sein Selbstverständnis als orator war angesprochen, das er mit dem Satz zum Ausdruck gebracht hat: *is mihi semper animus fuit, ut oratoriis studiis Deo placerem hominibusque prodessem.*[57] Den Nachweis, daß die angebliche Schenkung Konstantins nicht erfolgt ist und die daraus abgeleiteten Ansprüche nicht nur zur historischen Wahrheit, sondern auch zu den biblischen Geboten im Widerspruch stehen, hat Valla in die Form einer Gerichtsrede gekleidet, dieses Werk wurde in besonderer Weise ein *opus oratorium*.[58] So typisch diese Schrift auch für Valla ist, im Hinblick auf sein Gesamtwerk ist sie nicht mehr als ein Nebenprodukt. Sie hat weder ihm selbst noch seinen Zeitgenossen soviel bedeutet wie etwa die *Elegantiae* oder *De voluptate*.

Valla hat unter seinen Zeitgenossen keinen Biographen gefunden, der sein Leben und Werk im Zusammenhang gedeutet hätte. Er selbst kommt seinen Interpreten nicht entgegen, spricht er doch von sich und seinen Werken fast nur, um Anschuldigungen abzuwehren. Es gibt nur einige katalogartige Notizen über Valla aus dem 15. und 16. Jahrhundert, die sich zumeist auf die Aufzählung der Werke beschränken, höchstens noch einige Stationen seines Lebens nennen. Die Schrift gegen die Konstantische Schenkung spielt dabei keine besondere Rolle. Sie fehlt ganz in einer Würdigung Vallas, die zusammen mit seiner Herodot-Übersetzung im Codex Vat. lat. 1797 überliefert ist.[59] Bartolomeo F a c i o , der das weit verbreitete Urteil über Valla teilte,

---

[56] Vgl. S. 75.

[57] Vgl. S. 71.

[58] Vgl. S. 46.

[59] Gedruckt bei Dominicus G e o r g i u s , Vita Nicolai Quinti, Rom 1742, S. 207f., und Léon D o r e z , La Bibliothèque privée du Pape Jules II, Revue des Bibliothèques 6 (1896), S. 97–121, hier S. 120f. Zur Verfasserfrage M a n c i n i , Vita, S. 24, Anm. 3.

er sei ein *homo arrogans,* der *in omnes doctos homines, nec minus in mortuos quam in vivos, morbo quodam animi petulantissime invehitur,*[60] verzichtet auf solche Wertungen in seiner Sammlung *De viris illustribus* (1456) und beschränkt sich auf die Nennung einiger Werke. U. a. heißt es: *Contra donationem Constantini Ecclesiae Romanae factam librum edidit.*[61]

Nicht mehr so neutral gehalten ist ein entsprechender Hinweis bei Paolo G i o v i o (†1552), der in seinen *Elogia doctorum virorum* schreibt: *Edidit etiam opus de falsa donatione Constantini, pio et sacerdotis nomen professo criminosum atque nefarium.*[62] In der Kennzeichnung als *opus pio criminosum* hat bereits die juristisch-theologische Auseinandersetzung mit Valla ihren Niederschlag gefunden, in der mehr als einmal die Leugnung der Konstantinischen Schenkung in die Nähe der Häresie gerückt worden ist. Hinzu kommt die von Poggio verbreitete Behauptung, Valla sei Priester gewesen. Verbreitet war auch die Meinung, Valla habe seine Schrift in päpstlichen Diensten stehend verfaßt, sei durch sie in Konflikt mit der Kurie geraten und zur Flucht nach Neapel gezwungen worden.[63]

Es blieb dem 19. Jahrhundert vorbehalten, in Vallas Schrift ein politisches Pamphlet zu sehen. Die Konstellation, daß Valla im Dienst König Alfonsos stand, der seinen politisch-militärischen Kampf um das Königreich Neapel vor allem gegen Papst Eugen führte, war und ist vielen Interpreten Hinweis genug, um auf Anlaß und Absicht des Werkes zu schließen.

Meinungsbildend war V o i g t (1859): „So ist es kaum zu bezweifeln, daß Valla im unmittelbaren Auftrage des Königs schrieb. Denn daß nicht der ernste Geist der Wissenschaft ihn antrieb, zeigt schon der heftige Ton, mit dem er gleich in der Einleitung gegen die Päpste im Allgemeinen losfährt, dann Papst Eugen als Tyrannen und Cardinal Vitelleschi als einen Bluthund schmäht. Die gelehrte Forschung war ihm nicht der Zweck, sondern nur das Kampfmittel. Und mehr als seine kritische Untersuchung der alten Schenkungstradition reizte den Gegner die drohende Declamation gegen das moderne simonistische und verweltlichte Papstthum, dem er einen förmlichen Krieg ankündigt. Damit stimmte er in den verhaßten Ton ein, mit dem die Conzilredner im basler Dom den italienischen Papat angriffen." [64] Der Ansicht Voigts folgten G r e g o r o v i u s[65] und P a s t o r[66] in ihren Handbüchern.

---

[60] B. F a c i u s, De viris illustribus, Florenz 1745, S. 82f. (Brief an Poggio).

[61] A.a.O., S. 23; K r i s t e l l e r, Facio, S. 66.

[62] P. J o v i u s, Elogia doctorum virorum, Antwerpen 1557, S. 33.

[63] Z. B. Antonio Cortese, vgl. S. 141.

[64] V o i g t, ¹1859, S. 224f., vgl. ³1893, S. 469f.

[65] G r e g o r o v i u s III, S. 259: „Diese Schrift war der kühnste Angriff gegen die weltliche Papstgewalt, den je ein Reformer gewagt hatte."

[66] P a s t o r I, S. 25, spricht von einer ‚antipäpstlichen Flugschrift'.

Aber auch genauere Kenner Vallas haben, wenn auch vorsichtiger, in ähnlicher Weise argumentiert. Mancini, der 1891 seine kritische Biographie Vallas veröffentlichte, sah die Intention der Schrift darin, „non solo di provare insussistenti i diritti feudali vantati dai papi sul regno di Napoli, ma pure il dominio sulle province immediatamente sottoposte agli ecclesiastici".[67] Mancini schrieb unter dem Eindruck des Risorgimento und der Auflösung des Kirchenstaates, die er wie andere nach ihm als Erfüllung von Vallas Forderungen deutete.[68]

Die politisch akzentuierte Interpretation von Vallas Schrift ist bis heute vorherrschend geblieben. Gaeta, dessen Monographie über Valla (1955) am Anfang der intensiven Beschäftigung mit diesem Autor in den letzten Jahren steht, betont, daß Vallas Schrift in einem für Alfonso günstigen Augenblick abgefaßt wurde, ein „formidabile strumento di pressione sull' opinione pubblica, destinato a colpire Eugenio IV."[69] Fois, der die Biographie Mancinis in manchen Einzelheiten ergänzt und entscheidend zum besseren Verständnis von Vallas Werken beigetragen hat (1969), betont den Zusammenhang zwi-

---

[67] Mancini, Vita, S. 157. Wolff (1893), S. 79, sah in der Schrift „eine der frühesten in national-italienischem Interesse verfaßten Angriffsschriften gegen die weltliche Souveränität des Papsttums". Schwahn (1896), S. 39, nennt Vallas Standpunkt den „des römischen Nationalpatrioten, den die priesterliche Mißregierung in Vaterland und Vaterstadt mit höchstem Ingrimm erfüllt und der mit den ihm zu Gebote stehenden Waffen, Schrift und Beweis, dagegen ankämpft".

[68] Mancini, Vita, S. 157: „Le aspirazioni del Valla divennero realtà dopo 430 anni, il 20 settembre 1870." Auch dieser Vergleich wurde übernommen. Schwahn schloß damit seine Edition (1928): „20. Sept. 1870 id, quod Valla voluerat, evenit, ut papa saeculari imperio privaretur, 430 annis post scriptum hunc librum." Pepe bezog das Datum ebenfalls in seine Deutung mit ein, sah einen „progresso dello spirito italiano a Machiavelli e al 20 settembre" (zitiert bei Miglio, S. 170).

[69] Gaeta, Valla, S. 134. Pepe, L'opuscolo, S. 1137: „Il (Valla) scrive per suggerimento del Re di Napoli..."; Antonazzi, S. 197: „Lorenzo Valla può essere considerato il portavoce di Alfonso d'Aragona." – Angesichts dieser communis opinio ist es bemerkenswert, daß schon Zumpt (1845), S. 416f., diese Interpretation abgelehnt hatte: „Eine äußere Veranlassung und Aufforderung hatte Valla's Angriff durch den Streit des Basler Concils mit Eugen IV. ... Es könnte demnach wohl scheinen, als habe Valla für eine politische Partei und im Auftrage Alfons' geschrieben. Aber hiervon findet sich keine Spur, und man kann nicht zweifeln, daß Valla seine eigene Gesinnung ausdrückt..." Vahlen, Valla (1864), meinte S. 24, daß die Anlage der Rede „der Annahme widerspricht, sie sei lediglich im Interesse Alfonso's und auf dessen Geheiß geschrieben worden. So wie sie ist, konnte sie dem Könige nicht genehm sein, ein so energischer Absagebrief an Papst Eugen paßte schlecht zu der berechneten Politik Alfonso's." Gegen das ‚abfällige' Urteil Voigts richtete sich auch Gothein (1886), S. 517: „... (Vallas Schrift, die) in ihrem untersuchenden Theil ein Muster historischer Kritik ist und in ihrem declamatorischen nicht nur die eigenen politisch-religiösen Ansichten des Verfassers geschickt entwickelt, sondern auch lebensvoll die Alternative, die sich bei einer etwaigen Schenkung ergeben haben würden, vorführt."

schen der Abfassung der Schrift und den politischen Zielen des Königs sogar in besonderer Weise. Ausdruck dieser Politik seien die Instruktionen, die der König im Herbst 1436 seinem Botschafter an den Papst, Juan Garcia, mitgab. Von dem Geist dieses politischen Manifestes sieht Fois nicht nur das Monitorium des Konzils von Basel vom 31. 7. 1437 bestimmt, mit dem der Papst vor das Konzil zitiert wurde, auch Vallas Schrift ist für ihn nur ein anderer Ausdruck der gleichen Vorstellungen.[70] Doch Fois geht noch einen Schritt weiter. Auch den Zeitpunkt der Abfassung sieht er von der Politik bestimmt. Am 15. 4. 1440 entschied sich Papst Eugen für eine auch militärische Unterstützung Renés von Anjou, des Rivalen Alfonsos. Valla soll nach Fois möglicherweise eine direkte Antwort auf diese Entscheidung des Papstes gegeben haben.[71]

Eine Akzentuierung ähnlicher Art liegt in dem Versuch, Valla zu einem politischen Theoretiker zu machen. Für Pepe (1930) ist die Schrift Vallas „una delle opere capitali nella storia del nostro pensiero politico", für Gaeta „un assai importante documento di un' intuizione chiaramente e nettamente realistica della politica".[72] Zuweilen wird Valla mit Machiavelli in Verbindung gebracht. So meinte schon Pastor: „Man sieht, nicht Machiavelli, sondern Valla ist der eigentliche Urheber jener unzähligemal wiederholten Behauptung, die Päpste seien an allem Unglück Italiens schuld."[73] Von Vallas Kritikern im 15. und 16. Jahrhundert ließe sich in diesem Sinne nur Augustinus Steuchus (1547) zitieren: ... *audacia tantum ac temeritate ... venit ad scribendum, in favorem Alfonsi, apud quem exulabat.*[74] Nicht *favor Alfonsi*, sondern *audacia* und *temeritas* sind die Stichworte, die sonst bei den frühen Kritikern das Urteil bestimmten.

[70] Fois, S. 318: „Il documento ... riveste una importanza non disprezzabile sia per comprendere l'origine probabile delle accuse formulate nel ‚monitorium', sia per comprendere l'origine e il senso di quelle formulate da Lorenzo Valla, con un latino umanistico, nella parte finale della propria ‚Declamatio'."

[71] Fois, S. 342: „... il Valla sembra far rientrare nei confini di tutta l'offensiva diplomatica di Alfonso lo scopo della sua composizione oratoria, esortando cioè il Papa, che proprio nel 1440 ... si era deciso a una nuova azione militare in favore di Renato d'Angiò, a desistere dalla guerra." In der Selbstanzeige seines Buches (Archivum Historiae Pontificiae 8 [1970], S. 409f.) hat Fois seine Beurteilung zusammengefaßt: „La Declamatio fu scritta su richiesta di Alfonso V come atto di guerra giuridico-morale contro Eugenio... Le accuse personali contro Eugenio sono la trascrizione in buon latino e in violenta retorica delle accuse formulate nel 1436 dalla cancelleria regia... Esse non corrispondono in nessun modo alla stima autentica nutrita dal Valla per Eugenio... Anche la concezione di una ‚ecclesia spiritualis', estremamente povera, delineata nel discorso messo in bocca al papa Silvestro non corrisponde alle convinzioni personali valliane sulla povertà e richezza nella Chiesa e anche nella Curia."

[72] Pepe, L'opuscolo, S. 1138; Gaeta, Valla, S. 130.

[73] Pastor I, S. 24; vgl. auch S. 59ff.

[74] Steuchus, Contra Laurentium Vallam, S. 61; vgl. S. 185.

Vallas Kritik an der Konstantinischen Schenkung als eine mehr oder weniger deutlich bestellte Arbeit zur Unterstützung des politischen Kampfes des Königs, verfaßt von einem stilistisch gewandten und kritikfreudigen Angehörigen des Hofes – diese Interpretation wirkt nur auf den ersten Blick geschlossen und überzeugend. Der folgende Versuch einer Interpretation geht nach einem Überblick über Deutung und Kritik des Constitutum Constantini von einer Analyse der Schrift selbst aus. Gliederung und Aufbau werden zeigen, welches Gewicht überhaupt den politisch interpretierbaren Passagen beigelegt werden darf. Die Kriterien zur Beurteilung hat Valla selbst genannt: *opus oratorium – res canonici iuris – res theologiae;* ihre Berechtigung und Ernsthaftigkeit muß sich im Vergleich mit seinen sonstigen Werken erweisen. Nach einer Prüfung der politischen Vorstellungen Vallas und seines Verhältnisses zu König Alfonso und Papst Eugen wird es nötig sein, nach dem Anlaß für die Abfassung zu fragen und schließlich seine spätere Haltung zu dieser Schrift zu interpretieren.

A.
VALLAS KRITIK AM CONSTITUTUM CONSTANTINI

I. Zur Interpretation und Kritik
der Konstantinischen Schenkung im Mittelalter

Die Konstantinische Schenkung *(Constitutum Constantini)* ist zwischen der Mitte des 8. und der Mitte des 9. Jahrhunderts entstanden.[1] Für die ersten Jahrhunderte ist nur schwer bei Schriftstellern, Chronisten und in päpstlichen Schreiben eine direkte Benutzung der Fälschung nachzuweisen. Sie war zunächst nicht mehr als ein Beispiel für das vorbildliche Verhalten eines Kaisers gegenüber dem Papst. Diese Interpretation wurde durch die Silvesterlegende *(actus Silvestri)*, ein Beispiel tendenzhafter christlicher Unterhaltungsliteratur, verfaßt etwa in der Mitte des 5. Jahrhunderts in Rom, nahegelegt.[2] Beginnend mit der Auseinandersetzung über das Verhältnis von Imperium und Sacerdotium im Investiturstreit, bildeten sich dann verschiedene Deutungen heraus.[3] Valla hat sich bei seiner Behandlung des Themas nicht im einzelnen mit den vorgebrachten Argumenten auseinandergesetzt. Seinen Kritikern konnte es deshalb um so leichter fallen, seine Beweisführung als unzureichend oder falsch abzutun und dafür berühmte Zeugen anzuführen. So kann insbe-

---

[1] Fuhrmann, Constitutum, S. 1, Literaturhinweise S. 48; Raymond-J. Loenertz, Constitutum Constantini. Destination, destinaires, auteur, date, Aevum 48 (1974), S. 199 –245; Pietro De Leo, Ricerche sui falsi medioevali. I. Il Constitutum Constantini: compilazione agiografica del sec. VIII, Reggio Calabria 1974 (Università degli Studi della Calabria. Dipartimento di Storia. Studi e Documenti 1).

[2] Döllinger, S. 72–125; Levison, S. 409 ff., unterscheidet zwei, offensichtlich vom selben Autor stammende Fassungen. Die Edition von Mombritius bietet bis auf den Anfang die erst im 9. Jh. entstandene Mischfassung, vgl. Levison, S. 444.

[3] Ausführlich behandelt von Laehr, Schenkung I (1926) und II (1932). Demgegenüber ist die Arbeit von Johanna Simanowski, Die Konstantinische Schenkung in der Politik und Publizistik des Mittelalters, masch. Diss. Königsberg 1925, ohne Wert. Sie referiert ausführlich die Thesen über die Entstehung des Constitutum Constantini, behandelt dann aber nur einen Teil der von Laehr angeführten Autoren. Der ‚Ausblick auf die Kritik‘ ist so kurz wie unzureichend. Von Vallas „De falso credita Constantini Imperatoris donatione declaratio (!)" heißt es z. B. S. 90, Anm. 1, daß sie „dem König von Neapel gewidmet" sei. – Die juristische Diskussion um die Schenkung ist ausführlich behandelt von Maffei, La Donazione (1964).

sondere die ausführliche Stellungnahme des Augustinus Steuchus (1547) als die Zusammenfassung der im kirchlichen Sinne vorgetragenen Argumente zur Verteidigung der Schenkung Konstantins verstanden werden[4]. Es sei hier nur an einige Stichworte erinnert, die – wenn auch zumeist nur indirekt – in Vallas Schrift anklingen.

Kaiser Konstantin handelte nach der Legende und dem Constitutum aufgrund seiner Heilung von der Lepra und Bekehrung zum christlichen Glauben, er schenkte Papst Silvester und seinen Nachfolgern neben vielen anderen Vorrechten das Imperium über das Abendland. Konstantin konnte immer wieder als Musterbeispiel eines christlichen Kaisers zitiert werden; sobald aber von irgendeiner Seite der Vorrang beansprucht wurde, war die Deutung denkbar, daß das Papsttum seine Stellung ganz dem Kaiser zu verdanken habe. Um eine solche Interpretation abzuwehren, wurde schon von Papst Leo IX. (1049–1054) in einem Schreiben an den Patriarchen von Konstantinopel, Michael Kerullarios, die Schenkung nicht mehr als freier Entschluß Konstantins, sondern als notwendige Folge seiner Bekehrung dargestellt.[5] Aus dem *donare* wurde dabei ein *reddere*; Konstantin gab nach dieser Interpretation den Päpsten zurück, was ihnen von Gott bestimmt eigentlich schon gehörte. Diese Restitutionstheorie wurde insbesondere von Innozenz III. (1198–1216) und Innozenz IV. (1243–1254) weiter ausgebildet. Ein gegen Kaiser Friedrich II. gerichtetes Pamphlet von 1245/46 *(Eger cui lenia)*, das lange als Werk Innozenz IV. galt,[6] ist ein gutes Beispiel für diese Auffassung. Darin wird gegenüber der Behauptung, die Päpste hätten die weltliche Herrschaft von Kaiser Konstantin erhalten, betont, daß schon früher diese Herrschaft *naturaliter et potentialiter* beim Apostolischen Stuhl gelegen habe, Konstantins Herrschaft sei dagegen anfangs nur eine Tyrannis gewesen: *verum idem Constantinus per fidem Christi catholice incorporatus ecclesie illam inordinatam tyrampnidem, qua foris antea illegitime utebatur, humiliter ecclesie resignavit;* erst vom Papst als dem *vicarius Christi* habe er eine legitime Herrschaftsgewalt erhalten: *et recepit intus a Christi vicario, successore videlicet Petri, ordinatam divinitus imperii potestatem, qua deinceps... legitime uteretur...*[7] Die Deutung, Papst Silvester habe die Herrschaft seinerseits wieder an Konstantin übertragen – sie geht zurück auf Bonizo von Sutri

---

[4] Vgl. S. 183.

[5] *Et tamen imperialis celsitudo hoc totum quod potuit effecit, quando tota devotione quidquid a Domino acceperat, eidem in ministris suis reddidit* (M i g n e, Patrologia Latina 143, Sp. 752 C). Zur Bedeutung des Briefes in der Überlieferungsgeschichte des Constitutum Constantini vgl. F u h r m a n n, Constitutum, S. 15ff.

[6] Peter H e r d e, Ein Pamphlet der päpstlichen Kurie gegen Kaiser Friedrich II. von 1245/46 *(Eger cui lenia)*, Deutsches Archiv 23 (1967), S. 468–538, hier S. 508.

[7] H e r d e, a.a.O. S. 520, 521, 522.

(† um 1095)[8] –, kann als der Versuch verstanden werden, die Tatsache der späteren Herrschaft der Kaiser in Rom und Italien mit den Behauptungen der Schenkung in Einklang zu bringen. Hinzu kam die Theorie der *translatio imperii*, nach der die Päpste später die Herrschaftsrechte den deutschen Kaisern übertragen haben.[9] Sie ist u. a. formuliert in der Dekretale *Venerabilem*, die in der Diskussion um die Schenkung oft zitiert werden sollte.[10]

Im Gegensatz zu dieser hierokratischen Interpretation steht bei Valla nicht nur die Rede Silvesters; Unvereinbarkeit weltlicher Herrschaft mit Wesen und Auftrag der Kirche und des Papsttums ist eine Grundüberzeugung, von der seine Argumentation getragen wird. Die *translatio imperii* hat für ihn keinerlei konstitutive Bedeutung für das Kaisertum, sie stellt seiner Meinung nach lediglich eine Abmachung über Titel und Würden dar.[11]

Einen kritischen Akzent brachte Bernhard von Clairvaux († 1153) mit seiner an Papst Eugen III. gerichteten Schrift *De consideratione* in die Diskussion.[12] Auch für ihn ist der Papst nicht mehr nur *vicarius Petri*, sondern *vicarius Christi*[13] und wie dieser Herr der Welt. Doch zugleich betont er, daß es nicht angebracht sei, wenn die Kirche die weltliche Herrschaft selber ausübe. Im Bild der zwei Schwerter, das hier zum erstenmal in dieser Weise interpretiert wird,[14] heißt dies, daß die Päpste das weltliche Schwert durch die Fürsten in ihrem Sinne führen lassen sollen: *Uterque ergo Ecclesiae et spiritualis scilicet gladius et materialis, sed is quidem pro Ecclesia, ille vero et ab Ecclesia exserendus: ille sacerdotis, is militis manu, sed sane ad nutum sacerdotis et iussum imperatoris.*[15] Zur Selbstbeschränkung der Kirche gehört auch der Verzicht auf äußeren Pomp, Petrus, nicht Konstantin, soll hier Vorbild sein: *Petrus hic est, qui nescitur processisse aliquando vel gemmis ornatus vel sericis, non tectus auro, non vectus equo albo, nec stipatus milite, nec circumstrepentibus septus ministris. Absque his tamen credidit satis posse impleri salutare mandatum Si amas me, pasce oves meas* (Joh. 21, 15). *In his successisti non Petro, sed Constantino.*[16] Die einprägsame Formulierung, daß

---

[8] L a e h r , Schenkung I, S. 38.

[9] Vgl. die Arbeiten von B a a r und G o e z.

[10] Decretal. Gregor. IX. liber I, tit. VI c. 34 (Corpus Iuris Canonici II, S. 80). Dazu B a a r , S. 99 ff.

[11] Zu Vallas Auffassung vom Papsttum vgl. S. 56 und 73 f., zur Translatio imperii S. 61.

[12] Vgl. Walter U l l m a n n , The Growth of Papal Government in the Middle Ages, London [3]1970, S. 426–437; Zitate nach M i g n e , Patrologia Latina 182, Sp. 721–808.

[13] M a c c a r o n e , S. 95–98.

[14] Wilhelm L e v i s o n , Die mittelalterliche Lehre von den beiden Schwertern, Deutsches Archiv 9 (1952), S. 14–42, bes S. 32 f. und S. 38 ff.; Hartmut H o f f m a n n , Die beiden Schwerter im hohen Mittelalter, Deutsches Archiv 20 (1964), S. 78–114, bes. S. 96 f.

[15] M i g n e , Patrologia latina 182, Sp. 776.

[16] A.a.O. Sp. 776; das Bibelzitat bei Valla 13, 22. – Zur Interpretation der Formulierung

der Papst nicht Nachfolger des Petrus, sondern Konstantins sei, wurde von vielen aufgegriffen, die die Verweltlichung der Kirche beklagten. Die Schenkung Konstantins mußte dann als Wendepunkt in der Geschichte der Kirche erscheinen. So gaben etwa die Katharer und Waldenser Silvester die Schuld am Niedergang der Kirche.[17] Und zu den vom Konzil in Konstanz verurteilten Sätzen Wiclifs gehörte auch der folgende: *Silvester Papa et Constantinus Imperator erraverunt ecclesiam dotando.*[18] Mit anderen Gedanken ist diese Auffassung Wiclifs u. a. von den Lollarden und Hussiten übernommen worden. Eine kritische Beurteilung der Schenkung Konstantins wurde schließlich sogar zu einem Kennzeichen für Häretiker, so daß entsprechende Fragen in den Inquisitionsprozessen gestellt wurden.[19] Auch Valla ist dem Vorwurf der Häresie nicht entgangen.[20]

Die ausführlichste Diskussion haben die Juristen ausgetragen, die sich immer wieder mit der Frage der Gültigkeit der Schenkung befaßten. Es mag genügen, Baldus de Ubaldis († 1400) zu zitieren,[21] dessen Argumentation in einzelnen Punkten eine überraschende Nähe zu der Vallas aufweist. Aus dem *Augustus*-Titel ergibt sich für ihn, daß der Kaiser sein Reich nicht veräußern dürfe: *Imperator Augustus nominatur..., quia debet esse eius propositi, ut augeat, licet quandoque non augeat.*[22] Valla hat zwar die geläufige Ableitung des Titels von *augere* verworfen (44,4), in der Sache aber teilt er die Auffas-

---

in his successisti non Petro, sed Constantino vgl. Paul d e Vooght, Du 'De consideratione' de saint Bernard au 'De potestate Papae' de Wiclif, Irénikon 26 (1953), S. 114–132. – Auch Marsilio F i c i n o gebrauchte eine ähnliche Wendung: *Rerum vero terrenarum dominatio et administratio pontificibus accessoria est tamquam accidens, non in quantum vicarii dei, sed in quantum Constantini Caesaris sunt heredes* (De religione Christiana 28, zitiert bei Paul M e s t w e r d t, Die Anfänge des Erasmus. Humanismus und Devotio moderna, Leipzig 1917 (Studien zur Kultur und Geistes-Geschichte der Reformation 2), S. 71.

[17] L a e h r, Schenkung I, S. 175ff.; Arno B o r s t, Die Katharer, Stuttgart 1953 (Schriften der MGH 12), S. 215, Anm. 9; Giovanni G o n n e t, La Donazione di Costantino presso gli eretici medievali, Bollettino della Società di Studi Valdesi 132 (1972), 17–29; Jean G o n n e t und Amedeo M o l n a r, Les Vaudois au Moyen Age, Torino 1974, S. 401ff.

[18] L a e h r, Schenkung II, S. 140ff.

[19] L a e h r, Schenkung I, S. 177; Hermann H e i m p e l, Drei Inquisitionsverfahren aus dem Jahre 1425, Göttingen 1969 (Veröffentlichungen des Max-Planck-Instituts für Geschichte 24).

[20] Vgl. S. 124.

[21] M a f f e i, La Donazione, S. 193 ff. Die Stellungnahme zur Konstantinischen Schenkung ist auch behandelt von J. A. W a h l, Immortality and Inalienability: Baldus de Ubaldis, Medieval Studies 32 (1970), S. 308–328.

[22] W a h l, a.a.O. S. 324 (zu Codex, De novo Codice componendo, n. 26); vgl. auch Consilia 1,327, n. 6: *Illud etiam constat, imperator non potest se abdicare imperium etiam minime particule, quia per minimas particulas perveniretur ad interemptionem totius...* (W a h l, a.a.O. S. 324, Anm. 75).

sung vom Mehrer des Reiches ebenso wie die Vorstellung vom Reich als einem unteilbaren Ganzen: *Imperium est indivisibile*.[23] Zur Erläuterung zieht Baldus den Vergleich mit dem menschlichen Körper: *Imperium est in similitudine corporis humani, a quo si abscinderetur auricula, non esset corpus perfectum sed monstruosum*.[24] Die Frage, ob ein Kaiser durch sein Tun seine Nachfolger präjudizieren dürfe, wird verneint: *disponere de Imperio in tempus, quo privatus erit, non potest nec sibi successorem designare*. Schließlich führt Baldus auch das Argument an, daß die weltliche Herrschaft von Gott stamme und dies gegen eine Gültigkeit der Schenkung Konstantins spreche: *illa dignitas suprema est a Deo instituta, unde per hominem supprimi non potest. Hinc est quod Imperium semper est ... et quando praedecessor non facit officii sui debitum, successor non tenetur ratificare, sed impugnare*. Dem Herrscher wird auch das Recht abgesprochen, über sein Volk zu verfügen: *rex non potest alienare populum suum nec dare ei alium regem, quia populus est liber, licet sit sub rege ... et maxime populus Romanus*.[25] Die Parallelen zu Valla sind deutlich. Auch er gebraucht das Bild vom menschlichen Körper (6, 3), hält die Herrschaft für von Gott gegeben (7, 28) und betont, daß das römische Volk in besonderer Weise frei sei (23, 15). Um so überraschender ist der Schluß, zu dem Baldus, wie viele vor ihm, kommt. Die Argumente würden gegen eine Gültigkeit der Schenkung sprechen, doch stärker als die Argumente wiegt die Tatsache, daß es sich um ein von Gott bewirktes Geschehen und damit um eine Sache des Glaubens handle: *Et ideo si donatio Constantini non processisset a fide catholica, sicut processit, sed a mero iure imperiali, non potuisset caput imperii officii, id est Romam, a ceteris membris mutilare*.[26] Schon die tatsächliche Herrschaft der Päpste ist Anlaß genug, die Gültigkeit der Schenkung gegen bessere Einsicht zu bejahen: *nos sumus in terris amicis et ideo dico quod ista donatio valuit*.[27] Auch mit dieser überraschenden Argumentation steht Baldus nicht allein, er hat diesen Satz von seinem Lehrer Bartolus de Saxoferrato (†1357) übernommen.[28]

Die mittelalterliche Diskussion hat bereits die Argumente erschlossen, bei denen später die Kritik an der Schenkung ansetzen konnte. Ganz hat diese Kritik auch im Mittelalter nicht gefehlt. Kaiser Otto III. schenkte 1001 Papst

---

[23] Maffei, La Donazione, S. 194 (In primam Digesti Veteris partem commentaria, Prooemium, n. 35ff.).

[24] Maffei, La Donazione, S. 204 (In usus feudorum commentaria, Praeludia, n. 32).

[25] Maffei, La Donazione, S. 195 (Digestenkommentar, n. 39–43).

[26] Vgl. Anm. 24; an anderer Stelle (Consilia III, 159, n. 3) nennt er die Schenkung *miraculosa*, zitiert bei Wahl, a.a.O. S. 325, Anm. 81.

[27] Wahl, a.a.O. S. 325, Anm. 83 (In usus feudorum, n. 32f.); über Baldus' „ardent loyalty to the Holy See" S. 318.

[28] Maffei, La Donazione, S. 187 (Digestenkommentar, n. 13f.).

Silvester II. acht Grafschaften. Die Schenkungsurkunde (DO III 389) steht in einer Tradition von Urkunden, deren bekannteste das *Privilegium Otto-nianum* von 962 ist und deren erstes im Wortlaut überliefertes Beispiel, das *Pactum Hludovicianum,* in das Dekret Gratians (Dist. LXIII c. 30) Eingang fand. Die Urkunde Ottos III. ist bemerkenswert, weil sie sich von dieser Reihe unabhängig gibt. Ausdrücklich wird betont, daß die Schenkung *spretis... commenticiis preceptis et imaginariis scriptis* erfolge. Zu den *commenta* wird auch die Schenkung Konstantins gerechnet. Es ist die Rede von *Johannes diaconus Digitorum mutilus,* der *sub titulo magni Constantini longi mendacii tempora finxit.* Damit ist eine ,Bearbeitung' des Constitutum Constantini gemeint, die vielleicht zur Ergänzung des Privilegium Ottonianum angefertigt worden war.[29] Die Stichworte *mendacium* und *commentum* werden nicht weiter erläutert.

Die Urkunde hat später in der Diskussion um Vallas Schrift eine Rolle gespielt. Sie wurde 1610 von Markward Freher zusammen mit dem Constitutum Constantini veröffentlicht. Er sah in diesem Johannes diaconus, den er in das 9. Jahrhundert setzte, den Fälscher des Constitutum und glaubte so, den *clericulus stolidus,* von dem Valla spricht (36,1), identifiziert zu haben.[30]

Die Mönche von Farfa gerieten 1103 über den Besitz eines Kastells in Streit mit römischen Adeligen. Bei der Verhandlung in Rom brachte die Gegenseite die eigenen Besitzrechte in Verbindung mit denen der römischen Kirche, die durch die Schenkung Konstantins begründet worden seien. Man argumentierte, daß im Westen aller Besitz der Kirche gehöre, privater Besitz ausgeschlossen sei.[31] Die Vertreter des Klosters machten demgegenüber geltend – *enucleatius veriusque ipsum perspiciens edictum,* so betont der Chronist –, daß von Konstantin nur der Primat, nicht weltliche Herrschaft zugestanden worden sei. Die römische Kirche habe höchstens einzelne Besitzrechte und unterscheide sich darin nicht vom Kloster Farfa, das seine Privilegien verteidige wie die römische Kirche die Schenkung Konstantins.[32] Das Constitutum Constantini ist in diesem Streit zwar nicht bestritten, aber doch in seiner Bedeutung sehr eingeschränkt worden. Die Tatsache, daß auch nach Konstantin noch Kaiser über Rom geherrscht haben, wiegt schwerer als eine mögliche Interpretation der Urkunde. Ein zweiter Maßstab ist die Petrus verliehene

---

[29] L a e h r , Schenkung II, S. 152; F u h r m a n n , Kaisertum, S. 128ff.

[30] F u h r m a n n , Constitutum, S. 37, Anm. 54. Dietrich K o r n e x l , Studien zu Marquard Freher (1565–1614), phil. Diss. Freiburg 1966, S. 77f.

[31] M a n c i n i , Vita, S. 145f., D ö l l i n g e r , S. 94. Chronicon Farfense (ed. Ugo B a l z a n i) II, Fonti per la storia d'Italia 34 (1903), S. 231ff., hier S. 233,30.

[32] *et sicut (Romana sedes) privilegium sibi collatum defendit Constantinianum, licet ipse fuerit terrenus dominus, ita convenit defendere singulis ecclesiis, idest suis membris, aliquod a se privilegium indultum* (a.a.O. S. 250,19).

Schlüsselgewalt: *non enim claves terre seu regni terrestris sed claves regni celorum concessit illi omnium Pastor pastorum.*[33] Die Unvereinbarkeit weltlicher Herschaft mit dem Auftrag der Kirche wird allerdings nicht weiter ausgeführt, der Chronist kehrt unvermittelt zur eigentlichen Streitfrage zurück.

Ein halbes Jahrhundert später wird die Schenkung ein weiteres Mal als Fälschung abgetan, diesmal in deutlichem Zusammenhang mit der Auseinandersetzung über das Verhältnis von imperium und sacerdotium. 1152 sandte Wezel, ein Anhänger Arnolds von Brescia, an Friedrich I. ein Glückwunschschreiben zu dessen Wahl.[34] Darin wird Rom als *dominam mundi, creatricem et matrem omnium imperatorum* angesprochen, der Einfluß der Päpste als *contra evangelica apostolica et canonica statuta* bezeichnet.[35] Die Konstantinische Schenkung, die dem Argument, die Kirche sei nicht zu weltlicher Herrschaft berufen, entgegenzustehen scheint, ist für Wezel nur *mendacium ... et fabula heretica.* Als Beweis führt er den Traktat *De primitiva ecclesia* an, den er, wie auch noch Valla (19, 2), Papst Melchiades, dem Vorgänger Silvesters, zuschreibt.[36] Er weist die Schenkung Konstantins auch zurück, um das römische Volk wieder in seine Rechte einsetzen zu können. Der *populus Romanus* ist der eigentliche Träger der Souveränität, die auch durch die *lex regia* nicht gemindert worden ist: *quae lex, quae ratio senatum populumque prohibet creare imperatorem?*[37] In ähnlicher Weise gesteht auch Valla dem römischen Volk das Recht auf Kaisererhebung zu (43, 36).

II. Der Nachweis der Fälschung
durch Nikolaus von Kues und Reginald Pecock

Nachdem im Mittelalter nur in Ansätzen an der Konstantinischen Schenkung Kritik geübt worden war, wurde dann im 15. Jahrhundert innerhalb weniger Jahre gleich von drei Seiten der Nachweis der Fälschung erbracht. Am Anfang steht Nikolaus von Kues, der mit Valla die nachfolgende Diskussion prägen sollte.

---

[33] A.a.O. S. 240, 9ff.

[34] Der Brief ist überliefert in der Briefsammlung des Wibald von Stablo (Ph. Jaffé, Bibliotheca rerum Germanicarum I, n. 404, S. 539–43); vgl. Henry Simonsfeld, Jahrbücher des Deutschen Reiches unter Friedrich I., Bd. I, Leipzig 1908, S. 103 und 131, Laehr, Schenkung I, S. 67.

[35] Jaffé, a.a.O. S. 539.

[36] A.a.O. S. 542.

[37] A.a.O., S. 542. Über die Beziehung Wezels zu Arnold von Brescia vgl. Karl Hampe, Zur Geschichte Arnolds von Brescia, Historische Zeitschrift 130 (1924), S. 58–69, bes. S. 59.

24

Nikolaus von Kues

Ende 1433 legte Nikolaus von Kues, Mitglied des Ausschusses für Glaubensfragen, dem Konzil in Basel seine Schrift *De concordantia catholica* vor, die als das letzte große Werk in der Geschichte der politischen Theorien vor dem *Principe* des Machiavelli bezeichnet worden ist.[1] Nikolaus will über die Kirche in ihrer Gesamtheit schreiben, sodann über ihre Seele *(sacerdotium)* und ihren Leib *(imperium)*, um aufzuzeigen, wie sich eine *harmonica concordantia* ergebe, *per quam salus aeterna et reipublicae terrenae consistit.*[2] Wie im geistlichen Bereich ist auch im weltlichen die Gesamtheit der Gläubigen hierarchisch gegliedert. An ihrer Spitze steht der Kaiser; es stellt sich daher die Frage, ob und in welcher Weise der Kaiser dem Papst untergeordnet sei oder ob auch das Kaisertum göttlichen Ursprungs sei. Eine Antwort auf diese Frage ist nicht ohne Stellungnahme zur Konstantinischen Schenkung möglich, durch die eine Abhängigkeit des Kaisertums vom Papsttum behauptet wird.[3]

Die Frage, ob Konstantin überhaupt eine solche Schenkung machen durfte, bleibt unberücksichtigt: ...*praesupponens hoc etiam indubitatum esse Constantinum talem donationem facere potuisse, quae tamen quaestio nec soluta hactenus nec solvetur verisimiliter umquam.*[4] Die Frage lautet für Nikolaus nur: handelt es sich bei der Schenkung um ein historisches Ereignis und welche Quellen belegen es? Zur Beantwortung folgt er dem gleichen Prinzip, das er für die gesamte Schrift angibt: *investigabo ex antiquis approbatis litteris.*[5] Das Ergebnis ist negativ: ... *in veritate (donationis) supra modum admiror, si res ita est, eo quod in authenticis libris et historiis approbatis non invenitur.* Nikolaus umschreibt zunächst pauschal den Umkreis der Quellen, die er befragt habe: *relegi omnes, quas potui, historias, gesta imperialia ac Romanorum pontificum, historias sancti Hieronymi, ... Augustini, Ambrosii ac aliorum opuscula peritissimorum, revolvi gesta sacrorum conciliorum, quae post*

---

[1] Erich Meuthen, Nikolaus von Kues (1401–1464). Skizze einer Biographie, Münster 1964, S. 40; Laehr, Schenkung II, S. 151, setzt mit Nikolaus „den Beginn der Neuzeit innerhalb der Geschichte der Anschauungen über die Konstantinische Schenkung". Zur Argumentation vgl. Vansteenberghe, S. 27f.; Posch, S. 173ff.; Watanabe, S. 145ff.; Sigmund, S. 196f.; Grass, S. 117ff.

[2] Zitate nach der Edition von G. Kallen (1963), hier S. 4.

[3] *Unum vero praeterire nequeo, quoniam paene omnium sententia indubitata est Constantinum imperatorem occidentis imperium Romano pontifici Silvestro ac suis in aevum successoribus perpetuo dono tradidisse et ideo ... pateret tamen in occidente imperatorem nullum, nisi a papa dependenter imperium cognosceret, iuste esse posse* (Concordantia, S. 328).

[4] A.a.O. S. 329.

[5] A.a.O. S. 4.

Nicaenum fuere,[6] einige werden besonders hervorgehoben. So betont er, daß auch der *Liber Pontificalis,* der ihm als ein Werk des Papstes Damasus und damit als eine den Ereignissen sehr nahestehende Quelle gilt, nichts von einer Herrschaftsabtretung *(de donatione temporalis dominii aut imperii occidentis)* wisse, wohl aber lese man dort von dem Hilfegesuch Papst Stephans II. an Pippin und von dessen Schenkung, die dann von Karl dem Großen wiederholt worden sei. Der Schluß, den Nikolaus daraus zieht, ist eindeutig: *ex istis constat Constantinum imperium per Exarchatum Ravennatem, urbem Romam et occidentem minime papae dedisse.*[7] Damit stimme auch überein, daß die Kaiser nach Konstantin ohne Unterbrechung *(continue)* die genannten Gebiete in Besitz gehabt und auch die Päpste selbst die Kaiser als Herren anerkannt hätten: *et Romanos pontifices legimus imperatores fateri dominos.* Ausdrücklich wird betont, daß die historische Überlieferung keine Zweifel zulasse: *et, ut breviter dicam, nullibi contrarium legi, quin usque ad illa praefata Pippini tempora imperator remanserit in possessione locorum praetactorum. Nec umquam legi aliquem Romanorum pontificum usque ad tempora Stephani II. in illis locis sanctum Petrum aliquid iuris praesumpsisse habere.*[8]

Dieses historische Ergebnis steht im Widerspruch zu der Schenkungsurkunde im Dekret Gratians, die allerdings als Palea und damit als späterer Zusatz gekennzeichnet ist. Für Nikolaus ist die Urkunde (Dist. XCVI c. 14) denn auch ein *dictamen apocryphum* und eine *conficta scriptura,* die Gratian in seine Sammlung nicht aufgenommen habe, weil er sie gar nicht vorgefunden habe: *quia non invenit, non posuit.*[9] Bei seinen Studien, so betont Nikolaus, hat er eine längere Fassung gefunden als die Version im Dekret *(ad longum hanc scripturam in quodam libro inveni* – offenbar ein vollständiges Constitutum Constantini), doch die *argumenta manifesta confictionis et falsitatis,* die sich für ihn aus dem vollständigen Text ergeben, glaubt er nicht im einzelnen aufführen zu sollen. Er fragt weiter, was die *approbatio Gelasii,* also der Hinweis auf das *Decretum Gelasianum* vor dem Zitat der Donatio im Dekret Gratians (Dist. XCVI c. 13) und der Ps. Melchiades-Traktat *De primitiva ecclesia* für die Beurteilung der Palea bedeuten. Dem Hinweis auf Gelasius legt er keine Bedeutung sei, denn die Donatio werde darin ja als Auszug aus der Silvesterlegende bezeichnet, deren Verfasser nicht bekannt sei;[10] den Traktat hat er als falsche Zuschreibung an Papst Melchiades erkannt. Doch selbst wenn es sich um eine authentische Aussage dieses Papstes handelte, wäre nichts gewonnen, da nur von der Verlegung

---

[6] A.a.O. S. 329.
[7] A.a.O. S. 331.
[8] A.a.O. S. 331.
[9] A.a.O. S. 332.
[10] A.a.O. S. 332, vgl. Valla 20, 3.

der kaiserlichen Residenz die Rede sei.[11] So sieht er in allem nur den apokryphen Charakter der Donatio bestätigt. Nikolaus verweist auch auf die Überlieferung über Konstantin, die von dessen Grausamkeit, Häresie und der Taufe am Ende seines Lebens spreche. Dies werde auch von Hieronymus bezeugt, der als *auctor approbatus* gelten müsse: *quis non crederet potius Hieronymo approbato quam ignoti auctoris scripturis, quae apocryphae dicuntur?*[12]

Aus dem Nachweis der Fälschung werden aber keine Konsequenzen gezogen, ja Nikolaus will sich noch nicht einmal ein endgültiges Urteil anmaßen, sondern es den Konzilsvätern überlassen: *scribo salvo in omnibus iudicio sacrae synodi.*[13] Doch sollte es seiner Meinung nach der Kirche nicht schwerfallen, auf die Schenkung Konstantins und andere apokryphe Schriften zu verzichten, da ihre *spiritualis potestas* dadurch nicht gemindert werde: *non opus foret divinam ipsam omni laude superexcellentissimam Romanam primam sedem se hiis ambiguis iuvare argumentis, quae ex illis epistulis extracta Decreto Gratiani inserta inveniuntur – sufficienter quidem et multo elegantius veritas ipsa ex usitatis certis et approbatis sacris scripturis et doctorum scriptis absque haesitatione haberetur –, sicut nec de Constantini donatione se maiorem arguere deberet, quae, si etiam indubia foret, quid in spirituali cathedra potestatis ecclesiasticae augere posset, quisque intelligit.*[14]

In einigen Punkten läßt sich die Kritik des Cusanus weiter zurückverfolgen. Wilhelm von Ockham hatte ebenfalls schon von der Palea gesagt: *verba praefata sunt apocripha, ut rationi aut cronicis et historiis aliisque scripturis fidedignis sint penitus postponenda.*[15] Sein *Breviloquium de principatu tyrannico* ist unvollständig überliefert, nur die Ausführungen zum Stichwort apokryph sind erhalten und es läßt sich daher nicht zeigen, ob er auch in dem Vergleich mit anderen historischen Quellen manche Beobachtung des Cusanus vorweggenommen hat. Direkt beeinflußt ist Nikolaus von Kues vielleicht von Raffaele Fulgosio († 1427), der in Padua lehrte und in seinen Ausführungen wiederum die Diskussion auf dem Konstanzer Konzil berücksichtigte. Fulgosio hatte vor allem damit argumentiert, daß sich von der Konstantinischen

---

[11] ... *non dicit aliud quam Constantinum sedem Romanam imperialem reliquisse et Petro et successoribus concessisse, hoc est quod, ubi fuit sedes imperialis, quod ibi sit modo papalis, quod non negatur* (Concordantia, S. 334; vgl. Valla 19, 2). Für echt hält Nikolaus eine angebliche Urkunde Leos VIII., in der dieser Otto I. die der Kirche gemachten Schenkungen restituiert (Concordantia, S. 335); dazu L a e h r , Schenkung II, S. 133f.

[12] Concordantia, S. 334.

[13] A.a.O. S. 337.

[14] A.a.O. S. 336.

[15] Richard S c h o l z , Wilhelm von Ockham als politischer Denker und sein Breviloquium de principatu tyrannico, Leipzig 1944 (Schriften der Monumenta Germaniae Historica 8), S. 205 (VI 4); in c. VI 3 ist das Constitutum Constantini zitiert.

Schenkung in der Rechtsliteratur im Gegensatz zur *lex regia* kein Bericht finde, obwohl doch die Übertragung der Herrschaft auf den Papst durch Konstantin mit der Übertragung auf den Kaiser durch das römische Volk zu vergleichen sei.[16]

Der Einfluß der Concordantia war ,sehr begrenzt',[17] der Abschnitt über die Konstantinische Schenkung aber hatte seine eigene Wirkungsgeschichte. Ulrich von Hutten hat ihn in seine Materialsammlung im Anhang zu Vallas Schrift mit aufgenommen.[18] Manche Kritiker Vallas haben sich auch mit Nikolaus von Kues auseinandergesetzt, dabei konnte es sogar geschehen, daß diesem Sätze Vallas untergeschoben wurden.[19]

Für Valla geht man im allgemeinen davon aus, daß er die Kritik des Cusanus gekannt habe.[20] Schon die spätere Freundschaft, die beide verband, legt die Annahme nahe, daß Valla um die frühere Kritik gewußt habe. Zeugnis für diese Freundschaft sind zwei Briefe, die Valla in sein *Antidotum* gegen Poggio aufgenommen hat. Daraus geht hervor, daß Nikolaus von Kues sich bei Papst Nikolaus V. für Vallas Ernennung zum apostolischen Sekretär eingesetzt hatte. Er hat sich lobend über Vallas Anmerkungen zum Neuen Testament geäußert[21] und besaß einen Livius-Codex, den er vielleicht von Valla erhalten hat.[22]

---

[16] Zu Fulgosio M a f f e i , La Donazione, S. 261ff., Vergleich mit der *lex regia* S. 264.

[17] Paul S i g m u n d , Das Fortleben des Nikolaus von Kues in der Geschichte des politischen Denkens, Mitteilungen und Forschungsbeiträge der Cusanus-Gesellschaft 7 (1969), S. 120–128, hier S. 124; ähnlich urteilt Gerhard K a l l e n , Die handschriftliche Überlieferung der Concordantia Catholica des Nikolaus von Kues (Cusanus-Studien VIII), SB Heidelberg, phil.-hist. Klasse 1963, Nr. 2, S. 17.

[18] Nach S i g m u n d , a.a.O. S. 127, hat Hutten das Exzerpt von Konrad P e u t i n g e r († 1547) benutzt. – Zur Wirkungsgeschichte gehört auch Johannes K y m e u s , Des Babsts Hercules wider die Deutschen, Wittenberg 1538, gedacht als Antwort auf die Kritik des C o c h l ä u s an Luthers Übersetzung und Kommentar der Palea, vgl. S. 173. Die Schrift des Kymeus ist ediert von Ottokar M e n z e l (Cusanus-Studien VI), SB Heidelberg, phil.-hist. Klasse 1940/41, Nr. 6.

[19] Vgl. S. 134.

[20] Einige Stimmen von vielen: C o l e m a n , S. 190: „Vallas treatise is longer, more rhetorical and much better known; but Valla in all probability has this work to guide him." V a n s t e e n b e r g h e , S. 28: „Laurent Valla s'en inspirera pour écrire sa haineuse Déclamation." P o s c h , S. 182, Anm. 7: „Auch Valla kennt die Ausführungen des Cusanus, beide standen später in persönlichen Beziehungen." B a t t a g l i a , S. 232f.: „Dopo verrano il Therunda, Enea Silvio e sopratutto il Valla, con maggiore ricchezza di mezzi documentari, a percorrere la stessa via che Nicolò ha tracciato."

[21] Opera I, S. 340.

[22] Robert D a n z e r , Nikolaus von Kues in der Überlieferung der lateinischen Literatur nach Ausweis der Londoner Handschriften aus seinem Besitz, Mitteilungen und Forschungsbeiträge der Cusanus-Gesellschaft 4 (1964), S. 384–394, hier S. 390 zu Cod. Harl. 2672.

28

Vergleicht man die Argumentation der beiden, zeigen sich manche Übereinstimmungen. Beide gehen von der Palea im Dekret Gratians aus, fragen nach deren Überlieferung und den historischen Zeugnissen für die angebliche Schenkung Konstantins. Doch Nikolaus von Kues begnügt sich mit dem negativen Ergebnis beim Studium der Quellen, die Vollform des Constitutum Constantini wertet er nicht aus, obwohl sie ähnliche Argumente erbracht hätte wie Vallas Vergleich der Palea mit der Silvesterlegende. Der grundlegende Unterschied aber besteht darin, daß Nikolaus die Frage ungeklärt läßt, ob Konstantin die Schenkung überhaupt habe machen dürfen. Hier geht Valla einen Schritt weiter. Er fragt nach den Bedingungen der Möglichkeit einer solchen Schenkung, fragt nach ihrer Vereinbarkeit mit dem päpstlichen und kaiserlichen Amt. Für Nikolaus ist es leicht, auf die Schenkung zu verzichten, da die Kirche dadurch keinen Schaden nehme. Für Valla ist die Schenkung Ausdruck und in gewisser Weise Ausgangspunkt der Verweltlichung der Kirche; Verzicht auf die Urkunde muß deshalb auch Rückkehr zur eigentlichen Aufgabe bedeuten. Von diesem unterschiedlichen Ansatz der Argumentation her könnte man Vallas Stellungnahme als Vertiefung und damit Ergänzung der Ausführungen des Cusanus ansehen. Insofern würde auch in bezug auf diesen Vallas eigene Charakterisierung zutreffen, er habe seine Schrift verfaßt, *ut quod nemo sciret, id ego scisse solus viderer*.[23] Allerdings gibt es einen Unterschied in der Argumentation, der es wiederum fraglich erscheinen läßt, daß Valla die Ausführungen des Nikolaus von Kues auch in allen Einzelheiten kannte: Nikolaus hat den Ps. Melchiades-Traktat *De primitiva ecclesia* verworfen, Valla nimmt ihn nicht nur als echtes Zeugnis dieses Papstes, sondern sieht in ihm sogar den historischen Kern der Konstantinischen Schenkung beschrieben (19, 2).

Die Kritik des Cusanus scheint schon berücksichtigt in einer Rede, die Ambrogio Traversari am 26. 8. 1435 im Auftrag Papst Eugens IV. vor den Konzilsvätern in Basel hielt. Sie behandelt die Bedeutung des Apostolischen Stuhls: *servandus est Apostolicae sedi honor debitus neque committendum, ut auctoritas Romani Pontificis per vos depressa videatur.* Anlaß war der Konzilsbeschluß vom 9. 6. 1435, alle Zahlungen für Benefizien und kirchliche Dienstleistungen zu verbieten. Traversari kommt deshalb auch auf die Einkünfte der Kirche, die *uberes proventus,* zu sprechen. Ein gewisser Reichtum entspreche göttlicher Vorsehung, da er Voraussetzung sei für die Erfüllung wichtiger Aufgaben wie der Unterstützung der Armen. Zum Reichtum der Kirche hätten die Schenkungen weltlicher Herrscher beigetragen. Dabei verzichtet Traversari aber ausdrücklich darauf, die Konstantinische Schenkung besonders hervorzuheben: *ut enim Constantini donationem illam vulgatis-*

---

[23] Opera II, S. 402.

simam omittam, hunc ipsum principem in gravi historia legimus, et alios subinde reges, praeter auri et argenti ingentem in vasis sacris summam fundosque egregios et innumeros Romanae ecclesiae dono dedisse. Mit der *gravis historia* ist wohl der *Liber Pontificalis* gemeint. Auch Traversari rückt ab von der Konstantinischen Schenkung als Herrschaftsabtretung und reduziert sie auf Einzelschenkungen.[24]

Ein Echo der Kritik des Nikolaus von Kues liegt wohl auch vor in zwei Denkschriften des Leonardo Teronda. Sie verdienen besonderes Interesse, weil die Argumentation über den Auftrag der Kirche und des Papsttums ähnlich wie ein halbes Jahrzehnt später bei Valla geführt wird. Leonardo Teronda, Sohn eines Notars aus Verona, Teilnehmer an den Konzilien in Konstanz, Basel und Florenz, der auch zu humanistischen Kreisen, u. a. zu Poggio, Filelfo und Guarino Veronese, Kontakte hatte, war ein geschulter Redner, interessiert an den großen Themen seiner Zeit.[25]

Die erste Denkschrift vom 6. 11. 1435 ist über Kardinal Albergati an Papst Eugen IV. gerichtet, die zweite aus dem folgenden Jahr spricht über Kardinal Cesarini die Konzilsväter in Basel an. In beiden recht umfangreichen Schriftstücken geht es um Konsequenzen aus der augenblicklichen Situation der Kirche. Der Akzent liegt im ersten Schreiben auf der Forderung, der Papst solle aller weltlichen Herrschaft entsagen, in der zweiten Denkschrift ist *reformatio* das Leitwort. Die Konstantinische Schenkung spielt in den Darlegungen nur eine untergeordnete Rolle.

Nachdem ausführlich von der Unvereinbarkeit von Priesteramt und Herrschaft die Rede war, stellt Teronda die Frage: *unde igitur habuere sacerdotes regnum?* Der historische Ursprung liegt für ihn ebenso wie für Nikolaus v. Kues in den Schenkungen Pippins und Karls d. Gr. Mit der Annahme der Schenkung hat Papst Zacharias (!) den Anfang der als *pestis* bezeichneten weltlichen Herrschaft der Kirche gesetzt. Seine Nachfolger sind nur seinem Beispiel gefolgt. Die Behauptung von der Schenkung des Kaisers Konstantin wurde dann irgendwann von herrschsüchtigen Päpsten aufgestellt, um ihrer Herrschaft eine stärkere *auctoritas* zu verleihen: *cum in datoribus et receptoribus auctoritatis satis esse non crederent, Silvestrum sanctum, qui accepisset, et Constantinum Augustum, qui dedisset, regni sibi quesiti auctores sibi fecerunt. ...regni cupidi non dubitarunt, cum Christum Dominum satis non possent, sanctos in suum crimen ducere eorumque clarissima nomina adversus historie veritatem turpi more deprehendendo maculare mendacio.* Die

---

[24] Laehr, Schenkung II, S. 155; Fois, S. 327f.; Text der Rede bei Mansi, Canonum collectio 29, Sp. 1250–1257, Zitate dort Sp. 1254 und 1255.

[25] Gaeta, Valla, druckt die Memoriali als Anhang, S. 199–252; zu Teronda (Therunda), S. 155; Fois, S. 328f. Biographische Skizze bei Giuseppe Billanovich, Leonardo Teronda. Umanista e curiale, Italia medioevale e umanistica I (1958), S. 379–381.

Herrschaft trieb die Päpste sogar so weit, daß sie die gefälschte Schenkung von Konzilien bestätigen und in Rechtssammlungen aufnehmen ließen: *cupiditate autem regni perditis commentum placet idque eos suis conventibus, concionibus, conciliisque comprobare non puduit legumque suarum propugnaculum adversus sanctam veritatem communitum suis usque codicibus spectabile probrum inserere.*[26]

Teronda ist überzeugt, daß *sine cede et sanguine regnum geri nequeat,*[27] deshalb muß auch der Papst, sobald er auf Herrschaft aus ist, sich in recht unchristliche Gesellschaft begeben: *tua enim propter seculum continua est cum ducibus, militibus, ne dicam latronibus, sed homicidis, gladiatoribus, crassatoribus, impiis conversatio;* der Papst ist sogar gezwungen, sich anzupassen: *te denique et sacrilegum et furem et latronem facis, ut impiis satisfacias.*[28]

Die Verkehrung der Kirche, die eine Reform zum *opus maxime necessarium*[29] macht, wird in der zweiten Denkschrift mit noch stärkeren Worten gebrandmarkt. Was für alle Ränge der Hierarchie gilt, trifft den Papst mit besonderer Schärfe: *videtis enim papam a Deo, cuius minister est, protinus alienum, quo nichil fedius, nichil miserius esse potest, et in seculi fece defixum, longe omnibus peyora eaque sibi pro potentie, pompe, superbie favore, omni perverso officio licere facientem; superbum, immanem, immitem, iniquum, turbulentum, de summo imperitantem culmine, omnia miscentem, turbantem contra leges et federa.*[30] Eine ähnliche Reihe von Attributen wird für das *regnum mundi* angeführt, es sei gekennzeichnet durch *superbia, avaricia, luxuria, crudelitas, sanctuarii polutio, templi desolatio, gregis Domini negligentia, corruptio.*[31] Silvester wird auch hier entlastet, es ist wieder die Rede von korrupten Päpsten und Fürsten, ausdrücklich aber auch vom Teufel: *hoc malum, patres, quod sponso Christi invidia diaboli propinatum et iniectum primum irrepsit, a Sancto Silvestro papa ut dicunt videtur admissum.* Doch Silvester habe vom getauften Kaiser lediglich Gold, Silber und Güter für die Kirchen angenommen, *non autem regnum nec imperium.*[32] Die Entwicklungslinie wird noch deutlicher gezeichnet als in der ersten Denkschrift. Mit den geringen Schenkungen an Silvester ist der Keim der Begehrlichkeit in die Kirche getragen: *cum iam agros et predia possiderent, mox sibi regnum et imperium concupiverunt, sibi iam divinis subactis legibus licentiam arrogantes occupandi omnia per omnes artes quesiverunt occasiones.*[33] Wieder

---

[26] Gaeta, Valla, S. 220.
[27] A.a.O. S. 221.
[28] A.a.O. S. 215.
[29] A.a.O. S. 230.
[30] A.a.O. S. 236.
[31] A.a.O. S. 239f.
[32] A.a.O. S. 240.
[33] A.a.O. S. 242.

wird Papst Zacharias genannt, durch den diese *pestis* Eingang in die Kirche gefunden habe.

Die Ablehnung der Konstantinischen Schenkung ist, wie gesagt, kein thematischer Schwerpunkt dieser beiden Schriften. Wenn aber trotzdem nicht nachdrücklicher von der Schenkung die Rede ist, so wohl deshalb, weil Teronda weiß, daß er in diesem Punkt keine neuen Gedanken vorträgt: *forsan non ignoratis operosi mendacii seriem.*[34] Nikolaus von Kues ist ausführlicher in der Argumentation zum Nachweis der Fälschung, um dann die Frage der Beurteilung offen zu lassen; Teronda geht schon von der Tatsache aus, daß die Fälschung nachgewiesen ist; sie ist für ihn Symptom der Verweltlichung der Kirche.

Reginald Pecock

Ein knappes Jahrzehnt nach Valla argumentierte wiederum ein Kleriker gegen die Echtheit der Konstantinischen Schenkung. Reginald Pecock, um 1395 geboren, später Bischof von St. Asaph (1444) und Chichester (1450)[35], schrieb etwa 1449 *The Repressor of over much blaming of the clergy*,[36] eine Antwort auf die von den Lollarden in der Nachfolge Wiclifs erhobenen Anklagen gegen die Kirche. Es sind elf Punkte, auf die Pecock eingehen will, sie reichen von der Bilder- und Heiligenverehrung bis zur kirchlichen Hierarchie. Ausführliche Antwort wird im Repressor nur auf einen Teil der Streitfragen gegeben, andere Themen sind in eigenen Schriften behandelt. Der dritte Teil des Repressor gilt der Frage nach Besitz und weltlicher Herrschaft der Kirche. Die Lollarden hatten u. a. auf die Engelsstimme hingewiesen, die am Tage der Schenkung gehört worden sei: *hodie effusum est venenum in ecclesia sancta Dei.*[37] Die Schenkung wird damit zwar nicht in Frage gestellt, aber als Ausgangspunkt einer Fehlentwicklung der Kirche interpretiert. Indem Pecock diese Schenkung nun als gar nicht geschehen erweist, nimmt er der Argumentation der Lollarden ihre Spitze, ohne auf sie näher eingehen zu müssen. So ergibt sich die überraschende Folgerung, daß gerade die Leugnung der Schenkung Konstantins zu einer Bestätigung weltlicher Machtbefugnisse der Kirche wird.

Pecocks Widerlegung vollzieht sich in drei Schritten, zweimal geht er dabei

---

[34] A.a.O. S. 245.
[35] V. H. H. G r e e n, Bishop Reginald Pecock, Cambridge 1945. Zu seiner Kritik am Constitutum Constantini L a e h r, Schenkung II, S. 163f.; G a e t a, Valla, S. 155 und 252f.; F o i s, S. 329; ausführlicher Vergleich bei L e v i n e.
[36] Zitate nach der Ausgabe von Churchill B a b i n g t o n (mit Einleitung), Band II, S. 323 –366.
[37] The Repressor II, S. 323.

von der sagenhaften Engelsstimme aus. Girald von Cambrais, der älteste Zeuge für diese Überlieferung,[38] spreche gar nicht von einem Engel, sondern vom Teufel; dieser aber verdiene keinen Glauben.[39] Die Erzählung wäre zudem in ihrem negativen Akzent nach Pecock nur verständlich, wenn entweder mit der Schenkung Konstantins der Kirche zum ersten Male weltlicher Besitz übertragen worden wäre oder doch zumindest zum ersten Male in einem solchen Ausmaß, daß derartige Befürchtungen gerechtfertigt erscheinen konnten. Eine erste Schenkung an die Kirche durch Konstantin scheide aber aus, weil bereits Urban I. († 230) Besitzungen gehabt habe; von einer übergroßen Schenkung Konstantins könne auch keine Rede sein, denn diese gingen erst auf Pippin, Karl d. Gr., Ludwig und die Markgräfin Mathilde zurück.[40]

Erst jetzt folgt zur Abrundung der Argumentation der Nachweis, daß es sich beim Constitutum Constantini um eine Fälschung handeln müsse. Pecock stützt sich dabei vor allem auf die Angaben des *Liber Pontificalis*. Wie dieser schwiegen alle *fundamental and credible stori or cronicle* von der Länderschenkung Konstantins. Die *Historia tripartita* berichte sogar von dem Testament Konstantins zugunsten seiner drei Söhne, das durch die Schenkung an Papst Silvester überflüssig geworden wäre.[41] Als Papst Bonifaz IV. den griechischen Kaiser 608 bat, das Pantheon in eine christliche Kirche umwandeln zu können, sei deutlich geworden, daß der Papst nicht *ful lord of al Rome* gewesen sei. Der Chronik des Martinus Polonus entnimmt er, daß die griechischen Kaiser bis zu Karl d. Gr. auch über den Westen herrschten und sogar die Wahl der Päpste bestätigten. Auch die anachronistische Erwähnung von Konstantinopel ist ihm aufgefallen.[42]

Es ist kaum anzunehmen, daß Pecock im Jahre 1449 bereits die Schrift Vallas gekannt hat. Auch die Ausführlichkeit seiner Darlegungen ist wohl als Indiz für seine Unabhängigkeit zu werten.[43] Doch selbst, wenn sich zeigen ließe, daß einzelne Argumente von Valla entlehnt sind, auf keinen Fall steht Pecock in einer geistigen Nachfolge Vallas. Sein Nachweis der Fälschung

---

[38] L a e h r, Schenkung I, S. 69f.; II, S. 163, Anm. 5.

[39] The Repressor II, S. 353.

[40] A.a.O. S. 357 (Urban), S. 359 (Karl der Große).

[41] A.a.O. S. 359ff.

[42] A.a.O. S. 362ff.

[43] H. Maynard S m i t h, Pre-Reformation England, London 1963, S. 422, meint: „Pecock had read Valla"; die Unabhängigkeit von Valla betonen G r e e n (wie Anm. 35), S. 185, und F e r g u s o n, S. 154. Für L e v i n e ist die Übereinstimmung im Ergebnis „merely fortuitious" (S. 119). Er hebt zu Recht den unterschiedlichen Ansatz beider Autoren hervor und betont gegenüber der Beurteilung von Ferguson: „Pecock was not a modern critical historian" (S. 133). – Valla und Pecock haben beide auch die Autorschaft der Apostel am Credo geleugnet (vgl. F e r g u s o n, S. 154; L e v i n e, S. 137).

wird nicht an der Urkunde selbst geführt, sondern durch das Abwägen zwischen einer Vielzahl von Autoritäten.[44] Er fordert auch nicht, daß die Päpste auf politische Macht und übergroßen Reichtum verzichten sollen, sondern plädiert gerade für den Reichtum der Kirche, durch den die Ausbreitung des Glaubens und der allgemeinen Bildung erleichtert worden sei. Er kehrt zuletzt das Argument seiner Gegner sogar um und sieht den Grund für den beklagenswerten Zustand der Kirche darin, daß ihr zu wenig finanzielle Mittel zufließen.[45] Seine Argumentation richtet sich lediglich gegen die negative Deutung der Schenkung Konstantins, wie sie in der Erzählung von der Engelsstimme ihren Ausdruck gefunden hatte. Der Nachweis, daß die Schenkung gar nicht stattgefunden habe, ist nicht mehr als das durchschlagendste Argument gegen die erhobenen Anschuldigungen.

III. Lorenzo Vallas *De falso credita et ementita Constantini donatione*

1. Gliederung und Aufbau

Valla wendet sich zunächst an seinen Leser oder Hörer; bevor dieser etwas über den eigentlichen Inhalt der Schrift erfährt, begründet der Verfasser sein Recht auf Kritik, legt dar, daß für ihn dieses Recht weder in einer Person noch in einer Institution eine Grenze finden könne. Erst dann umreißt er sein Thema und gibt eine genaue Gliederung. In sechs Abschnitte will er seine Schrift unterteilt wissen.[1]

Im Mittelpunkt steht die eingehende Behandlung der strittigen Urkunde, ihrer Überlieferung und einzelnen Aussagen. Dieses Kernstück macht etwa die Hälfte der gesamten Schrift aus, es beginnt mit dem Nachweis, daß das Constitutum Constantini nicht zum ursprünglichen Bestand des Decretum Gratiani gehört, und reicht bis zur wiederholten Feststellung, daß es sich um eine Fälschung der Päpste handle (19, 16–42, 20). Vorgeschaltet sind drei Abschnitte, in denen von jeweils anderen Gesichtspunkten aus die historische Unwahrscheinlichkeit einer solchen Schenkung dargelegt wird, erstens aufgrund des kaiserlichen und päpstlichen Amtes (5, 26–15, 22), zweitens aufgrund fehlender Zeugnisse für einen durchgeführten Herrschaftswechsel (15, 23–18, 30), drittens aufgrund einer Schenkung Konstantins an Papst

---

[44] L e v i n e , S. 119, bringt den Gegensatz auf die Formel „scholastic logic – humanist grammar and rhetoric". Für F o i s , S. 329, ist die Beweisführung Pecocks im Vergleich zu der bei Nikolaus von Kues und Valla „la più scientifica e la più decisiva".

[45] The Repressor II, S. 307; dazu G r e e n (wie Anm. 35), S. 151.

[1] Die folgende Gliederung folgt der von Valla selbst gegebenen Unterteilung (5, 9). Sachlich gerechtfertigt ist auch die etwas abweichende Gliederung bei F o i s , S. 324, Anm. 95. Mit den rhetorischen termini technici ist der Aufbau unten S. 47 beschrieben.

Melchiades, die Valla als vermeintlich echte Schenkung der falschen an Papst Silvester gegenüberstellt (18, 31–19, 15). In ähnlicher Weise folgen auf den Hauptteil zwei Argumentationsgruppen, die sich gegen Ansprüche wenden, die vielleicht auch nach dem Erweis der Fälschung geltend gemacht werden könnten. Es geht erstens um die späteren Schenkungen der Kaiser, die für Valla in der Sache nichtig und nur aus den gegebenen Machtverhältnissen erklärbar sind (42, 21–46, 23), und zweitens um Ansprüche aufgrund der Verjährung (46, 24–48, 34). Das Werk schließt mit einem Appell an den Papst, sich auf sein eigentliches geistliches Amt zu besinnen.

Das Recht auf Kritik

Valla sieht seine Schrift als Fortsetzung seiner kritischen Bemühungen, die schon in mehreren Büchern ihren Ausdruck gefunden hätten. Zu denken ist insbesondere an *De voluptate* und die *Dialecticae Disputationes*, auch die *Elegantiae* dürften 1440[2] in Teilen schon bekannt gewesen sein. In diesen Werken hatte Valla sich kritisch mit anerkannten Autoritäten auseinandergesetzt – es genügt, an Aristoteles und Boethius zu erinnern – und manche Anfeindung erfahren (*... cum sint, qui indigne ferant meque ut temerarium sacrilegumque criminentur* 3, 3). Auf noch stärkere Reaktionen ist er gefaßt, weil sich seine Kritik im folgenden nicht gegen einzelne Autoritäten, sondern die Vertreter des päpstlichen Amtes richte: *... non tantum adversus mortuos scribo, sed adversus etiam vivos, nec in unum alterum ve, sed in plurimos, nec contra privatos modo, verum etiam contra magistratus* (3, 6). Widerspruch fürchtet er nicht, vielmehr gefällt er sich in der Vorstellung, wie er dem Papste ausgeliefert sein werde. Der Hinweis auf die Zwei-Schwerter-Lehre erscheint in einer ironischen Verkehrung: der Papst ist ihm zuerst Träger des weltlichen Schwertes, dem aus seinem kirchlichen Amt noch zusätzliche Machtmittel zur Verfügung stehen, *qui non temporali solum armatus est gladio regum ac principum more, sed ecclesiastico quoque* (3, 9). Im Gegensatz zu Beispielen aus dem Neuen und Alten Testament (Paulus und Jeremias), wo weltliche Gewalten (*tribunus, rex* 3, 22) geistliche Willkür beschränkten, scheint es vor dem zugleich weltlichen und geistlichen Herrscher Papst keine Sicherheit zu geben: *me vero quis tribunus, quis preses, quis rex e manibus summi sacerdotis, si me rapuerit ille, etiam ut velit, eripere poterit?* (3, 23). Der Gegensatz ist deutlich gekennzeichnet: statt bloßer *indignatio* und *criminatio* durch literarische Gegner setzt sich Valla mit einem Angriff auf den Papst der Gefahr für Leib und Leben aus.

Es bleibe dahingestellt, ob Valla wirklich mit solchen Konsequenzen rech-

---

[2] Zur Abfassungszeit vgl. S. 62.

nen mußte. Vor allem wird man diese Sätze als rhetorischen Auftakt nehmen müssen. Im Aufbau des Vorworts entspricht der Steigerung in der Beschreibung möglicher Reaktionen und Gefahren eine andere in der Betonung des Rechts auf Kritik, das Valla gar als Pflicht zur Kritik erscheinen lassen will. Es bleibt nicht bei der Äußerung einer abweichenden Meinung (*dissentio* 3, 3) wie in früheren Werken, auch der Grundsatz der Verhältnismäßigkeit von Gefahr und Einsatz, wie er sich in dem Macrobius-Zitat *nolo scribere in eos, qui possunt proscribere* (3, 13) ausdrückt, gilt nicht, wo es um den Kampf für Wahrheit und Gerechtigkeit geht: *in defendenda veritate atque iustitia profundere animam summe virtutis, summe laudis, summi premii est* (3, 28). Bei seinem Eintreten für die Wahrheit folgt Valla einem doppelten Gebot. Das eine liegt in dem Ideal des *verus orator*, der seine Überzeugungen auch vorzutragen wagt: *neque enim is verus est habendus orator, qui bene scit dicere, nisi et dicere audeat* (4, 3); das andere ergibt sich für ihn aus der paulinischen Anweisung (Gal. 1, 10), nicht den Menschen, sondern Gott gefällig zu sein: *assequuntur autem (celestem patriam), qui Deo placent, non qui hominibus* (3, 31).

In einem dritten Abschnitt beschreibt Valla sein Ziel. Er will einen weit verbreiteten Irrtum bekämpfen (*ut errorem a mentibus hominum convellam*) und dadurch von fehlerhaftem oder gar verbrecherischem Handeln abhalten: *ut (homines) a vitiis sceleribusque... summoveam* (4, 20). Er will sich dabei auf die Macht des Wortes beschränken (*vel admonendo vel increpando*) und wendet sich deshalb von vornherein dagegen, daß aus seiner Beweisführung eine Aufforderung zur Gewaltanwendung abgeleitet werden könnte. Kampf gegen *errores*, *vitia* und *scelera*: in negativer Bestimmung entspricht dies ganz dem Kampf für *veritas* und *iustitia*, von dem zuvor die Rede war.

Am Schluß der Schrift greift er mit deutlichen Anspielungen auf diese programmatischen Zeilen zurück, wenn er sich noch einmal gegen die Anwendung von Gewalt wendet (*nolo exhortari principes ac populos, ut papam... intra suos fines consistere compellant* 50, 9), wenn er wieder die Notwendigkeit des *admonere* (50, 11) betont und schließlich die Hoffnung ausdrückt, die Päpste könnten von sich aus nach Kenntnis der Wahrheit die entsprechenden Folgerungen ziehen: *(papa) forsitan iam edoctus veritatem sua sponte ab aliena domo in suam... se recipiet* (50, 11).

Valla wendet sich auch dagegen, daß sein Angriff personalisiert wird. Er schreibt keine Philippica gegen einen bestimmten Papst (4, 19), sondern wendet sich allgemein gegen die Vertreter dieses Amtes, die sich, aus welchen Gründen auch immer, der Konstantinischen Schenkung bedienen. Als mögliche Motive werden genannt: *ignorantia*, *avaritia* und *imperandi vanitas* (4, 31). Die Schenkung Konstantins erhält so die Bedeutung eines Wendepunktes in der Geschichte der Kirche und des Papsttums; diese Schenkung als nicht geschehen zu erweisen, bedeutet dann zugleich, an das eigentliche Wesen der Kirche und des päpstlichen Amtes zu erinnern.

Konstantinische Schenkung und historische Wahrscheinlichkeit

Valla prüft zuerst die historischen Umstände, von denen die Silvesterlegende und das Constitutum Constantini berichten, und zeigt die Widersprüche und Ungereimtheiten auf. Dazu wird zunächst das Wesen des Herrschers allgemein umrissen, dann an die besondere Stellung des römischen Kaisers erinnert. Im Blick auf Konstantin stellt sich die Frage nach der Aufgabe eines christlichen Herrschers im Verhältnis zur Kirche und nach dem Ausmaß der Dankbarkeit für erhaltene Wohltaten.

Jeder Herrscher, so führt Valla aus, ist bestrebt, seine Herrschaft auszuweiten (6, 5), geht dafür Risiken ein und bringt Opfer. Selbst Verbrechen gehören zum Bild des Herrschers, familiäre Bande können für ihn bedeutungslos werden (6, 23). Dem Bestreben, die Herrschaft auszuweiten, entspricht der Wille, nicht freiwillig auf Teile dieser Herrschaft zu verzichten. In geschickter psychologischer Einfühlung betont Valla für Konstantin an dieser Stelle nicht etwa den Verzicht auf Rom, sondern den auf Gallien, den Ausgangspunkt seiner Machtstellung (6, 38). Konstantin hatte als römischer Kaiser nach Valla keine ursprüngliche Legitimation. Er konnte sich nicht auf eine Wahl durch den Senat und die Zustimmung des Volkes berufen (7, 7), seine Herrschaft beruhte auf der Gewalt der Waffen. Senat und Volk haben diese Herrschaft zwar geduldet, einer Abtretung von Teilen des Reiches aber wären sie mit Gewißheit entgegengetreten (7, 4). Die Verfechter der Schenkung betonen nun, Konstantin habe als Christ gehandelt (7, 10). Hierauf antwortet Valla, indem er die Rolle des christlichen Kaisers als *defensor ecclesiae* unterstreicht und auf den göttlichen Ursprung jeglicher Macht verweist (7, 28). Bleibt ein letzter Punkt: die Schenkung als Ausdruck der Dankbarkeit für die Heilung von der Lepra. Gegen dieses Argument werden Beispiele aus dem Alten Testament angeführt, wo in gleichen Situationen nicht in gleicher Weise gehandelt wurde.

Bis hierher hat der Autor argumentiert. Jetzt gibt er das Wort an die von der beabsichtigten Schenkung Kaiser Konstantins Betroffenen: an die Söhne, die um ihre Nachfolge bangen, an die Vertreter von Volk und Senat, die an den Fortbestand des Imperium Romanum denken, schließlich an Papst Silvester, der die Schenkung annehmen soll. In diesen Reden werden die vom Autor bereits vorgebrachten Argumente aufgegriffen und verstärkt. Kurz sind die Ausführungen der Söhne, die die *expectata successio* (8, 21) gefährdet sehen. Sie glauben sich vor allem durch ihr bisheriges Verhalten einen Anspruch auf das Erbe erworben zu haben. Für religiöse Motive bringen sie kein Verständnis auf (9, 2). Grundsätzlicher ist die Rede des Vertreters des römischen Volkes, der mit der Teilung des Reiches (9, 17) dessen Fortbestand gefährdet sieht. Eindringlich werden die zu erwartenden Gefahren beschworen (9, 33). Besonders wird dabei betont, daß in dem abzutretenden Reichsteil nicht Herrscher in dem vorher beschriebenen Sinne nachfolgen sollen, sondern der Papst mit seinen Beauftragten, die *ab armis atque ab omni re bellica abhorrentes erunt* (10, 3). Hinzu kommt, daß es sich um Vertreter einer von den Römern verachteten Religion handelt (10, 15). Das stärkste Argument aber liegt in dem Hinweis, daß Konstantins Macht letztlich nur geliehen ist, daß sein *arbitrium* (10, 29) und *ius* (10, 37) beschränkt sind; kein Wunder, daß sogar eine Morddrohung ausgesprochen wird (11, 7).

Die fiktive Rede Papst Silvesters beginnt mit einer ironischen Anspielung auf die erst kurz zurückliegende Taufe: Konstantin ist noch *in christiana militia tiro* (11, 24). Damit erklärt und entschuldigt der Papst das im Grunde unchristliche Vorhaben des Kaisers. Mit zahlreichen Zitaten aus dem Neuen Testament, vor allem aus dem Matthäus-Evangelium und Paulus-Briefen, wird das Bild des Seelenhirten gezeichnet, dem aufgetragen ist, sich nicht mit weltlichen Dingen zu befassen. In ständig wiederkehrenden Wendungen wie *et tu iubes* (12, 24; 13, 1; 13, 24) wird Konstantins Vorhaben mit den göttlichen Geboten konfrontiert. Er muß es sich dabei sogar gefallen lassen, mit dem Teufel verglichen zu werden (14, 37). Doch Silvester argumentiert nicht nur vom biblischen Auftrag her, sondern geht auch auf die persönliche und politische Situation ein, wie sie schon in den anderen Reden dargelegt wurde. Auch er betont, daß Konstantin kein Recht zu dieser Schenkung habe und daß das Volk sie nicht tolerieren werde, er weiß, daß ihm bei Annahme der Schenkung nur Haß entgegenschlagen würde (11, 28). Seine Darlegungen über die Freiheit erinnern an das zuvor von Valla gezeichnete Bild des christlichen Herrschers, dessen Auftrag laute: *restituere libertatem, non mutare dominum* (7, 15; vgl. 14, 14). Auch auf das biblische Beispiel Naaman-Heliseus greift Silvester zurück (11, 39; vgl. 7, 32).

Die Argumentation des Autors und die drei Reden sind eng miteinander verzahnt; immer wieder kann Valla deshalb betonen, daß das bereits Gesagte eigentlich schon als Beweis ausreiche. Mit jeder Rede wird Konstantins Vorhaben unbegreiflicher. Nach der ersten Rede wird ihm die *humanitas* abgesprochen, wenn er nicht einlenke (9, 7), nach der zweiten muß er sich schon mit einem leblosen Stein vergleichen lassen (11, 10), und nach der Rede Silvesters bleibt nur die rhetorische Frage: *quid esset, quod amplius Constantinus posset opponere?* (15, 13).

Das soeben als unmöglich Erwiesene wird nun doch zugegeben, um einen weiteren Ansatz für die Kritik zu gewinnen. Gesetzt den Fall, die Abtretung der westlichen Reichshälfte hätte stattgefunden, welche Spuren hat die Herrschaft des Papstes in den historischen Quellen hinterlassen? Die Stichworte für die folgende Argumentation sind ebenfalls schon durch die Reden vorgegeben. Der Vertreter des Senats hatte darauf hingewiesen, daß die Beamten des neuen Herrschers ihrer Aufgabe nicht gewachsen sein würden (10,2), und mehrfach wurde betont, daß nicht damit zu rechnen sei, daß die neue Herrschaft von langer Dauer sein werde (10,7; 11,14). Zunächst geht es darum, daß zu einer Schenkung auch die Annahme durch den Beschenkten gehöre: *quia non fit mentio de acceptatione, dicendum est non fuisse donatum* (15,30). Die Annahme der Schenkung hätte eine feierliche Übergabe der Herrschaft und ein Auswechseln der Beamten bedeutet. Voller Ironie malt Valla aus, daß weder von einer solchen Übergabe der Herrschaft an den kaisergleichen Silvester noch sonst irgendwelche Zeugnisse von einem *Silvestrianum imperium* (17,20) zu finden seien. Dem negativen Befund wird der positive Beweis für die weitere Herrschaft der Kaiser gegenübergestellt. Stellvertretend für viele Zeugen wird Eutropius (17,29) zitiert.

Mit besonderem rhetorischen Nachdruck führt Valla sein drittes, objektiv aber schwächstes, Argument ein. Er glaubt, den Befürwortern der Schenkung, seinen Gegnern, die tödliche Wunde beibringen zu können (18,33), wenn er der angeblichen Schenkung an Papst Silvester die weitaus bescheidenere, aber tatsächlich erfolgte an Papst Melchiades, den Vorgänger Silvesters, entgegenhält. Als Beweis zitiert er, ebenfalls aus dem Dekret Gratians, den Traktat *De primitiva ecclesia*, der in der Überlieferung zuweilen als Zeugnis des Melchiades galt. Nikolaus von Kues hatte zwar nachgewiesen, daß der Traktat nicht von Melchiades stammen könne, doch Valla nimmt ihn als authentisches Zeugnis (19,2) und kann so triumphierend fragen: *Ubi sunt, qui nos in dubium vocare non sinunt, donatio Constantini valeat nec ne, cum illa donatio fuerit et ante Silvestrum et rerum tantummodo privatarum?* (19,13). Die Streitfrage ist damit geklärt, sie ist zu einer *res plana et aperta* (19,17) geworden.

Die Kritik an der Urkunde

Valla befaßt sich nicht mit dem gesamten Constitutum Constantini, sondern nur mit dessen zweitem Teil, der Donatio, die im Dekret Gratians überliefert ist. Dabei prüft er zunächst genau, in welcher Weise die Donatio dort angeführt wird. Die Donatio Constantini gehört zu den als *Paleae* bezeichneten Zusätzen späterer Dekretisten, deren erster Paucapalea, ein Schüler Gratians, war. Die Zweideutigkeit des Wortes als Name (= Paucapalea) und als Bezeichnung für die Zusätze (palea = Spreu) läßt Valla nicht unbetont (19,27; 20,28). Er nimmt Palea als Person und hat so ein Gegenüber für seine Vorwürfe gewonnen. Gratian selbst wäre für Valla ein gewichtiger

Zeuge. Doch er hat die Urkunde nicht in sein Werk aufgenommen, weil er ihr keine Bedeutung beigemessen und sie nicht für echt gehalten hat (19,30). Dem Lob Gratians steht der Hohn auf Palea, den Mann *nullius auctoritatis ac numeri* (19,34), gegenüber, der die Fälschung dem Dekret Gratians inkorporierte, aber nur ungeschickt abzusichern wußte. Im Vorspann zur Donatio (Dist. XCVI c. 13) wird auf die Silvesterlegende verwiesen, die im *Decretum Gelasianum de libris recipiendis et non recipiendis* zu den anerkannten Autoritäten gerechnet wird. Valla betont zu Recht, daß Gelasius nur von der Legende selbst, nicht aber von der Donatio als deren Bestandteil spricht (20,12). Die Verknüpfung mit der Legende wird im nachfolgenden Kapitel (Dist. XCVI c. 14) bekräftigt, wenn dem Text der Donatio ein Satz aus der Legende vorangestellt wird. Für Valla kommt darin nur erneut der Versuch zum Ausdruck, die gesamte Urkunde als Teil der *actus Silvestri* erscheinen zu lassen (22,6).

Erst jetzt folgt die Kritik an der Urkunde selbst, die Satz für Satz durchgegangen wird. Die Donatio wird eingeleitet mit dem Hinweis: *In eo privilegio ita inter cetera legitur . . .* (22,13); an anderer Stelle ist von der *decreti pagina* die Rede (36,15). Die Schenkungsurkunde als *pagina privilegii* zu bezeichnen, erscheint Valla doppelt widersinnig: Privilegium *ne tu . . . vocas donationem orbis terrarum? et hoc in* pagina *vis esse scriptum?* (21,40). Das Urteil über die Bezeichnung der Urkunde nimmt im Kern schon die weiteren Ausführungen vorweg: *Si titulus absurdus est, qualia cetera existimemus?* (22,1).

Valla analysiert eingehend Wortgebrauch und Grammatik der Urkunde. Gelegentlich stellt er dem kritisierten den richtigen Ausdruck gegenüber (24,24; 31,13), dann reiht er wieder nur einzelne Formulierungen aus der Urkunde aneinander, um etwa auszurufen: *qua etiam elegantia* (32,2). Gerne nimmt er die ungeschickte Ausdrucksweise der Urkunde wörtlich: *Et illud* firmos patronos: *perquam elegans est. Scilicet firmos vult, ne pecunia corrumpantur aut metu labantur* (24,4). Die Unwissenheit des Fälschers wird angeprangert, etwa in den Ausführungen über *phrygium* und *lorum* (28,33). Die schlechte Gliederung stößt auf Kritik (28,14), vor allem aber das Mißverhältnis bei den aufgeführten Einzelheiten: von der Kleidung der Senatoren werden nur die Schuhe erwähnt (31,20), bei der eigentlichen Schenkung fehlt die Aufzählung der Provinzen (33,34). Besonders werden die Widersprüche herausgestellt. So soll das Volk, das in der Urkunde als *populus subiacens* genannt werde, bei dem Beschluß, es der römischen Kirche zu unterwerfen, mitgewirkt haben (23,21); Konstantin gebraucht, auf sich bezogen, sowohl *terrenus* als auch *sacer* (35,4). Immer wieder greift Valla auf die Silvesterlegende zurück, aus der die Urkunde stammen soll. Insbesondere die Behauptung, daß das Ereignis am vierten Tag nach der Taufe anzusetzen sei, wird mehrfach herangezogen, um die Unwahrscheinlichkeit der einzelnen Aussagen zu unterstreichen (23, 18; 34, 35). Im Widerspruch zur Legende stehen die Erwähnung von Konstantinopel (25, 15) und die Behauptung, die Schenkung sei Ausdruck der *largitas* Konstantins (27, 8). Wichtiger noch ist die Unvereinbarkeit der Urkunde mit der Struktur des römischen Reiches. Es werden Satrapen erwähnt, die sogar noch höher eingestuft werden als der Senat (22, 26); die Rolle der Optimaten und Patrizier scheint nicht verstanden (23, 1; 30, 15), auch seien die christlichen Kirchen unbedeutender gewesen, als sie in der Schenkungsurkunde vorausgesetzt werden (26, 3).

Nachdem so die Widersprüche der Urkunde aufgezeigt sind, stellt sich die Frage, warum eine offenkundige Fälschung bei den Päpsten auf Glauben und bei den Kaisern nicht auf Widerspruch gestoßen ist. Für das Verhalten der Päpste liegt eine erste Erklärung in der Gutgläubigkeit gegenüber frommen Erzählungen. Auch die *historia Silvestri* sei kein historischer Bericht, sondern eine *fabula Silvestri* (39, 2). Valla greift die Episode mit dem Drachen heraus, um mit ihr die Legende als ganzes, vor allem die Erzählung über die Lepra, den Anlaß der großzügigen Schenkung, als Lüge zu entlarven. Wieder setzt seine höhnische Kritik an Einzelheiten an, etwa der Tiefe der Höhle (39, 12) oder dem Datum, an dem die Jungfrauen geopfert werden mußten (39, 36). Der Legende werden historische Berichte über Drachen gegenübergestellt und die Parallele zu der Erzählung im Buch Daniel aufgezeigt (39, 23), die von Hieronymus und anderen Kirchenvätern als *ficta* (39, 29) erkannt worden ist. Daraus ergibt sich ohne weitere Beweisführung das Urteil über die Silvesterlegende als Nachahmung dieser Vorlage: *que nullius scriptoris auctoritate fulcitur et que magistram multo superat stultitia* (39, 32). Zahlreiche Beispiele, wie spätere Päpste gegen das Urteil anerkannter Autoren und Kirchenväter legendenhafte Erzählungen glaubten, runden das Bild ab.

Historische Wirkungen der Konstantinischen Schenkung

Mit dem ausführlichen Nachweis der Leichtgläubigkeit der Päpste ist eine der Voraussetzungen erläutert, daß die Konstantinische Schenkung historisch wirksam geworden ist. Doch die *ignorantia*, die die Päpste solche und ähnliche Machwerke nicht durchschauen ließ, reicht zur Erklärung noch nicht aus. Entscheidend sind die anderen eingangs von Valla erhobenen Vorwürfe: *avaritia* und *imperandi vanitas* (4, 31). Sie machen verständlich, daß die Päpste die Schenkung Kaiser Konstantins gegenüber späteren Kaisern ausgespielt haben. Den Kaisern gesteht Valla dabei eine *honesta excusatio* (38, 2) zu, denn nach seiner Auffassung haben sie an die Schenkung nie geglaubt und sie nur bestätigt, weil die politische Situation sie dazu zwang oder weil sie sich dadurch Vorteile erhofften. Als jüngstes Beispiel verweist Valla auf die Kaiserkrönung Sigismunds (43,29). Die Argumente sind zusammengefaßt in einem fiktiven Gespräch mit Kaiser Ludwig, der als erster die Konstantinische Schenkung bestätigte. Diese Bestätigungen deutet Valla als die eine Seite eines Handels zwischen Kaiser und Papst, als Preis für die *imperii dignitas* (43,14). Dahinter steht die Überzeugung, daß es sich bei den späteren Kaisern um Geschöpfe des Papsttums handelt: *quis nescit imperatorem Latinum gratis factum esse a summo pontifice?* (42,26).

Valla läßt Kaiser Ludwig in seiner Stellungnahme ausdrücklich hervorheben, daß er an die Schenkung Konstantins nicht glaube, aber: *de iure pape inquirere non ad me pertinet* (43,20). Das ist zugleich das Stichwort für den nächsten Abschnitt. Selbst wenn man die Schenkung Konstantins und die späteren Bestätigungen anerkenne, hätten die Päpste nach Valla kein Recht, Anspruch auf darin genannte Gebiete zu erheben. Er verweist auf Beispiele aus dem Alten Testament, die ihm das *ius divinum* illustrieren (44,27), und erläutert aus dem *ius humanum* ausführlich den Grundsatz, daß Krieg und Gewalt kein dauerndes Recht begründen können. Sich auf Gewalt zu berufen, zeigt deutlicher noch *fraus* und *dolus* der Päpste als nur deren *ignorantia* (47,27).

Dieser allgemeinen juristischen Argumentation, die selbst eine tatsächliche Schenkung Konstantins nach Vallas Ansicht wirkungslos machen würde, wird von seinen Gegnern ein letztes Argument entgegengestellt: der Hinweis auf die tatsächliche Herrschaft der Päpste und die Wirkung der *praescriptio*. Diese bezieht sich aber nach Valla nur auf leblose Gegenstände, nicht auf frei geborene Menschen: *prescriptionem, que fit de rebus mutis atque irrationabilibus, ad hominem transfers, cuius quo diuturnior in servitute possessio eo est detestabilior* (47,22). Genau das aber ist die Politik der Päpste geworden, die *tyrannis pape* (46,23), personifiziert in Bonifaz VIII. ebenso wie in Eugen IV.

Von der Konstantinischen Schenkung hat die Untersuchung zur Politik der Päpste geführt, von der Widerlegung dessen, was behauptet wird, zu der Kritik an dem, was ist und mit dem Behaupteten in einem ursächlichen Zusammenhang steht. Abschließend entwirft Valla noch einmal das Bild des verweltlichten simonistischen Papsttums. Die Schenkung Konstantins ist dabei immer mit im Blick. Sie ist das *principium potentie papalis* (49,5), sie hat dazu beigetragen, daß die Päpste sich gegenüber *res publica* und *res ecclesiastica* falsch verhielten (49,13), sie verführte dazu, in falsch verstandenem Anspruch die Macht ausweiten zu wollen (*ut ... recuperet cetera membra donationis* 49,21), sie ist zur *materia peccandi* (49,39) für die Päpste geworden.

2. Zur Charakterisierung der Argumentation Vallas

Zum erstenmal in der jahrhundertelangen Diskussion ist von der Konstantinischen Schenkung nicht nur im Zusammenhang mit anderen Fragen, etwa dem Verhältnis von Kirche und Staat oder der Reform der Kirche, die Rede; zum erstenmal ist die behauptete Schenkung selbst Gegenstand einer eigenen Untersuchung. Das ist mehr als nur eine Akzentverschiebung. Es geht um ein angebliches historisches Ereignis und seine Wirkungen im weiteren Verlauf der Geschichte. Ausgangspunkt für die Untersuchung ist die Überzeugung, daß jeder Anspruch, der aus einem früheren Geschehen abgeleitet wird, nur durch eine unanfechtbare Überlieferung anerkannter Autoren über das fragliche Ereignis gestützt werden kann. In diesem Fall geht es um die kritische Prüfung einer vorgewiesenen Urkunde. Die Frage nach Wahrscheinlichkeit und Belegbarkeit des darin behaupteten historischen Geschehens spielt nur eine untergeordnete Rolle.

Über den historischen Kaiser Konstantin und den historischen Papst Silvester erfährt der Leser so gut wie nichts.[1] Nur andeutungsweise hört man, daß Konstantin in Gallien geherrscht habe (6, 38) und von zweifelhafter Abstammung sei (11, 1), nichts dagegen von den Machtkämpfen, dem Sieg über Maxentius und dem Einzug in Rom, nichts auch von seiner weiteren Herrschaft nach der angeblichen Schenkung. Valla argumentiert gegen die behauptete Taufe durch Papst Silvester und die dadurch verursachte Schenkung, doch seine Ansicht über die tatsächliche Taufe des Kaisers läßt sich nur erschließen. Er spricht davon, daß Konstantin von Kind an Christ gewesen sei (18, 34) und legt damit eine Stelle aus der Kirchengeschichte des Eusebius (IX 9, 1), die nur von der monotheistischen Einstellung des Vaterhauses spricht, zu eng aus, andererseits erwähnt er Papst Melchiades (19, 2), dem Konstantin Schenkungen gemacht habe *antequam etiam baptismum acceperat* (5, 16).[2] Nimmt man beides zusammen, darf man vermuten, daß er wohl der Überlieferung über die Taufe am Lebensende folgen würde. Doch diese Ansicht wird nicht als Argument ausgespielt. Valla will nur die Widersprüche aufzeigen, die sich aus der Behauptung der Urkunde ergeben.

Es geht ihm auch nicht darum, alle Berichte über die Schenkung zu prüfen, wie es etwa Nikolaus von Kues getan hat. Er fragt nur nach zeitgenössischen Belegstellen. Solche Zeitgenossen sind Eutropius (17, 29), der von der Schenkung nichts berichtet, und Papst Melchiades (19, 2), der den historischen Kern der Behauptung bezeugt. Valla befolgt damit nur seinen eigenen Grundsatz,

---

[1] Silvester ist *apostolicus vir* (15, 13), *sanctus* (15, 18); Konstantin wird *modestissimus* (24, 36) und *optimus princeps* (26, 18) genannt.

[2] Die häufigere Lesart ... *ante quem etiam baptismum acceperat* gibt keinen Sinn. Die Formulierung wäre sehr ungewöhnlich, vor allem aber gibt es keine Quelle, die von einer Taufe Konstantins durch Papst Melchiades berichtet.

den er an anderer Stelle ironisch-polemisch formuliert: *Quisquis enim de superiore etate historiam texit, aut spiritu sancto dictante loquitur aut veterum scriptorum et eorum quidem, qui de sua etate scripserunt, sequitur auctoritatem* (37,11). Spätere Zeugnisse sind für Valla nicht von Interesse. Es heißt seine Absicht verkennen, wenn man ihm vorwirft, es fehle „die sichere Kenntnis und methodische Sichtung der schriftlichen Überlieferung".[3]

An einer anerkannten Autorität aus der Zeit des angeblichen Geschehens wird auch die Sprache der Urkunde gemessen. Nicht das klassische Latein wird gefordert – Valla weiß um die Entwicklung der Sprache –,[4] es ist Laktanz, *vir latinus plane et facundus,* der als Sprachmuster das Urteil bestimmt.[5] Die Prüfung der historischen Situation und des Sprachgebrauchs läßt Valla manchen Anachronismus erkennen. Die Nennung von Konstantinopel (24,39) ist nur das deutlichste Beispiel. Er weiß, daß *papa* = Papst erst spät gebräuchlich wurde (32,37), er erkennt, daß eine spätere Auffassung des Patriziats sich in der Urkunde ausdrückt (30,24), und er weiß um die Unstimmigkeit bei den Krönungsriten (*diadema* 28,18).[6] Doch wie die spätere Überlieferung nicht in die Untersuchung mit einbezogen ist, verzichtet Valla auch darauf, die Frage zu stellen, wann die Fälschung entstanden sein könnte. Urheber der Fälschung sind für ihn die Päpste (42,19), Paucapalea muß nur stellvertretend Kritik und Spott einstecken, weil er diese Urkunde für echt gehalten und als Zusatz in das Decretum Gratiani aufgenommen hat.[7] Vielleicht würde Valla die Meinung der heutigen Forschung teilen und die Entstehung der Urkunde im Zusammenhang mit der Hinwendung der Päpste zu den Franken und der Schöpfung des abendländischen Kaisertums sehen (42,26).

Im Mittelpunkt seiner Ausführungen steht die eingehende Kritik am Wortlaut der Urkunde. Ginge es ihm vorrangig um Kritik an der Herrschaft der Päpste, wäre diese Detailkritik unnötig. So hat beispielsweise der unbekannte Verfasser der französischen Übersetzung, die bald nach 1520 entstand, Vallas Ausführungen in ihren historischen Passagen erweitert, die textkritischen Abschnitte dagegen gekürzt und so erst der Schrift den vorrangig politischen Akzent gegeben, der ihr ursprünglich nicht zu eigen ist.[8] Ähnlich verfahren die Interpreten, die Vallas Rede auf die Einleitung und den Schlußappell an die Päpste reduzieren.

---

[3] L a e h r, Schenkung II, S. 162; F o i s, S. 331.

[4] Vgl. S. 6; P e p e, La filologia, S. 127ff.

[5] Opera I, S. 18; in der Rede selbst wird Laktanz mehrfach genannt (23,32; 28,34; 31,18).

[6] Myron P. G i l m o r e, Humanists and Jurists. Six Studies in the Renaissance, Cambridge (Ma.) 1963, S. 10 und S. 112, hebt besonders das letztgenannte Beispiel hervor.

[7] Auch Paucapalea wird einmal *falsarius ac vere palea* (20,28) genannt. Die Kritik trifft den Urheber der Fälschung ebenso wie den, der ihr zustimmt und sich ihrer bedient (41,30).

[8] Vgl. S. 179.

Die Bedeutung der Urkunde ergibt sich gerade daraus, daß sie Bestandteil des anerkannten kirchlichen Rechtsbuches geworden ist. Jede andere Überlieferung muß demgegenüber zweitrangig sein. Es ist wiederum müßig zu fragen, ob Valla ein vollständiges Constitutum Constantini gekannt habe oder nicht.[9] Aus der Schrift selbst ist die Antwort nicht zu entnehmen. Valla bezieht den ersten Teil des Constitutum, die sog. Confessio, in seine Kritik an der Donatio nicht mit ein, sondern argumentiert von der Silvesterlegende aus, weil auf sie ausdrücklich im Vorspann zum Zitat der Donatio im Dekret verwiesen wird (22,6). Es ist schließlich auch kein Zufall, wenn er als Beispiel für spätere Schenkungen der Kaiser das *Pactum Hludovicianum* anführt (42,32); denn auch dies hatte wie die Donatio Constantini Eingang ins Dekret gefunden. Die Ablehnung der Schenkung Konstantins erfordert deshalb auch eine Beurteilung dieser Bestätigung. Das Zwiegespräch mit Ludwig soll verdeutlichen, daß für Valla diese Bestätigung *vel simulata vel frivola* (5,21) ist. Das gleiche gilt ihm dann für alle Schenkungen dieser Art: *quicquid donant Cesares, decepti exemplo Constantini faciunt* (44,20).

Die Beschränkung in der Aufgabe ermöglicht die besondere Geschlossenheit in der Argumentation. Es geht dabei nicht um die Zahl der Argumente, sondern um deren Schlüssigkeit. Die Kritik vollzieht sich in immer neuen Ansätzen, historisch, theologisch und vor allem philologisch. Alle Argumente sind dabei gleichrangig. So ist die Urkunde datiert *tertio Kalendas Aprilis Constantino Augusto quarto consule* (37,19). Valla erinnert daran, daß die Ämter im Januar angetreten werden. Da die Lepra eine langsam sich ausbreitende Krankheit sei, müsse Konstantin schon im Januar krank gewesen sein, dann aber hätte er – Beispiele sollen das belegen (37,26) – das Amt gar nicht mehr übernommen. Dieses abgeleitete Argument ist für Valla stark genug, die Urkunde zu entwerten: *Quo uno argumento totum prorsus privilegium confutatur, profligatur, evertitur* (37,28).

Die Geschlossenheit der Argumentation ist allerdings nicht ohne eine gewisse rhetorische und sachliche Zuspitzung zu erreichen. Valla gibt den Text der Urkunde, ohne die Überlieferung zu prüfen. Er hat Sallust, Livius und Quintilian kommentiert und aus dem Vergleich mehrerer Handschriften bessere Lesarten gewonnen, von sich aus manche Konjektur hinzugefügt; seine *Annotationes* zum Neuen Testament beruhen ebenfalls auf dem Vergleich verschiedener Handschriften. Er hat bei anderer Gelegenheit schließlich auch den Text Gratians überprüft. Bei dem Streit nämlich um die Entstehung des apostolischen Glaubensbekenntnisses hat er seine Auffassung durch eine Textvariante zu belegen versucht und dazu das Urteil des berühmtesten Kanonisten seiner Zeit, Panormitanus, eingeholt.[10] Bei der Donatio Constantini

---

[9] F u h r m a n n , Pseudoisidor II, S. 565.
[10] Opera I, S. 360; zur Sache vgl. S. 3.

aber verzichtet er auf solche Textkritik[11] und gewinnt so zusätzliche Argumente: er behält die Lesart *banna* bei und kann darauf verweisen, daß in der Urkunde Worte vorkämen, die er gar nicht kenne (29, 36); er höhnt über den Gebrauch des Wortes *concubitores* (31, 5). Zur Zuspitzung gehört auch eine gewisse Übertreibung bei der Bedeutung der angeführten Zeugnisse. Eutropius wird als *unum ex mille testimoniis* (17, 29) eingeführt; an anderer Stelle ist von *omnis fere historia, que nomen historie meretur* die Rede (18, 33), doch nur die Kirchengeschichte des Eusebius wird genannt; Valla meint, daß *duo milia locorum* (19, 24) der Einordnung der Donatio im Dekret widersprächen, verweist jedoch nur auf den Ps. Melchiades-Traktat.[12]
Die ausführliche philologische Kritik am Wortlaut der Urkunde gibt immer wieder Gelegenheit zu belehrenden Exkursen. So stellt Valla die Bedeutung von *purpura* klar (29, 9), geht die geographische Terminologie durch und vergleicht sie mit den Angaben der Urkunde (26, 22). Von den märchenhaften Episoden der Silvesterlegende kommt er auf die fehlerhafte Interpretation des Petrus-Namens zu sprechen (42, 7) und fügt weitere Beispiele über falsche etymologische Ableitungen an.

Soweit einige Beobachtungen, die sich aus Gliederung und Aufbau der Schrift ergeben. Zu ihrer Beurteilung hat Valla selbst die Stichworte genannt. In dem Brief an Giovanni Tortelli vom 25. 5. 1440 kennzeichnet er den Inhalt der kürzlich fertiggestellten Schrift als *res canonici iuris et theologiae, sed contra omnes canonistas atque omnes theologos*,[13] in einem Brief an Giovanni Aurispa vom 31. 12. 1443 nennt er sie *orationem . . ., qua nihil magis oratorium scripsi.*[14]

Opus oratorium

Ulrich von Hutten hat in seinen Ausgaben von Vallas Schrift den Titel mit dem Zusatz *declamatio* versehen. Abgesehen davon, daß dieser Zusatz in der

---

[11] Ein Vergleich mit der Edition Friedbergs zeigt, daß Vallas Vorlage den von Friedberg mit CDF bezeichneten Handschriften nahesteht. Zur Überlieferung vgl. Johanna Petersmann, Die kanonistische Überlieferung des Constitutum Constantini bis zum Dekret Gratians. Untersuchung und Edition, Deutsches Archiv 30 (1974), S. 356–449, bes. S. 407f.

[12] Valla weiß, daß in der Silvesterlegende Eusebius als Autor genannt wird. Er identifiziert ihn aber nicht mit dem Kirchenhistoriker, sondern spricht nur von *quodam Greco homine* (39, 6), den er mit einem Juvenal-Zitat noch zusätzlich abwertet. Daß er sonst nicht so abfällig über die Griechen dachte, zeigen allein schon seine Übersetzungen. An anderer Stelle hat er sie auch ausdrücklich gegen verallgemeinernde Urteile in Schutz genommen: *. . . quasi Graecum esse sit loco opprobrii ponendum* (Opera I, S. 456).

[13] Mancini, Lettere, S. 33; vgl. auch S. 83.

[14] Opera II, S. 406f.; vgl. auch S. 85.

handschriftlichen Überlieferung keine Stütze findet,[15] ist die Bezeichnung auch sachlich nicht angebracht. Gerade für Valla, der auf korrekten Sprachgebrauch achtet, würde *declamatio* zu sehr den Schul- und Übungscharakter betonen. In seinem Kommentar zu Quintilian vermerkt er wiederholt, wenn es sich bei den angeführten Beispielen um ein *suasoriae argumentum* oder eine *declamatoria materia* handle.[16] Innerhalb seiner Schrift gegen die Konstantinische Schenkung könnte man allenfalls die Reden im ersten Teil als *declamationes*, genauer als *suasoriae*, bezeichnen, wie sie in einer bestimmten Situation hätten gehalten werden können: Kaiser Konstantin will die Hälfte seines Reiches an Papst Silvester abtreten, was würden dazu seine Söhne, Volk und Senat von Rom und schließlich der Papst selbst sagen?

Valla nennt sein Werk eine *oratio* (5, 30; 50, 9). In den *Elegantiae* hat er den *orator* deutlich vom *declamator* unterschieden: *Orator (est), qui causas orat vel in iudiciis vel in concionibus..., declamator est, qui studens apud rhetorem in conventu scholasticorum fictam causam orat, id agens, ut in veris postea causis possit orare.*[17] In der vorliegenden *oratio* geht es nicht um einen fiktiven Fall, der übungsmäßig durchgespielt wird, sondern um eine *publica et quasi Cesarea causa* (5, 28), um die Mißachtung der historischen Wahrheit und Wahrscheinlichkeit durch die Päpste, die die Schenkung Konstantins an Silvester als geschehen und rechtswirksam ansehen. Ausgetragen allerdings wird die Sache in einer imaginären Szenerie – *quasi in contione regum ac principum orans* (5, 29) –, in der alle Betroffenen versammelt sind und zu Wort kommen.

Die Rede läßt sich in ihrem Aufbau mit den Termini der rhetorischen Technik beschreiben.[18] Das *exordium* soll *iudicem benevolum, docilem, attentum parare,*[19] bei Valla (3, 1–5, 25) liegt der Akzent auf *attentum parare,* wenn er die Bedeutung des Falles als *causa veritatis, causa iustitie, causa Dei* (4, 3) herausstellt. Am Schluß der Einleitung steht eine genaue Gliederung der nachfolgenden Ausführungen. Als *narratio*[20] könnte man die Abschnitte I–III bezeichnen (5, 26–19, 15), in denen durch die Schilderung des historischen Hintergrunds gezeigt wird, daß es keine Herrschaftsabtretung an Papst Sil-

---

[15] Soweit sich die Bezeichnung *declamatio* auch in den Handschriften findet, handelt es sich um spätere Zusätze. – Unter rhetorischem Aspekt ist die vorliegende Schrift interpretiert bei G r a y, Eloquence, S. 213; zum Rhetorischen bei Valla vgl. die Arbeiten von L o r e a u und S a n t a n g e l o.

[16] Q u i n t i l i a n - Kommentar zu III 6, 25 und III 6, 27; vgl. P e p e, La filologia, S. 128.

[17] Opera I, S. 148.

[18] Zur Terminologie vgl. Heinrich L a u s b e r g, Handbuch der literarischen Rhetorik. Eine Grundlegung der Literaturwissenschaft, München 1960. Die im folgenden gebrauchten Termini erläutert Q u i n t i l i a n, Inst. or. III 9, 1; dazu L a u s b e r g, S. 148f.

[19] L a u s b e r g, a.a.O. S. 151ff.

[20] A.a.O. S. 163ff.

vester, wohl aber eine bescheidene Schenkung an Papst Melchiades gegeben habe. Damit ist der Sachverhalt klargestellt, *res plana et aperta* (19,17). Kernstück der Rede ist dann der Beweis, daß die Päpste mit dem Constitutum Constantini eine Fälschung verteidigen und ausspielen. Die *argumentatio*[21] vollzieht sich dabei in zwei Schritten. Der erste Teil (19,17–37,39) befaßt sich mit Überlieferung und Wortlaut der angeblichen Urkunde, deren Widersprüche und Anachronismen aufgezeigt werden *(probatio)*; anschließend weist Valla die zusätzlichen Argumente der Gegenpartei zurück *(refutatio)*, die trotz der vernichtenden Kritik an der Urkunde noch vorgebracht werden können: den Hinweis darauf, daß *tot summi pontifices donationem hanc veram esse crediderunt* (38,9) und *imperatores... donationem Constantini non negant* (42,22), die daraus abgeleiteten Herrschaftsansprüche (44,22) und schließlich die von all dem unabhängige Frage der *praescriptio* (46,28). Die *argumentatio* umfaßt so die Abschnitte IV–VI (19,16–48,34) nach der von Valla genannten Gliederung. Nach den Ausführungen zur Sache, die abschließend als *apertissima* (48,35) bezeichnet werden kann, faßt Valla zu Beginn der abschließenden *peroratio*[22] seine Beurteilung der Streitfrage zusammen, um dann alle Affekte gegen die Päpste zu mobilisieren. In der *peroratio*, so heißt es bei Quintilian (Inst. or. VI 1,51), ist es erlaubt, *totos eloquentiae aperire fontes;* die Schärfe der Vorwürfe und Vergleiche dieses Schlußabschnitts wird man deshalb unter diesem formalen Aspekt beurteilen müssen.[23]

Opus oratorium als Selbsteinschätzung Vallas weist aber über das Formale hinaus auch auf das Ethos, das dieser Schrift zugrunde liegt. Valla fühlt sich ganz dem Ideal des *verus orator* verpflichtet, seine Rede ist ein Musterbeispiel für das vom orator geforderte Verhalten.

Valla folgt auch hier Quintilian, der in der Nachfolge Catos den Redner bestimmte als *vir bonus dicendi peritus*.[24] Dieses Ideal wird von Valla in seinem Jugendwerk *De voluptate* ebenso beschworen[25] wie in den Auseinandersetzungen mit Poggio.[26] Der wahre Redner stellt sich in den Dienst einer Sache und damit der Wahrheit. Er folgt nicht nur eigenem Ehrgeiz, denn die

---

[21] A.a.O. S. 190ff.

[22] A.a.O. S. 236ff.

[23] Zur Beurteilung des Papsttums bei Valla vgl. S. 56.

[24] Quintilian, Inst. or. XII 1,1: *orator ... qui a M. Catone finitur vir bonus dicendi peritus*; Valla (4,3): *Neque enim is verus est habendus orator, qui bene scit dicere, nisi et dicere audeat.*

[25] Schon hier betont er die moralische Integrität, die den wahren Redner auszeichnen muß: *An aliquis bene loqui poterit, cum ipse sit malus? Licet Eschines de Demosthene dixerit hunc bene loqui et male vivere. Quod suspicor magis inimice quam vere obiecisse* (Opera I, S. 963, De vero falsoque bono, S. 91,22).

[26] Poggio ist das negative Gegenbild des *verus orator: ego in Pogium possim econtrario vertere: orator est vir malus dicendi imperitus* (Opera I, S. 257).

Wahrheit zählt mehr als der Sieg über die Gegner. Wer sich aber für die Wahrheit einsetzt, muß einen Fehler berichtigen oder etwas besser und richtiger darstellen können als seine Vorgänger. Daraus leitet Valla die Forderung ab, daß überhaupt nur derjenige, der diese Bedingungen erfüllt, das Recht habe, sich zu Wort zu melden: *quae causa scribendi foret, nisi aliorum aut errata aut omissa aut redundantia castigandi?*[27]

Kritik als Dienst an der Wahrheit und Polemik als notwendiger Bestandteil jeglicher Äußerung – diese Überzeugung hat Valla eindringlich in einer an Giovanni Serra gerichteten *epistola apologetica* formuliert.[28] Er vergleicht sich in diesem Brief mit Cato, der gegenüber seinen Mitbürgern nicht mit Vorwürfen gespart habe, aus allen Auseinandersetzungen als Sieger hervorging und trotzdem besonderes Ansehen genoß.[29] Der Kritiker Valla versteht sich als der Zensor, der die Ansichten anderer an Maßstäben mißt, die von anerkannten Autoritäten gesetzt sind. Er verweist dazu auf die klassischen Autoren, die er in seinen *Elegantiae* eben nicht getadelt, sondern sogar mit höchstem Lob bedacht habe. Wenn er diejenigen tadelt, die von diesen Mustern abweichen, versteht er das zugleich als eine Verteidigung dieser *maximi... et maximis proximi: quis ita iniquus rerum aestimator est, qui hoc mihi vitio dandum potius quam laudi putet, si quem ostendo ab usu illorum principum... discrepare, ut non tam hos corripiam quam illos defendam merearque hanc, nisi fallor, laudem, ut superiores honorasse, posteriores videar docuisse?*[30] Die Identifizierung mit den als gültig anerkannten Vorbildern wird besonders deutlich, wenn Valla gleichsam in deren Stellvertretung zu handeln vorgibt: *reor..., si existerent et ad vitam redirent, multo eos mordacius hoc*

---

[27] Opera II, S. 391.

[28] S a b b a d i n i, Cronologia, S. 81–88 = Opera II, S. 387–394. Die Identität des Empfängers war lange umstritten. M a n c i n i, Vita, S. 118, vermutete Bernardo Serra; in der Überlieferung erscheint jedoch nur die Namensform Joannes. Es handelt sich um den von Valla auch Opera I, S. 463, genannten *praelustrem ex Aragonia virum, Ioannem Scerensem*, der etwa zu gleicher Zeit wie Valla in die Dienste König Alfonsos getreten war. Vgl. Agostino S o t t i l i, Note biografiche sui petrarchisti Giacomo Publicio e Guiniforte Barzizza e sull' umanista valenziano Giovanni Serra, in: Petrarca. Beiträge zu Leben und Wirkung, herausgegeben von Fritz Schalk, Frankfurt 1975. Sottili verweist auf die Einleitung zu Z i p p e l s Edition von Vallas *Repastinatio dialectice et philosophie.* – Der Brief an Serra ist nicht genau datierbar, es kommen die Jahre 1439–1441 in Betracht. Valla bezieht sich auf diesen Brief in *De professione religiosorum* (Opera II, S. 289) und in einem Brief an Tortelli (M a n c i n i, Lettere, S. 37). Zur Interpretation des Briefes C a m p o r e a l e, S. 219–227.

[29] *... solabor ego cum Catone ceterisque sapientibus fortunam meam* (Opera II, S. 388). Am Anfang des Briefes hebt Valla hervor, daß seine Kritiker nur seine Werke, nicht seine Lebensführung angreifen, er kann sich so selbst von seinen Kritikern als *vir bonus* bestätigt fühlen: *Itaque accusatio eorum testimonium est meae integritatis, nec famae meae macula sed excusatio* (Opera II, S. 387).

[30] Opera II, S. 389.

facturos quam ego facio in homines, qui nulla causa priscorum vestigia deserant.[31]

Von der gleichen Haltung ist auch die Schrift gegen die Konstantinische Schenkung geprägt. Auch hier führt Valla einen Kampf für die Wahrheit gegen einen jahrhundertealten Irrtum. Die Autoritäten, die in ihr Recht eingesetzt werden sollen, sind Laktanz, die Historiker Eusebius und Eutropius und vor allem die Bibel. Die Kritik ist sehr polemisch geführt. Die Reihe der Schimpfwörter – um nur ein Merkmal der Polemik herauszugreifen – ist aber keineswegs typisch für diese Schrift allein, sie finden sich in der früheren Kritik an Bartolus ebenso wie in den Invektiven gegen Poggio.[32] Die Kritik richtet sich dabei nicht nur gegen den Urheber der Fälschung, sondern stärker noch gegen diejenigen, die aus welchen Motiven auch immer falsche Ansichten ungeprüft übernommen haben (41, 30).[33]

Valla nennt Quintilian, seinen Lehrmeister der Rhetorik, ein *terrestre oraculum*,[34] kannte ihn nach eigener Angabe fast auswendig.[35] Auch in der vorliegenden Schrift wird Quintilian mehrfach zitiert, namentlich allerdings nur mit einer abgelegenen Stelle aus den Declamationes, die Valla als Werk Quintilians ansah (45, 22).[36] Auch die rhetorische Haltung, die Valla einnimmt, läßt sich in einigen Punkten auf Anweisungen Quintilians zurückführen. Es geht Valla nicht um eine politische Aktion, sondern um Belehrung, die allerdings politische Konsequenzen zur Folge haben sollte. Nach Quintilian gilt für den orator, daß er *non poenae nocentium cupidus, sed emendandi vitia corrigendique mores* sein solle (Inst. or. XII 7, 2). Die gleiche Einstellung betont Valla: *neque vero id ago, ut quenquam cupiam insectari..., sed ut errorem a mentibus hominum convellam* (4, 19).[37] Dabei darf sich der Redner

---

[31] Opera II, S. 390.

[32] Bartolus ist *bestia, asinus, pecus* (Opera I, S. 633, 635, 639–641). Auch der Fälscher des Constitutum Constantini wird mit diesen Tiervergleichen, die die Geistlosigkeit verdeutlichen sollen, belegt: er ist *asinus* (23, 32), *belua* (25, 15), *bestia* (26, 17), *bipes asellus* (31, 26). Die Liste der Schimpfwörter ist in dem Streit mit Poggio auf beiden Seiten noch länger.

[33] Derartige Formulierungen sind häufig, vgl. etwa 16, 33; 19, 20; 21, 1; 26, 19; 37, 40.

[34] Opera I, S. 958, De vero falsoque bono, S. 84, 22. Ihm folgt Valla auch etwa bei der Übersetzung der aristotelischen Kategorien: ... *in quorum translatione quem potius quam Quintilianum sequar?* (Opera I, S. 646, vgl. auch S. 653).

[35] ... *quem prope ad verbum teneo* (Opera I, S. 477).

[36] Das Zitat *nulla supra terras adeo rabiosa belua...* (Decl. XII 27) findet sich auch in den Elegantiae (Opera I, S. 75). Aus Quintilian sind weiter (9, 10) ein Vergil-Zitat (Aeneis I 151, Inst. or. XI 1, 26, vgl. Ryba, S. 480) und (25, 22) das Sprichwort *mendaces memores esse oportere* (Inst. or. IV 2, 91) übernommen.

[37] Solche Formulierungen finden sich in fast allen Schriften Vallas. Am deutlichsten ist diese Absicht ausgedrückt in einem Brief an Papst Eugen IV. von 1434: *is mihi semper animus fuit, ut oratoriis studiis Deo placerem hominibusque prodessem* (Mancini, Lettere, S. 30), vgl. unten S. 71. – Selbst die Kontroverse mit Poggio hielt Valla für nützlich

durch nichts abschrecken lassen, *adsuescat iam a tenero non reformidare homines*, hatte Quintilian (Inst. or. I 2, 18) gefordert. Valla betont: *neque enim timebo homines Deo fretus* (49,7). Auch die Selbstsicherheit, die er zur Schau trägt, ist dem Redner von Quintilian zur Pflicht gemacht.[38]

Res canonici iuris

Valla weist nach, daß eine Fälschung nachträglich in das Decretum Gratiani Eingang gefunden hat, überführt damit alle der Unwissenheit, die auf diese falsche Urkunde weitreichende Interpretationen über die weltliche Herrschaft der Kirche gründeten. Er geht damit weiter als die Mehrzahl der Juristen, die allenfalls über die Gültigkeit der Schenkung diskutiert, diese selbst aber nicht in Frage gestellt haben. Dieser Sachverhalt allein rechtfertigt schon die Kennzeichnung der Schrift als *res canonici iuris, sed contra omnes canonistas*.[39] Diese Selbsteinschätzung Vallas kann aber darüberhinaus auch als Hinweis auf die juristische Abstützung der Argumentation genommen werden.

Der Redner und der Rechtskundige haben für Valla eine vergleichbare Funktion: *qui doctores iuris vocantur, cum advocati sint et patroni causarum, nihil aliud sint quam oratores... proprium munus ac primum oratorium erat causas agere*.[40] Der Vorrang allerdings gebührt dem Redner. Das verdeutlicht Valla etwa am Beispiel der römischen Gesetzgebung: *qui vero legem fert ad populum, fere orator est aut praesidio oratoris indigens, ut appareat quanto praestantior orator est quam iurisconsultus, quum hic sit quasi illius scriba, aut ille preceptor, hic paedagogus, ille dux, hic ducis legatus atque assecla*.[41] Aus der Verwandtschaft zwischen *orator* und *iurisconsultus* ergibt sich, daß die Forderungen an den einen in gleicher Weise auch für den anderen gelten müssen. Vorstufe der *eloquentia* ist die richtige *Latinitas*, korrekter Sprachgebrauch muß in besonderer Weise von der Rechtswissenschaft gefordert werden: *sine (Latinitate atque elegantia) caeca omnis doctrina est et illiberalis, praesertim in iure civili*.[42] Seine Kritik an den Juristen seiner Zeit

---

und lehrreich: *... non solum Pogii reprehendi causa haec annotamus, sed etiam docendae iuventutis* (Opera I, S. 307). Im Serra-Brief heißt es: *... nam ut quisque eruditissimus est, ita frequentissime insectandis aliorum erroribus et exercetur et exerceri debet* (Opera II, S. 393).

[38] *... fiduciam igitur orator prae se ferat semperque ita dicat tamquam de causa optime sentiat* (Inst. or. V 13,51). Auch die Behandlung der Praescriptio mag nicht nur durch die juristische Diskussion angeregt sein: *cum ex praescriptione lis pendet, de ipsa re quaeri non est necesse* (Inst. or. VII 5,3).

[39] Mancini, Lettere, S. 33.

[40] Quintilian-Kommentar, S. a III v zu Inst. or., Prooemium I.

[41] Opera I, S. 139.

[42] Opera I, S. 80.

hat deshalb vor allem bei der Sprache angesetzt, entsprechend dem Wort seines Meisters Quintilian: *omne ius aut in verborum interpretatione positum est aut aequi pravique discrimine.*[43] Angesichts dieses Grundsatzes fiel sein Urteil vernichtend aus: *ea est ineruditio in illis omnium doctrinarum, quae sunt libero homine dignae.*[44] Als *iurisconsulti* erkennt er nur die römischen Rechtsgelehrten an, deren Nachfolger nennt er höchstens noch *iurisperiti.* Um die sprachliche Kritik geht es vor allem in der Invektive gegen Bartolus' *De insigniis et armis* und im 6. Buch der *Elegantiae.* Bei der Kritik an Bartolus geht Valla ähnlich vor wie bei der Untersuchung der Urkunde über die Schenkung Konstantins. Die umfangreichen Ausführungen verdeutlichen hier wir dort, was schon zum Titel angemerkt werden muß: *Nam si nec titulum quidem sine interprete facile intelligo, quid tandem in illis locis futurum putem, ubi se in altas quaestiones autor profundasque demersit?*[45] Bartolus ist wie Accursius Repräsentant der *anseres,* die den römischen Vorbildern, den *cygni,* Sulpicius, Scaevola, Paulus und Ulpianus, gegenüberstehen.[46] Schon die Kodifizierung des römischen Rechts durch Justinian ist für Valla der Beginn der Depravierung,[47] weil das Corpus Iuris Civilis zum Ausgangspunkt der Glossenliteratur geworden ist, wobei Gesetze und Juristenmeinungen gleich behandelt wurden.[48] Sprachlich können diese Glossen kein Vorbild sein: *indecorum sane est homini, qui de elegantia scripturum se pollicetur, Accursium ac caeteros glossatores sequi …, cum illi ab elegantia longissime absint.*[49] Vallas Kritik an Accursius klingt in der Schrift gegen die Konstantinische Schenkung an, wenn er dessen Ansicht über den Ursprung des römischen Rechts mit den Angaben des Livius vergleicht (37, 16).[50]

Der Barbarisierung der Sprache entspricht eine Gothisierung des Rechts. Besonderer Ausdruck dieses *ius Gothicum* ist das kanonische Recht, das *ius pontificum, quod canonicum vocant.*[51] Bemerkenswert ist dabei, daß Valla

---

[43] Quintilian, Inst. or. XII 3,7, zitiert Opera I, S. 80. Zur Kritik Vallas und der sich daran anschließenden Diskussion vgl. Domenico M a f f e i, Gli inizi, S. 37ff. und 63ff.

[44] Opera I, S. 633.

[45] Opera I, S. 634.

[46] Opera I, S. 633.

[47] *Nam quid te (Iustinianum) vel iniustius si per invidiam ornatissimos illos Iurisconsultos abolendos curasti?* (Opera I, S. 633). – P e p e, L'opusculo, S. 1138, verkennt die Position Vallas, wenn er die juristische Argumentation deshalb als unzureichend bezeichnet, weil dieser die mittelalterlichen Theorien nicht zu kennen scheine.

[48] *quoties Pauli, Ulpiani aliorumve testimonium assumunt (iurisperiti), legem nominant, quum longe aliud sit legem esse et habere vim legis* (Opera I, S. 139).

[49] Der Vorwurf richtet sich gegen Antonio da Rho (Opera I, S. 404).

[50] An anderer Stelle hat Valla in Abwandlung von Ciceros (vgl. Pro Murena 28) *triduo se iurisconsultum fore* behauptet: *audebo dicere … me glossas in Digesta triennio conscripturum longe utiliores Accursianis* (Opera I, S. 80).

[51] Opera I, S. 80.

Gratian in dieses negative Urteil nicht mit einbezieht, sondern ihn als *doctus in iure civili* anerkennt.[52] So ist er denn auch überzeugt, daß Gratian die Konstantinische Schenkung bewußt nicht in seine Rechtssammlung aufgenommen hat (19, 30).

An Vallas eigener juristischer Bildung kann kein Zweifel bestehen. Er hat das gesamte Corpus Iuris Civilis durchgearbeitet und behauptete von sich, es besser zu verstehen als Accursius, Bartolus und Baldus.[53] In seiner Kritik an der Konstantinischen Schenkung spielt er deutlich auf die juristische Diskussion um die Gültigkeit der Schenkung und die juristische Rechtfertigung der weltlichen Herrschaft der Päpste an. Anknüpfend an eine Definition des Ulpian hat Valla das gesamte Recht unterteilt in *ius privatum* und *ius publicum*,[54] zum *ius publicum* zählt dabei auch das *ius sacrum*. Diese Unterscheidung klingt an, wenn er seine Kritik mit den Worten rechtfertigt: *non est committendum, ut publicam et quasi Cesaream causam non maiore, quam private solent, ore agamus* (5, 28). Die Verpflichtung in einer *causa publica* tätig zu werden, hatte er schon in der Streitschrift gegen Bartolus betont: *An vero bonus vir privata solum causa et non publica commovetur? Alios offendunt, me quoque offendunt: omnibus enim civibus iniuriam facit, qui civem aliquem violat, et omnes boni iniuriam accipiunt, quae fit unicuilibet bono.*[55]

Das Kennzeichen eines Herrschers, daß er bestrebt sei, sein Reich zu ‚mehren‘, leitet Valla aus dem Wesen der Herrschaft ab, er verzichtet auf die sonst bei den Juristen häufige Argumentation mit dem Augustus-Titel. Statt dessen belehrt er über die eigentliche Bedeutung des Namens Augustus (44, 6); einer seiner späteren Kritiker unter den Juristen, Lodovico Bolognini, konnte nicht umhin, diese Belehrung zu akzeptieren.[56]

Vallas Zitate aus dem Corpus Iuris Civilis sind nicht gekennzeichnet, der Leser wird nur durch Stichworte auf sie verwiesen. Ein solches Zitat faßt wirkungsvoll die erste Argumentationsreihe über die historische Wahrschein-

---

[52] Annotationes (Opera I, S. 861) zu Rom. 15, 29; in der Collatio, S. 194, fehlt das Lob.

[53] Gegen Poggio zitiert er als Urteil über sich: *totum corpus iuris civilis evolvit* (Opera I, S. 355). Im Vorwort zum 3. Buch der Elegantiae heißt es: *perlegi proxime quinquaginta Digestorum libros ex plerisque iuris Consultorum voluminibus excerptos* (Opera I, S. 80). Der Vergleich mit Accursius Opera I, S. 312: ... *me magis intelligere ius civile quam Accursium, Bartolum, Baldum.*

[54] *Publicum ius est quod ad statum rei Romanae spectat, privatum quod ad singulorum utilitatem...* (Dig. 1, 1, 1, zitiert von Valla in seinem Quintilian-Kommentar, S. fv r zu Inst. or. II 4, 33). Zu *ius gentium – ius civile* vgl. Opera I, S. 139.

[55] Opera I, S. 633; ein weiterer Beleg für die Verpflichtung des orator als vir bonus.

[56] Vgl. S. 129. Neben dem *augere* hat auch das *minuere* in der Diskussion um die Schenkung eine Rolle gespielt, las man doch zuweilen in einem Edikt Kaiser Zenons, bezogen auf Konstantin und das Imperium, *minuit* statt *munivit* (vgl. Laehr I, S. 100). Auch nach Valla wurde noch darauf Bezug genommen; Galateo beispielsweise wußte sogar beide Versionen mit der Schenkung in Einklang zu bringen, vgl. S. 123, Anm. 13.

lichkeit der Schenkung zusammen: *beneficium in invitum non confertur* (15,32).[57] Die Verweise häufen sich im Schlußteil der Schrift, deren Leitwort *praescriptio* selbst schon ein Terminus des römischen Rechts ist. Auf die einzelnen Bestimmungen geht Valla dabei gar nicht ein, er argumentiert allein damit, daß die Praescriptio sich nicht auf die Herrschaft über Menschen beziehen lasse (47,22). Andere Stichworte kommen hinzu: *ignorantia iuris et facti* (47,1), *possessio male fidei* und *ususfructus* (47,9), *postliminium* (47,14) und *revocatio in servitutem* (46,6).[58] Für Vallas Kritiker allerdings mußte die Beschränkung auf Stichworte, die Argumentation mit juristischen Begriffen ohne Verweis auf die einschlägigen Stellen, eher eine Herausforderung sein. Ihnen fiel es dann auch nicht schwer, gegen Vallas Ansicht gleich dutzendfach Zeugnisse anzuführen.

Res theologiae

Pro republica Christiana pugnare est contra quoscunque pro veritate in acie stare. Proinde quamlibet me mordeant, spolient, vulnerent, postremo interimant, certum est mihi omnia pati.[59] Aus diesen Sätzen am Schluß der *Dialectica* spricht das gleiche Pathos und die gleiche Überzeugung wie aus der Einleitung zur Schrift gegen die Konstantinische Schenkung, wenn Valla betont, daß er die *causa veritatis, causa iustitie, causa Dei* (4,3) vertrete. Ähnliche Zitate ließen sich auch aus anderen Werken anreihen.[60] Der theologische Aspekt ist in allen größeren Werken Vallas gegenwärtig, in den *Elegantiae* ebenso wie in den philosophischen Schriften. Zur Antike gehören für Valla auch die christlichen Autoren, er eifert Hieronymus in seinen *Annotationes* ebenso nach wie sonst Quintilian. Er hat sich zum *Mysterium Eucharistiae* geäußert und die Stellung der Mönche innerhalb der respublica christiana untersucht. Mit theologischen Aussagen allerdings hielt sich Valla stets zurück. Die Theologie ist für ihn die schwierigste aller Wissenschaften: *quis divinitatis causam, cui perdiscendae multo studio opus est, statim audebit agere?* lautet schon in *De voluptate* eine rhetorische Frage.[61] Bei der Kritik am Constitutum Constantini stellt er verwundert fest, daß der Fälscher den

---

[57] Dig. 50,17,69.

[58] Zu den termini vgl. H. G. H e u m a n n, Handlexikon zu den Quellen des römischen Rechts, bearb. von E. S e c k e l, Jena 1914. – Auch was Valla über die Wahl von Königen in den Provinzen des Imperium Romanum sagt (46,8), ließe sich durch ein Digesten-Zitat (1,1,5) unterstreichen: *... ex hoc iure gentium introducta bella, discretae gentes, regna condita, dominia distincta...* – Eine Anspielung auf das kanonische Recht ist das Bienengleichnis (9,22); vgl. Decretum Gratiani, Causa VII q. 1 c. 41.

[59] Opera I, S. 761.

[60] F o i s, S. 476ff. (Il Cristianesimo come milizia).

[61] Opera I, S. 963; De vero falsoque bono, S. 91,18.

eben erst getauften Konstantin bereits *secreta mysteria* darlegen lasse, *quod difficillimum est iis, qui diu in sacris litteris sunt versati* (33,14).

Die Aufgabe des *orator christianus* ergibt sich aus dem Unterschied der *religio christiana* zur *fides: fides ... proprie latine dicitur probatio..., religio autem christiana non probatione nititur, sed persuasione, quae praestantior est quam probatio. Nam saepe probationibus non adducimur..., qui persuasus est plane acquiescit nec ulteriorem probationem desiderat.*[62] In den Dienst der *persuasio* stellt sich Valla, wenn er im dritten Buch von De voluptate die Seligkeit auszumalen sucht. Zumeist aber beschränkt er sich auf die *probatio*, nämlich immer dann, wenn er zu Einzelfragen Stellung nimmt, wenn es gilt, mit historischen und philologischen Argumenten eine seiner Meinung nach falsche Interpretation zurückzuweisen. Um probationes, nicht um eine Sache des Glaubens, geht es auch bei der Konstantinischen Schenkung (19,38). Den Nachweis, daß es sich um eine Fälschung handelt, führt er mit der Philologie und der Historie, aber auch mit dem Hinweis auf den biblischen Auftrag, der an alle Christen ergeht.[63]

Die Grenze zwischen Glaubensaussage und frommer Erzählung hat Valla stets besonders interessiert. Zahlreich sind die Beispiele, mit denen er die Silvesterlegende vergleicht. Die Erzählung von den Bildern der Apostel Petrus und Paulus, die Silvester Konstantin gezeigt haben soll, weist er ebenso zurück wie den Brief des Lentulus (38,38). Er lehnt die Weissagung der Sibylle an Octavian auch gegen die Meinung Papst Innozenz' III. ab (38,15) und hält mit Hieronymus den Bericht über den Drachen im Buch Daniel für eine Fabel (39,27). Wie diesen Legenden gesteht er auch der Silvesterlegende eine fromme Absicht zu, hält solchem *velamentum* jedoch seine eigene Ansicht entgegen: *Non desiderat sinceritas christiana patrocinium falsitatis* (40,11). Die Reihe der Beispiele läßt sich aus anderen Werken erweitern. Zu den frommen Erzählungen rechnet er die Geschichten von Susanna, Tobias und Iudith[64] sowie die Veronika-Legende[65]; den Briefwechsel zwischen Christus und König Abgar wies er den Apokryphen und damit den Fälschungen zu.[66] Auch zur philologischen Untersuchung der Schenkungsurkunde gibt es Parallelen. So war Valla mit Hieronymus der Meinung, daß der Hebräerbrief wegen des Stils nicht von Paulus stammen könne.[67] Er hat als erster die

---

[62] Opera I, S. 172.

[63] Neben den *reges ac principes* ist auch immer der *homo christianus* aufgerufen, die Streitfrage zu beurteilen (z. B. 24,32).

[64] Quintilian-Kommentar, f. III v zu Inst. or. II 4, 18.

[65] Morisi, Due redazioni, S. 365; Collatio, S. 176f.

[66] *An ignoras istam epistolam inter apocryphas atque adeo inter fictas ac falsas in Decretis esse positam?* (Opera I, S. 356).

[67] Morisi, Due redazioni, S. 366; Collatio, S. 250.

Identität des Paulus-Schülers Dionysius (Act. 17, 34) mit dem Verfasser von *De celesti hierarchia* bestritten[68] und den Briefwechsel zwischen Paulus und Seneca als Fälschung erwiesen.[69]

In den *Annotationes* hat sich Valla um die sprachlich korrekte Übersetzung des griechischen Textes des Neuen Testaments bemüht. Auch in der Schrift gegen die Konstantinische Schenkung geht er auf die falsche Interpretation einiger aus dem Griechischen stammender Begriffe ein (42, 6), um die *ignorantia* einiger Päpste zu illustrieren. Daß ein richtiges Verständnis einzelner Worte auch für die Reinheit des Glaubens wichtig sein kann, zeigt seine Stellungnahme zur Interpretation der Abkürzung IHS für Jesus, die in den Reden Bernardinos da Siena eine Rolle spielte. Er verweist dazu auf die Bedeutung der Buchstaben im Griechischen. Die *immeriti ac rudes, stulti atque idiotae*, die das nicht bedenken, erliegen leicht einer häretischen Auffassung: ... *dum vetustatem corrigere quam sequi malunt, in foveam quam meruerunt et quasi in haeresim prolaberentur*. Außerdem sei die Verehrung des Namens Jesus überhaupt unangemessen, da die Christen ihren Namen doch von Christus ableiteten: *et hoc quidem (Jesus) quasi privatum nomen est, illud vero (Christus) publicum et, ut sic dicam, magistratus ac dignitatis, ut imperator ac summus pontifex praeter proprium accipiunt alterum nomen augustius ex ipsa dignitate*.[70]

Der theologisch, genauer ekklesiologisch wichtigste Abschnitt ist die fiktive Rede Silvesters, der mit zahlreichen Bibelzitaten auch die Stellung des Papsttums im Rahmen der Kirche umreißt. Man wird darin wohl auch Vallas eigene Anschauung sehen dürfen. Valla akzeptiert die hierarchische Gliederung der Kirche, anerkennt den Papst als *successor Petri* und *vicarius Christi*. Der Papst ist aber nicht mehr als der oberste Priester – der göttliche Auftrag richtet sich an ihn wie an jeden einzelnen *clericus*[71] –, ja er ist in erster Linie *christianus homo*, erst dann *sacerdos Dei, pontifex Romanus, vicarius Christi* (12, 15). Das Thema der Schrift bringt es mit sich, daß Valla den theologischen Aspekt des Papsttums betont; er zeichnet den idealtypischen Vertreter dieses Amtes, ohne nach der politischen Rolle des Papsttums zu fragen. Seine Beurteilung des Papsttums ist deshalb aus dieser Schrift allein nicht zu entnehmen. Die Kritik an den Päpsten im Zusammenhang mit der Konstantinischen Schenkung wird ergänzt durch die Verherrlichung des Papsttums in der *Oratio in principio sui studii*.[72]

---

[68] Opera I, S. 852 zu Act. 17, 34; Collatio, S. 167; vgl. Camporeale, S. 428–430.

[69] *De ementitis ad Paulum et Pauli ad eum epistolis in alio opere disputavimus* (Opera I. S. 428). Es muß offen bleiben, welches Werk damit gemeint ist.

[70] Morisi, Due redazioni, S. 362ff.; Collatio, S. 11.

[71] *Et cur clericos ... nos vocari licebit?* (12, 21).

[72] Vgl. S. 74.

Die Beurteilung des Papsttums allein vom biblischen Auftrag her hat aber auf der anderen Seite auch nichts zu tun mit ahistorischer Verherrlichung urkirchlicher Zustände. Das zeigt sich an Vallas Stellung zum Gebot der Armut. In *De professione religiosorum* betont er, daß Reichtum nicht an sich verderblich sei, entscheidend sei vielmehr die richtige Einstellung dazu: *satis est, si opibus non fruar, non oblecter, eisque non re sed animo renuntiem.*[73] Auch sei die Armut der Mönche gar keine richtige Armut, da sie nichts von dem entbehrten, was sie brauchen. Schließlich gebe es bestimmte Gebote, etwa Unterstützung der Eltern oder Armen, die nur erfüllen könne, wer nicht ganz mittellos sei: *non debeo dilargiri omnia, quia miles sum et pro religione, pro ecclesia ... in acie sto, nec minus spero me deo gratum facere.*[74] Was für den einzelnen gilt, gilt auch für die Kirche: *habet ergo et ecclesia thesauros nec eorum possessio aut usus, sed tenacitas atque abusus reprehenditur.*[75] So wenig wie hier macht sich Valla in der Argumentation gegen die Konstantinische Schenkung zum Verfechter eines absoluten Armutsideals. *Iam vero innocentia sacerdotum quomodo incolumis erit inter opes?* (12,17) fragt Silvester und verweist auf die Gebote Jesu und das abschreckende Beispiel des Judas. Die beabsichtigte Schenkung Konstantins würde auch große Reichtümer mit sich bringen; durch sie könnte die *cupiditas*, die *radix enim omnium malorum* (12,40) geweckt werden. Damit wird jedoch nicht jegliche Zuwendung an die Kirche abgelehnt. Die Absicht des Kaisers ist ja, *partem imperii ... alteri tradere* (11,28), und nur dagegen läßt Valla Silvester argumentieren. Eine andere Schenkung, die an Papst Melchiades, hält Valla für erfolgt und erlaubt, eine Schenkung *rerum tantummodo privatarum* (19,15). Wenn er Silvester so nachdrücklich auf die Gefahren des Reichtums hinweisen läßt, dann deshalb, weil diese in der Berufung auf die Schenkung deutlich geworden seien. Die *avaritia* ist neben der *imperandi vanitas* (4,32) eines der Motive, die hinter den päpstlichen Ansprüchen stehen. Der Versuchung, die in allzugroßem Reichtum liegt, sind König Salomon und die Römer, aber auch einige Päpste erlegen (49,35).[76]

---

[73] Opera II, S. 312; F o i s, S. 523f.

[74] Opera II, S. 314.

[75] Opera II, S. 313.

[76] Vallas angeblicher Kampf gegen Papsttum und Kirche war im 19. Jh. besonders betont worden. Einige Autoren griffen zu sehr aussagekräftigen Vergleichen, sahen in Valla einen Herkules (W i l d s c h u t), einen Titanen (C l a u s e n) oder einen David im Kampf gegen Goliath (S y m o n d s), zitiert bei F o i s, S. 343, der demgegenüber betont: „il Discorso ... contiene nessuna espressione eterodossa sulla costituzione della Chiesa o sul sommo Pontificato; nè una presa di posizione in favore del conciliarismo dominante a Basilea...“; vgl. auch S. 636ff. – Ein besonders negatives Urteil formulierte P e p e, L'opusculo, der bei Valla „una concezione della religione intinta di spunti eretici“ (S. 1147) zu erkennen glaubte und die Schrift auch als Ausdruck eines Antiklerikalismus

Die zahlreichen Bibelzitate – sie stammen zumeist aus dem Matthäus-Evangelium und den Paulusbriefen – sind nicht immer genau. Statt *beatius est magis dare quam accipere* (Act. 20, 35) heißt es bei Valla *beatius est enim multo . . .* (12, 5), in ähnlicher Weise schreibt er *melius est mihi mori* (12, 10) statt *bonum est enim mihi magis mori . . .* (1. Cor. 9, 15). Solche Abweichungen wird man wohl als stilistische Glättung oder freie Zitate interpretieren dürfen. An einigen Stellen hat er auch schon ungenaue Übersetzungen entsprechend seinen kritischen Anmerkungen zum Neuen Testament abgeändert.[77] Ein Beispiel allerdings kann mit sprachlicher Glättung oder genauerer Übersetzung nicht erklärt werden. Valla zitiert Ioh. 12, 47 mit *non veni in mundum, ut iudicem mundum, sed ut liberem eum* (14, 23). In der Vulgata heißt es *salvificem* statt *liberem*. Hier hat er das Zitat an die vorhergehende Argumentation angeglichen, wo Silvester davon gesprochen hatte, daß alle Söhne der Kirche frei seien (14, 14). Aber auch eine solche Angleichung mag in einer rhetorischen Argumentation entschuldbar sein. In einem Punkt hat man, zu Unrecht, den Vorwurf sinnwidriger Auslegung einer Bibelstelle erhoben.[78] Silvester fragt: *Et ego regnum accipiam, qui vix iudex esse permittor?* (14, 5) und zitiert als Beleg 1. Cor. 6, 2–4, wo von den Heiligen die Rede ist, die die Welt richten werden. Die Interpretation Silvesters und damit Vallas ist zwar sehr pointiert, es ist aber nicht von einer grundsätzlichen Unvereinbarkeit von Priester- und Richteramt die Rede. Es geht lediglich um das Verhältnis zwischen dem, was den Priestern erlaubt und aufgetragen ist, und dem, was Kaiser Konstantin ihnen und dem Papst durch sein Vorhaben zu-

---

wertete (S. 1136 und 1147). Für eine positive Wertung von Vallas Stellung zu Religion und Theologie sei verwiesen auf Radetti, La religione, Mühlenberg, Di Napoli und Camporeale.

[77] Matth. 4, 17 (zit. 13, 31, vgl. Collatio, S. 24: *appropinquavit* statt *appropinquabit*); Ioh. 21, 15ff. (zit. 13, 22, vgl. Opera I, S. 846, und Collatio, S. 143: nur einmal *agnos*, zweimal *oves*); Rom. 11, 13 (zit. 12, 12, vgl. Collatio, S. 188: *glorificabo* statt *honorificabo*); zu Act. 20, 35 (zit. 12, 5, vgl. Opera I, S. 853, Collatio, S. 171) schreibt Valla *multo* statt *magis*, kritisiert hat er die Übersetzung *beatius* statt *beatum*. 4, 31 kennzeichnet er *avaritia* mit Eph. 5, 5 als *idolorum servitus*; in der Bibel ist das auf *avarus* bezogen; sein Kommentar: *Grece melius ,aut avarus, qui est idolatra‘ sive ,idolorum servus‘* (Collatio, S. 232). – Die Kritik an der Übersetzung der Vulgata ist dagegen nicht berücksichtigt zu folgenden Zitaten: Matth. 4, 9 (zit. 14, 36, Collatio, S. 23); Matth. 10, 9 (zit. 12, 27, Opera I, S. 811, Collatio, S. 41); Matth. 11, 30 (zit. 15, 7, Collatio, S. 44); Matth. 16, 18 (zit. 14, 32, Opera I, S. 816, Collatio, S. 55); Matth. 19, 24 (zit. 12, 28, Collatio, S. 59); Matth. 20, 25 (zit. 13, 38, Opera I, S. 817, Collatio, S. 60f.); 1. Cor. 9, 15 (zit. 12, 10, Collatio, S. 205); 1. Tim. 6, 10 (zit. 12, 40, Opera I, S. 883, Collatio, S. 252); 2. Tim. 2, 4 (zit. 13, 8, Opera I, S. 883, Collatio, S. 253).

[78] Christopher B. Coleman, The Treatise of Lorenzo Valla on the Donation of Constantine. Text and Translation into English, New Haven 1922, S. 57, Anm. 1: „Valla quotes him (Paulus) to show that church leaders are not to be judges"; Radetti, Scritti, S. 306.

muten will. Im übrigen könnte sich Valla in diesem Fall auf einen gewichtigen Zeugen berufen: Bernhard von Clairvaux verstand die Stelle auf gleiche Weise.[79]

Soweit zu Vallas Selbstverständnis seiner Kritik an der Konstantinischen Schenkung. In ihrer rhetorischen Gestaltung hat Valla die Schrift zu Recht besonders hervorgehoben, in ihrem allgemeinen Ethos, der juristischen und theologischen Argumentation fügt sie sich ohne Widersprüche in sein Gesamtwerk ein. Es gilt jetzt, auch die historische Situation in den Blick zu nehmen, in der sie entstand, vor allem Vallas Verhältnis zu den politischen Repräsentanten, König Alfonso und Papst Eugen. Dem muß die allgemeine Frage vorausgehen, ob und welche politischen Vorstellungen Valla hatte.

3. Valla zwischen König Alfonso und Papst Eugen

Politische Theorie und Gegenwartsbezug. Abfassungszeit

Man hat zu Recht darauf hingewiesen, daß sich aus der Schrift gegen die Konstantinische Schenkung Vallas Theorie des politischen Handelns ableiten läßt.[1] Es stellt sich aber die Frage, ob er über eine allgemeine Theorie hinaus auch Vorschläge für die Gestaltung der politischen Gegenwart um 1440 bietet.

So wie der einzelne Mensch frei ist, gilt nach Valla auch für die Völker, daß sie von Natur aus frei sind und frei sein wollen. Kein Volk kann deshalb gegenüber einem anderen Herrschaftsansprüche geltend machen: *neque vero lege nature comparatum est, ut populus sibi populum subigat. Precipere aliis eosque exhortari possumus, imperare illis ac vim afferre non possumus* (45, 15). Wo dies doch geschieht, wird der Mensch seiner eigenen Natur untreu, begibt er sich sogar noch unter die Stufe der Tiere, die ihr *sanguinarium imperium* (45, 17) nicht gegen ihre eigene Art ausüben. Es gibt deshalb auch keinen gerechten Krieg. Valla nennt vier Gründe, aus denen Kriege geführt werden, doch nur Rache für erlittenes Unrecht oder Präventivmaßnahmen gegen einen

---

[79] Migne, Patrologia Latina 182, Sp. 736.

[1] Gaeta, Valla, S. 130: „l'opuscolo valliano ha una notevole importanza nella speculazione attorno alla politica. ... costituisca un assai importante documento di un' intuizione chiaramente e nettamente realistica della politica." – Radetti, La politica, S. 326, kennzeichnet das Werk als „uno scritto di pubblicistica politico-religiosa piuttosto che non un trattato teorico intorno ai problemi della vita politica, e in particolare a quelli dei rapporti tra Chiesa e Stato...“; er sieht darin „la visione della realtà politica come equilibrio di forze umane" (S. 328). Gegenüber diesen sehr weitgehenden Interpretationen bezieht Berti diese Schrift nur am Rande in seine Überlegungen mit ein.

stärker werdenden Feind kann er, wenn schon nicht billigen, so doch verstehen. Wer aber nur aus Beute- oder Ruhmsucht Krieg führt, ist von der *honestas* weit entfernt (45, 26). Wenn aber der Krieg kaum noch ein legitimes Mittel der Politik ist, kann er auch keine dauernden Rechte begründen. Jedes unterworfene Volk ist berechtigt, sich von der Herrschaft eines anderen wieder zu befreien (45, 32).

Dieses Prinzip grundsätzlicher Freiheit[2] beschreibt nun aber keineswegs den tatsächlichen Verlauf der Geschichte. Diese ist vielmehr geprägt von einzelnen Herrschern, deren oberstes Ziel die Bewahrung oder gar Ausweitung der Herrschaft ist, sie wollen Ehre und Ruhm erlangen und sind bereit, dafür die größten Opfer auf sich zu nehmen. Prototyp des Herrschers ist Alexander d. Gr. (6, 15). Politik ist so beschreibbar als das Wechselspiel zwischen dem allgemeinen Prinzip der Freiheit und dem Herrschaftswillen einzelner. Es gibt für Valla einen kollektiven *animus* eines Volkes (9, 34) – für das römische Volk ist es die *Romanitas* (49, 36) –, einzelne Institutionen können als Bewahrer und Ausführende dieses animus angesehen werden, der unvergänglich zu sein scheint. So kann sich auch hier eine Diskrepanz zwischen dem Selbstverständnis und dem tatsächlichen Verlauf der Geschichte ergeben. Das läßt sich an Vallas Sicht der römischen Geschichte verdeutlichen.

Das römische Volk verkörpert das Prinzip der Freiheit in besonderer Weise, der römische princeps ist *princeps liberi populi* (23, 16). Zur Idealvorstellung vom römischen Volk gehört auch, daß es selbst bei Eroberungen das Freiheitsprinzip anerkennt und verwirklicht. Als Beispiel steht die Freiheitserklärung für Griechenland bei den Isthmischen Spielen im Jahre 196 (48, 5). Verkörperung des römischen Volkes ist der Senat, der auf die Unversehrtheit des Reiches und der Freiheit zu achten hat. Das ist das Thema der Rede der Senatsvertreter vor Kaiser Konstantin (9, 13). Der Senat ist und bleibt Träger der Souveränität: ... *omnes honores, etiam qui principi deferuntur, tantum a senatu decernantur aut iuncto populoque Romano* (22, 29). So gesteht Valla den Römern seiner Zeit das Recht der Kaiserkrönung zu (43, 36) und ist überzeugt, daß sie, wie die Bürger der altrömischen Republik, *libertatem magis quam servitium* wählen würden, wenn ihnen nur Gelegenheit gegeben würde (48, 1).[3]

Mit Cäsar wurden mächtige Einzelherrscher in der römischen Geschichte wirksam, deren Herrschaft zur libertas im Gegensatz gesehen wird (*libertatem ... predati sunt* 10, 40), weil sie nicht wie bei den republikanischen

---

[2] Radetti, La politica, S. 331. Zum Thema: Herbert Grundmann, Freiheit als religiöses, politisches und persönliches Postulat im Mittelalter, Historische Zeitschrift 183 (1957), S. 23–53.

[3] Der princeps erscheint von seiner Funktion her noch ganz als Magistrat des Senats, vgl. Radetti, La politica, S. 329.

Magistraten durch eine Wahl begründet ist, sondern auf Waffen und Gewalt beruht (7,7). Valla befaßt sich nicht mit den Gründen, wie es zu dieser Verschiebung kam, er fragt an anderer Stelle auch nicht nach den Gründen für den Untergang des römischen Reiches,[4] nur andeutungsweise nennt er *nimias opes* als Ursache dafür (49,36). In die Reihe dieser Herrscher stellt Valla Konstantin (10,41); die Senatsvertreter erinnern ihn an die Prinzipien römischer Politik, um die Grenzen seines Handlungsspielraumes deutlich zu machen. Für die Beurteilung der von Kaiser Kontantin beabsichtigten Schenkung kommt auch die Rolle der christlichen Religion in Betracht, die auf ihre Weise ebenfalls das Prinzip der Freiheit betont. Die Freiheit, die durch Christus in die Welt gekommen ist, wird von Valla zur politischen Freiheit in Beziehung gesetzt: *tempore gratie Christianus a vicario Christi, redemptoris nostre servitutis, premetur servitio eterno? quid dicam, revocabitur ad servitutem, postquam liber factus est diuque potitus libertate?* (44,29). Für den christlichen Herrscher ergibt sich daraus die Bestimmung seines Amtes als *defensor libertatis* und *defensor ecclesiae*. Seine Aufgabe lautet: *restituere urbibus libertatem, non mutare dominum* (7,15). Gegenüber der Kirche als Gemeinschaft der Gläubigen ergeht an Konstantin die Forderung, *ut pugnes pro iis, qui pugnare non possunt nec debent* (7,21). So ergibt sich aus dem Wesen des Herrschers allgemein und des christlichen Herrschers im besonderen, daß eine Herrschaftsabtretung durch Konstantin, wie sie von der Kirche behauptet wird, nicht geschehen sein kann. Daraus ergibt sich aber auch die besonders heftige Ablehnung der weltlichen Herrschaft der Päpste (48,8).

Dieses weitgehend abstrakte Bild wird kaum durch historische Beispiele verdeutlicht. Bei den Kaisern ist nur von Ludwig d. Frommen ausführlicher die Rede, dessen *Pactum Hludovicianum* (817) als Bestätigung der Schenkung Konstantins aufgefaßt werden konnte. Die Beurteilung dieser Urkunde durch Valla ist eher psychologisch als historisch. In seiner Sicht hat Ludwig das Zugeständnis nur gemacht, weil seine eigene Macht dadurch nicht geschmälert wurde: *concedo, que nec teneo nec habiturum esse me spero* (43,20). Das Pactum ist für Valla nicht mehr als ein verbales Zugeständnis zur Erlangung imperialer Würden (43,11). Um Bestätigung der Konstantinischen Schenkung als Preis für den Kaisertitel ging es nach Valla auch 1433 bei der Krönung Sigismunds (43,25). Da das Recht zur Kaiserkrönung wesensmäßig beim römischen Volk, nicht beim Papst liegt, kann Valla die Theorie von der *Translatio imperii* nicht teilen. Der *verus imperator* ist für ihn der griechische Kaiser, der *imperator Latinus* oder *imperator Romanorum* ist nur ein Geschöpf des Papstes (42,25), über dessen Verhalten Valla spottet: *quid magis contrarium quam pro imperatore Romano coronari, qui Rome*

---

[4] *amisimus Romam ... non nostra, sed temporum culpa* (Opera I, S. 4).

ipsi renuntiasset? (43, 31). Doch auch diese Frage wird nicht ausführlich diskutiert, das Stichwort *translatio* fällt nicht.[5]

Auch für das kritisierte Verhalten der Päpste werden nur wenige Beispiele genannt. Sie reichen von Bonifaz VIII., dessen (wiederum nicht ausdrücklich genannte) Bulle *Unam sanctam* als Auswirkung der Konstantinischen Schenkung verstanden wird (44, 12), bis zu Eugen IV., gegen den sich 1434 die Römer erhoben (47, 37). Dieser weitgehende Verzicht auf historische Beispiele ist in einem Punkt besonders auffallend: Valla geht auch auf die Auseinandersetzung zwischen König Alfonso und Papst Eugen nicht ein. So nennt er zwar Kardinal Vitelleschi als einen Repräsentanten päpstlicher Machtpolitik (44, 34), erwähnt jedoch nicht, daß dieser an der Spitze der päpstlichen Truppen gegen Alfonso stand.[6] Der Name Alfonso fällt nicht einmal in der gesamten Schrift. Dafür ist auch die zweimalige Erwähnung des Königreichs Neapel kein Ersatz, wird es doch nur genannt als Beispiel für den Umfang der aus der Konstantinischen Schenkung abgeleiteten Ansprüche. Einmal wird der Name genannt bei der Aufzählung der Länder, auf die von den Päpsten Anspruch erhoben werde (4, 39); ein anderes Mal ist davon die Rede, daß die Päpste unter Berufung auf die Schenkung von den Kaisern ebenso wie von anderen Fürsten, *veluti ab rege Neapolitano atque Sicilie* (18, 7), eine *confessio servitutis* fordern (18, 6). Für *rex Neapolitanus* kann aber nicht ohne weiteres *Alfonsus* gelesen werden. Dieser hat sich gerade nicht gegen eine Belehnung durch den Papst gewandt. Er kämpfte gegen den Papst, weil dieser seinen Konkurrenten aus dem Hause Anjou unterstützte, er war nach seinem Sieg 1442 sofort bereit, im Frieden von Terracina (1443) auch die Belehnung durch den Papst anzunehmen.[7]

Der Verzicht darauf, die aktuellen politischen Verhältnisse in die Polemik mit einzubeziehen, wird auch deutlich, wenn man die Angaben prüft, die eine Datierung der Schrift ermöglichen.

Von Papst Eugen IV. heißt es, er lebe *cum Felicis tamen venia* (18, 4). Damit ist Herzog Amadeus VIII. von Savoyen gemeint, der am 5. 11. 1439 vom Basler Konzil zum neuen Papst gewählt wurde, nachdem Eugen am 25. 6. 1439 als Häretiker abgesetzt worden war.[8] Er nannte sich Felix V., resignierte 1449 und starb 1451. Die Revolution der Römer gegen Eugen und dessen Flucht nach Florenz im Juni 1434 wird mit *sexto abhinc anno* angegeben (47, 37).[9] Der terminus ante quem ergibt sich durch den Brief Vallas

---

[5] Radetti, La politica, S. 333; Santo Mazzarino, La fine del mondo antico, Milano 1959; dt.: Das Ende der antiken Welt, München 1961, S. 89f.; Goez erwähnt mehrfach Vallas Widerlegung der Schenkung, auf seine Beurteilung der Translatio geht er nicht ein.

[6] Pastor I, S. 306–311; Gill, S. 173–175.

[7] Vgl. S. 67.

[8] Gill, S. 145 (Wahl Felix V.), S. 138 (Absetzung Eugens).

[9] A.a.O. S. 65.

an Giovanni Tortelli vom 25. 5. 1440, in dem die Schrift als kurz zuvor abgefaßt *(proxime composui)* benannt wird.[10] Der so ermittelte Zeitraum November 1439 bis Mai 1440 läßt sich noch weiter einengen. Valla erwähnt
(44,36) den Tod des Kardinals Vitelleschi, der am 2. 4. 1440 starb.[11] Da
kaum anzunehmen ist, daß Valla an dieser Schrift längere Zeit gearbeitet
hat, wird man sagen dürfen, daß sie im April/Mai 1440 entstand. Diese Folgerung ergibt sich aus der Kombination einiger recht zufälliger Hinweise im
Text und dem Datum eines Briefes, aber eben nicht – wie man bei einem politischen Pamphlet erwarten würde – aus der Darstellung der aktuellen politischen Lage.

Es ist nach alledem nicht verwunderlich, daß Valla auch keinen Vorschlag
für eine künftige Politik macht. Seine politische Theorie, seine Ausrichtung
am antiken Vorbild, steht im Gegensatz zur politischen Wirklichkeit. Doch
die Folgerungen daraus sind rein theoretischer Natur, keine Anleitung oder
Aufforderung zum Handeln.[12] Valla will keinen Fürsten aufrufen, etwas
gegen die Herrschaft des Papstes zu unternehmen, und für die Römer äußert
er dem Papst gegenüber: *nos sevitiam tuam impietatemque, et si iure offense
poteramus, tamen, quia christiani sumus, non imitabimur nec in tuum caput
ultorem stringemus gladium* (48,26). Vallas Mittel ist nicht der Kampf, sondern das Überzeugen; die Prinzipien der Herrschaft sollen aufgezeigt, nicht
konkrete Vorschläge für die Gegenwart gemacht werden.

Die Schrift entstand wohl in Gaeta, der Residenz König Alfonsos vor der
Eroberung Neapels 1442, oder in Capua, wo Valla den erwähnten Brief an
Tortelli schrieb. Doch daß der Verfasser der Kritik am Constitutum Constan-
tini im Dienst Alfonsos steht, geht aus dem Text selbst nicht hervor. Valla
schreibt als Römer, er spricht von den *Romani mei* (30, 21) und erweckt den
Eindruck, das Werk sei in Rom abgefaßt (48, 17; vgl. 36, 10). Nicht ohne
Grund konnte deshalb später die Ansicht geäußert werden, Valla habe seine
Kritik aus Verärgerung darüber geschrieben, daß er am päpstlichen Hof
keine Stellung erhalten hatte.[13]

Wenn Valla von seinen Interpreten zuweilen als Vorläufer Machiavellis

---

[10] Mancini, Lettere, S. 33.

[11] Über die bis heute ungeklärten Umstände seines Todes (vgl. Gill, S. 174f.) sagt Valla
nichts; seine Formulierung *quo gladio et ipse periit* ist durch den Hinweis auf Petrus rein
metaphorisch.

[12] Valla spricht *quasi in contione regum ac principum* (5,29); er wendet sich nicht etwa an
den Kaiser. Im Gegensatz dazu hat Petrarca nicht nur in Fam. XXIII 2 (Piur,
Petrarcas Briefwechsel [wie S. 80, Anm. 23], S. 98ff.) den Kaiser an seine Aufgaben erinnert. Auch in dem als Vorbild für Vallas Kritik genannten Gutachten über angebliche
Urkunden Caesars und Neros (vgl. S. 80) ruft er dem Kaiser zu: *Tu vale, Caesar, nostri
memor et Imperii* (Piur, S. 119).

[13] Vgl. S. 184.

gesehen wurde, so deshalb, weil man in einigen Sätzen doch konkrete politische Urteile oder Forderungen glaubte erkennen zu dürfen.[14]

In der Peroratio betont Valla, daß die Päpste, selbst wenn es die Schenkung Konstantins gegeben hätte, aufgrund ihres verbrecherischen Handelns längst alle Rechte verloren hätten, *cum videamus totius Italie multarumque provinciarum cladem ac vastitatem ex hoc uno fonte fluxisse* (48, 38). Mit diesem Bild ist nicht allgemein die Politik der Päpste angesprochen, sondern ihre Berufung auf die Konstantinische Schenkung. Das wird deutlich, wenn Valla Rom. 11, 15 f. zitiert und die dort gebrauchten Bilder ergänzt: *si rivus amarus: fons obstruendus est* (49, 3). Das Bild von Quelle und Fluß ist für Vallas Denken von zentraler Bedeutung. Es beherrscht die Einleitung zur ersten Fassung der Anmerkungen zum Neuen Testament, der *Collatio*. Dort geht es um das Verhältnis der griechischen *veritas* zu den lateinischen Versionen der Bibel. Durch Unwissenheit sei hier im Laufe der Zeit der Fluß trübe geworden, Valla will versuchen, die klare, ungetrübte Entsprechung wieder herzustellen.[15] Auf die Konstantinische Schenkung bezogen ist dieses Bild Ausdruck dafür, wie sehr er in dieser Urkunde den Ausgangspunkt päpstlicher Machtpolitik sieht (*patrocinium* 5, 8; *principium potentie* 49, 5). Diese Vorstellung hat aber wenig mit den Klagen Machiavellis zu tun, der in der Herrschaft der Päpste den Grund für die Zersplitterung Italiens sah, das so anderen Völkern zum Opfer fallen konnte.[16]

In der Formulierung... *sed te abdicato atque summoto alterum patrem dominum ve adoptabimus* (48, 29) hat man einen Hinweis auf einen möglichen Obödienzwechsel König Alfonsos sehen wollen.[17] Doch eine solche Zuspitzung ist kaum zulässig. Valla spricht auch in diesen Sätzen als Römer; der Papst wird aufgefordert, sich auf sein geistliches Amt zu besinnen (*tu vero que sacerdotii operis sunt cura* 48, 31). Der *alter dominus* kann nur auf Rom bezogen werden.[18] Am Schluß faßt Valla seine Absicht in dem Satz zu-

---

[14] Neben Machiavelli wird auch Marsilius von Padua zum Vergleich herangezogen, Mancini, Vita, S. 153 und 156; Berti, S. 300, räumt Valla eine Stellung zwischen Dante und Campanella ein.

[15] ... *quod si intra quadringentos omnino annos ita turbidi a fonte fluebant rivi, verisimile est post mille annos ... hunc rivum nunquam repurgatum sordes aliqua in parte ac limum contraxisse* (Collatio, S. 6, 6; Morisi, Due redazioni, S. 378). Über ein Isidor-Zitat (Et. VI 16, 4) bei Gratian (Dist. XV 1, 1) urteilt Valla: *Ego ... dico non posse aliter legi apud Gratianum quam apud Hisidorum, ne alterum illorum mendacem faciamus, et presertim fontem, qui si corruptus est, rivus certe sanus non erit* (Opera I, S. 800).

[16] Machiavelli, Discorsi I 12.

[17] Mancini, Vita, S. 163f.

[18] Zur gleichen Stelle Fois, S. 339, Anm. 151: „... possono indicare una deposizione dal Papato e non solo un cambio di amministrazione civile o una conquista di Roma da parte di Alfonso." Vgl. auch Fois, S. 563.

sammen: *nolo exhortari principes ac populos, ut papam effrenato cursu voli-*
tantem inhibeant eumque intra suos fines consistere compellant, sed tantum
admoneant, qui forsitan iam edoctus veritatem sua sponte ab aliena domo in
suam et ab insanis fluctibus sevisque tempestatibus in portum se recipiet
(50,9). Auch diese Wendungen sind als Metaphern und damit rhetorischer
Schmuck, nicht als Hinweis auf konkrete politische Vorhaben seitens Alfonsos zu nehmen;[19] auch hier geht es nur um die Beschränkung auf die eigentliche Aufgabe. In diesem Sinne hat Valla dieses Bild wiederholt verwendet.
So heißt es etwa von den Philosophen und ihrem Umgang mit der lateinischen und griechischen Sprache:... *qui quum per illas artes (liberales) veluti*
per stagna quaedam facile navigent, tum in lingua quidem Graeca, quasi in
freto assidue aestu ipso retrahantur; in Latina vero, tanquam in lato mari
longius a terra recedere non audeant.[20] So ergibt sich aus all diesen Wendungen wiederum nur, daß Valla in einem *opus oratorium* an der Konstantinischen Schenkung Kritik übt, nicht in erster Linie einen Traktat gegen die
päpstliche Herrschaft schreibt. Die Kritik an der Urkunde ist nicht Mittel
zu einem politischen Zweck.

Vallas Verhältnis zu König Alfonso

Der Hof König Alfonsos war ein Zentrum des Humanismus,[21] Lorenzo
Valla neben Panormita und Facio wohl der bedeutendste Humanist und Gelehrte an diesem Hof.[22] Seine geachtete Stellung läßt sich an den verschiedenen Titeln ablesen, die der König ihm verlieh, er war *consiliarius, secretarius,*
familiaris, er erhielt ein festes Gehalt und zusätzlich einige Pfründen, zu
deren Erlangung sich der König auch an das Konzil in Basel wandte.[23] Mit
der Politik scheint Valla direkt nichts zu tun gehabt zu haben, secretarius
war er zwar dem Titel, kaum aber der Funktion nach.[24] Er hat den König
begleitet und an den Kriegszügen teilgenommen, berichtet darüber jedoch nur,

---

[19] F o i s, S. 342, sieht in diesen Sätzen einen möglichen Hinweis, daß „il Valla sembra far
rientrare nei confini di tutta l'offensiva diplomatica di Alfonso lo scopo della sua composizione oratoria..." Zur Interpretation vgl. D i N a p o l i, S. 265.

[20] Opera I, S. 645 (Praefatio zu Dialectica I); vgl. auch in der Schrift gegen Bartolus die
Wendung: ... *ubi se in altas quaestiones autor profundasque demersit* (Opera I, S. 634);
in der Apologia heißt es: ... *ut altius vela tollam et omnis medio in mari impleam sinus,*
dicam aliquid de theologia... (Opera I, S. 798).

[21] Ausführliche Literaturangaben bei C a m p o r e a l e, S. 423f.

[22] G o t h e i n, S. 515–519, Soria, S. 81–106 (Los humanistas aulicos).

[23] F o i s, S. 171ff.

[24] In einem Brief an Tortelli schreibt Valla: *secretariatum papae ne delatum quidem acci-*
perem, ministerium literis inimicum et otio, quo ministerio, si uti voluissem, potius apud
regem uterer (M a n c i n i, Lettere, S. 38).

um sich gegen Vorwürfe Poggios zu verteidigen oder fehlende Muße zu begründen.[25] Es gibt keinen Hinweis, daß Alfonso Valla mit einer politischen Aufgabe betraut hat.

Zahlreich dagegen sind die Hinweise auf die literarische Aktivität Vallas und ihre Förderung durch den König. Eine feste Einrichtung war die ora del libro, in der regelmäßig klassische Autoren vorgetragen und besprochen wurden.[26] Einer der Lieblingsautoren des Königs war Livius. Von der Beschäftigung mit diesem Autor zeugen Vallas textkritische Erläuterungen und seine Abhandlung über die Genealogie der Tarquinier. Diese Abhandlung ist gewiß nicht ohne Grund an den König selbst gerichtet. Eine der frühesten Übersetzungen Vallas ist die der Ilias, an der sich der König besonders interessiert zeigte. Er hat sich sogar persönlich bemüht, Valla ein Wörterbuch zu besorgen.[27] Der dringendste Wunsch an Valla war eine Geschichte des königlichen Hauses. Valla ist diesem Wunsch erst spät und nur teilweise nachgekommen mit der Geschichte Ferdinands von Aragon. Seine Scheu, auch die Geschichte Alfonsos zu schreiben – er erklärt sie einmal mit der schlechten Quellenlage[28] –, zeugt von der Unabhängigkeit, die er sich gegenüber dem König bewahren konnte. Ein weiteres Werk schließlich hat Valla auf Drängen des Königs verfaßt, aber auch hier handelt es sich um eine rein literarische Arbeit, die *Recriminationes in Antonium Raudensem: scripsi a nostro rege sollicitus, ut subnotarem quae male praecepta crederem.*[29] Diese Beispiele sollten zur Vorsicht mahnen, König Alfonso irgendeinen Einfluß auf die Schrift gegen die Konstantinische Schenkung zuschreiben zu wollen.

Vallas Kritik am Constitutum Constantini läßt sich weder von der Argumentation her – Valla schreibt als Römer, ohne konkreten Bezug auf die aktuellen politischen Auseinandersetzungen – noch vom Zeitpunkt der Abfassung her zur Politik Alfonsos in Beziehung setzen. Alfonso, seit 1416 König von Sizilien, war 1420 von Johanna II. von Neapel adoptiert worden, nachdem Papst Martin V. Ludwig III. von Anjou mit dem Königreich belehnt

---

[25] *pugnis navalibus ... interfui non sine vitae periculo* (Opera I, S. 273). In der Vorrede zum 5. Buch der Elegantiae beklagt er, schon im vierten Jahr auf Reisen zu sein *(per omnia maria terrasque volitanti)*, dadurch entbehre er *literatorum consuetudinem, librorum copiam, loci opportunitatem, temporis otium* (Opera I, S. 160).

[26] M a n c i n i , Vita, S. 194f.

[27] C a l o n j a , S. 114 (Brief des Königs vom 1. 3. 1441).

[28] In einem Brief an B i o n d o schreibt Valla 1444: *Mandaverat autem mihi iampridem rex historias suas scribendas, repetitis altius principiis iam inde ab infantia eius. Quae quia non habui a quibus plane docerer, malui non attingere, quam fidem historiae obliviosorum quorumdam senum memoriae credere* (Opera II, S. 412); B e s o m i , Gesta, S. 78, sieht in dem Streit mit Facio und Panormita den Grund dafür, daß das Werk nicht fortgesetzt wurde.

[29] Opera II, S. 406.

hatte.[30] Nach seinem Sieg über Ludwig konnte Alfonso 1421 zum erstenmal in Neapel einziehen. Nach erneuten Streitigkeiten widerrief Johanna die Adoption und adoptierte statt dessen Ludwig. Alfonso mußte sich aus Neapel zurückziehen. Nach dem Tode Ludwigs (1434) und Johannas (1435) bemühte er sich erneut um die Eroberung des Königreiches Neapel, sein Gegner war jetzt René von Anjou, der Bruder Ludwigs. Nach einer ersten Niederlage in der Seeschlacht bei der Insel Ponza, die Alfonso erst die Gefangenschaft, dann aber nach einem politischen Umschwung das Bündnis mit Filippo Maria Visconti einbrachte, zog sich der Krieg noch 7 Jahre hin, bis Alfonso am 2. Juni 1442 in Neapel einziehen konnte. Am 14. Juni 1443 erkannte ihn Eugen IV. im Vertrag von Terracina als rechtmäßigen König von Neapel an.

In den zwei Jahrzehnten seines politisch-militärischen Kampfes hat Alfonso auch die Konzile und Gegenpäpste in seine Politik mit einbezogen. Seine Parteinahme für das Konzil in Basel und den Gegenpapst Felix V. war nur die Fortsetzung einer Politik, die Benedikt XIII. und dann Clemens VIII. gegenüber der Kurie in Rom auszuspielen wußte.[31] Nach 1435 brachte ihn jedes Jahr seinem Ziele näher. Es gab von der militärisch-politischen Lage her keinen Grund, 1440 die diplomatischen und militärischen Aktionen durch literarische zu ergänzen; eine Anregung zu einer gegen die päpstliche Politik gerichteten Schrift hätte etwa 1436 näher gelegen. Bis dahin hatte sich Alfonso im Streit Papst–Konzil neutral, wenn nicht sogar papstfreundlich verhalten. Den Umschwung in seiner Haltung bewirkte dann die Belehnung Renés von Anjou. Später waren die aragonesischen Vertreter beim Konzil die treibenden Kräfte bei den Beschlüssen gegen Papst Eugen.[32]

Die Instruktionen für den Botschafter an den Papst, Juan Garcia, aus dem Jahre 1436, zu denen Vallas Schrift in Beziehung gesetzt worden ist,[33] zeichnen ausführlich die politische Entwicklung der vergangenen Jahre nach und betonen die Ansprüche Alfonsos und seine Bereitschaft zum Ausgleich. Alfonso erinnert an seine Adoption und deren Bestätigung durch Martin V. (Punkt 2 und 3).[34] Auch Eugen habe ihm zunächst Hoffnung gemacht (7),

[30] Einen Überblick über die Geschichte Alfonsos bieten Hermann H e f e l e (Hg.), Alfonso I., Ferrante I. von Neapel, Schriften von Antonio Beccadelli u. a. (Das Zeitalter der Renaissance, Serie I, Band IV), Jena 1912, S. XXVI ff.; R. M o s c a t i in: Dizionario Biografico degli Italiani II, Roma 1960, S. 323–331; F o i s, S. 296ff.

[31] Walther B r a n d m ü l l e r, Das Konzil von Pavia-Siena 1423–1424, Band I, Münster 1968, S. 153ff.

[32] Winfried K ü c h l e r, Alfons V. von Aragon und das Basler Konzil, Spanische Forschungen der Görresgesellschaft I, 23 (1967), S. 131–146, hier S. 137.

[33] F o i s, S. 318.

[34] In Klammern die einzelnen Punkte nach der Gliederung bei F o i s, S. 346–350, der die Instruktionen referiert und in Auszügen abdruckt, ein Zeichen für die Bedeutung, die er ihnen für die Beurteilung von Vallas Schrift beimißt.

dann aber doch René von Anjou belehnt (8), sich gegen ihn ausgesprochen und seine Untertanen sogar von ihrer Treuepflicht entbunden. Klagen über die Simonie an der Kurie seien zu ihm gedrungen (17), doch die Gesandtschaft Bernardo Serras sei erfolglos verlaufen, das Übel habe nur zugenommen (18). Wegen der *illicitae exacciones* habe er, Alfonso, seine Untertanen von der Kurie abgezogen, der Papst habe darauf mit *cominaciones* geantwortet, *ordine evangelico et iuridico minime servato. nam prius execucio hostilis et scandalosa audita et visa est quam Evangelica admonicio* (21). Zu den militärischen Aktionen unter Kardinal Vitelleschi heißt es: *hoc enim lege divina et humana reprobatum est et non tollerabile nedum in Vicario Christi* (22). Eugen habe den Kirchenstaat befriedet übernommen, seine Flucht 1434 sei eine Folge seines Handelns gewesen, das von dem Grundsatz *semper bella sectari* beherrscht gewesen sei (23). Alfonso habe damals trotzdem seine Hilfe angeboten, doch der Papst habe seine kriegerische Politik fortgesetzt: *cum inter reges et principes, procurante pacis Inimico, bella fuerunt suscitata, Sanctitas nullimodo fecit diligentiam pro pace inter eos componenda prout tenetur* (24). Es folgen der Vorwurf, daß der Papst die Belange der Kirche nicht mit den Kardinälen abspreche (25), und der Appell, er solle sich in Zukunft als wahrer *Vicarius Christi* und *bonus pastor* erweisen, nicht Partei nehmen, sondern die Streitenden *ad concordiam ducere* (27).

Die Argumentation in den Instruktionen vollzieht sich auf zwei Ebenen. Es wird einerseits eine ausführliche Beurteilung der politischen Lage gegeben unter Berücksichtigung der Entwicklung in den vergangenen Jahren, andererseits werden die konziliaren Vorwürfe der Simonie und fehlenden Zusammenarbeit mit den Kardinälen ausgespielt sowie eine spiritualistisch bestimmte Auffassung vom päpstlichen Amt vorgetragen. Nur im letzten Punkt lassen sich Vallas Ausführungen mit den Instruktionen vergleichen, gebraucht er sogar ähnliche Formulierungen (zu *lex divina et humana* vgl. 44, 26; zu *bella suscitare* und *pacem componere* 50, 21). In beiden Schriften wird die gleiche weit verbreitete Kritik aufgegriffen. Es mag genügen an Leonardo Teronda zu erinnern, der in seinen Memoranden an Papst und Konzil fast zur gleichen Zeit (1435/36) diese Vorwürfe gegen die Päpste in besonders ausführlicher und scharfer Form vorgebracht hat.[35] Aufgrund der Übereinstimmung nur in diesem Punkt wird man Vallas Werk nicht in gleicher Weise wie die Instruktionen als Ausdruck aragonesischer Politik verstehen können.[36]

Wenn auch dieser Vergleich eine Beeinflussung der Schrift Vallas durch König Alfonso nicht wahrscheinlicher gemacht hat, bleibt aber doch fest-

---

[35] Vgl. S. 30.
[36] F o i s , S. 318 und S. 323.

68

zuhalten, daß Vallas Werk den Interessen des Königs auch nicht widersprach. Ob veranlaßt oder nicht, es hätte durchaus politisch ausgespielt werden können. Das hätte allerdings eine sofortige möglichst weite oder zumindest gezielte Verbreitung erfordert. Davon aber ist nichts bekannt. Die Nachrichten über Veröffentlichung und Verbreitung der Schrift unterscheiden sich nicht von denen zu anderen Werken.[37]

Auf der anderen Seite hat es aber auch die Vermutung gegeben, die Schrift sei erst Jahre nach ihrer Entstehung, etwa 1443 nach dem Friedensschluß zwischen König und Papst, überhaupt oder in stärkerem Umfang verbreitet worden.[38] Für diese Interpretation spielen einige Andeutungen Vallas in seinem Bericht über den Prozeß in Neapel 1444 eine wichtige Rolle. Valla erwähnt ein Gespräch, in dem der König einen nicht offen zugegebenen Anlaß zum Vorgehen gegen Valla benannt habe: *se scire aiebat quid illos ad hanc rem induxisset, dixitque palam de alio opere meo.* Es ist durchaus möglich, daß damit die Schrift gegen die Konstantinische Schenkung gemeint ist. Die Reaktion des Königs ist so verständlich wie bedeutsam. Er entschied sich dafür, das nicht genannte und dennoch gemeinte Werk mit Nachdruck zu verbreiten: *ita illud (opus), quod antea pauci norant, divulgatum est, ut ad aures etiam mulierum manarit multique, ut transcriberetur, tamquam iussi ab Rege, operam dederint usque adeo, quod extinctum volebant tamquam incendium sua stultitia, ut per universam Italiam diffunderetur, effecerunt.*[39] Wenn diese Sätze auf diese Schrift bezogen werden dürfen, sind sie wohl der deutlichste Ausdruck dafür, daß der König weit davon entfernt war, sie politisch auszuwerten und auf ihre Verbreitung oder Nichtverbreitung aus politischen Gründen einzuwirken. Valla gehörte zur literarischen cohors des

---

[37] Vgl. S. 83ff.

[38] V a h l e n, Valla (1864), S. 24: „Der König war einer der Wenigen, die in das Geheimnis der Valla'schen Schrift gezogen waren und sicherlich nicht ohne seinen Einfluß blieb sie vorerst im Verborgenen, bis sie in der Folge durch des Königs Wort in weiteren Kreisen bekannt und für Valla's Existenz bedrohlich wurde." – W o l f f (1893, also nach der Veröffentlichung der Biographie M a n c i n i s, der auf den Brief Vallas vom 25. 5. 1440 hinwies, mit dem Valla seine Schrift Tortelli schickte; vgl. S. 83), S. 60f.: „Ob diese für seine Zeit geradezu tollkühne Schrift aus Valla's eigener Initiative hervorgegangen oder von König Alfonso inspiriert war, läßt sich nicht mehr entscheiden. Jedenfalls hat sie Alfonso gekannt und gebilligt. Da sie jedoch gar zu gefährlich erschien, so wurde sie vorerst nicht publiziert. Sie wurde vielmehr nur einem Kreis von Vertrauten des Hofes mitgeteilt, die wiederum ein dumpfes Gerücht von derselben an die Ohren der Hierarchie dringen ließen." Die Vermutung einer späteren Veröffentlichung äußert auch F u h r - m a n n, Vallas Schrift, S. 913.

[39] Opera I, S. 361. V a h l e n, Valla, S. 34: „Aus der drohenden Gefahr rettete ihn ... der König, der ... als den wahren Grund ihrer Verfolgung die Schrift gegen die Constantinische Schenkung namhaft machte. Damit war der Schleier, der diesen Angriff bis dahin verhüllt hatte, zerrissen ..."

Königs, der seine kritischen Fähigkeiten schätzte, der ihn in seiner Arbeit unterstützte und gegen seine Feinde in Schutz nahm.

Vallas Verhältnis zu Papst Eugen

Valla hat Gabriele Condulmer, den späteren Papst Eugen IV., schon um 1428 kennengelernt. Dieser äußerte sich dabei lobend über Vallas Erstlingswerk, den Vergleich zwischen Cicero und Quintilian.[40] Im Vorwort zu *De voluptate* nennt Valla Papst Eugen wenig später *ut in omnibus virtutibus singularem ac divinum ita in omni genere doctrine eminentissimum*.[41] Diese ebenso hohe wie durch den Bezug auf die *virtutes* und *doctrina* für Valla charakteristische Einschätzung der Person Eugens hat er auch in den folgenden Jahrzehnten nicht geändert, sondern wiederholt zum Ausdruck gebracht. Das zeigen zwei Briefe, verfaßt etwa ein halbes Jahrzehnt vor und nach der Kritik am Constitutum Constantini.

Der erste Brief stammt von 1434.[42] Nach seiner Flucht aus Rom hatte sich der Papst nach Florenz begeben, Valla hielt sich bei seinem zu der Umgebung des Papstes gehörenden Schwager Ambrogio Dardanoni auf. Am 27. 11. 1434 wandte er sich brieflich an den in der gleichen Stadt weilenden Papst und bekannte dabei: *spe tui in hanc urbem commigravi, in te uno spem reposui.*[43] Er überreicht dem Papst mit dem Brief das dritte Buch von *De voluptate* in der überarbeiteten Fassung mit dem Titel *De vero bono* als eine Probe seines Könnens, *degustatio meorum studiorum.*[44] Die Widmung wird ergänzt durch ein rednerisches Credo, wie es Valla eindringlicher kaum formuliert hat. Das Ideal des vir bonus, bezogen auf das literarische Schaffen und die persönliche Lebensführung, und der christliche Aspekt seines Selbstverständnisses finden deutlichen Ausdruck: *Ego quidem, beatissime Pater, ab ineunte aetate cum ceteris liberalibus disciplinis tum maxime oratoriae studui, quam*

---

[40] In dem Brief an Kardinal Trevisano von 1443 (vgl. S. 86) heißt es: *Ego Eugenium ante papatum dilexi atque amavi adhuc adulescentulus, cum eidem praeceptori graecarum litterarum operam daremus. Ego paulo post ab avunculo meo Nicolao Tartarino deductus ad eum maiore caritate prosecutus sum, cum opusculum meum* (De comparatione Ciceronis Quintilianique) *magnopere laudasset.* Zitiert nach M e r c a t i, S. 44f.; S a b b a d i n i, Cronologia, S. 95 = Opera II, S. 401.

[41] Opera I, S. 898; De vero falsoque bono, S. 143, 16.

[42] M a n c i n i, Vita, S. 87; Lettere, S. 29–31; F o i s, S. 168f. Die Datierung ist nicht unbestritten; R a d e t t i, Scritti, S. XXI, spricht sich für 1433 aus, P a n i z z a - L o r c h setzt den Brief in der Einleitung zu De vero falsoque bono, S. LV, in das Jahr 1436. C a m p o - r e a l e, S. 455–457, sieht den Brief im Zusammenhang mit anderen Briefen von 1443/44 und erwägt die Datierung in das Jahr 1443.

[43] M a n c i n i, Lettere, S. 31.

[44] A.a.O. S. 29.

ita me adamasse et ita complexum esse toto pectore confiteor, ut hac tempe-
state pauci vehementius; non ea caussa, qua multi solent, ut illam haberem
aut jactantiae sociam aut avaritiae ministram aut peccatorum adjutricem.
Longe enim ii homines absunt ab officio ac munere oratoris, si quidem orator
est vir bonus dicendi peritus; sed is mihi semper animus fuit, ut oratoriis
studiis Deo placerem hominibusque prodessem. Ceterum an aliquid in dicendi
quidem ratione profecerim aliorum sit judicio, ut bonus autem vir essem a
puero certe elaboravi.[45] Eine deutliche Bitte schließt sich an. Bei allem Re-
spekt vor dem Beispiel Eugens, der beachtliche Schenkungen gemacht hatte,
bevor er Mönch wurde,[46] betont Valla, daß in Armut keine Wissenschaft ge-
deihen könne: *necesse est habere unde suppeditentur sumptus non modo ad*
vitam, sed etiam ad complusculam librorum suppellectilem, ad scribendos
libros, qui quotidie a nobis componuntur, nec sine unius saltem pueri ministe-
rio fieri potest.[47]

Papst Eugen erscheint in diesem Brief als würdiger Vertreter seines Amtes,
als *omnium plane sanctissimus pontifex;*[48] auf die politischen Ereignisse und
die Flucht ist nicht Bezug genommen. Neben der Unterstützung der Armen
hebt Valla sein gutes Verhältnis zu den Wissenschaften hervor, Eugen zeichne
sich aus durch eine *admirabilis quaedam omnium doctrinarum peritia,* sein
Pontifikat bedeute Hoffnung für die Wissenschaften: *si ullum unquam fuit*
tempus, in quo bonis viris ac literatis bene sperandum foret, id tempus
profecto nunc est.[49]

Der Brief blieb ohne Erfolg, Valla trat in die Dienste König Alfonsos. Bei
seinen späteren Bemühungen um eine Rückkehr nach Rom wandte er sich
nach Briefen an die Kardinäle Trevisano und Landriani[50] und nach seinem
Konflikt mit der Inquisition in Neapel erneut an den Papst. In diesem zweiten Brief von 1445[51] nimmt Valla auf seine früheren Bemühungen um die
Gunst Eugens Bezug: *audita assumptione tua... et ni ipsi gratulatus sum,*
eoque, licet aliquot post annis, tamen cum primum potui (1434), ad pedes

---

[45] A.a.O. S. 30.

[46] *amplissimum patrimonium in Christi pauperes es dilargitus* (M a n c i n i, Lettere, S. 30;
vgl. G i l l, S. 18).

[47] M a n c i n i, Lettere, S. 31.

[48] A.a.O. S. 31; in der Apologia wird Eugen u. a. angeredet als *clementissimus pater,*
sanctissimus pater, sanctissimus iudex (Opera I, S. 797 und 798 b).

[49] M a n c i n i, Lettere, S. 29 und S. 31.

[50] Vgl. S. 86f.

[51] Überliefert als *Oratio ad summum pontificem* in: *Epistolae principum rerum publicarum*
(1574), S. 409–418; zur Echtheitsdiskussion M a n c i n i, Lettere, S. 12; F o i s, S. 390,
Anm. 22. M a n c i n i, Vita, S. 171f. datierte den Brief 1444, F o i s, S. 391, setzt ihn in
das Jahr 1445. C a m p o r e a l e, S. 455, spricht sich wieder gegen die Echtheit aus.

Sanctitatis tuae me contuli.[52] Die Trennung der letzten Jahre sei nur räumlich gewesen, seine *observantia* gegenüber dem Papst sei nur noch größer geworden.[53] Breiten Raum nimmt wieder das Lob der Person Eugens ein. Valla hebt dessen *humanitas, mansuetudo, affabilitas, modestia, benignitas, clementia, largitas* hervor, nennt ihn erneut den würdigsten Vertreter im Amt. Durch die Wirren der letzten Jahre habe der Papst nicht die Unterstützung all derer erfahren, die ihm gerne geholfen hätten: *ita inimicus generis humani perturbavit omnia, ut multi qui vellent iuvare (non) possent, tum aliis quibusdam causis tum vero prohibiti maiore potestate: nonnulli etiam coacti, si virtus cogi potest, nonnihil adversus te facere.* In diesen Sätzen, vor allem in der Wendung *nonnulli etiam coacti* hat man eine Anspielung auf Vallas eigene Situation und den Zwang, unter dem er seine Schrift verfaßt habe, gesehen.[54] Doch Valla stellt der hier gekennzeichneten Gruppe die *omnes boni* gegenüber, zu denen er sich ausdrücklich selber zählt: *omnes boni tui fuerunt, licet non omnes boni a te steterunt. In quorum numero ... me profiteri non dubitem. Nam nec malum me potius quam bonum esse opinor et semper concupivi.*[55] Nachdem er so seine unveränderte Haltung betont hat, kommt er auf sein Anliegen zu sprechen. Diesmal bezeichnet er es genauer, er möchte als Geschichtsschreiber die Taten Eugens darstellen.[56]

Noch einmal kommt Valla auf seine Arbeiten zu sprechen, um sich gegen die Vorwürfe seiner Kritiker, die inzwischen auch in Rom vorgebracht worden waren, zu verteidigen. Auf Eugen bezogen versichert er: *numquam neque tuae neque tui similium maiestati atque auctoritati derogare propositum fuit, ut siquid retractatione opus est et quasi oblutione, en tibi me nudum offero, tu, quae tua abluendi potestas est, ista aqua profluenti e petra quae est Christus ablues.*[57]

Beide Briefe zeugen von einer unveränderten Haltung Vallas gegenüber dem Papst, zu der auch die Kritik an der Konstantinischen Schenkung und damit an der Machtpolitik der Päpste nicht im Gegensatz steht. Die *auctoritas* des Papstes als *summus pontifex* wird nicht in Frage gestellt, die *maie-*

---

[52] Epistolae principum, S. 410.

[53] *(mea erga te observantia) incepta iam inde ab ineunte mea iuventute ad hanc usque aetatem perseveravit et cum annis simul accrevit* (Epistolae principum, S. 409f.; vgl. auch die oben Anm. 40 zitierte Briefstelle).

[54] Poggiali, S. 63; Fois, S. 299.

[55] Epistolae principum, S. 413f.

[56] *causa ista, quae inter te ac patriae hostes versatur, mandetur literis a circumspecto aliquo eximioque oratore, sive ad praesentium temporum patrocinium, sive ad memoriam futurorum* (Epistolae principum, S. 414). Dieses Anerbieten hat eine Parallele in seinem Bemühen von 1456 um das Amt des offizellen Geschichtsschreibers in Venedig, vgl. Zippel, Storiografia.

[57] Epistolae principum, S. 416; Fois, S. 561.

stas beschwört Valla noch im letzten Satz, wenn er den Wunsch ausdrückt, daß der Papst künftig *ab aliis excitata (bella) censura apostolica et papali maiestate sedabit* (50,21). Auch kann man seine Bemühungen um eine Rückkehr nach Rom ab 1443 nicht als Zeichen seiner Charakterlosigkeit interpretieren.[58] In dem Brief an Kardinal Trevisano von 1443 antwortet Valla auf die selbstgestellte Frage *At cur de Constantini donatione composui?* mit der Beteuerung: *Id ego tantum abest ut malevolentia fecerim, ut summopere optassem sub alio pontifice necesse mihi fuisse id facere, non sub Eugenio.*[59] Man wird dies kaum aus der Schrift selbst widerlegen können. Was Eugen in den Briefen an Lob gezollt wird, wird in der Schrift nicht widerrufen, sondern ergänzt. Eugen gehört eben auch zu denen, die sich der Schenkung in ihrer Politik bedient haben, er hat bei der Krönung Sigismunds 1433 (43,28) das jüngste Beispiel dafür geliefert. Keineswegs wird er aber deshalb in besonderer Weise angegriffen, viel stärker prangert Valla etwa das Verhalten Bonifaz' VIII. an (44,11).[60] Er spielt auch den von König Alfonso unterstützten Gegenpapst Felix V. nicht gegen Eugen aus (18,4). Wie sehr er sich zurückgehalten hat, wird deutlich, wenn man Äußerungen Poggios zum Vergleich heranzieht. Dieser hat eine kurze Biographie Eugens verfaßt, in der er auch an den kriegerischen Unternehmungen Kritik übt,[61] gegen Felix aber hat er in einer Invektive alle Register der Rhetorik gezogen, um ihn als Feind der Kirche zu schildern. Er nennt ihn *perversorem fidei, hostem religionis, autorem schismatis, antistitem malignitatis,*[62] er ist für ihn ein *alter Mahumetes* und *Sathanae alumnus,*[63] ja der Antichrist selbst, *qui mentes hominum pecuniis promissisque a vera fide pervertit, qui praedicet contra Christum, qui fidem in gehennam ignis impellat.*[64]

Valla wendet sich bei seiner Kritik weder in besonderer Weise gegen Eugen, den derzeitigen Vertreter des Amtes, noch stellt er das päpstliche Amt überhaupt in Frage. Er sieht den Papst an der Spitze der Hierarchie der Priester,

---

[58] Pastor, I, S. 25.

[59] Opera II, S. 401.

[60] Hinzu kommt das Urteil über Bonifaz IX. (47,31); vgl. Arnold Esch, Bonifaz IX. und der Kirchenstaat (Bibliothek des Deutschen Historischen Instituts in Rom 29), Tübingen 1969, S. 275.

[61] *Hic summa praeditus fuit humanitate, sed animi magni ad ulciscendas iniurias prompti; cum potuisset summa pace et quiete frui, se bellis minime necessariis implicavit* (Liber pontificalis, ed. Duchesne, II, S. 556); zur Autorschaft Poggios vgl. Carlo di Capodimonte, Poggio Bracciolini autore delle anonime Vitae quorundam pontificum, Rivista di Storia della Chiesa in Italia 14 (1960), S. 26–47.

[62] Die Invektive stammt von 1447, vgl. Walser, S. 267; zitiert nach: Opera omnia (1538), S. 155–164, hier S. 155.

[63] Poggio, Opera, S. 156.

[64] A.a.O. S. 160.

der in besonderer Weise das biblische Ideal zu erfüllen hat. Das Thema der Schrift und die rhetorische Zuspitzung der Argumentation bringen es zudem mit sich, daß ein zweiter Aspekt des Papsttums, der für Valla nicht minder wichtig war, gar nicht zur Sprache kommt: das Papsttum als Wahrer der Kontinuität in der Geschichte des Geistes und Förderer der Wissenschaften. Hierauf ist Valla in seiner Rede zum Beginn des Studienjahres 1455/56 ausführlich eingegangen.[65] Für die altrömische Geistesgeschichte sieht er als kennzeichnend an, daß viele Nationen mit den unterschiedlichsten Anlagen und Begabungen in einem Reich zusammengeschlossen waren und eine gemeinsame Sprache den geistigen Austausch ermöglichte: *palam est omnes scientias beneficio romanae magnitudinis romanaeque pacis amplificatas fuisse et illustratas*.[66] Der politische Rahmen zerbrach mit dem Untergang des Reiches, das Band der gemeinsamen Sprache aber blieb dank der Kirche erhalten: *nam cum in curia romana non nisi latine loqui fas sit et ad eam tamquam ad caput cunctae christianae nationes privatim publiceque concurrant, fit ut singulae operam dent linguae latinae discendae et ob id libris omnibus latine scriptis*.[67] So kann Valla zu dem Schluß kommen: *mihi videntur religio sancta et vera litteratura pariter habitare et ubicumque altera non est illic neque altera esse posse, et quia religio nostra aeterna etiam latina litteratura aeterna fore: quarum utraque cum in curia romana praecipue vigeat, quis amator litterarum, quemadmodum amator christianae religionis, non plurimum se apostolicae sedi debere fateatur?*[68]

Noch in einem anderen Punkt ist Vallas Haltung in der Schrift gegen die Konstantinische Schenkung zu ergänzen. Es ist gezeigt worden, daß Valla davor zurückscheut, konkrete politische Forderungen zu erheben, mit Gewalt etwas durchzusetzen, sondern auf die Macht der Belehrung setzt.[69] Diese Haltung ist unpolitisch, weil unrealistisch. Im Grunde nimmt er denn auch die weltliche Herrschaft der Päpste als gegeben hin. Er führt an, daß nach dem Untergang des römischen Reiches die einzelnen Völker gezwungen gewesen seien, eigene Könige zu wählen, um bestehen zu können. In diesem Machtvakuum hätten sich die Päpste der Herrschaft über Rom bemächtigt (47, 28).[70] So wie er Kriege im Prinzip ablehnt und doch deren historische Rolle anerkennt, nimmt er die Herrschaft der Päpste als historische Tatsache, auch wenn das wichtigste Argument zu ihrer Verteidigung als Fälschung entlarvt

---

[65] V a h l e n, Opuscula I, S. 19ff. = Opera II, S. 145ff., Text S. 281–286.

[66] Opera II, S. 284.

[67] A.a.O. S. 285.

[68] A.a.O. S. 285f.

[69] Vgl. S. 36.

[70] Einen anderen Akzent allerdings trägt der Satz: *Sponte ad te, summe pontifex, ut nos gubernares, venimus, sponte nunc rursus abs te, ne gubernes diutius, recedimus* (48, 12).

werden muß. Er weist aber darauf hin, daß mit der Berufung auf die Schenkung Kaiser Konstantins weiterreichende Ansprüche erhoben werden, als der tatsächlichen Machtstellung entsprechen oder je entsprochen haben: *cur ergo, que maior pars est, ea reposcit (ecclesia Romana), in quibus non prescripsit et in quibus alii prescripserunt?* (46,29 vgl. 5,1). In der Peroratio zu *De reciprocatione sui et suus* gesteht er nun sogar zu, daß Papst Nikolaus V. auch *moderator imperii* sei. Das hatte er in der Kritik am Constitutum Constantini ausdrücklich abgelehnt und den Verteidigern der Schenkung vorgeworfen, sie seien *iniuriosi in summum pontificatum, cui licere terrenis potiri regnis et Romanum moderari imperium arbitrantur* (15,19). Was er in der Theorie ablehnt, kann er als Tatsache doch akzeptieren, weil die Theorie politisch gesehen zur Utopie wird. Die politische Herrschaft der Päpste wird theoretisch abgelehnt, weil der Anspruch nicht begründet werden kann, sie wird faktisch anerkannt, weil der Nutzen für die Wissenschaft schwerer wiegt. So ist Nikolaus V. zwar *moderator Romani imperii,* vor allem aber doch *Romani eloquii moderator et princeps.*[71]

4. Zu Anlaß, Form und Vorbild von Vallas Kritik

Die bisherige Interpretation hat gezeigt, daß Valla mit seiner Kritik am Constitutum Constantini keinen direkten Beitrag zur Auseinandersetzung zwischen König Alfonso und Papst Eugen leisten wollte. Was aber hat den Anstoß zur Abfassung von *De falso credita et ementita Constantini donatione* gegeben? Daß es einen bestimmten Anlaß gegeben hat, zeigt die Beteuerung: *summopere optassem sub alio pontifice necesse mihi fuisse id facere.*[1] Auf welches Ereignis weist dieses *necesse mihi fuisse id facere?* Auch hierzu liegt der Hinweis in Vallas eigener Charakterisierung seiner Schrift als *res canonici iuris et theologiae.*[2]

Der mögliche Anlaß: Das Konzil in Florenz

Valla hat sich um 1440 wiederholt mit theologischen Themen befaßt, die theologische Diskussion seiner Zeit spiegelt sich in seinen Werken.[3] Dabei ging es ihm nicht um die theologischen Aussagen an sich, sondern um die sprachlich-sachliche Grundlage der einzelnen Dogmen und Überzeugungen. In den *Elegantiae* findet sich im 6. Buch (c. 34) die Kritik am *persona*-Begriff des Boethius mit ihren Auswirkungen auf die Interpretation der göttlichen Trini-

---

[71] Opera I, S. 249; F o i s, S. 563, Anm. 153.
[1] M a n c i n i, Lettere, S. 33; vgl. S. 73.
[2] Opera II, S. 401.
[3] C a m p o r e a l e, S. 241.

tät, die in der ersten Fassung der *Dialectica* weiter ausgeführt wird.[4] Ebenfalls in polemischer Auseinandersetzung mit Boethius hat Valla zur Frage des freien Willens Stellung genommen.[5] Er hat über die Bedeutung des Mönchsgelübdes und damit die Stellung der Mönche in der kirchlichen Gemeinschaft diskutiert,[6] und er hat sich schließlich, ebenfalls in den *Dialectica*, zum *filioque* geäußert.[7]

Dieses Thema verweist besonders deutlich auf die Diskussion der Konzilsväter in Florenz. Hier spielte der Streit über den in der lateinischen Kirche üblich gewordenen Zusatz zum Credo eine wichtige Rolle bei den Unionsverhandlungen. Valla hat sich nicht mit den Argumenten beider Seiten auseinandergesetzt, sondern die Frage historisch-philologisch zu beantworten versucht: *liceat mihi tantummodo sciscitari, ut uni alicui e vulgo, qui sollertia illa et peracuta theologorum disputantium argumenta non capiam.*[8] Er verweist auf Bibelstellen, das Symbolum Nicaeno-Constantinopolitanum und Augustinus. Valla hielt das *filioque* für überflüssig. Damit konnte ihm der Vorwurf gemacht werden – und scheint in der Tat gemacht worden zu sein –, die Position der Griechen eingenommen zu haben. Seine Argumentation zeigt aber nur, daß er auch in dieser Frage auf verbindliche Aussagen aus der Frühzeit der Kirche zurückgeht. In der *Apologia* hat er sich Papst Eugen gegenüber gegen entsprechende Vorwürfe verteidigt: *Nam illa quae de spiritu sancto obiecerunt, respondi mentiri eos, qui me affirmasse aliquid contra ecclesiam criminarentur, sed aliqua vel ante concilium Florentinum vel ipsius concilii tempore, ut armatior pro latinis essem, disseruisse confessus sum.*[9] Er hat in späteren Jahren zu anderen Formulierungen gegriffen, das entsprechende Kapitel fehlt in den Überarbeitungen der Dialectica, in der Sache hat Valla nichts zurückgenommen.[10]

Neben dem filioque war auch der Primat der römischen Kirche ein Streitpunkt auf dem Konzil. Im Vergleich zum filioque war diese Frage von untergeordneter Bedeutung, sie wurde erst in den letzten Wochen vor Verabschiedung des Unionsdekrets behandelt. Besonders die Lateiner legten dieser Frage Gewicht bei, von ihnen wurde als ein Argument auch die Konstantinische

---

[4] Di Napoli, S. 148ff.; Camporeale, S. 236ff.

[5] Vgl. S. 11.

[6] Vgl. S. 10.

[7] Der Passus findet sich nur in der ersten Fassung (Codex Urb. lat. 1207, Buch I, cap. 13); zitiert bei Zippel, Storiografia, S. 99, Anm. 1. Di Napoli, S. 159ff.; Camporeale, S. 250ff.

[8] Camporeale, S. 251.

[9] Opera I, S. 800a.

[10] Di Napoli, S. 162, Anm. 62, gegen Zippel, Defensio, S. 324, Anm. 3. In den späteren Änderungen macht sich vielleicht die Diskussion mit Tortelli bemerkbar, vgl. Fois, S. 358.

Schenkung herangezogen. Im Anschluß an den zweiten Sermo de Primatu des Johannes de Montenigro [11] kam es zu einer Diskussion über die Frage, ob der Papst ohne Zustimmung der Patriarchen ein Konzil einberufen könne. In diesem Zusammenhang stellte Kardinal Giuliano Cesarini den griechischen Diskussionspartnern die Frage: *non habetis privilegium Constantini, quod fecit Silvestro?* In griechischer Fassung wurde das Constitutum von Andreas Chrysoberges vorgetragen und anschließend ins Lateinische übersetzt. Daß es Cesarini war, der die Schenkung Konstantins in die Diskussion einführte, ist nicht ohne Interesse.[12] Als Lehrer in Padua zählte er Nikolaus von Kues zu seinen Schülern. 1426 zum Kardinal in pectore ernannt, bestellte ihn Eugen IV. zum Präsidenten des Konzils in Basel, wo Nikolaus von Kues 1433 seine *Concordantia catholica* vorlegte. Zunächst war Cesarini Verfechter der Vorstellungen des Konzils; als es in der Frage der Unionsverhandlungen zur Spaltung kam, schloß er sich der Mehrheit an, die zu einer Teilnahme in Ferrara-Florenz bereit war. Hier erläuterte er erfolgreich die lateinische Stellung zum filioque. Er war neben dem Papst wohl die bedeutendste Persönlichkeit auf lateinischer Seite, ihm fiel es auch zu, am 6. Juli 1439 die lateinische Fassung des Unionsdekrets zu verlesen.

Die Tatsache, daß trotz des Nachweises, daß es sich beim Constitutum Constantini um eine Fälschung handelt, diese auf einem Konzil als Argument verwertet wurde, konnte für Valla sehr wohl Anlaß sein, sich mit diesem Thema zu befassen. Wenn die Schenkung auch nur am Rande eine Rolle spielte, Valla war über die Diskussion auf dem Konzil aus erster Hand unterrichtet, denn zu den Teilnehmern zählte auch sein Freund Giovanni Tortelli. Ein Brief belegt, daß sie Themen des Konzils in ihrer Korrespondenz behandelt haben.[13]

Auf dem Konzil wurde die Schenkung im Zusammenhang mit der Primatsfrage behandelt. Valla hat sich nur mit der falschen Urkunde, nicht mit dem Primat des Papstes befaßt. Die entsprechenden Formulierungen des Unionsdekrets, wo der Papst als *successor Petri* und *vicarius Christi* bezeichnet und ihm die *pascendi, regendi ac gubernandi universalem ecclesiam... potestas* zugestanden wird, hätte er sehr wohl unterschreiben können.[14]

Die Antwort auf die Frage nach dem Anlaß für die Abfassung seines Werkes provoziert eine zweite: Warum hat er sich nicht wie beim filioque damit

[11] B o e s e, S. 577ff.
[12] Joseph G i l l, Personalities of the Council of Florence, Oxford 1964, S. 95–103.
[13] *de Trinitate te interrogabam* (M a n c i n i, Lettere, S. 37).
[14] Andreas d e S a n t a c r o c e, Acta Latina Concilii Florentini (ed. Georg H o f m a n n), Concilium Florentinum, Ser. B, vol. VI, Roma 1955, S. 262. – Auf die thematische Beziehung der Kritik an der Konstantinischen Schenkung zum Konzil hat kurz auch C a m p o r e a l e, S. 268, hingewiesen.

begnügt, in einem Exkurs oder in einer kurzen Stellungnahme das Thema abzuhandeln? Auch auf diese Frage ist eine Antwort möglich. Sie liegt im Hinweis auf eine vom Anlaß und von der Intention Vallas her durchaus vergleichbare Schrift, in der er sich zur richtigen Bezeichnung für das Königreich Neapel äußert.

Eine Parallele:
Ad Alphonsum Regem aliud Siculum aliud Neapolitanum esse regnum

In dieser Rede von 1442[15] weist Valla nach, daß zwischen *Sicilia* und *insula Siciliae* kein Unterschied in der Sache bestehe, daß vielmehr *insula Siciliae* eine durch die Volkssprache verderbte Ausdrucksweise sei, ebenso wie *Trinacria* wiederum nur eine andere, vor allem von den Dichtern gebrauchte Bezeichnung für Sizilien sei. Deshalb sei es falsch *regnum Siciliae* auch auf das Festland zu beziehen. Sizilien und Neapel seien zwei unabhängige Herrschaften, von denen keine der anderen untertan sein wolle. An den König richtet er deshalb den Appell, dies durch ein Dekret deutlich zu machen.

Ausgangspunkt ist eine grammatische Frage – *uno et nudo et brevi grammaticae argumento agemus*[16] –, die sich schnell und eindeutig klären läßt. Aus der falschen Benennung aber sind falsche Ansprüche abgeleitet worden, die oft mit Waffengewalt durchgesetzt werden sollten. Ohne es im einzelnen auszuführen, wird die Geschichte Siziliens und Neapels auf diesen Kern, falsches Wissen und damit falsches Bewußtsein, reduziert: *vides, summe Rex, quantum non modo deformitatis, sed periculi etiam ac detrimenti rebus humanis afferat imperitia recte loquendi? Ex hoc uno sophismate saepe de iure populorum decertatum est, saepe potentissimorum principum inter se arma conflixerunt atque confligent, nisi certaminum materia tollatur.*[17] Die Bedeutung, die hier einer falschen Bezeichnung, einem error, zugeschrieben wird, ist durchaus vergleichbar mit der Wirkung, die die Behauptung von der Schenkung Konstantins nach Vallas Meinung gehabt hat. Diese Schenkung, einmal erfunden und in das Rechtsbuch der Päpste aufgenommen, ist zum Ausgangspunkt einer ‚falschen' historischen Entwicklung geworden. Beide Male geht es Valla darum, diesen Zusammenhang aufzuzeigen, indem der

---

[15] Text bei R o m a n o, S. 397–403 = Opera II, S. 467–473, und S o r i a, S. 297–306. Über die Bedeutung dieser Rede für Vallas Anschauungen vgl. A d o r n o, Orazioni, S. 218, Anm. 1; B e r t i, S. 288f.

[16] Opera II, S. 468. – Enea Silvio Piccolomini hat sich in einem Brief vom 13. 9. 1443 ebenfalls gegen die Formel *utriusque Sicilie* ausgesprochen, ohne jedoch daraus wie Valla weitreichende Forderungen abzuleiten (Der Briefwechsel des Eneas Silvius Piccolomini, hrsg. von Rudolf W o l k a n, I, 1 [Fontes rerum Austriacarum. Diplomata et acta 61, 1909], S. 179); R o m a n o, S. 394f.

[17] Opera II, S. 469f.

Ausgangspunkt entlarvt wird. Die Konsequenz aus einem solchen Nachweis soll jeweils der Verzicht auf das als falsch Erkannte – die fehlerhafte Bezeichnung bzw. die falsche Urkunde – sein, damit die *materia certaminum* bzw. die *materia peccandi* (49, 39) entfällt.

Der gleiche Geist wie aus der Schrift gegen die Konstantinische Schenkung spricht aus dieser Rede auch, wenn Valla sein Recht auf Kritik betont und seine Erkenntnis dem *consensus hominum* gegenüberstellt. Er zeichnet von Alfonso das Bild eines idealen Königs, der für seine eigentlichen Aufgaben keines Rates bedürfe, doch wo es nicht allein um königliche Tugenden gehe, brauche auch der König den Rat des Fachmanns: *Valeat auctoritas principis in propulsanda oppressorum iniuria, valeat in sublevanda calamitate, valeat in condendis legibus, valeat in flagitiis coercendis. In doctrinis autem atque artibus cedat peritioribus, cedat iis, quorum illae sunt artes, intelligatque se illic principatum non optinere, sed alios.* Der König solle sich deshalb nicht scheuen, Vallas Meinung als seine eigene zu vertreten und die Folgerungen zu ziehen. Abhalten könnte den König zwar die *multorum iam aliquot saeculis magnorum virorum ... auctoritas*, aber dem hält Valla nur entgegen, daß eine falsche Meinung kein Gewicht habe, auch wenn sie noch so verbreitet sei: *Nam quid ponderis habet consensus hominum quos fallit opinio? non magis quam ad conficiendam navigationem ventus a puppi in antennas spirans nulla vela gestantes. Praecedat oportet veritas assensum ... nec pro litteratis habendi sunt, qui ab ipsa litterarum veritate discordant.* Gegenüber solcher *veritas* ist auch das Urteil von Königen ohne Bedeutung: *At sunt principes, sunt viri illustres, sunt etiam reges, qui huic rei assensi sunt? ... Quid istud ad veri bonique probationem? Num quisquis magnus potensque est is continuo et sapiens? Neque enim si tu divina quadam sapientia praeditus es, ideo et caeteri, qui pares tibi imperio sunt, pares sunt etiam ingenio ac virtute.*[18] Die Verbeugung vor dem König ändert nur wenig an dem starken Selbstbewußtsein, das Valla in diesen Sätzen zeigt. In ähnlicher Weise hat er in der Schrift gegen die Schenkung das Urteil der *magni homines* zurückgewiesen: *An honesta erroris excusatio est, cum patefactam videas veritatem, nolle illi acquiescere, quia nonnulli magni homines aliter senserint? magni, inquam, dignitate, non sapientia nec virtute* (38, 2).

Die Rede entstand wohl nach dem Einzug des Königs in Neapel 1442.[19] Damit war für Valla Anlaß gegeben, eine Meinung ausführlich darzulegen, die schon früher, und zwar in der Kritik an der Schenkung, von ihm vertreten wurde. Zweimal ist hier vom Königreich Neapel-Sizilien die Rede, jeweils in einer Bezeichnung, die der Beweisführung in der Rede entspricht:

---

[18] A.a.O. S. 472.

[19] Darauf wird deutlich mit der Wendung *regno ... tuo marte, id est tua gloria parto* (S. 471) angespielt.

regnum Sicilie Neapolitanumque (4, 39) und *rex Neapolitanus atque Sicilie* (18, 8). Schließlich ist es, wiederum im Hinblick auf die gewichtigere Parallele, bemerkenswert, daß Vallas Vorstoß ohne Wirkung geblieben ist. Das von Valla geforderte Dekret ist nicht ergangen, Alfonso ist den traditionellen Bezeichnungen treu geblieben.[20]

Der gleiche Zusammenhang zwischen philologischer Erkenntnis und der Beurteilung historischer Zusammenhänge in beiden Reden kann auf seine Weise davor bewahren, in der Kritik der Schenkungsurkunde Konstantins nur einen rhetorischen Vorwand, die eigentliche Absicht der Schrift aber in einzelnen, politisch interpretierbaren Sätzen sehen zu wollen.

Ein mögliches Vorbild:
Petrarcas Gutachten über zwei angebliche Urkunden Caesars und Neros
(Sen. XVI [XV] 5)

An der Selbsteinschätzung Vallas, gegenüber der früheren Diskussion um die Konstantinische Schenkung eine neue Beurteilung gegeben zu haben,[21] ändert sich nichts, wenn für einzelne Punkte der Argumentation ein Vorbild genannt werden kann. Im März 1361 zeigte Petrarca in einem kurzen Gutachten, das er für Karl IV. verfaßte, daß es sich bei zwei Urkunden Cäsars und Neros, die in einer angeblichen Urkunde Heinrichs IV. zitiert werden (DD H IV 42 vom 4. Okt. 1058), um eine Fälschung handelt. Die Urkunden gehören zu der Gruppe von Freiheitsbriefen um das *privilegium maius* aus der Kanzlei Rudolfs IV. von Österreich (1358–1365).[22] In seinem Gutachten[23] weist Petrarca zunächst darauf hin, daß diese Urkunden nicht bindend sein könnten, selbst wenn sie echt wären, weil sie dem Grundsatz *par in parem non habet imperium* (24) widersprächen.[24] Diese juristische Interpretation wird von Petrarca unter Verweis auf die Rechtsgelehrten des Kaisers nur angedeutet. Sein Urteil stützt sich auf eine Analyse des Wortlauts der Urkunden. Dabei geht er allerdings nicht wie Valla beim Constitutum Constan-

---

[20] R o m a n o, S. 394, gibt einen Überblick über die verschiedenen Bezeichnungen. König Alfonso gebrauchte *Regnum Siciliae citra et ultra farum* und später parallel dazu *Regnum utriusque Siciliae.*

[21] *... ut quod nemo sciret, id ego scisse solus viderer* (Opera II, S. 402).

[22] Alphons L h o t s k y, Privilegium maius. Die Geschichte einer Urkunde, München 1957; zum Komplex der 5 bzw. 7 Urkunden S. 18ff., zu Petrarcas Gutachten S. 30 und 41, zu den Nachwirkungen bei Enea Silvio Piccolomini und Cuspinian S. 43. Im Anhang sind die Urkunden abgedruckt. – Auf das Vorbild Petrarcas für Valla hat W h i t f i e l d, S. 125, aufmerksam gemacht; dazu G a e t a, Valla, S. 142.

[23] Zitate nach der kommentierten Ausgabe von Paul P i u r, Petrarcas Briefwechsel mit deutschen Zeitgenossen, Berlin 1913 (Vom Mittelalter zur Reformation 7), S. 114ff. In Klammern sind die Zeilen des Textes genannt.

[24] P i u r, a.a.O. S. 120, verweist zu dieser Formulierung auf Justinian, Dig. IV 8, 4.

tini Satz für Satz der Dokumente durch, sondern greift einzelne Formulierungen heraus. Er will nicht mehr geben als erste Hinweise:[25] Cäsar nenne sich Augustus (77), obwohl diese Bezeichnung sich erst von seinem Nachfolger herleite; er spreche von der *orientalis plaga* (98), obwohl das Gebiet, für das das Privileg gelten soll, von Rom aus gesehen eher im Norden liege; er, der Initiator der Kalenderreform, datiere seine Urkunde mit *datum Rome die Veneris regni nostri anno primo* (105), ohne den Monat zu nennen.

Zu diesen Punkten finden sich deutliche Parallelen in Vallas Kritik am Constitutum Constantini. Auch er stellt die Anachronismen heraus, etwa die Bezeichnung *papa* für den Papst (32, 37) oder die Erwähnung von Konstantinopel (24, 39), auch er befaßt sich ausführlich mit den geographischen Angaben (26, 22) und mit dem Datum der Urkunde (37, 21).

Die Reihe läßt sich fortsetzen. So kritisiert Petrarca den Gebrauch von *regnum* und zitiert Livius (XXVII 19) mit dem Satz *regium nomen alibi magnum, Rome intollerabile* (127). Auch Valla betont, daß *rex* und *Romanus* nicht zusammenpassen (34, 27). Selbst Vallas Kritik am Gebrauch des Plurals (30, 3) hat bei Petrarca ein Vorbild, der ausführlich Briefe Cäsars zitiert, um zu zeigen, daß dieser von sich niemals im Plural gesprochen habe (39). In scharfen Worten prangern Petrarca und Valla die Dummheit des Fälschers an. Petrarca sieht ihn als *non magistrum literatumve hominem, sed scolasticum rudemque literatorem* (4), für Valla ist das Constitutum das Werk eines *clericuli stolidi, nec quid dicat aut quomodo dicat scientis* (36, 1). Petrarca nennt den Verfasser der Urkunden *mentiendi avidum, sed fingendi mendacii artificium non habentem* (5); ähnlich formuliert Valla: *Quid agis aliud, infelix, nisi ut indices te voluntatem fallendi habere, facultatem non habere?* (23, 23). Dabei betonen beide, daß es doch zum Geschäft des Fälschers gehöre, zumindest den Anschein der Richtigkeit zu erwecken.[26]

Der gemeinsame stilkritische Ansatz,[27] die Übereinstimmung in der Argumentation und die sprachliche Nähe legen die Vermutung nahe, daß Valla dieses Gutachten Petrarcas gekannt hat. Die große Verbreitung der Briefsammlungen Petrarcas[28] macht das ebenso wahrscheinlich wie Vallas sonsti-

---

[25] *Hec sunt, Imperator Auguste, que in presens sine magno se obtulerant studio, preter utriusque stilum epistole* (147).

[26] Bei Petrarca heißt es: *Solent enim huiuscemodi artifices verisimilitudine aliqua falsum condire, ut quod nunquam fuerit, quia tamen his que fuerunt simile est, et ipsum fuisse credi possit* (7); Valla vergleicht Paucapalea, der das Constitutum in das Decretum Gratiani einfügte, mit dem Sinon aus der Aeneis: *more eorum, qui mendacia machinantur, a vero incepit, ut sequentibus, que falsa sunt, conciliet fidem* (22, 8).

[27] Petrarca faßt sein Urteil in dem Satz zusammen: *Ita totus ab eo quod videri vult, ab antiquitate scilicet ac Cesareo remotus est stilo* (153); Valla stellt u. a. die rhetorische Frage: *Quid, illa loquendi barbaries non ne testatur non seculo Constantini, sed posteriori cantilenam hanc esse confictam?* (32, 24).

[28] Piur, S. LXXIII ff.

ges Verhältnis zu Petrarca. In der relativen Wertschätzung Epikurs und in der Verehrung für Quintilian führt er nur weiter, was bei Petrarca in Ansätzen schon vorhanden ist.[29] Valla, „un des plus fameux continuateurs de Pétrarque",[30] nennt sein Vorbild allerdings nur dann mit Namen, wenn es Kritik gilt. So wirft er ihm stilistische Fehler vor[31] und hält seine Kritik des Liviustextes für unzureichend.[32] In diesem Punkt ist er mit seinen eigenen Anmerkungen zu Livius bewußt in Wettstreit mit Petrarca getreten.

Angesichts der Vertrautheit Vallas mit den Werken Petrarcas ist es sicherlich nicht ohne Interesse, nach Petrarcas Ansicht über die Konstantinische Schenkung zu fragen. Dabei zeigen sich bei allem Unterschied in der grundsätzlichen Einstellung – für Petrarca ist die Schenkung eine historische Tatsache – wiederum einige Berührungspunkte in der Argumentation. Im 17. Brief seines *Liber sine nomine* (1357) kommt Petrarca auf die Schenkung zu sprechen, nachdem zuvor von Avignon, dem neuen Babylon, und dem beklagenswerten Zustand Roms die Rede war. Er wendet sich direkt an Kaiser Konstantin und rechtet mit ihm über seine Tat: *Si videri munificum delectabat, de proprio largireris, tuam donasses, Imperii hereditatem, quam curator acceperas, successoribus integram reliquisses. Nescio quidem an potueris, sed fecisti, ut ad has tunc humiles, nunc superbas manus heu longe aliis manibus fundati status administratio perveniret.*[33] Diese Sätze enthalten im Kern bereits eine Seite der Argumentation Vallas. Der Zweifel Petrarcas, ob Konstantin schenken durfte, verstärkt sich bei Valla zu der Gewißheit, daß Konstantin nicht geschenkt hat. Er führt in den Reden des ersten Teils seiner Schrift aus, was Petrarca andeutet, daß nämlich Konstantin Sachwalter des römischen Reiches sei, der in falsch verstandener Freigebigkeit auf einen Teil der Herrschaft verzichten wolle, wo nur Dankesgaben aus dem Privatbesitz angebracht wären. Was Petrarca mit dem Gegensatz *humiles – superbi* andeutet, läßt Valla Papst Silvester ausführlich darlegen, daß nämlich durch die Annahme der Schenkung die Päpste ihrem Auftrag untreu werden.

---

[29] Nolhac II, S. 90: ... il (Pétrarque) se montre déjà par avance acquis à ce culte de Quintilien, dont Lorenzo Valla sera le grand propagateur; Whitfield, S. 120 und 123.

[30] Nolhac II, S. 67.

[31] Valla kritisiert den Titel von *De sui et aliorum ignorantia*: statt *de sui* müsse es *de sua* heißen (Opera I, S. 47).

[32] ... *in nonnullis emendationibus felix, in nonnullis lapsus* (Opera I, S. 602).

[33] Paul Piur, Petrarcas Buch ohne Namen und die päpstliche Kurie. Ein Beitrag zur Geistesgeschichte der Frührenaissance (Deutsche Vierteljahrsschrift für Literaturwissenschaft und Geistesgeschichte, Buchreihe 6, 1925), S. 222; vgl. auch Petrarcas Ekloge 6,159, wo er Konstantin kennzeichnet als ... *qui primus mala dona dedit* (a.a.O. S. 68, A. 4; dazu Laehr II, S. 121f.).

5. Veröffentlichung. Erste Reaktionen

Unmittelbar nach Fertigstellung schickte Valla sein Werk *De falso credita et ementita Constantini donatione* am 25. 5. 1440 an seinen Freund Giovanni Tortelli († 1466), den er 1434 in Florenz kennengelernt hatte.[1] Ausdruck der engen Freundschaft, die beide verband, ist die große Zahl der Werke, die Valla Tortelli widmete, darunter die Schlußfassungen seiner Hauptwerke *Elegantiae, De vero falsoque bono* und *Dialecticae disputationes*.[2] Tortelli war auf Bitten des Kardinals Cesarini von einem Studienaufenthalt in Konstantinopel zurückgekehrt, um am Konzil in Ferrara-Florenz teilzunehmen. Papst Nikolaus V. beauftragte ihn später mit dem Aufbau der Vatikanischen Bibliothek. Sein Hauptwerk ist das Kompendium *De orthographia*, in dem ein umfangreicher Wissensstoff ausgebreitet wird. Für dieses Werk stand Tortelli in regem literarischen Austausch mit Freunden, auch Vallas *Elegantiae* werden wiederholt zitiert.[3] Wie weit der literarische Austausch zwischen Valla und Tortelli ging, zeigt folgendes Beispiel: Valla hatte für seine Geschichte Ferdinands von Aragon neue Begriffe zusammengestellt, um seine These zu stützen, daß man Dinge, die der Antike noch nicht bekannt waren, nicht mit antiken Namen belegen dürfe. Diesen Abschnitt überließ er Tortelli; das Stichwort *horologium* in dessen *De orthographia* geht fast wörtlich auf Valla zurück.[4] Auf der anderen Seite hat auch Tortelli zu Vallas Schriften manche Anmerkungen gemacht. Es ist in einer Handschrift der Hinweis auf ein Vergil-Zitat überliefert, das Vallas Argumentation gegen Bartolomeo Facio stützen sollte.[5] Auch die Abschrift der Rede gegen die Konstantinische Schenkung aus Tortellis Besitz, der Codex Ottob. lat. 1863, zeigt f. 76r einen ähnlichen Zusatz. Zu Vallas Satz: ... *ut iam non minus culpe sit penes hunc, qui mala probat, quam penes illum, qui mala excogitavit* (41, 30) zitiert Tortelli am Rand aus Ciceros De natura deorum (I 1): *Quid tam temerarium tamque indignum sapientis gravitate atque constantia quam aut falsum sentire aut, quod non satis explorate perceptum sit et cognitum, sine ulla dubitatione defendere?* Auch dieser Hinweis ist geeignet, Vallas Argumentation zu stärken.

Valla kündigt seine Schrift mit den folgenden Sätzen an: *mitto ad te opus-*

---

[1] Zu Tortelli vgl. die Arbeiten von Mancini, Tortelli; Oliver; Besomi; Regoliosi. Der Brief ist abgedruckt bei Mancini, Lettere, S. 33.

[2] Zum Verhältnis Valla-Tortelli vgl. Mancini, Vita, S. 173ff.; Regoliosi II, S. 137ff.

[3] Regoliosi II, S. 138.

[4] Besomi, Gesta, S. 113–121, und in der Edition, S. 194–204, der beide Fassungen gegenüberstellt. Auf Valla muß deshalb bezogen werden, was Alex Keller, A Renaissance Humanist Looks at New Inventions: The Article Horologium in Giovanni Tortellis De orthographia, Technology and Culture 11 (1970), S. 345–365, ausführt.

[5] Regoliosi II, S. 192.

culum, quod proxime composui, rem canonici iuris et theologiae, sed contra omnes canonistas atque omnes theologos; quod, si mecum senties, opus aliis ostendes, sin minus, in quo dissentis ad me rescribas. Persuasum habeo te pro tua vel singulari eruditione non posse falli, vel singulari in me amore non posse fallere. Der gelehrte Freund soll das Werk beurteilen und es nur dann weitergeben, wenn er es für gut hält.[6] Eine Antwort Tortellis ist nicht überliefert. Die aus seiner Handschrift zitierte Notiz deutet aber darauf hin, daß er gegen das Werk und seine Verbreitung nichts einzuwenden hatte.

Überliefert ist die Reaktion eines anderen Humanisten: Gregorio Tifernate († 1459), der wie Valla bis etwa 1447 am Hof Alfonsos war und später im Dienst Nikolaus V. stand, der ihn mit Übersetzungen aus dem Griechischen betraute.[7] Auch Valla schätzte ihn wegen seiner Griechischkenntnisse.[8] Der Brief Tifernates ist nicht datiert, es läßt sich daher nicht sagen, wann er Vallas Schrift kennengelernt hat. Da er nichts von Reaktionen anderer schreibt, darf man vielleicht den Brief ins Jahr 1440 oder bald danach setzen. In begeisterten Worten schildert er, wie er ohne Unterbrechung die Rede Vallas durchgelesen habe. Inhaltlich kennzeichnet er sie als *oratio ... pro Christi Ecclesia, non contra Ecclesiam, pro sacerdotibus, non contra sacerdotes* und spricht so ganz im Sinne Vallas. Der Eindruck, den die Lektüre hinterlassen hat, klingt an, wenn er zusammenfaßt: *Quam probe castigas, quam fortiter arguis scriptoris illius et decreti falsimoniam.* Mit diesen Sätzen bestätigt er Valla, was dieser selbst für sich in Anspruch genommen hat, den *verus orator* zu verkörpern. Bei alldem betont er, nicht etwa Valla zuliebe, *non quod quicquam dare cupiam vel auribus tuis vel gratiae tuae,* sondern *quod veritati refragari difficile est,* sich so lobend zu äußern. Von der Sache selbst, dem Streit um die Echtheit des Constitutum Constantini, ist in diesem Brief ebenso wenig die Rede wie etwa von Vallas Stellung zwischen König und Papst.

Zwei weitere Briefe, in denen Valla von seiner Schrift spricht, stammen aus dem Jahr 1443. Guarino Veronese, den Valla seit seiner Lehrtätigkeit in Norditalien kannte, schickte im Oktober 1443 seinen Sohn an den Hof von Neapel und gab ihm auch ein Empfehlungsschreiben an Valla mit. In seinem Antwortbrief[9] lobt Valla in dem Sohn den Vater, wenn er versichert, er wolle sich des Sohnes annehmen *tum suo ipsius tum paterno merito.* Im zwei-

---

[6] Mancini, Lettere, S. 33; mit ähnlichen Worten bat ihn Valla um sein Urteil zu den Elegantiae: *putavi ... antequam edendae sint, tibi ostendere et iudicium tuum exquirere* (Mancini, Lettere, S. 34; vgl. auch S. 36: *ingenue ad me scribas, quod sentias*).

[7] Louis Delaruelle, Une vie d'humaniste au XVe siècle: Gregorio Tifernas, Mélanges d'archéologie et d'histoire 19 (1899), S. 9–33; Girolamo Mancini, Gregorio Tifernate, Archivio storico italiano 81 (1923), S. 65–112; der Brief an Valla ist gedruckt und kommentiert bei: Pontarin-Andreucci, S. 209–211.

[8] *qui et optime Graeca nosset* (Opera I, S. 353; Pontarin-Andreucci, S. 210).

[9] Sabbadini, Cronologia, S. 93 = Opera II, S. 399; Adorno, Lettere, S. 121f.

ten Teil kommt er auf den Panegyricus des Plinius zu sprechen, von dem er eine Abschrift erbittet. Als mögliche Gegenleistung nennt er seine Schrift: *Eam (orationem Plinianam) si penes te habes ad meque mittes, mittam ego tibi vicissim meam orationem, quae etiam ipsa prope tota in contentione versatur: de falso credita et ementita donatione Constantini. Dices: pacisci mecum vis. Minime, sed, nisi orationem meam non videris, mittendam esse non puto tibi.* Ein literarisches Tauschgeschäft, mehr nicht. Zur Verbreitung und Bewertung seiner Schrift läßt sich aus diesen Zeilen nichts entnehmen.

Das gilt auch für den Brief vom 31. 12. 1443 an Giovanni Aurispa.[10] Valla antwortet damit auf einen Brief, den Aurispa nach einer längeren Zeit des Schweigens geschrieben hatte. Entschuldigungen machen so den größten Teil beider Briefe aus. Aurispa hatte wie Leonardo Bruni Valla in seiner Arbeit an den *Elegantiae* bestärkt und auf eine baldige Veröffentlichung gedrängt.[11] Valla berichtet in diesem Brief auch von der Arbeit an diesem Werk. Außerdem soll sich Aurispa, der *deus ... graecarum litterarum*, zu seiner Ilias-Übersetzung und den *Annotationes* äußern. Nach Grußformel und Datum erst folgt diese Anmerkung: *Orationem meam de donatione Constantini, qua nihil magis oratorium scripsi, sane longam, rescribe an videris, habiturus a me eam, nisi vidisti.*

Beide Briefe bestätigen, daß Valla seine Schrift in erster Linie als rhetorisch-literarisches Werk verstanden wissen wollte.

Über die Verbreitung des Werks in den ersten Jahren nach 1440 ist keine sichere Aussage möglich. Die angeführten Briefe zeigen, daß sie keineswegs zurückgehalten wurde, sondern wie andere Schriften auch in die wissenschaftlich-literarische Diskussion einbezogen wurde.[12] Die Briefe sind aber kein Hinweis darauf, daß Valla versucht habe, die Verbreitung auf den Kreis literarischer Freunde zu beschränken, um feindlichen Reaktionen aus kirchlichen Kreisen oder auch nur Mißverständnissen vorzubeugen.[13] Denn aus

---

[10] Sabbadini, Cronologia, S. 98–101 = Opera II, S. 404–407, und R. Sabbadini, Carteggio di Giovanni Aurispa, Roma 1931, S. 102f. (nr. 83). Der Brief ist datiert 31. 12. (1443). Mancini, Vita, S. 179, hatte den Brief 1444 angesetzt, stimmte dann, Lettere, S. 13, dem Ansatz 1443 zu. Zur Datierung jetzt Camporeale, S. 353–355.

[11] Opera I, S. 41.

[12] In der handschriftlichen Überlieferung erscheint als früheste Jahreszahl erst 1451 (Codex Vat. lat. 5314).

[13] Vgl. S. 69. Die Briefe an Guarino und Aurispa liegen vor dem Inquisitionsverfahren von 1444 und der Reaktion des Königs, ein nicht genanntes Werk Vallas stärker zu verbreiten. Eine gewisse Zurückhaltung Vallas bei der Verbreitung seiner Schrift entnimmt Di Napoli, S. 262, auch aus einer anderen Wendung Vallas: *... stultitia istorum factum est, aut potius perversitate, ut opus emanaverit, nec iam retrahi possit* (Opera I, S. 356f.). Die Formulierung ist zu unbestimmt, als daß man sie ohne weiteres auf De falso credita... beziehen könnte. Sie bezieht sich zudem auf Ereignisse einige Jahre vor der Konfrontation mit Antonio da Bitonto *(aliquot postea annis...)*, die zum Inquisitionsverfahren führte.

dem Herbst 1443/44 sind nicht nur die Briefe an Guarino Veronese und Giovanni Aurispa überliefert. Zur gleichen Zeit wandte er sich auch an zwei einflußreiche Mitglieder des Kardinalskollegiums. Diese Briefe stehen im Zusammenhang mit seinen Bemühungen um eine Rückkehr nach Rom. Nicht zuletzt wegen seiner Kritik an der Konstantinischen Schenkung scheint es in Rom Leute gegeben zu haben, die gegen ihn Stimmung machten. So sah er sich gezwungen, auf die Kritik an seinem Werk einzugehen. Um so bemerkenswerter ist, wie eindeutig er sich zu seiner Schrift bekennt und sie verteidigt.

Lodovico Trevisano, erst Arzt, dann Vertrauter Papst Eugens IV., hatte nach dem Tode Vitelleschis das Kommando über die päpstlichen Truppen übernommen.[14] Mit Recht kann sich Valla an ihn als den *princeps senatus* wenden, dessen Meinung der Papst wohl folgen werde.[15] Seine Haltung gegenüber dem Papst und dem Papsttum sei unverändert, betont Valla. Er wendet sich gegen Vorwürfe, er sei im Sinne des Basler Konzils tätig geworden: *Ego neque illuc me contuli, cum multi non parva mihi pollicerentur, neque adversus papam scripsi, cum in scribendo atque in omni doctrina tantum possem quantum, ut apertissime dicam, quivis unus potuit illorum, qui Basileae aut sunt aut fuerunt.* Diese Sätze zeigen, daß man von seiten des Konzils offensichtlich versucht hatte, sich Vallas Feder dienstbar zu machen, daß Valla sich aber aus dem Streit Konzil–Papst bewußt herausgehalten hat. Auch in seiner Schrift geht er ja auf die Beziehungen zwischen Papst und Konzil nicht ein. Die Stellung des Papstes wird von Valla nicht in Frage gestellt, vom Schisma spricht er ohne Kommentar.[16] Die einzige Beziehung zum Konzil, die sich belegen läßt, ist die Bitte des Königs um Pfründen für Valla.[17] Daß dies für Verdächtigungen ausreichte, zeigt ein Passus aus der *Apologia* an Papst Eugen selbst: *audio preterea illos ..., quum superioribus diebus me apud te accusaverunt, crimini etiam dedisse, quod adversus tuam dignitatem ad Basiliense Concilium scripsissem, quod illinc beneficia impetrassem.*[18] In der Apologia geht er auf die Vorwürfe nicht ein, weil sie nicht zur *causa fidei,* dem Vorwurf der Häresie, gehörten. Wenn diese Sätze auf

---

[14] S a b b a d i n i, Cronologia, S. 94–97 = Opera II, S. 400–403. Der Brief ist datiert 19. 11. (1443). Den Adressaten, früher als Lodovico S c a r a m p o bezeichnet, hat Pio P a s c h i n i, Lodovico Cardinal Camerlengo (Lateranum, nova series V, 1), Roma 1939 bestimmt; zum Brief S. 227f. Vgl. auch Pio P a s c h i n i, Umanisti intorno a un Cardinale, La Rinascita 1 (1938), S. 52–73, hier S. 62.

[15] *quicquid tu agendum putaveris, id ille ratum habebit* (Opera II, S. 401).

[16] Er redet Eugen an: *qui vivis cum Felicis tamen venia* (18, 4); in der Geschichte Ferdinands heißt es: *... auctoritasque alterius summi pontificis, si plures eodem tempore possunt summi pontifices esse* (Gesta Ferdinandi, S. 129, 1 = Opera II, S. 43).

[17] F o i s, S. 172; vgl. Di N a p o l i, S. 271.

[18] Opera I, S. 800 a. Auch hierin hat man einen Hinweis auf De falso credita... sehen wollen, vgl. R a d e t t i, Scritti, S. 453.

die Schrift gegen die Schenkung zielen sollten, ist die Antwort auf den Vorwurf im Brief an Trevisano gegeben, wo Valla betont, daß er sie nicht aus *malivolentia* geschrieben habe. Zu einer Entschuldigung oder gar Zurücknahme sieht er keinen Anlaß: *Opus meum conditum editumque est, quod emendare aut supprimere nec possem si deberem, nec deberem si possem.* Er sieht sich auch jetzt noch im Dienst der *causa veritatis, causa iustitie, causa Dei* (4,3), wenn er aus der Apostelgeschichte (5,38) zitiert: *Si est ex hominibus consilium hoc aut opus, dissolvetur; sin autem ex deo, non poteritis dissolvere.* Er nimmt sogar ein Wort Christi (vgl. Ioh. 18,23) für sich in Anspruch, wenn er bekennt: *si male locutus sum, testimonium perhibebunt de malo; sin bene, non caedent me nervis aequi iudices.* Als Zeugnis eines Kampfes im Dienst der Wahrheit, soll die Schrift für sich selber sprechen: *ipsa rei veritas se tuebitur aut ipsa falsitas se coarguet.*[19] Auch dieser Grundsatz ist aus der Schrift selbst vertraut (40,12). Valla rundet das Bild ab, wenn er ebenfalls zugesteht, daß ein weiteres Motiv hinzukommt, das Streben nach *gloria* und *fama: ut quod nemo sciret id ego scisse solus viderer.*

Der Vorstoß bei Trevisano blieb ohne Erfolg. Wenig später schrieb Valla auch einen Brief an Kardinal Landriani,[20] der selbst zum Kreis der Humanisten gehörte: *Causam meam, ut opinor, nosti: de opere inquam Constantinianae donationis, ob quod multis sanctis apostolicae sedis senatoribus invisus sum et reus agor imo peragor ab inimicis meis atque invidis.*[21] Doch von Selbstkritik ist auch hier nicht die Rede. Die Vorwürfe bewegen Valla allein, weil sie seine Rückkehr nach Rom behindern: *ego reprehensionem terroremque, nisi matris causa, quae istic est, pro meo more nihili facerem.*

Aus den späteren Jahren ist keine Stellungnahme Vallas zu seiner Schrift mehr bekannt. Das kann ein Zufall der Überlieferung sein, hat aber vielleicht doch einen tieferen Grund. Alle Briefe wurden vor dem irregulären Verhör durch die Inquisition in Neapel geschrieben. Die Vorwürfe, die ihm dort 1444 und später auch in Rom gemacht wurden, bezogen sich nicht ausdrücklich auf die Kritik an der Konstantinischen Schenkung, sondern auf fast sein gesamtes schriftstellerisches Werk von *De voluptate* bis zu den Dialogen *De professione religiosorum* und *De libero arbitrio.* Wie über das Verfahren selbst, war Valla auch über die Vorwürfe überrascht. Er fühlte sich mißverstanden: *ubi sunt, qui me sentire dicunt male de fide, qui assidue pro illa pugnavi et hoc tempore, si vera loqui licet, pugno?* fragt er in der *Apologia.*[22]

---

[19] Opera II, S. 402.
[20] Sabbadini, Cronologia, S. 103–105 = Opera II, S. 409–411. Der Brief ist datiert 18. 1. (1444). Vgl. Mancini, Vita, S. 168f.; Fois, S. 385f.
[21] Opera II, S. 410.
[22] Opera I, S. 798 b.

Es ist mehr als verständlich, wenn er bei seinen Rechtfertigungsversuchen nicht auch noch unausgesprochene Vorwürfe mit einbezieht, wenn er auf die Schrift gegen die Schenkung nicht eigens eingeht.

Die Feindschaft gegen Valla läßt sich in ihrem Ausmaß nicht bestimmen. Es gibt eine illustre Reihe von kirchlichen Würdenträgern, zu denen er in freundschaftlichem Verhältnis stand – Bessarion und Nikolaus von Kues haben sich in Rom sehr für ihn eingesetzt;[23] gegenüber Kardinal Landriani nennt er sich dessen *amicus*,[24] den Kardinälen Carvajal und Parentucelli, dem späteren Nikolaus V., hat er zu ihrer Ernennung gratuliert[25] –, von den Gegnern aber, die seine Rückkehr nach Rom behinderten und seine Ernennung zum apostolischen Sekretär verzögerten, läßt sich niemand namhaft machen. In satirischer Zuspitzung hat Francesco Filelfo das Schicksal ausgemalt, das Valla von Rom drohen könnte: *Pontifices regem non erubuere deorum / affixisse cruci, dum terras incolit hospes; / non parcant Vallae, dederis si criminis ansas.* Er gab ihm den Rat: ... *litem fuge, amice, malignam / invidiaeque luem, ne, dum contendere verbis / ipse paras, patiare nefas et tristia facta. / Iudice nam pravo superant mendacia verum.*[26] Auch die Argumente, die gegen Valla vorgebracht wurden, lassen sich nicht im einzelnen benennen. Gegner hat Valla aber nicht nur in kirchlichen Kreisen gefunden und nicht erst die Schrift gegen die Schenkung gab Anlaß zur Kritik. Aus der Einleitung spricht zwar noch uneingeschränktes Selbstbewußtsein, aber zur gleichen Zeit mußte er sich schon gegen Kritik an seiner Person und seinem Werk verteidigen. In dem gleichen Brief, mit dem er die Schrift Giovanni Tortelli sandte, sagte er dem Freund auch Dank, daß er ihn gegen *improbos* verteidigt habe, *quos plures per te esse intelligo quam putaram.*[27]

---

[23] Zu Bessarion vgl. Fois, S. 393; zu Cusanus vgl. S. 28.

[24] Opera II, S. 410.

[25] Mancini, Lettere, S. 41ff. Juan Carvajal widmete Enea Silvio Piccolomini seinen Dialogus, in dem die Konstantinische Schenkung ebenfalls verworfen wird, vgl. S. 103. Jahrzehnte später gehörte ein anderer Carvajal zu den Kritikern Vallas, Bernardino Lopez de Carvajal. Er verfaßte eine Schrift De restitutione Constantini, in der er Vallas Argumentation die Restitutionstheorie entgegenhielt. Das Werk ist nicht überliefert. Vgl. Hugo Rossbach, Das Leben und die politisch-kirchliche Wirksamkeit des Bernardino Lopez de Carvajal, Diss. Breslau 1892, S. 14ff.

[26] Filelfo, Hecatosticha XIV, 3–5 und 34–37. Mancini, Vita, S. 164, wertete die Zeilen als Beleg, daß Vallas Kritik schon 1441 in Mailand bekannt gewesen sei, leitet das aber nur indirekt aus der Entstehungszeit des Werkes (vor 1444) ab. Vgl. Revilo P. Oliver, The Satires of Filelfo, Italica 26 (1949), S. 23–46, zur Entstehungszeit S. 28. Die gleiche Haltung zeigt ein Brief Filelfos von 1451, in dem er sich besorgt über die Rückkehr Vallas nach Rom äußert: *Non enim ociosum te esse patiantur, qui viros bonos eruditosque insequi, vel absentis, consuerunt* (Sabbadini, Cronologia, S. 129 = Opera II, S. 435).

[27] Mancini, Lettere, S. 33.

Wie in der *epistola apologetica* an Serra[28] hat er sich auch in einem Brief an Tortelli zu einer Rechtfertigung gezwungen gesehen.[29]

Diese zunehmende Kritik scheint nicht ohne Wirkung auf ihn geblieben zu sein. Sein Selbstbewußtsein wurde gewiß nicht geschmälert, aber er sah sich doch veranlaßt, in späteren Werken möglichen Mißverständnissen vorzubeugen. So macht er in der Einleitung zu den *Annotationes* deutlich, daß er Hieronymus nicht kritisieren, sondern dessen Werk fortsetzen wolle. Er fügt hinzu: *Hec ad devitandum operis odium dicta sunt.*[30] So ist denn auch die spätere Auseinandersetzung mit Vallas Schrift gegen die Konstantinische Schenkung fast immer verbunden mit Kritik an seinem Gesamtwerk, die sich nicht nur gegen seine Angriffe auf anerkannte Autoritäten und Meinungen richtet, sondern vor allem auch gegen die Heftigkeit und Selbstsicherheit, mit der er seine Argumente vorträgt.

---

[28] Vgl. S. 49.
[29] Mancini, Lettere, S. 37f.
[30] Collatio, S. 6, 19.

B

ZUM EINFLUSS VON VALLAS KRITIK AUF DIE WEITERE DISKUSSION UM DAS CONSTITUTUM CONSTANTINI

I. Das Interesse an Vallas *De falso credita et ementita Constantini donatione*

1. Überlieferung und Verbreitung

Es sind heute nicht weniger als 25 Handschriften bekannt, die Vallas Schrift überliefern:

Assisi, Biblioteca Comunale, Codex 580,
Bern, Burgerbibliothek, Codex 294,
Brno (Brünn), Státní Archiv, Codex Cerronianus II 5,
Genova, Biblioteca Franzoniana, Codex Missionari Urbani 57,
Gotha, Forschungsbibliothek, Codex Ch. B. 226 (datiert 1497),
Lucca, Biblioteca Capitolare, Codex 582,
Lüneburg, Ratsbücherei, Codex Misc. D 4° 33,
Napoli, Biblioteca Nazionale, Codex VII D 25,
Padova, Biblioteca Capitolare, Codex A 44,
Paris, Bibliothèque Nationale, Codices lat. 3187 A, 8689, 10832, 13728,
   16562, nouv. acq. lat. 1179,
Praha, Knihovna Národního Muzea, Codex XV G 1 (datiert 1493),
Torino, Biblioteca Nazionale, Codex Q VI 21 (verbrannt),
Uppsala, Universitetsbibliotek, Codex C 916,
Città del Vaticano, Biblioteca Apostolica Vaticana, Codices Vat. lat. 5314
   (datiert 1451), Ottob. lat. 1863, Ottob. lat. 2075, Urb. lat. 337,
Wien, Nationalbibliothek, Codices 3471 und 4917 (datiert 1501),
Würzburg, Universitätsbibliothek, Codex M ch. q. 33 (datiert 1498).[1]
Vallas Schrift hat eine stärkere Verbreitung gefunden als etwa die Con-

---

[1] Die Handschrift 1202/500 der Stadtbibliothek Trier ist nur eine Abschrift der zweiten Hutten-Ausgabe. – M a n c i n i , Vita, S. 164, Anm. 1, kannte nur zwei Handschriften; S c h w a h n stützte seine Edition (1928) auf vier Handschriften und glaubte, die gesamte Überlieferung erfaßt zu haben. Zu Einzelheiten über die Handschriften und die Überlieferungsgeschichte sei auf die Edition im Rahmen der Monumenta Germaniae Historica verwiesen.

cordantia catholica des Nikolaus von Kues.[2] Die große Zahl der noch erhaltenen Textzeugen macht alle Vermutungen gegenstandslos, die Verbreitung des Werkes sei durch die Kirche behindert worden.[3] Mit den Handschriften sind auch die Hinweise auf Personen zahlreicher geworden, die sich für
Vallas Werk interessierten, ohne selbst an der Diskussion um die Konstantinische Schenkung teilzunehmen. Zum Teil sind dies zugleich Hinweise auf
heute verschollene oder noch nicht wieder entdeckte Handschriften.

Das Werk befand sich, wie der Briefwechsel Vallas zeigt, in der Bibliothek
manches seiner humanistischen Freunde, erhalten ist noch die Handschrift aus
dem Besitz Giovanni Tortellis (Ottob. lat. 1863).[4] Der Codex Ottob. lat. 2075
ist eine Prachthandschrift aus dem Besitz des Königs von Neapel,[5] der nicht
weniger prächtige Codex Urb. lat. 337 stammt aus der Bibliothek des Herzogs
von Urbino, Federigo da Montefeltro.[6] In Neapel lernte Jean de Ganay Vallas
Werk kennen, als er 1494 mit Karl VIII. nach Italien kam und Kanzler des
Königreichs Neapel wurde. Er nahm eine Abschrift mit nach Paris.[7] Erhalten
ist auch eine Handschrift, die Wenzeslaus Koranda d. J. gehörte, der seit 1471
als Nachfolger Johannes Rokyzanas Führer der Utraquisten war und später
mehrmals der Universität Prag vorstand. 1462 hatte er an einer Gesandtschaft teilgenommen, die Georg Podiebrad von Böhmen zu Pius II. schickte,
um eine Anerkennung der Kompaktaten zu erreichen. Koranda fiel es dabei
zu, das Anliegen vorzutragen.[8] In Prag entstand auch die erste Übersetzung
der Schrift, die 1513 Gregor Hruby (Gelenius) anfertigte.[9]

Auch in der Windesheimer Kongregation kannte man gegen Ende des

---

[2] K a l l e n , Überlieferung (wie S. 28, Anm. 17); F u h r m a n n , Vallas Schrift, S. 916.

[3] Z.B. G r e g o r o v i u s III, S. 259: „Die Abhandlung wurde heimlich verbreitet; die
römische Kurie stellte ihr eifrig nach, so daß sie selten wurde."

[4] Vgl. S. 83.

[5] Vallas Schrift erscheint im Inventaire de la bibliothèque de Ferdinand Ier d'Aragon roi
de Naples (1481), hrsg. von H. O m o n t in: Bibliothèque de l'École des Chartes 70 (1909),
S. 456–470, Nr. 57.

[6] V a h l e n , Opuscula II, S. 437ff. = Opera II, S. 273ff., besonders S. 278.

[7] Der Codex Paris, Bibl. Nat., lat. 10832 enthält die Notiz: ... *il vient de la Bibl. de Jean
de Gannay Chancelier de France ... il paroit avoir été copié lorsquil etait Chancelier de
Naples sous Charles VIII.* ... Zu Ganay vgl. Ernest de G a n a y , Jehan de Ganay. Un
chancelier de France sous Louis XII, Paris 1932.

[8] Zu Koranda vgl. G. H e y m a n n , The Hussite Utraquist Church in the Fifteenth and
Sixteenth Centuries, Archiv für Reformationsgeschichte 52 (1961), S. 1–16, besonders
S. 9ff.; G. H e y m a n n , George of Bohemia. King of Heretics, Princeton 1965, S. 168
–272; Otakar O d l o ž i l í k , The Hussite King. Bohemia in European Affairs 1440–1471,
New Brunswick 1966, S. 131f.; zu seiner Valla-Handschrift R y b a , S. 453; Rudolf
U r b a n e k , Věk Poděbradský IV. Čechy za kralování Jiříka z Poděbrad. Léta 1460–1464,
Praha 1962, S. 737.

[9] Vgl. S. 177.

Jahrhunderts die Diskussion um die Konstantinische Schenkung und Vallas Beitrag dazu. Jean Mombaer, der spätere Abt von Livry, hat bei einem Vergleich allerdings die Argumentation Enea Silvio Piccolominis der scharfen Kritik Vallas vorgezogen.[10] 1511 richtete Jean Lemaire de Belges an König Ludwig XII. seinen Traktat *De la différence des schismes et des Conciles*,[11] in dem er auch auf die Konstantinische Schenkung zu sprechen kommt. Er kennt Vallas Schrift und gesteht ihm zu, die Fälschung mit unwiderleglichen Gründen nachgewiesen zu haben,[12] trotzdem will auch er sich die Argumente Vallas nicht zu eigen machen: *la commune opinion et la possession dont les Papes iouyssent, semblent assez conferrer ladite donation;* so zieht er es vor, dieser *la plus saine opinion zu folgen.*

Auch in der Bibliothek altkirchlicher Kreise fehlte Vallas Werk nicht. Ein Beispiel bietet Lorenz Truchseß von Pommersfelden († 1543),[13] der sich 1498 das Werk abschreiben ließ (Codex M.ch.q.33 der Universitätsbibliothek Würzburg), ohne später auf die Diskussion um die Schenkung und Vallas Schrift zurückzukommen. Dabei war er als Mainzer Domdechant und zeitweiliger Statthalter Erzbischof Albrechts in Mainz nicht nur mit Ulrich von Hutten bekannt, ihn verband später eine enge Freundschaft mit Cochläus, dessen Gegnerschaft zu Luther er teilte.[14]

Eine Abschrift besaß auch Konrad Celtis, seine Beurteilung kennen wir nicht. Wir wissen nur, daß Dietrich Ulsenius, der spätere Leibarzt Maximilians, sich 1494 Vallas Schrift von Celtis zur Lektüre erbat.[15] An der St. Ste-

---

[10] Renaudet, S. 155 mit Anm. 1.

[11] Renaudet, S. 534f.; Pierre Jodogne, Les ‚Rhétoriqueurs‘ et l'humanisme. Problème d'histoire littéraire, in: Humanism in France at the end of the Middle Ages and the early Renaissance, ed. by A. H. T. Levi, Manchester University Press (New York) 1970, S. 150–175, hier S. 167f.

[12] *Laurens Valle, citoyen Romain, homme de grand literature et liberté, lequel ha de ce composé un livre expres par grand audace, et semble alleguer raisons presque invincibles* (Œuvres III, ed. J. Stecher, 1885, S. 252f. und 261).

[13] Johann Baptist Kißling, Lorenz Truchseß von Pommersfelden (1473–1543), Domdechant von Mainz, Mainz 1906.

[14] Hutten lobt ihn wegen seines Einsatzes im Reuchlin-Streit (Schriften I, S. 251,10; vgl. Kißling, a.a.O. S. 11f.). – Zur Freundschaft mit Cochläus: Spahn, S. 119, 127 und 172, Kißling, a.a.O. S. 45. Seine Abneigung gegen Luther belegt eine Sammlung von Gedichten und Pamphleten im Codex Clm 24163 der Bayerischen Staatsbibliothek, München.

[15] *Laurentium Vallam videre cupio de donatione Constantiniana.* (Der Briefwechsel des Konrad Celtis, hrsg. von Hans Rupprich [Humanistenbriefe 3], München 1934, S. 131f., Nr. 79.) – Vallas Schrift kannte und zitierte auch der mit Celtis befreundete Johannes Fuchsmagen in seiner Handschrift der Chronik Ottos von Freising (Codex 3334 der Österreichischen Nationalbibliothek Wien, fol. 66r zum Prolog des vierten Buches); vgl. Karl Großmann, Die Frühzeit des Humanismus in Wien bis zu Celtis Berufung 1497, Jahrbuch für Landeskunde von Niederösterreich 22 (1929), S. 150–325, hier S. 277.

phansschule in Wien, einer Art Gymnasium zur Vorbereitung für das Studium, unterrichtete der Magister Georg Ratzenberger. Ihm gehörte der heutige Codex 4917 der Österreichischen Nationalbibliothek. Er hat Vallas Werk sehr genau gelesen und seine eigene Abschrift mit einer anderen kollationiert.[16]

Besonders bemerkenswert sind Hinweise darauf, daß sich mancher weniger für Vallas Kritik an der Schenkung interessierte als für wissenswerte Dinge, die der Autor am Rande mitteilt. 1489 exzerpierte ein Unbekannter auf einer Burg in Pescia zunächst Vallas Thucydides-Übersetzung, dann seine Schrift gegen die Schenkung. Er war damit eine Woche lang beschäftigt und notierte dabei Hinweise auf historische Ereignisse, etymologische Erklärungen und Vallas Ausführungen über die Gründe, aus denen Kriege geführt werden. Besonders interessierten ihn auch die vielen Beispiele von Sagen und Legenden (Codex Vat. lat. 7806 A). Etymologische Beispiele und den Abschnitt über die Kriegsgründe notierte sich auch ein andere Unbekannter in den jetzigen Cod. lat. 134 der Biblioteca Estense in Modena.[17] Valla erwähnt (38,29) einen angeblich von Hieronymus stammenden Bibelcodex, den er einem Schreiber König Roberts von Neapel zuweist. Das veranlaßte einen weiteren Unbekannten, den Sachverhalt bei einer Reise nach Rom 1490 zu überprüfen. Er hat, so lesen wir in der Handschrift des Lorenz Truchseß, keinen Hinweis auf den Ursprung des Codex gefunden. Stattdessen fand er Berichte über Robert Guiscard, die er ausführlich referiert.[18]

Die Drucke

Vallas *De falso credita et ementita Constantini donatione* wurde erst spät gedruckt. Während von seinen Hauptwerken die *Elegantiae* bereits 1471, *De vero bono* 1483 und die *Dialecticae Disputationes* 1496 (?) im Druck erschienen,[19] stammt hier die *editio princeps* erst von 1506: *Lauren. Val. de*

---

[16] Anton Mayer, Die Bürgerschule zu St. Stephan in Wien, Blätter des Vereins für Landeskunde von Niederösterreich NF 14 (1880), S. 341–382, hier S. 379f. Ratzenberger hat seine umfangreiche Bibliothek noch zu Lebzeiten der Schule vermacht; 1632 wurde die Schulbibliothek Bestandteil der Stadtbibliothek (a.a.O. S. 371).

[17] Eine Abschrift dieser Exzerpte findet sich im Codex Gl. kgl. S. 3553 der Königlichen Bibliothek Kopenhagen.

[18] Würzburg, Universitätsbibliothek, Codex M. ch. q. 33, f. 49 v; der Eintrag ist zitiert in der Besprechung der Ausgabe von Schwahn durch M. Lehnerdt, Gnomon 5 (1929), S. 455, Anm. 5.

[19] Josef Ijsewijn und Gilbert Tournoy, Un primo censimento dei manoscritti e delle edizioni a stampa degli ‚Elegantiarum linguae latinae libri sex‘ di Lorenzo Valla, Humanistica Lovaniensia 18 (1970), S. 25–41, hier S. 30; De vero falsoque bono (ed. Panizza-Lorch), S. XXIV; Zippel, Dialectica, S. 306.

dona. Constan.[20] Über dem Titel zeigt ein Holzschnitt die römische Wölfin mit Romulus und Remus. Das Bild erscheint auch auf der letzten Seite mit dem Druckvermerk: *Impressum per Anonymum de Aloysio*[21] *Idus Martias Anno ab incarnatione domini Millesimo Quingentesimosexto.* Das Motiv des Holzschnitts weist zwar nach Italien, die Zuweisung des Druckes an Johannes Grüninger in Straßburg darf aber als sicher gelten.[22] Der unbekannte Herausgeber hat Vallas Schrift mit einem kommentierenden Anhang versehen. Den ersten Teil, in dem die Art und Weise, in der Valla seine Kritik vorträgt, getadelt wird, hat er aus seiner handschriftlichen Vorlage übernommen: *Vera dixit Valla de donatione Constantini ficta et simulata, sed nimium proterve, nimium arroganter et, ut verius dicam, nimium bestialiter invectus est in romanum pontificem. Quod si modestius loquutus fuisset, posset istud opusculum legis iure censeri.*[23] Es folgt aus der Übersetzung des Bartholomaeus Pincernus der zweite Teil, die Donatio Constantini, um einen Vergleich mit der von Valla kritisierten Palea zu ermöglichen.[24] Nur durch das Stichwort *veritas* lose verbunden, folgt ein Abschnitt aus dem Narrenschiff des Sebastian Brant in der Bearbeitung des Badius Ascensius: *De veritatem non tacendam tacentibus* (Titulus C I).[25]

Die editio princeps, die erst seit wenigen Jahren bekannt ist, blieb bei ihrem Erscheinen ohne erkennbare Wirkung. Nur von Michael Köchlin aus Tübingen können wir vermuten, daß er sie gesehen hat – aber offensichtlich auch nur in der Druckerei selbst. Zur gleichen Zeit, Anfang März 1506, erschien nämlich in derselben Offizin auch von ihm, dem Schüler Heinrich Bebels, eine Sammlung kleinerer Schriften.[26] Im Vorwort erzählt er, daß er

---

[20] Erstmals vorgestellt bei F u h r m a n n , Constitutum, S. 39, Anm. 58; Vallas Schrift, S. 918.

[21] F u h r m a n n , Vallas Schrift, S. 918: „ein Unbekannter aus dem ‚Elsaß‘?"

[22] Zuweisung an Grüninger durch J. B e n z i n g , Mainz. Dagegen hat sich in einer schriftlichen Mitteilung H. G r i m m unter Hinweis auf die sonstige Produktion Grüningers ausgesprochen. Es bleibt aber zu bedenken, daß Vallas Text nicht kritiklos abgedruckt ist. Das Zitat bei Michael K ö c h l i n (vgl. Anm. 26) ist zudem eine gewisse Bestätigung für die Zuschreibung an Grüninger. Vgl. B e n z i n g , Buchdrucker, S. 410; G r i m m , Buchführer, Sp. 1430.

[23] Der Nachsatz findet sich auch in der Handschrift Ch. B. 226 der Forschungsbibliothek Gotha, die jedoch nicht als Vorlage gedient haben kann.

[24] Die Übersetzung des Pincernus wird S. E III v zitiert, *ut veritas eius (opusculi Vallae) appareat manifestius.* Der Herausgeber kannte die vollständige Übersetzung *(que incipit In nomine sancte et individue trinitatis),* das Zitat beginnt mit *Dignum iudicavimus cum omnibus nostris satrapis* (entspricht Constitutum Constantini, Zeile 157).

[25] *Navis stultifera a domino Sebastiano Brant primum edificata ... deinde ab Jacobo Lochero philomuso latinitate donata et demum ab Jodoco Badio Ascensio vario carminum genere ... illustrata,* o. J., S. XCVI. – Brant war seit 1498 als Verlagsberater bei Grüninger tätig; G r i m m , Buchführer, Sp. 1431.

[26] *Opusculum Michaelis Coccinii Tübingensis alias Köchlin dicti De imperii a Graecis ad*

94

ursprünglich nur zwei Apologien habe drucken lassen wollen. Der Drucker wies ihn darauf hin, daß so schmale Werke *in emporio Franckfurtdensi venalia non soleant exponi,* deshalb machte er sich daran, in wenigen Tagen weitere Schriften zu verfassen, u. a. *De imperii a Graecis ad Germanos tralatione* (!). Darin zitiert er Valla zu der Frage, ob der Papst die Kaiserkrone versagen dürfe: *iniuriam Sigismundo factam esse constat, qui ab Eugenio quarto (ut Valla refert in libello de Constantini donatione) coronatus non extitit, nisi Constantini donationem ipse ratam habere promitteret.*[27]

1520 wurde die *editio princeps* unverändert nachgedruckt. In diesem Nachdruck fehlen Angaben über Drucker und Ort, doch ist die Ausgabe offensichtlich der Druckerfamilie Giunta zuzuweisen, stammt wohl von Jacopo Giunta, der seit Ende 1519 in Lyon tätig war.[28]

Nach über einem Jahrzehnt müssen noch Exemplare der Erstausgabe greifbar gewesen sein. Hutten benutzte ein Exemplar als Vorlage für seine eigene Ausgabe der Schrift Vallas.[29]

Die beiden Ausgaben Huttens[30] sind inhaltsgleich, es variiert nur die Anordnung der einzelnen Stücke. Hutten hat ein Vorwort zu Vallas Schrift verfaßt; die Übersetzung des Pincernus druckt er im Gegensatz zum Erstherausgeber vollständig ab. Gleichsam als Materialien zur Diskussion um die Konstantinische Schenkung bringt er Zitate von Nikolaus von Kues (Concordantia catholica III 2),[31] Antoninus von Florenz (Chronicorum opus I, tit. 8, 2),[32] Raphael Volaterranus (Commentarii urbani; ein Satz, zitiert als *in vita Constantini Magni*)[33] und Hieronymus Paulus Cathalanus (aus der

---

Germanos tralatione; der Drucker ist hier genannt: *Ioannes Grüninger imprimebat Argen.* (S. D VIII r). Das Vorwort ist datiert *IIII. nonas Martii,* Vallas Schrift erschien *Idus Martias* 1506. – Zu K ö c h l i n : Allg. Deutsche Biographie 4 (1876), S. 378–381; Johannes H a l l e r , Die Anfänge der Universität Tübingen 1477–1537, Stuttgart 1927, S. 237f.; Nachweise und Erläuterungen, Stuttgart 1929, S. 88. Hinweis auf dieses Zitat bei C o l e m a n , S. 202.

[27] K ö c h l i n , De tralatione, S. B II v; vgl. Valla (43, 29). In der editio princeps ist Vallas Schrift als *libellus* bezeichnet.

[28] Josef B e n z i n g in einer schriftlichen Mitteilung. Vgl. H. H. A d a m s , Catalogue of Books printed on the continent of Europe 1501–1600 in Cambridge Libraries, Cambridge 1967, Bd. II, S. 306 (Giunta press) und S. 488 (Bernard Giunta).

[29] Vgl. S. 153.

[30] H u t t e n , Schriften I, Index bibliographicus XIII; B e n z i n g , Hutten, Nr. 212 und 213.

[31] Das Zitat reicht von *Unum praeterire nequeo* bis *apocrypha* (ed. K a l l e n , S. 328, 8 bis S. 335, 6); zur Vorlage Huttens vgl. S. 28, Anm. 18.

[32] Vgl. S. 108.

[33] *De dono Constantini aut concessione apud nullos extat autores praeterquam in libro decretorum, idque in antiquis voluminibus minime contineri autor est Antoninus praesul Florentinus in Chronicis* (ed. 1506, S. 327 v). Zu Rafaele M a f f e i († 1522) vgl. Pio P a s c h i n i , Una famiglia di curiali: I Maffei di Volterra, Rivista di Storia della Chiesa in Italia 7 (1953), S. 337–376, bes. S. 344ff.

Practica Cancellariae Apostolicae).[34] Die erste Ausgabe trägt den Obertitel *De Donatione Constantini quid veri habeat eruditorum quorundam iudicium;* dieser Titel fehlt in der zweiten Ausgabe, wo das Inhaltsverzeichnis zum Titel wird: *Donationis quae Constantini dicitur privilegium Bartholomeo Pincerno ... interprete ...* Die erste Ausgabe erschien 1518, der verbesserte Neudruck 1519. Ob sie beide aus der Basler Offizin Andreas Cratanders stammen, ist fraglich.[35]

Huttens Ausgaben wurden direkt oder indirekt wiederholt nachgedruckt. Daß damit nicht immer auch Zustimmung zur Argumentation Vallas verbunden war, zeigt der *Fasciculus rerum expetendarum,* der 1535 in Köln erschien.[36] Der Herausgeber war Ortwin Gratius, bekannt vor allem durch die gegen ihn gerichteten Dunkelmännerbriefe.[37] Er läßt Vallas Schrift eine Aufstellung von Autoren folgen, die sich ebenfalls zur Konstantinischen Schenkung geäußert haben. Unter Hinweis auf spätere Schenkungen weist er Vallas Kritik zurück: *non dubium (est), quin magnus ille Constantinus donationum iecerit initia, quae postea per Imperatores, Reges ac summos ecclesiae principes et ampliata sunt et confirmata.*[38]

Die Ausgabe Huttens in der überarbeiteten Fassung von 1519 wurde aus dem Fasciculus rerum expetendarum von Johannes Basilius Herold auch in eine Ausgabe der Schrift Lupolds von Bebenburg, *De iuribus regni et imperii Romani,* übernommen, die 1562 in Basel bei Peter Perna erschien.[39] Der Fasciculus wurde in stark erweiterter Fassung 1690 in London erneut aufgelegt.

1540 erschien die erste Gesamtausgabe der Werke Vallas bei Heinrich Petri in Basel. Für seine *Contra Donationis quae Constantini dicitur Privilegium ut falsum creditum Declamatio* griff der Herausgeber wiederum auf die zweite Ausgabe Huttens zurück. Die Opera omnia wurden 1543 unverändert nachgedruckt.[40] Vallas Schrift mit dem Vorwort Huttens ist auch enthalten in der von Simon Schard herausgegebenen Sammlung *De iurisdictione, auc-*

---

[34] Vgl. S. 142.

[35] Vgl. S. 159ff.

[36] Benzing, Hutten, Nr. 214; Buchdrucker, S. 223.

[37] Hubert Cremans, Ortwin Gratius und der Fasciculus rerum expetendarum ac fugiendarum, Annalen des historischen Vereins für den Niederrhein 23 (1871), S. 192–224; D. Reichling, Ortwin Gratius. Sein Leben und Wirken, Heiligenstadt 1884, zur Verfasserfrage S. 76ff.

[38] Fasciculus, S. 240 v.

[39] Andreas Burckhardt, Johannes Basilius Herold. Kaiser und Reich im protestantischen Schrifttum des Basler Buchdrucks um die Mitte des 16. Jahrhunderts, Basel–Stuttgart 1967 (Basler Beiträge zur Geschichtswissenschaft 104), S. 139. Benzing, Hutten, S. 121, Nr. 216, datiert die Ausgabe ,um 1566'; Benzing, Buchdrucker, S. 38.

[40] Peter Bietenholz, Der italienische Humanismus und die Blütezeit des Buchdrucks in

toritate et praeeminentia imperiali ac potestate ecclesiastica, die 1566 bei Johannes Oporin in Basel zum erstenmal erschien und unter anderem Titel und inhaltlich anders angeordnet 1609 und 1618 erneut aufgelegt wurde.[41]

1566 veröffentlichte Matthias Flacius Illyricus sein Werk *De Translatione Imperii Romani ad Germanos.* Als Anhang übernahm er unverändert die Bebenburg-Ausgabe von 1562 und damit auch Vallas Schrift.[42] Bis 1665 erschienen dann noch drei weitere Nachdrucke von Huttens Ausgaben.[43]

Im 16. Jahrhundert wurde Vallas Schrift auch in fast alle bedeutenden Sprachen übersetzt, zuerst 1513 ins Tschechische. Diese Übersetzung ist nicht gedruckt worden. Im Druck erschienen dagegen die französischen Übersetzung 1522 (?), die deutsche 1524 (?), die englische 1534 und die italienische 1546. Die drei letzten gehen wiederum auf Ausgaben Huttens zurück.[44]

2. Zuschreibungen und Ergänzungen

Zur Wirkungsgeschichte der Kritik Vallas an der Konstantinischen Schenkung, verstanden als Kritik am Papsttum und der Kirche, gehört es auch, daß seine Autorschaft auch für andere antikirchliche Schriften in Anspruch genommen wurde.

Pierre Dubois, Berater Philipps des Schönen, verfaßte eine *Disputacio inter clericum et militem super potestate prelatis ecclesie atque principibus terrarum commissa,* in der die weltliche Herrschaft der Kirche kritisiert wird.[1] In der Handschrift 1567 der Universitätsbibliothek Prag ist dieser Dialog Lorenzo Valla zugeschrieben.[2] Der Titel ist weitergeführt: ... *sub fforma*

Basel, Basel–Stuttgart 1959 (Basler Beiträge zur Geschichtswissenschaft 73), S. 62; B e n -
z i n g, Buchdrucker, S. 33.

[41] B e n z i n g, Hutten, S. 121, Nr. 217; Buchdrucker, S. 36; B i e t e n h o l z, a.a.O. S. 109ff.;
B u r c k h a r d t, a.a.O. S. 71. Die Neudrucke erschienen in Straßburg 1609 unter dem
Titel *Syntagma tractatuum de imperii iurisdictione...,* 1618 unter dem Titel *Sylloge tractatuum...*

[42] Vgl. S. 96.

[43] 1620 in Leiden unter dem Titel *Laurentii Vallae Patritii Romani de falso credita et ementita Constantini M. Imp. Ro. donatione Declamatio, Qua Romani Antichristi in Ecclesiam Dei omnesque Christiani orbis principes tyrannis vivis coloribus depingitur...;*
1649 in Franeker als Anhang zu Laurentius B a n c k, *De Tyrannide Papae in Reges et Principes Christianos Diascepsis* und 1665 in Westfalen. Umfangreiche Zitate finden sich in der *Diatribe Elenchtica De Imper. Constantini M. Baptismo, Donatione, et Legatione ad Concilium Nicaenum Oecumenicum...* von Balthasar W a l t h e r, Jena 1618.

[44] Vgl. S. 177–183.

[1] P o l m a n, S. 192.

[2] Cod. 1567 (VIII F 13), f. 230 r–236 r; Joseph T r u h l á ř, Catalogus Codicum Mss. Latinorum qui in C. R. Bibliotheca publica atque Universitatis Prag. asservantur, Band 1, Prag 1905, S. 580; Z i p p e l, L'autodifesa, S. 65, Anm. 1.

dyalogi per laurencium vallam poetam et oratorem eximium. Unter dem Text wird sogar eine Beziehung zur Konstantinischen Schenkung behauptet: *Invectiva contra donationem.* Die Handschrift stammt aus dem Jahre 1481.

Nicht weniger deutlich ist ein zweites Beispiel. 1352 verfaßte in Clairvaux der Mönch Petrus Ceffonius eine *Epistola Luciferi.*[3] Dieser Teufelsbrief steht bereits in einer längeren Tradition, andere Satiren, so die *Epistola diaboli Leviathan* des Pierre d'Ailly, folgten. Der Teufelsbrief wurde vor allem im 16. Jahrhundert verbreitet, Flacius Illyricus nahm ihn in die Reihe der *testes veritatis* auf. Die Biblioteca Marciana in Venedig besitzt eine Handschrift (Cod. lat. XIV 215 [4675]), in der wiederum Lorenzo Valla als Verfasser genannt ist.[4]

Valla kann seinen eigenen Platz in der Geschichte der Romidee beanspruchen.[5] Die politische Herrschaft des populus Romanus war für ihn eine Vorbedingung für ein Weltreich der Kultur. Sein Ziel ist das Wiederaufleben dieses Weltreichs der lateinischen Sprache und Kultur. Er unterscheidet sich etwa von Rienzo, dem letzten großen Repräsentanten der Romidee, dadurch, daß es ihm nicht in erster Linie um eine neue politische Herrschaft des römischen Volkes geht. Das schließt aber nicht aus, daß sich trotzdem Anhänger republikanischer Ideen auf ihn beriefen. Als *liberator urbis* verstand sich Stefano Porcari, der 1453 die alte Freiheit für Rom zurückerobern wollte. Die „Verschwörung des Porcari", kaum mehr als der Versuch, die Feier des Epiphaniefestes zu stören, scheiterte kläglich, Porcari wurde gefaßt und hingerichtet.[6] In der Darstellung, die Pietro Godi bald nach den Ereignissen verfaßte,[7] wird die Verschwörung gedeutet als ein Versuch, dem Papst die weltliche Herrschaft streitig zu machen. In einem fiktiven Dialog fällt es Bernardino da Siena zu, dagegen zu argumentieren. Dieser Dialog ist vielleicht als Antwort auf Valla zu verstehen. Unter anderem geht es um die Bibelworte, daß das Reich Christi nicht von dieser Welt sei (Ioh. 18,36) und Petrus sein

---

[3] Damasus Trapp, Peter Ceffons of Clairvaux, Recherches de théologie ancienne et médiévale 24 (1957), S. 101–154, hier S. 115.

[4] Gianni Zippel, La lettera del Diavolo al clero, dal secolo XII alla Riforma, Bullettino dell'Istituto storico italiano per il medio evo 70 (1958), S. 125–179, hier S. 154ff; Paul Oskar Kristeller, Iter Italicum II, London–Leiden 1967, S. 248.

[5] Ernst Schoenian, Die Idee der Volkssouveränität im mittelalterlichen Rom, Frankfurter Historische Forschungen N. F. 2 (1919), S. 127. – Wie sehr Vallas Romidee geistig-literarisch bestimmt ist, zeigt folgender Satz: *Nam omnes fere scriptores egregii cives romani fuerunt aut nati aut facti* (Opera II, S. 284).

[6] Hay, S. 141–143; Pastor I, S. 571ff. und 832ff.; Roberto Cessi, La congiura di Stefano Porcari, Annales de Faculté des Lettres de Bordeaux, Bulletin italien, 34 (1912) = Saggi Romani, Roma 1956 (Storia e Letteratura 60), S. 65–109.

[7] Petrus de Godis de Vicentia, Dialogus de coniuratione Porcaria, in: Horatii Porcaria (ed. M. Lehnerdt), Leipzig 1907, S. 57–75; Miglio, S. 171.

Schwert in die Scheide stecken solle (Matth. 26, 52), die Valla Papst Silvester zitieren und interpretieren läßt (13, 28 und 14, 25). In einer Imitation Vallas gibt Bernadino die ‚richtige‘ Interpretation: *Christus enim per verba illa non prohibuit perpetuo, sed pro tunc tantum. Si enim voluisset perpetuo prohibere, dixisset expresse per verba perpetuitatem importantia, teneas videlicet vel habeas gladium tuum in vagina. Praeterea hoc exprimit Christus inferius, ibi: nunc autem regnum meum non est hic. Hoc verbum nunc quid importat, nisi tempus praesens...?*[8] Durch eine ‚genaue‘ Interpretation wird die Frage nach der weltlichen Herrschaft der Kirche entschieden. Wenn der Papst nicht überall sein Recht wahrnimmt, so *ex finibus condicionis humanae.* Vielleicht wurde in diesem Dialog nur deshalb keine deutlichere Sprache gesprochen, weil Valla im Dienst des derzeitigen Papstes stand. Es blieb bei einer allgemeinen Mahnung: *Auctoritates enim sacrae paginae auctoritatibus hominum, etiam summorum pontificum, positivis sunt preferendae.*[9]

Ein Beispiel späterer Ergänzungen zu Vallas Argumentation bietet Johannes Cuspinian in seinen *De consulibus Romanorum commentarii.*[10] Valla hatte darüber gespottet, daß die in der Datum-Zeile des Constitutum Constantini genannten Konsuln Constantinus und Gallicanus beide zum vierten Male das Amt innehaben sollten (37, 23). Die Unstimmigkeit der Zuordnung beider Namen war ihm entgangen. Darauf macht Cuspinian aufmerksam zum Jahr 317 (Constantinus III. et Licinius III.). Er betont zu Recht, daß Vallas Kritik noch durchschlagender gewesen wäre, hätte er das selbst herausgefunden: *Hoc loco libet mihi pro asserenda veritate optare a Deo opt. Max. ut Laurentius Valla... in vitam rediret et hos Coss. Cassiodori diligenter examinaret, ... quo opus suum de Donatione Constantini plus muniret contra Bartholomaeum Picernum.*[11] Cuspinian kannte offensichtlich eine der Ausgaben Huttens; in einem Exkurs werden fast alle von Hutten aufgeführten Zeugen genannt. Daneben besaß er wahrscheinlich auch eine Handschrift mit Vallas Text (Wien, Nationalbibliothek, Codex lat. 3471).[12]

---

[8] de Godis, Dialogus, S. 74.

[9] A.a.O. S. 75.

[10] Hans Ankwicz-Kleehoven, Der Wiener Humanist Johannes Cuspinian, Graz–Köln 1959, S. 279ff., S. 296ff., S. 302ff., S. 306.

[11] Cuspinian, De consulibus (1556), S. 401; zur Sache Levison, S. 463f.

[12] Hans Ankwicz-Kleehoven, Die Bibliothek des Dr. Johannes Cuspinian, in: Die Österreichische Nationalbibliothek, hrsg. von Josef Stummvoll, Wien 1948, S. 208–227, hier S. 223, Anm. 4. Zweifel äußert Alphons Lhotsky, Die Bibliothek Kaiser Friedrichs III., Mitteilungen des Instituts für Österreichische Geschichtsforschung 58 (1950), S. 124–135, hier S. 134 mit Anm. 37.

3. Zur Diskussion um Vallas Schrift

Das bunte Spektrum der Zitate und Notizen hat gezeigt, wie groß, aber auch wie unterschiedlich motiviert das Interesse war, mit dem man Vallas Schrift las. Vor allem aber verdeutlichen sie, daß Vallas Kritik an der Konstantinischen Schenkung nicht unmittelbar nach ihrer Veröffentlichung auf das stärkste Interesse gestoßen ist. Das bestätigt der nachfolgende Überblick über die weitere Diskussion um die Konstantinische Schenkung und Vallas Kritik. Auch hier fällt auf, daß erst gegen Ende des Jahrhunderts die ausführlichen Stellungnahmen zahlreicher werden.

Es ist aus der Lebenszeit Vallas keine kritische Auseinandersetzung mit seiner Schrift bekannt. Die verschiedenen Äußerungen des Enea Silvio Piccolomini verdeutlichen am besten, daß Vallas Kritik zunächst nicht mehr war als eine Anregung zu eigenen Überlegungen.[1] Die Sanctio Constantini des Lauro Quirini ist kaum mehr als der Hinweis auf die von Valla nicht berücksichtigte griechische Überlieferung.[2]

Wenn man bei Valla erst einmal auf die politische Interpretation verzichtet hat, ist das zunächst geringe Echo nicht überraschend. Die Konstantinische Schenkung war kein beherrschendes Thema mehr, sie hatte ihre Rolle in der politischen Theorie längst ausgespielt, als sie von Nikolaus von Kues und Lorenzo Valla als Fälschung erkannt wurde. Die Diskussion war in diesen Jahrzehnten beherrscht von der Auseinandersetzung mit dem Konziliarismus.[3]

Unter Sixtus IV. (1471–84), Innozenz VIII. (1484–92) und insbesondere Alexander VI. (1492–1503) nahm die Diskussion um Begründung und Ausmaß päpstlicher Macht wieder einen stärkeren Raum ein. Damit dürfte das verstärkte Interesse an der Konstantinischen Schenkung und damit auch an der Kritik Vallas im Zusammenhang stehen.[4] So wurde z.B. am 24.3.1484 in Rom, *in pontificio atrio*, eine *historia Constantini* szenisch dargestellt. *Pontifex e superioribus fenestris letus spectavit.*[5] Im Geist der Schenkung Konstantins hat sich Alexander VI. 1493 zur Abgrenzung der spanischen und portugiesischen Interessensphären in der Neuen Welt geäußert.[6] 1494 erschien, allerdings nicht in Rom, sondern in Leipzig, der erste Druck des Constitutum Constantini.[7] Daneben aber gibt es auch die Anekdote, daß der

---

[1] Vgl. S. 101.

[2] Vgl. S. 110.

[3] Antony B l a c k, Monarchy and Community. Political Ideas in the Later Conciliar Controversy 1430–1450, Cambridge 1970.

[4] M a c c a r r o n e, S. 262ff.

[5] Jacopo da V o l t e r r a, Diario Romano, zitiert bei M i g l i o, S. 221.

[6] M i g l i o, S. 228, Anm. 2.

[7] F u h r m a n n, Constitutum, S. 43.

venezianische Gesandte Girolamo Donato Alexander VI. auf die Frage, worauf sich die Herrschaft Venedigs über das Adriatische Meer gründe, geantwortet habe: *ostendat mihi vestra Sanctitas instrumentum patrimonii S. Petri, et a tergo scriptam inveniet concessionem factam Venetis maris Adriatici.*[8] In den 90er Jahren erschienen auch die gewichtigeren Stellungnahmen zu Valla, von dem Juristen Bolognini, dem Kanonisten Sangiorgi (Alexandrinus) und dem Theologen Pietro Edo.[9]

Einige Autoren wollen wissen, daß Vallas Schrift von der Kirche unterdrückt worden sei. Hutten spricht vom *(libellum) reiectum nuper et damnatum,*[10] der unbekannte Autor, der in der Handschrift Paris, Bibliothèque Nationale, lat. 3187 A Vallas Text mit einem kommentierenden Dialog versah, wirft den Päpsten vor: ... *vetant et prohibent ne veniat ad lucem.*[11] Es läßt sich nicht sagen, ob es sich hier um mehr als nur um Vermutungen handelt. Bis heute ist kein Zeugnis bekannt, das eine kirchliche Intervention belegt. Das änderte sich erst mit der Reformationszeit, als Vallas Werk unter die häretischen Bücher eingereiht wurde und beispielsweise 1546 in Venedig den päpstlichen Nuntius auf den Plan rief.[12] 1559 wurden dann zum erstenmal einzelne Werke Vallas auf den Index gesetzt, zunächst *De libero arbitrio, De falsa donatione Constantini* und *Annotationes in Novum Testamentum,* später kamen *De voluptate* und die Boethius-Kritik aus den *Elegantiae* hinzu.[13]

II. Vallas Kritik als Anregung

1. Enea Silvio Piccolomini

Enea Silvio Piccolomini, der spätere Papst Pius II. (1458–64), hat keinen eigenen Beitrag zur Zerstörung der Legende von der Konstantinischen Schenkung geleistet, er gehört nicht mit Nikolaus v. Kues, Valla und Pecock in eine Reihe. Eneas Stellungnahmen spiegeln vielmehr die Diskussion seiner Zeit, zeigen die Aufnahme und Verarbeitung der von den Zeitgenossen geäußerten kritischen Gedanken.[1]

---

[8] M a n c i n i, Vita, S. 159; L a e h r, Schenkung II, S. 172f.; M a f f e i, La Donazione, S. 345f.; M i g l i o, S. 229.

[9] Vgl. S. 127, 130, 145.

[10] H u t t e n, Schriften I, S. 161.

[11] Paris. lat. 3187 A, f. 338 v.

[12] Carlo de F r e d e, Tipografi editori librai Italiani del Cinquecento coinvolti in processi di eresia, Rivista di Storia della Chiesa in Italia 23 (1969), S. 21–53, hier S. 24.

[13] Franz Heinrich R e u s c h, Die Indices Librorum Prohibitorum des 16. Jahrhunderts, Tübingen 1886, S. 204, 417 und 497.

[1] Zu Eneas Interpretation der Schenkung vgl. M a n c i n i, Vita, S. 148f., L a e h r, Schenkung II, S. 168ff.; A n t o n a z z i, S. 195 und 207.

1436 argumentierte er vor dem Konzil in Basel noch durchaus traditionell, als er den Herrschaftsanspruch der Kirche auch mit einem Hinweis auf die Konstantinische Schenkung begründete: *dicere vero ineptos fore ad regimen Sacerdotes, nihil est aliud quam vos omnes contemnere Constantinumque Caesarem reprehendere, cuius munere civitatum dominia suscepistis. Sileant ergo, qui talia submurmurant.*[2] Obwohl er seit 1432 als Sekretär des Kardinals Capranica beim Konzil war, scheint Enea die Darlegungen des Nikolaus v. Kues noch nicht gekannt zu haben.

Anfang des Jahres 1443, inzwischen Sekretär Friedrichs III., verfaßte er ein Fünfergespräch, *Pentalogus*,[3] zu aktuellen politischen Fragen. Darin geht es vor allem darum, König Friedrich zur Einberufung eines allgemeinen Konzils zu bewegen. Einer der Unterredner, Bischof Silvester v. Chiemsee, nennt u. a. auch die Konstantinische Schenkung als einen strittigen Punkt, der auf diesem Konzil geklärt werden könnte: *Poteris et illud in hoc Concilio, ut declaretur, petere, quod de Constantini donatione astruitur, et multorum mentes disturbat. Nam una ex parte vestustum quoddam Eulogium allegatur, quod apud Historicos nusquam reperitur. Alii vero post Constantinum mansisse Romam et Occidentem totum in postestate Imperii per multa tempora dicunt, et in utramque partem varia referuntur.* Der Kanzler Kaspar Schlick greift das Stichwort auf: *Ah quid tu fictam donationem adducis? Nunquam id somniatum fuit. Ponit Damasus Papa, qui post Silvestrum fuit, donationem Constantini: nihilque ibi de terris dicitur, sed de auro, argento, et redditibus annuis.*[4] Um seine Ansicht auszudrücken, wie die Kirche zur weltlichen Herrschaft gelangt ist, gebraucht er im folgenden den Vergleich mit einer trächtigen Hündin, die bei einem Hirten Unterschlupf suchte und fand, um den Hirten später zu verjagen: *nec aliter Imperium ab Ecclesia Romana depulsum est et proprietate privatum.* Um so eher, wirft Enea ein, bedarf diese Frage der Klärung: *ideo declarari haec expedit.*[5] Es sind drei Argumente, die ihn an der Echtheit der Konstantinischen Schenkung zweifeln lassen: Sie ist erstens bei den Historikern nicht überliefert, zweitens haben die Kaiser auch nach Konstantin im Westen des Reiches die Herrschaft ausgeübt und drittens erwähnt der Liber pontificalis wohl die Schenkung von Besitz und Einkünften, nicht jedoch eine solche von Ländern und Herrschaft. Diese Argumente sind genau die, die von Nikolaus von Kues angeführt worden

---

[2] J. D. Mansi, Pii II. P. M. orationes politicae et ecclesiasticae I (1755), S. 25; zitiert bei Laehr, Schenkung II, S. 168, Anm. 3.

[3] Hallauer. – Die Dissertation von Margaretha Nejedly, Enea Silvio Piccolomini: Pentalogus de rebus ecclesiae et imperii, Wien 1953, ist für die Frage nach der Interpretation der Konstantinischen Schenkung ohne Wert.

[4] Der Pentalogus de rebus ecclesiae et imperii ist gedruckt bei B. Pez, Thesaurus anecdotorum novissimus IV, 3 (1723), Sp. 637–744, hier Sp. 679.

[5] Pentalogus, Sp. 679.

waren. Dessen Argumentation entspricht es auch, wenn diese Frage einem allgemeinen Konzil zur Entscheidung vorgelegt werden soll.[6] Die „deutlichen Anlehnungen" an die Concordantia catholica des Nikolaus v. Kues[7] im Pentalogus gelten so auch für die Argumentation zur Konstantinischen Schenkung. Von Vallas Schrift finden sich hier noch keine Spuren,[8] fast drei Jahre nach deren Veröffentlichung hatte Enea offensichtlich noch keine oder keine genauere Kenntnis davon. Das wird besonders deutlich, wenn man diese frühen Äußerungen mit den Darlegungen im Dialogus von 1453 vergleicht. Hier hat sich Enea die Argumentation Vallas zwar nicht in ihrem Gehalt, wohl aber in einzelnen Punkten zu eigen gemacht.

Der *Dialogus pro donatione Constantini*[9] ist ein fiktives Gespräch zwischen Enea, Bernardino da Siena, dessen Predigten er in seiner Jugend gehört hatte, und Pietro da Noceto, dem Sekretär Nikolaus V., den Enea seit dem Konzil von Basel kannte. Im Traum sieht sich Enea in die Unterwelt versetzt und trifft dort auf den Hl. Bernardino, später kommt Pietro hinzu. Bald kommt man auf die Eroberung von Konstantinopel zu sprechen. Bernardino erzählt von den Vorwürfen, die Konstantin deswegen vor Gott erhoben habe und von der göttlichen Antwort. Pietro und Enea schließen daran einige Fragen zur Beurteilung des Lebens und der Taten Konstantins an, so kommt man auf die Taufe, die Lepra und auch die Schenkung zu sprechen.

Die Taufe durch Silvester wird geleugnet. Bernardino beruft sich auf *ydoneos testes,* die von der Taufe am Lebensende in Nikomedia durch Euse-

---

[6] Vgl. S. 27.

[7] W i d m e r , Piccolomini, S. 117; vgl. auch S. 149. – Enea hatte die Concordantia etwa 1439/40 kennengelernt, vgl. H a l l a u e r , S. 94f. Über Enea und Nikolaus von Kues: Andreas P o s c h , Aeneas Sylvius, De ortu et auctoritate Imperii Romani, Festschrift Franz Loidl, Band 1, Wien 1970, S. 194–203.

[8] L a e h r , Schenkung II, S. 168, schreibt zwar: „Wahrscheinlich unter dem Eindruck der Vallaschen Schrift kamen ihm Zweifel...", verweist aber in Anm. 5 zu Recht darauf, daß Enea das aus dem Liber Pontificalis abgeleitete Argument nicht von Valla übernommen haben kann. – Guido K i s c h , Nicolaus Cusanus und Aeneas Silvius Piccolomini, Cusanus-Gedächtnisschrift, Innsbruck–München 1970, S. 35–43, sieht S. 38 den Pentalogus auch von Vallas Schrift abhängig, scheint das aber nur aus dem zeitlichen Nacheinander abzuleiten.

[9] So der Titel bei M a n s i , a.a.O. Bd. III (Appendix, Opuscula quaedam ... nunc primum edita, 1759), S. 85–100, der den Abschnitt über die Konstantinische Schenkung druckt, übernommen wahrscheinlich aus dem Codex 582 der Biblioteca Capitolare in Lucca. Den Abschnitt über das Konzil in Basel hatte er schon vorher in seiner Sanctorum Conciliorum et Decretorum collectio nova IV (1750), Sp. 1435–1440, veröffentlicht. Vollständige Ausgabe bei C u g n o n i , Aeneae Silvii ... opera inedita, S. 234–299. Beiden Herausgebern war der Erstdruck von 1475 unbekannt. Der Abschnitt über die Schenkung mit deutscher Übersetzung bei W i d m e r , Texte, S. 324–328. – Di N a p o l i , S. 264: „... nel suo Dialogus il Piccolomini mostra già di conoscere gli argomenti adoperati dal Valla."

bius berichten. Auch von der Lepra schweigen diese Autoren, ihnen gegenüber wird das Zeugnis der Silvesterlegende hinfällig: *quod autem in vita
Silvestri de hoc ipso* (nämlich die Taufe und die Lepra) *legitur, apocrifum
est*. Damit scheinen aber die Voraussetzungen für die Konstantinische Schenkung aufgegeben, und folgerichtig wirft Enea ein: *mihi non places, quia
Silvestri baptismum reprobas. Nam et famosam Constantini donationem
refellere videris, dum gesta Silvestri in dubium revocas.*[10] Ausgangspunkt für
die weitere Diskussion ist der Bericht des *Liber Pontificalis*, in dem *distincte
atque diffuse* von der Schenkung Konstantins die Rede sei: *ait enim (Damasus)
illum (Constantinum) quam plurimas basilicas et in Roma et in aliis urbibus
erexisse, maximas vero ecclesias a fundamentis fabricasse apostolorum Petri
et Pauli atque Johannis; hisque donasse vasa aurea atque argentea magni ponderis. Tum vero et domos et fundos et thermas, villas et insulas et alias diversi
generis possessiones, atque annuos census admodum multos; numquam tamen
illic aut Romam dono datam, aut occidentale imperium Ecclesie dimissum
invenies.*

Soweit ist nur wiederholt, was im Pentalogus bereits angedeutet war. Der
Einfluß Vallas zeigt sich an einzelnen Argumenten. Seine Beurteilung der
Palea – daß sie von Gratian nicht in das Dekret aufgenommen worden wäre,
daß sie in schlechtem Stil abgefaßt sei und in ungeschickter Weise durch den
Bezug auf die Silvesterlegende sich den Anschein der Echtheit zu geben versuche – ist in allen Punkten aufgegriffen, wenn es bei Enea heißt: *neque scriptum illud, quod paleam vocant, eo stilo compositum est, ut Constantini videri
possit: commentitia res est atque, ut arbitror, ignorante Gratiano inter eius
conserta labores, inemendate, inculte, barbare dictata.*[11]

Deutlicher noch ist die Abhängigkeit bei einem zweiten Argument, das bei
Valla gar nicht zum eigentlichen Beweisgang gehört. Valla betont, daß Autoren, die über frühere Ereignisse berichten, nur dann Glauben verdienten,
wenn sie sich auf Zeugen aus der Zeit des Geschehens berufen könnten (37, 11).
Als Gegenbeispiel nennt er die *plus quam stulta narratio* des Accursius über
den Ursprung des römischen Rechts (37, 17) im Vergleich zu dem Bericht bei
Livius. Diesen Hinweis greift Enea auf und läßt auf den Einwurf, daß die
Juristen zwar über die Gültigkeit der Schenkung diskutierten, sie aber nicht
leugneten, Bernardino antworten: *quid tu mihi iure consultos nostri temporis
affers, cum de historia dubium est? qui, cum nihil liceat contra textum legis
hiscere, Accursio glosatori fidem habeant, qui leges Atheniensium, inducta
stulti fabula, ad Romanos delatas asserit.*[12]

---

[10] Dialogus, S. 256, 257.

[11] A.a.O. S. 257.

[12] A.a.O. S. 257. Die Übernahme der Kritik an Accursius ist nicht verwunderlich. Schon
früher, in einem Brieftraktat zum Lob der *studia litterarum* von 1444, hatte er Vallas

Wichtiger allerdings als die Aufnahme dieser Argumente sind die Unterschiede in der Interpretation. Für Valla war der Nachweis der Fälschung der Ausgangspunkt, um die weltliche Herrschaft der Päpste in Frage zu stellen. Hier kann Enea Valla nicht folgen. Er versucht auch nach Verzicht auf die Konstantinische Schenkung als Herrschaftsabtretung eine Antwort auf die Frage zu finden, ob und wodurch die Kirche zur Herrschaft legitimiert sei. Die Argumente werden dabei entwickelt als Antwort auf Einwürfe, die von Pietro gemacht werden. Wenn dieser nicht glauben will, daß der *Vicarius Christi* selbst freiwillig geschenkte *temporalia dominia* annehmen dürfe, wenn er darauf verweist, daß auch der Papst *divinam aut naturalem legem* nicht aufheben könne,[13] fühlt man sich ebenfalls an Vallas Ausführungen erinnert, insbesondere an die Rede Silvesters über das geistliche Amt (11,21 –15,12) und die Leugnung irgendwelcher Herrschaftsansprüche aufgrund des *ius divinum* oder *ius humanum* (44,26) – wenn auch im Text nur auf das Konzil von Basel als Beispiel solcher Gedankengänge verwiesen wird.[14]

Diesen Einwänden gegenüber wird von Bernardino eine Theorie der weltlichen Herrschaft durch die Kirche entwickelt. Sie verbindet die Unterscheidung zwischen wahrer und falscher Herrschaft mit der historischen Entwicklung, insbesondere der Translationstheorie. Danach ist den Priestern nicht jegliche Herrschaft untersagt: *non enim omne regnum interdixit apostolis suis veritas, sed regnum, quo gentes utebantur. Est enim regnandi duplex forma, sunt reges, qui ad suum commodum omnia referunt, superbi atque inflati opinione sui, voluptatibus dediti, qui cives loco servorum habent, iudicia vendunt, pecunias cumulant, legibus nullis teneri volunt, nec amari magis quam metui cupiunt; . . . quidam vero sunt reges, sed admodum pauci, qui*

Kritik an den Juristen, insbesondere an Bartolus, aufgegriffen; vgl. Guido Ki s ch, Enea Silvio Piccolomini und die Jurisprudenz, Basel 1967, S. 92ff. – Es gibt noch ein deutliches Beispiel dafür, daß sich Enea durch Valla belehren ließ. Valla verwirft die Ableitung des *Augustus*-Titels von *augere* (44,4). In *De ortu et auctoritate imperii Romani* heißt es bei Enea noch traditionell: *princeps Romanus Augusti nomen acceperit, ut non minuere sed augere imperii potestatem deberet* (Der Briefwechsel des Eneas Silvius Piccolomini, hrsg. von Rudolf Wol kan, II [Fontes rerum Austriacarum. Diplomata et acta 67, 1912], S. 15). Ähnlich äußert sich Friedrich III. im Pentalogus: *nominis mei oblivisci non possum, qui iam ideo augustus dicor, ut augeam* (Sp. 719). In seiner Historia de Asia minori greift Enea dagegen Vallas Argumentation auf: wie dieser die Parallelität von Augustus und Σεβαστός betont, verweist er auf die Entsprechung von *Augusta* und *Sebastopolis* (Opera omnia, 1451, S. 331); vgl. Hallauer, S. XLV, Anm. 195, und S. LXXXVI.

13 ... *nec temporalia dominia, quamvis ultro donata, Christi vicarium potuisse recipere crediderim;* und: *quamvis amplissima potestas Salvatoris universali verbo signoque commissa sit, nemo tamen romanum pontificem aut divinam aut naturalem legem tollere posse confirmat* (Dialogus, S. 260).

14 Pietro akzeptiert die Translationstheorie, verweist dann aber auf Bibelstellen, die gegen eine Herrschaft der Kirche zu sprechen scheinen. Darauf antwortet Enea: *Basilea tibi hec arma ministravit* (Dialogus, S. 263).

reipublice presidentes, omnia quecunque agunt, ad eorum, qui sibi commissi sunt, utilitatem referunt, obliti commodorum suorum, qui cives veluti filios amant, et tanquam ministri Dei, multitudinem sibi creditam iustis legibus et optimis moribus regunt.[15] Die zweite Art der Herrschaft erlaubte den Päpsten nicht nur die Annahme der Schenkungen, sie erklärt auch die Übertragung der Herrschaft durch die Päpste von den griechischen Kaisern auf die Franken, denn die Binde- und Lösegewalt, die dem *Vicarius Christi* zukomme, schließe auch die Sorge um den geeigneten Kaiser ein: *Cur nequeat imperatorem prima sedes deponere, si minus idoneus est? si reipublice nocet, si fidem persequitur? Ampla et absoluta potestas Petri est, cui non hoc aut illud, sed omne ligandum solvendumque commissum est.*[16] Im Gegensatz zu Valla ist so die Frage nach der Vereinbarkeit weltlicher Herrschaft mit dem Auftrag der Kirche positiv beantwortet. Die Konstantinische Schenkung spielt dabei keine Rolle mehr, die Erkenntnis, daß es sich dabei um eine Fälschung handelt, hat deshalb keine weiteren Konsequenzen. Gegenüber der Diskussion um den Herrschaftsanspruch der Kirche tritt der Nachweis der Fälschung in den Hintergrund. Enea greift die von Nikolaus v. Kues und Valla vorgebrachten Argumente auf, ohne sie noch einmal im einzelnen zu erläutern. Es kann keine Rede davon sein, daß er gar mit überzeugenderen Argumenten die Fälschung nachgewiesen habe.[17] Da er aber nach den Folgerungen fragt, die sich aus dem Nachweis der Fälschung ergeben, darf man seine Stellungnahme im *Dialogus* wohl als eine bewußte Antwort auf die Schrift Vallas werten.[18]

---

[15] Dialogus, S. 263.

[16] A.a.O. S. 260. Valla hatte die ‚kaiserliche‘ Herrschaft von Silvester selbst ausmalen lassen: *Quid, quod necesse haberem potestatem exercere sanguinis, punire sontes, bella gerere, urbes diripere, regiones ferro ignique vastare?* (14,18). Auch darauf scheint eine Antwort gegeben zu werden, wenn es bei Enea heißt: *Neque illud impedimento est, quod bellum gerere aut sententiam sanguinis dicere sacerdotes prohibitos asseris. Hec enim possunt per alios exercere* (S. 265). Während für Valla jede Herrschaft der Päpste eine *tyrannis* ist, wird hier nur zugestanden, daß *summi Pontifices abusi potestate, regium imperium in tyrannidem converterunt.* So ergibt sich schließlich die Folgerung, daß weltliche Herrschaft gestattet sei, solange die eigentlichen geistlichen Aufgaben nicht vernachlässigt werden: *non est igitur, Petre, cur sacerdotes insecteris, quia civile dominium dono datum acceperint, si modo subditorum saluti consulentes, neque divina officia negligunt, neque humana confundunt, atque, ut verbo dicunt, sic et opere servorum Dei sese servos esse ostendunt.* Valla hatte die Vereinbarkeit von Herrschaft und geistlichem Amt grundsätzlich geleugnet: *Iam vero innocentia sacerdotum quomodo incolumis erit inter opes, inter magistratus, inter administrationem secularium negotiorum?* (12,17).

[17] Paparelli, S. 159f.: „La falsità del documento è dimostrata con argomenti anche più convincenti di quelli adoperati dal Valla, ma la legittimità del potere temporale è riconfermata per diversa via.“

[18] Antonazzi, S. 207. – Einige Jahre später, in der Germania (1457/58), wird nochmals die Schenkung Konstantins erwähnt. Der Zusammenhang zeigt aber deutlich, daß es nicht

Eneas Ausführungen haben besonderes Interesse gefunden, nachdem 1475 der Dialogus in Rom gedruckt worden war. Die Verfechter der Schenkung haben versucht, seine Meinung als die eines Mannes, der *in minoribus gewesen sei*,[19] abzuwerten; Gegner der Schenkung verwiesen zuweilen auf Enea als Beispiel dafür, daß derartige Kritik geduldet worden ist. Nach Meinung Felino Sandeis († 1503), Kanonist und Bischof von Lucca, ist die Ansicht Eneas aus dessen früherer Tätigkeit zu erklären: *cum inter satiricas desperatorum fatigatorumque curialium conciones esset incoctus regentiumque mores nauseatus, facile ditionem ecclesiasticam non a Constantino sed aliunde et a suis multum Germanis auctam putabat.*[20] Entsprechend ist Sandei der Meinung, daß Enea sich als Papst anders geäußert hätte: *at si factus pontifex iterum in his scripsisset, rectificatum ostendisset cor, cum summo illo fastigio duce virtute et lingua elevatus Constantini munera non denigranda cognovisset.*

Mario Salamonio will in seinem Papst Leo X. gewidmeten dialogischen Traktat *De principatu* auf den Streit um die Konstantinische Schenkung nicht näher eingehen. Wegen des unterschiedlichen Schicksals, das Valla und Enea deshalb erfahren haben, weiß er nicht recht, welche Reaktion er selbst zu erwarten hätte: *Laurentius Valla sine controversia vir doctissimus, quod Constantinianam negaverit donationem, parum abfuit, quin inter hereticos relatus fuerit, Sylvium vero Aeneam post eum, qui fortissime contra eandem donationem scripsit neque unquam retractavit, Pium II. inter Pontifices Maximos omnium consensu approbatum vidimus: nos latet, quae sors futura sit nobis, taceamus ergo, ne in aliquod discrimen incidamus.*[21]

---

um die Schenkung im Sinne einer Herrschaftsübertragung geht: *Quodsi non deberent ecclesie bonis abundare, male fecisset Constantinus Imperator, qui Romanam tantopere ditavit, qui, ut Damasus ait ad Hieronymum, multa illi bona concessit...* (III, 44, ed. A. Schmidt, Köln–Graz 1962, S. 112). Hier ist auf den Liber Pontificalis deutlich verwiesen. Um die Besitzungen der Kirche geht es auch III, 35: *Quod nisi divina providentia Constantinus et qui postea secuti sunt Caesares Romanam ditassent ecclesiam, profecto vix hodie fundamenta eius inveniremus* (a.a.O. S. 105). Es ist verfehlt, diese Äußerungen denen im Pentalogus und Dialogus gegenüberzustellen und zu folgern, daß auch in diesem Punkt Enea als Kirchenfürst „einer früheren Meinung untreu geworden" sei – so Adolf Schmidt in der Übersetzung der Germania, Köln–Graz 1962, S. 171, Anm. 126 (Die Geschichtsschreiber der dt. Vorzeit, 3. Gesamtausgabe, Bd. 104).

[19] Tiresio Foscarari, Donatio Constantini ... iuris civilis auctoritate comprobata... (Bologna 1549), schreibt S. LV: *non obstat auctoritas summi antistitis Pii Papae in minoribus existentis, ... quia respondetur: quando erat parvulus loquebatur ut parvulus, sapiebat ut parvulus, cogitabat ut parvulus, at cum ad summi apostolatus apicem assumptus fuit, credendum est mentem in melius mutasse et illi postmodum palam fuisse regnanti quod opertum iam fuerat.* Zu Foscarari vgl. S. 135.

[20] Nachschrift zum Antivalla im Codex 582 der Biblioteca Capitolare, Lucca; zitiert bei Antonazzi, S. 234; Maffei, La Donazione, S. 323, Anm. 6.

[21] Marii Salamonii De principatu libri septem (Rom 1544), S. 52f. Miglio, S. 231,

2. Antoninus von Florenz, Platina, Zeno

Neben Enea Silvio Piccolomini gab es andere kirchliche Autoren, die Nikolaus' von Kues und Vallas Kritik am Constitutum Constantini stillschweigend berücksichtigten oder zum Anlaß nahmen, selbst die Frage erneut zu prüfen.

Antoninus von Florenz († 1459) kommt in seiner Weltchronik[1] nur kurz auf die Schenkung zu sprechen. Sein Urteil, das Hutten in seine Ausgaben mit aufgenommen hat, liest sich in seinem ersten Teil wie ein Resumé dessen, was unbestritten geblieben ist: *Quid ergo et quantum donaverit (Constantinus), non est bene certum, videtur tamen saltem illud quod Ludovicus rex Francorum et Imperator promittit*. Die Schenkung Ludwigs d. Frommen war auch von Valla nicht in Frage gestellt worden. Der Streit, so stellt Antoninus resignierend fest, dauert an. Auf Einzelheiten geht er nicht ein. Für ihn war die Schenkung nicht eine *simplex donatio*, sondern eine *restitutio ecclesiae facta iuris sui, cum omnia sint de Christi dominio, cuius papa est vicarius in terris*.

Bartolomeo Sacchi, gen. Platina († 1481), seit 1475 Präfekt der Vatikanischen Bibliothek, verfaßte im Auftrag Sixtus IV. eine Sammlung von Papstviten, *Liber de Vita Christi ac omnium pontificum*, die 1479 vollendet war.[2] Ausführlich befaßte er sich darin mit der angeblichen Taufe und Lepra Konstantins. Die Erzählung von der Krankheit ist ihm eine *conficta fabula*, an der Taufe in Rom hält er fest. Zum Umfang der Schenkung verweist er auf das Diadem, nennt Gewänder, Kirchenbauten und sonstige Zuwendungen, doch von einer Abtretung der Herrschaft ist nicht die Rede.

Jacopo Zeno († 1481), Bischof von Padua, setzte sich in seiner an Paul II. gerichteten (und erst von einem Freund zu Ende geführten) Sammlung *De vitis pontificum* im Kapitel über Silvester direkt mit Valla auseinander.[3] Er

---

zitiert nach der Ausgabe von d'Addio *non latet* statt *nos latet*. – Die Ausführungen des *historicus* bei Salamonio im 6. Buch sind ein Beispiel für das Weiterleben der auch von Valla vertretenen historisch-politischen Ideen; vgl. Vittorio Cian, Un trattatista del Principe a tempo di N. Machiavelli. Mario Salamoni, Atti della R. Accademia delle Scienze di Torino 35 (1900), S. 799–818.

[1] *Divi Antonini ... chronicorum opus* (ed. P. Maturus, Lyon 1586), I, tit. 8,2, S. 567; Laehr, Schenkung II, S. 174 und S. 178.

[2] Hay, S. 142f. und S. 161f. In der Ausgabe von Giacinto Gaida im Rahmen der Rerum Italicarum Scriptores III, 1 (1913/32) das Silvester-Kapitel S. 52–57. Zu den Quellen vgl. G. J. Schorn, Die Quellen zu den Vitae Pontificum Romanorum des Bartolommeo Platina, Römische Quartalschrift 27 (1913), Teil II, S. 3–19 und 57–84, zur Diskussion über die Schenkung Konstantins S. 77f.

[3] Zitate nach Codex Vat. lat. 5942, f. 26r–31r. Vgl. Lodovico Bertalot und Augusto Campana, Gli scritti di Jacopo Zeno e il suo elogio di Ciriaco d'Ancona, La Bibliofilia 41 (1939), S. 356–376, zu den Vitae S. 358f.; Antonazzi, S. 219; Miglio, S. 175.

stellt fest, daß bis zu den Ereignissen an der Milvischen Brücke die Zeugnisse der Historiker über Konstantin und Silvester übereinstimmten, doch über die Beurteilung von Lepra und Taufe sei *ingens . . . inter multos vulgataque dudum dissensio.* Von den Gegnern der Taufe und der Heilung von der Lepra nennt er ausdrücklich nur Lorenzo Valla: *nec olim defuerunt nec continuo desint qui illis fidem abrogare conati sint: et ad nostra quoque tempora Laurentius Valla, vir latine lingue, ut putabatur, eruditissimus, a quo multa edita, multa etiam e grecis in latinum traducta sunt. Scripsit ad abrogandam huic privilegio fidem librum, in quo usque adeo in hec, que dudum prodita creditaque de Silvestro et Constantino sunt, invehitur, tot ea rationibus tot suasionibus improbat, ut pene legentibus, his potissimum qui historiarum minus periti sint, que minus recta forsitan mente conscripsit, persuadere haud difficulter videatur.*[4]

Mögliche unlautere Motive Vallas sind nur angedeutet *(minus recta forsitan mente)*; Zeno will all denen helfen, die, weil sie nicht so belesen sind, der Argumentation Vallas erliegen könnten. Frei von jeder Polemik geht er die einzelnen historischen Angaben bei Eusebius, Rufinus, Hieronymus und Ambrosius durch, um sich schließlich darin bestätigt zu sehen, weiter an die Taufe und Schenkung zu glauben: *quas ob res ego quidem tot documentis tot claris auctoribus confirmatus haudquaquam ambigendum censuerim, quin potius pro vero affirmare ausim ea que credita traditaque a maioribus de Silvestro et Constantino sunt.*[5]

Nur ein Argument Vallas weist er eingehend, aber wenig überzeugend zurück. Die anachronistische Erwähnung Konstantinopels erklärt er als einen bewußten späteren Zusatz, *ne forsitan nova illa sedes romane non subdita ab impiis putaretur.* Zu den Satrapen bemerkt er, daß dieses Wort längst in die lateinische Sprache eingedrungen und dem Kundigen nicht unbekannt sei.

Beunruhigt hatte ihn eine anonyme Vita Constantini, die nichts von Krankheit, Taufe und Schenkung zu berichten weiß; da aber der Autor nicht genannt wird, fällt es Zeno leicht, sie zurückzuweisen, *cum incertus auctor sit illiusque doctrina, auctoritas, genus . . ., que sane si cognita forent, facile profecto cur ab eo hec omissa et obliterata sint deveniretur in lucem.*[6]

Zeno prüft seine Quellen fast im Geiste Vallas, er wägt die Aussagen gegeneinander ab und führt keine höheren heilsgeschichtlichen Aspekte zur Bekräftigung ein. Er bleibt bei seinem Glauben an die Schenkung, ohne jedoch daraus Folgerungen abzuleiten.

---

[4] Vat. lat. 5942, f. 27 r.
[5] A.a.O. f. 29 v.
[6] A.a.O. f. 29 v.

III. Lauro Quirinis *Sanctio Constantini* (1447) und die griechische Überlieferung des Constitutum Constantini als Argument gegen Valla

1. Lauro Quirini

Nur im Zusammenhang mit Vallas Schrift ist die *Sanctio Constantini*, die lateinische Übersetzung einer griechischen Fassung des Constitutum Constantini, überliefert. Die Übersetzung stammt von Lauro Quirini,[1] der sie 1447 Papst Nikolaus V. widmete. Lauro Quirini gehört einer berühmten venezianischen Familie an, er wurde um 1420 als Sohn des Senators Piero Quirini in Venedig oder Candia auf Kreta geboren.[2] Nach Studien in Venedig erwarb er 1440 in Padua den Grad eines doctor artium, 8 Jahre später wurde er Doktor beider Rechte, sein Promotor im kanonischen Recht war Antonio Roselli.[3] Kurz danach kehrte er nach Venedig zurück, wo er 1449 eine offensichtlich sehr erfolgreiche Vorlesung über Aristoteles hielt *in foro mercatorio turba undequaque circumfusa*.[4] Einen Ruf auf den Lehrstuhl für Moralphilosophie in Padua hat er wegen der geringen Besoldung abgelehnt, stattdessen begab er sich 1452 nach Candia, wo er zeitweise Gutsverwalter des Kardinals Bessarion war.[5] Gestorben ist er nach 1470.[6]

Seine philosophischen Arbeiten befassen sich vor allem mit Aristoteles. In einem Dialog mit dem Philosophen behandelt er Unterschiede zur platonischen Philosophie; von der Politik hat er eine Kurzfassung in zwei Büchern angefertigt. Seine Bewunderung für Aristoteles ging so weit, daß er in jungen Jahren den – allerdings nicht verwirklichten – Plan faßte, das Gesamtwerk zu übersetzen und durch Kommentare zugänglicher zu machen.[7] Die Frage der richtigen Übersetzung des Aristoteles war Anlaß zu einem Streit mit Leonardo Bruni. Quirini kritisierte seine Übersetzung der Nikomachischen

---

[1] Bern, Burgerbibliothek 294, und Paris, Bibl. Nat., lat. 8689, 10832 und 13728. Quirinis Name fehlt in der Berner Handschrift und konnte deshalb von Fuhrmann, Constitutum, S. 39, Anm. 57, noch nicht genannt werden, der erstmals auf die Sanctio aufmerksam gemacht hat. Text des Widmungsschreibens und der Sanctio vgl. S. 118–120.

[2] Zu Quirini vgl. Agostini I (1752), S. 205–228, und Segarizzi, auf den sich die folgende Skizze stützt. Ergänzungen bei F. Babinger, Veneto-kretische Geistesstrebungen um die Mitte des XV. Jahrhunderts, Byzantinische Zeitschrift 57 (1964), S. 62–77, hier S. 67ff.

[3] Segarizzi, S. 3, Anm. 4; zu Roselli vgl. S. 125.

[4] So in einem Brief an Francesco Barbaro, zitiert nach Segarizzi, S. 3.

[5] Ludwig Mohler, Kardinal Bessarion als Theologe, Humanist und Staatsmann, Paderborn 1923, S. 284.

[6] Babinger (wie Anm. 2), S. 69.

[7] Zu Quirinis Werken Segarizzi, S. 5ff. Der Dialog mit Aristoteles ist dort im Anhang, S. 17–22, gedruckt.

Ethik und forderte ihn auf, lieber Cicero und Livius zu lesen, wenn er Aristoteles nicht verstehe. Sich selbst kennzeichnete er als kundigen Nachfolger des Aristoteles.[8]

Der Streit mit Bruni fällt in das Jahr 1441. Einige Jahre später ließ er sich in ähnlicher Weise mit Valla ein, 1449 griff er noch einmal als Polemiker zur Feder, um gegen Poggios negative Ansichten über den venezianischen Adel *(De vera nobilitate)* zu streiten.[9] Quirini sah sich als Philosoph und Redner. Einige Reden sind überliefert, so die zum Tode des venezianischen Condottiere Gattamelata (Erasmo da Narni) im Jahre 1443 und aus Anlaß einer Doktorpromotion im Jahre 1445.[10] Er schrieb weiter einen Dialog *De pace Italiae* und einen nicht erhaltenen Kommentar zu dem Gedicht über die Freundschaft des Ciriaco d'Ancona.[11] Seine Vertrautheit mit dem Griechischen bezeugen die Übersetzung einer Rede Cäsars aus dem Geschichtswerk des Dio Cassius und einer im Lexikon des Suidas überlieferten Abhandlung *De sacerdotio Jesu Christi*.[12] Aus Anlaß der Eroberung Konstantinopels verfaßte er 1453 eine erste, an Papst Nikolaus V. gerichtete Denkschrift zur Türkenfrage und setzte sich auch in späteren Jahren wiederholt für den Kampf gegen die Türken ein.[13]

Bei der hohen Meinung, die Quirini von der Philosophie des Aristoteles und seiner eigenen Vertrautheit damit hatte, ist es nicht überraschend, daß er auch mit Valla über philosophische Fragen in Streit geriet. Der Briefwechsel zwischen beiden ist zeitlich nicht genau bestimmbar, fällt jedoch frühestens in das Jahr 1445.[14] Quirini kennt zu diesem Zeitpunkt die großen Werke Vallas noch nicht aus eigener Lektüre. Er hatte von einem Brief Vallas an Giovanni Tortelli Kenntnis erhalten, in dem Valla ausführlich von seinen Verdiensten um die Wissenschaft gesprochen hatte.[15] Quirini sieht darin eine

---

[8] *Relinque mihi Aristotelem, cuius ego doctrina imbutus sum, tu autem, qui hec non intelligis, Tullium ac Livium legas* (S e g a r i z z i , S. 7). Auch in dem Dialog mit Aristoteles läßt er sich bescheinigen, daß er nach Theophrast, Alexander v. Aphrodisias und Averroes der vierte wahre Kenner seiner Philosophie sei (S. 6 und 18). Auszüge aus diesem Dialog hat er in einen anderen übernommen, mit dem er sich 1442 am zweiten Certame Coronario beteiligte, vgl. August W i l m a n n s und Ludwig B e r t a l o t , Lauri Quirini Dialogus in Gymnasiis Florentinis. Ein Nachklang zum ‚Certame Coronario‘ (1442), Archivum Romanicum 7 (1923), S. 478–509, hier S. 502f.

[9] S e g a r i z z i , S. 8f.

[10] A.a.O. S. 13f.

[11] Dies war sein Beitrag zum ersten Certame Coronario, vgl. W i l m a n n s – B e r t a l o t , a.a.O. S. 499.

[12] S e g a r i z z i , S. 15f.

[13] A.a.O. S. 11; B a b i n g e r (wie Anm. 2), S. 70.

[14] S a b b a d i n i , Cronologia, S. 113 = Opera II, S. 419.

[15] Vallas Wendung *qui omnem veterum sapientiam meis operibus everto* (M a n c i n i , Lettere, S. 37) greift Quirini auf: *(epistola) in qua affirmabas te tuis scriptis omnem veterum sapientiam evertisse...* (S e g a r i z z i , S. 23f.).

procacissima iactatio und erinnert Valla an einen Ausspruch Quintilians, der ihm wohl entgangen sei, daß nämlich Prahlerei oft Haß erzeuge.[16] Schließlich fordert er Valla auf, ihm seine Werke zuzusenden, damit er sich von der Richtigkeit seiner Behauptungen überzeugen könne. Einige Punkte der Kritik will er aber schon vorbringen. Er wendet sich gegen Vallas virtus-Begriff, verteidigt Boethius und verurteilt allgemein seine Kritik an Autoren der Antike.

Die Antwort Vallas[17] zeigt, daß er Quirinis Angriff nicht ernst nimmt. Er kenne ihn gar nicht, seine angebliche *prudentia* sei wohl eher eine *impudentia*.[18] In der Forderung, er solle Quirini seine Bücher senden, sieht er nur den Wunsch, billige Geschenke zu bekommen.[19] So gibt es für Valla keinen Grund, auf alle Vorwürfe Quirinis einzugehen. Er greift Quirinis Stellungnahme für Boethius auf und mahnt ihn, sich erst mit Livius, seinem Mitbürger, auseinanderzusetzen, bevor er sich mit dem Römer Boethius, also Vallas *concivis,* befasse.[20] Er schließt seinen Brief mit einer spitzen Belehrung über die Angabe des Datums.

Der Angriff des Quirini ist Episode geblieben. Poggio allerdings kam später darauf zurück und benannte Quirini als Zeugen für seine Behauptung, Valla wage nur gegen *adulescentulos* zu streiten; denn auf die Kritik Quirinis habe er nicht zu antworten gewagt.[21] So sah sich Valla gezwungen, seinen schon Jahre zurückliegenden Brief an Quirini zu zitieren. Er tut dies ohne jeden ergänzenden Zusatz, Zeichen dafür, daß ihm 1453, als er das vierte Buch seines *Antidotum* gegen Poggio verfaßte, die erneute Kritik Quirinis, diesmal an seiner Schrift gegen die Konstantinische Schenkung, nicht bekannt war.

Im Hinblick auf diese Kritik ist an dem geschilderten Briefwechsel noch ein Aspekt von Interesse. Es geht Quirini in erster Linie um eine philosophische Auseinandersetzung mit Valla,[22] er demonstriert aber auch seine juristische Bildung, versucht seinem Urteil von daher besonderes Gewicht zu verleihen: *interest enim nostra, ne fallamur, ut in iure civili scriptum est elegan-*

---

[16] *vitiosa iactatio fert non modo fastidium sed plerumque et odium,* vgl. Quintilian, Inst. or. XI 1, 15.

[17] Opera I, S. 345.

[18] *Prudentia quidem et gravitate tanta es, ut antequam causam cognoscas, sententiam feras, et ex epistola mea velut indice meorum operum me condemnes, nesciens quid ipse in libris scripserim, et per impudentiam quandam singularem divinans.*

[19] *scite admodum facis, ne dicam inscite, qui ab eo, de quo male mereris, donari tot codicibus velis.*

[20] Kannte Valla die gleichlautende Aufforderung Quirinis an Leonardo Bruni (vgl. Anm. 8)?

[21] P o g g i o, Opera Omnia (1538), S. 230.

[22] *mitte nobis opera tua, ut in campo philosophie latius concurrere possimus* (S e g a r i z z i, S. 24).

ter. Mit diesem Digestenzitat[23] begründet er seine Forderung, Valla solle seine Werke senden. Am Schluß des Briefes mahnt er Valla unvermittelt, er solle nichts gegen die Juristen vorbringen, denn deren Ansichten hätten gleichsam Gesetzeskraft: *sed interim admonendus es, ut caveas sinistrum quid contra iurisconsultos proferre. Eorum enim responsa iuri legibusque miscuntur: leges autem consultaque prudentum precepta sunt, quibus omnes homines obedire oportet, alioquin pena sequitur.*[24] Valla spielt in seiner Antwort auf diese juristischen Formulierungen an und setzt dabei dem Pathos Quirinis Ironie entgegen: er entscheide in seiner Klugheit den Fall schon, bevor er ihn kenne.[25] Das *interest enim nostra* greift er auf, wenn er Quirini auf die Beschäftigung mit Livius verweist: *magis tua intererit ... T. Livium ... reprehendi.*

Die *Sanctio Constantini* (Interpretation)

Im Juni 1447 stand Quirini kurz vor dem Abschluß seiner juristischen Studien.[26] Dabei ist er, so heißt es im Widmungsschreiben an Papst Nikolaus V., *in vetustissimo iuris civilis codice*[27] auf eine griechische Version der Konstantinischen Schenkung gestoßen, die auch letzte Zweifel an deren Echtheit beseitigen könne. Inhaltlich entspricht die Sanctio Constantini dem zweiten Teil des Constitutum Constantini, der eigentlichen Donatio. Valla wird im folgenden nicht ausdrücklich genannt, aber nicht nur die Überlieferung legt es nahe, von einer Antwort auf dessen Kritik zu sprechen: die Anspielungen sind deutlich genug. Juristen, so klagt Quirini, hätten zwar schon an der rechtlichen Gültigkeit, einige gar an der Schenkung selbst Zweifel geäußert, jetzt aber sei es dazu gekommen, daß *nonnulli oppugnatores religionis de pontificali potestate imperite quidem et impie sed decertatos libros non tam ediderunt quam evomuerunt.*[28] Kaum ein anderer als Valla kann mit diesem Verfasser eines streitbaren Buches gegen die päpstliche Macht gemeint sein. Insbesondere greift Quirini Vallas Vorwurf auf, die Päpste selbst hätten die Fälschung angefertigt (4,34). Dem hält er entgegen, daß die nachfolgend übersetzte Urkunde in einem Rechtsbuch mit kaiserlichen Konstitutionen überliefert sei.[29] Auch in der juristischen Argumentation ist die Stellungnahme

---

[23] Segarizzi, S. 24, vgl. Dig. 16, 2, 3: *Ideo compensatio necessaria est, quia interest nostra potius non solvere quam solutum repetere.*

[24] Segarizzi, S. 24.

[25] *Facultate vero ea te esse affirmare possum, ut nequaquam tui muneris potissimum esse debuerit suscipere summorum hominum patrocinium;* vgl. auch Anm. 18.

[26] Die Handschriften überliefern das Datum 16. Juni 1447.

[27] Vgl. S. 118, 17.

[28] Vgl. S. 118, 12.

[29] Bei Valla heißt es: *donationem ... aut ipsi finxerunt (pontifices Romani)* (4,34), bei

gegen Valla deutlich. Die *lex regia* setzt Quirini gleich mit der Bestimmung, daß jeder über seinen Besitz frei verfügen könne, *rei sue quilibet est moderator et arbiter*.[30] So konnte das römische Volk über das Imperium verfügen und es dem Kaiser übertragen. Dessen Beschlüsse haben volle Gesetzeskraft,[31] auch wenn sie sich – so ist im Sinne Quirinis zu folgern – auf eine Weitergabe des Imperium beziehen. Im Gegensatz zu Valla ist damit die Frage, ob Kaiser Konstantin überhaupt eine solche Schenkung habe machen dürfen, positiv beantwortet. Valla hat sich nicht ausdrücklich zur lex regia geäußert, doch gilt bei ihm die Rede des Senatsvertreters vor allem dem Nachweis, daß die Verfügungsgewalt des Kaisers dort ein Ende habe, wo es um das Imperium Romanum selbst gehe (10, 36).

Quirini versucht auch, die Schenkung mit dem christlichen Glauben in Übereinstimmung zu bringen. Für ihn ist nach göttlichem Recht der Papst Herr aller Völker als *rex regum et dominus dominantium* (Apoc. 19, 16).[32] Er bezieht Vergils *Imperium sine fine dedi* (Aen. I 297) ohne Umschweife auf die päpstliche Herrschaft[33] und kommt so zu dem Schluß, daß *iure itaque divino humanoque omnes populi subiecti sunt imperio pontificio*.[34] Gegen solche Folgerungen hatte sich Valla vor allem im letzten Abschnitt seines Werkes gewandt (44, 26). Auf die Donatio Constantini, wie sie im Dekret Gratians überliefert ist, auf die Vorlage also, mit der Valla sich auseinandersetzte, geht Quirini nicht ein. Er betont noch einmal, daß seine Urkunde *in constitutionibus imperialibus* überliefert sei,[35] und legt besonderen Wert auf die Feststellung, daß seine Urkunde griechisch abgefaßt ist. Damit werden alle Argumente, die Valla aus dem Latein der Urkunde abgeleitet hatte, hinfällig.

Die Überlieferung des Constitutum Constantini läßt mehrere Versionen erkennen, die sich bis zur Mitte des 11. Jahrhunderts herausbildeten.[36] Für die Berührung mit dem griechischen Osten ist der Brief Leos IX. an den Patriarchen von Konstantinopel, Michael Kerullarios, von 1053 bedeutsam

---

Quirini (S. 119, 26): *arguunt, quod ipse (Romanus pontifex) sibi in decretis huiusmodi donationem confinxerit.*

[30] Vgl. S. 119, 21; vgl. *Codex 4, 35, 21.*

[31] *quodcunque igitur constituit (imperator) ius esse constat* heißt es bei Quirini (S. 119, 24) in Anlehnung an Dig. 1, 2, 11: *Igitur constituto principe datum est ei vis, ut quod constituisset ratum esset.*

[32] Vgl. S. 119, 31.

[33] Vgl. S. 119, 34. Damit steht Quirini nicht allein, vgl. S t e u c h u s, Contra Laurentium Vallam, S. 34: *Vere profertur a nonnullis de ecclesia carmen Virgilianum oraculum summi Iovis ‚imperium sine fine dedi…'.*

[34] Vgl. S. 119, 33.

[35] Vgl. S. 119, 27.

[36] F u h r m a n n, Constitutum, S. 9.

geworden.[37] In diesem Brief sind Auszüge aus der Donatio zitiert in der gleichen Version, die Anselm v. Lucca und Deusdedit in ihre Kanonessammlungen aufgenommen haben und die als Palea auch in das Dekret Gratians Eingang gefunden hat.[38] Eine griechische Übersetzung des vollständigen Constitutum Constantini wurde erst um 1370 von Demetrios Kydones angefertigt.[39]

Im Zusammenhang mit einer Rechtssammlung griff als erster Theodoros Balsamon († nach 1195), juristischer Berater des Patriarchen von Konstantinopel und später selbst Patriarch von Antiochia, auf die Konstantinische Schenkung zurück. Er verfaßte einen Kommentar zum sogenannten Nomokanon der 14 Titel, in dem er kanonisches und kaiserliches Recht in Übereinstimmung zu bringen suchte.[40] Zum 1. Kapitel des Titels VIII De parochiis führt er die Schenkung Konstantins an, um zu zeigen, welche Privilegien Rom und damit auch Konstantinopel beanspruchen könne.[41] Diese Version, die den Auszügen im angeführten Leo-Brief entspricht, hat mit dem Kommentar eine weite Verbreitung gefunden. Sie wurde auch ins Lateinische zurückübersetzt[42]

---

[37] A.a.O. S. 15ff.

[38] A.a.O. S. 16.

[39] Kydones begleitete 1369–1371 Kaiser Johannes V. nach Rom und hat wohl bei dieser Gelegenheit die Übersetzung angefertigt. Vgl. Petrucci, S. 151ff.; Hans Georg Beck, Kirche und theologische Literatur im byzantinischen Reich, München 1959 (Byzant. Handbuch im Rahmen des Handbuchs der Altertumswissenschaft, 2. Teil, Bd. 1), S. 733f. – Zur Rolle, die das Constitutum Constantini in der Auseinandersetzung zwischen Rom und Byzanz gespielt hat, vgl. F. Dölger, Rom in der Gedankenwelt der Byzantiner, Zeitschrift für Kirchengeschichte 56 (1937), S. 1–42 (nachgedruckt in: Byzanz und die europäische Staatenwelt, Ettal 1953, S. 70–115); Paul J. Alexander, The Donation of Constantine at Byzantium and its Earliest Use against the Western Empire, Mélanges Georges Ostrogorsky, Beograd 1963 (Recueil de Travaux de l'Institut d'Etudes Byzantines VIII), Band I, S. 11–26.

[40] Einen Überblick über die Rechtssammlungen bietet Paul Collinet, Byzantine Legislation from the Death of Justinian (565) to 1453, Cambridge Medieval History IV (1923), S. 706–725. – Zu Balsamon Beck (wie Anm. 39), S. 657f., Petrucci, S. 58f. Der Nomokanon, eine Sammlung von Kanones der im Ostreich abgehaltenen Konzile, wurde wohl im 7. Jahrhundert angelegt und galt in der Überlieferung als Werk des Patriarchen Photios (858–867), vgl. Beck, S. 146.

[41] Zur Interpretation des Constitutum Constantini durch den Klerus vgl. V. Tiftixoglu, Gruppenbildungen innerhalb des konstantinopolitanischen Klerus während der Komnenenzeit, Byzantinische Zeitschrift 62 (1969), S. 25–72, hier S. 60ff.

[42] Tractatus contra Graecorum errores, verfaßt 1252 von Dominikanermönchen in Konstantinopel (Migne, Patrologia Graeca 140, Sp. 483–574). Die Schenkung wird von den Mönchen allerdings anders interpretiert als von Balsamon. Sie wollen nicht die Gleichrangigkeit mit Rom illustrieren, sondern kommen zu dem Schluß, daß Konstantinopel Rom untergeordnet sei: *Unde tanta caecitas modernis Graecis et mentis hebetudo, ut dicant se non teneri ad obedientiam Ecclesiae Romanae* (Sp. 538). An den Ausführungen zum Constitutum ist zweierlei bemerkenswert. Die Verfasser kennen die zweisprachige

und war später für Baronius der Anlaß, in seinen Annales ecclesiastici den Vorwurf zu erheben, die Griechen hätten die Konstantinische Schenkung gefälscht.[43]

Weite Verbreitung fand auch das 1335 vollendete Handbuch *Syntagma canonum et legum* des Matthaios Blastares, eines Mönchs in Thessalonike.[44] Die Schenkung Konstantins wird als *pulchrum pietatis exemplum* wieder im Zusammenhang mit den Privilegien der Kirche von Konstantinopel zitiert.[45] Die Version des Blastares ist auch überliefert im Zusammenhang mit dem 1345 vollendeten *Hexabiblos* des Konstantinos Harmenopulos, obersten Richters in Thessalonike.[46] Als Kompilation aus früheren Rechtssammlungen ist der Hexabiblos das umfassendste Rechtsbuch aus der Spätzeit des Byzantinischen Reiches.[47] Es hat über 1453 hinaus gewirkt und wurde 1828 die „Grundlage des neu-griechischen Zivilrechts".[48] Harmenopulos hat auch eine Epitome canonum verfaßt, die Konstantinische Schenkung aber findet sich als späterer Zusatz nur in seinem Handbuch des weltlichen Rechts, zuweilen an sehr unterschiedlicher Stelle in den Text eingefügt.[49]

Überlieferung (Sp. 536) und bringen das Constitutum mit dem Konzil von Nicäa in Verbindung: *hoc tamen (privilegium) a semetipso non habuit (Constantinus), sed cum esset tunc tempore Christianissimus sanctorum trecentorum decem et octo Patrum concilio interesse meruit vel studuit; et eodem Spiritu quo et ipsi pleni sedem apostolorum principis, prout in Evangelio a Domino didicerat, in honore dignam esse decrevit* (Sp. 537). Auf den Geist von Nicäa hat später auch Steuchus verwiesen und damit einige von Vallas Argumenten zu entwerten versucht, vgl. S. 187.

[43] B a r o n i u s kommentiert in den Annales ecclesiastici zum Jahre 1191 (ed. 1641, S. 711 D) Balsamons Rückgriff auf die Konstantinische Schenkung als unfreundliche Geste gegenüber Rom: ... *edidit edictum Constantini de donatione non ut rem gratam faceret Romanae Ecclesiae, sed ut Constantinopolitanum Patriarchatum ostenderet antiquissimum.* Vgl. L a e h r , Schenkung II, S. 179ff.

[44] B e c k (wie Anm. 39), S. 786; P e t r u c c i , S. 60f. Titel nach C o l l i n e t (wie Anm. 40), S. 724. Ediert von G. A. R h a l l e s und M. P o t l e s , Syntagma, Bd. VI, Athen 1859, nachgedruckt in M i g n e , Patrologia Graeca 144.

[45] M i g n e , Patrologia Graeca 144, Sp. 1285–1288, hier 1286 C.

[46] B e c k, (wie Anm. 39), S. 788; P e t r u c c i , S. 61f. Edition von Gustav Ernst H e i m b a c h , Leipzig 1851, *Constitutio Magni Constantini* dort S. 820–822.

[47] C o l l i n e t (wie Anm. 40), S. 723.

[48] Klaus W e s s e l , Die Kultur von Byzanz, Handbuch der Kulturgeschichte, Frankfurt 1970, S. 492.

[49] C o l l i n e t (wie Anm. 40), S. 724; P e t r u c c i , S. 61 mit Anm. 2. – Vermittelt durch die griechischen Übersetzungen hat die Konstantinische Schenkung noch nach der Echtheitsdiskussion im Westen bei der Herausbildung der Vorstellung von Moskau als dem Dritten Rom eine wichtige Rolle gespielt. Im 17. Jahrhundert wurde sie in das Rechtsbuch der russischen orthodoxen Kirche aufgenommen und hat dadurch mit dazu beigetragen, daß die Kirche bis zur Kirchenreform Peters d. Gr. 1701 ihre weltliche Autonomie wahren konnte. Vgl. Dimitri S t r é m o o u k h o f f , Moscow the Third Rome: Sources of the Doc-

Wenn Lauro Quirini behauptet, die Vorlage für die Sanctio Constantini habe er *in vetustissimo iuris civilis codice grece scripto* gefunden, so trifft diese Kennzeichnung nur für das Handbuch des Harmenopulos zu. Damit wird man für die Vorlage auf die Constitutum-Version des Blastares verwiesen. In der Tat zeigt ein Vergleich die volle inhaltliche Übereinstimmung.[50]

Quirini folgt mit seiner Übersetzung der Vorlage sehr genau. Um so überraschender sind einige Abweichungen und die ungewöhnliche Übersetzung einzelner Begriffe. Er vermeidet es, σατράπης und στράτωρ auch im Lateinischen beizubehalten,[51] sondern spricht statt dessen von *provinciarum prefecti* und *tribunus*. Den Gebrauch des Wortes *satrapes* hatte Valla heftig kritisiert: *Non teneo memoria unquam legisse me ullum non modo Romanum, sed ne in Romanorum quidem provinciis satrapem nominatum* (22, 27). Es drängt sich die Vermutung auf, daß Quirini die Übersetzung *provinciarum prefecti* gewählt hat, um dieser Kritik Vallas die Grundlage zu nehmen. Eine solche Akzentuierung steht nicht allein. Das λῶρον der Vorlage gibt er ebenfalls nicht mit *lorum* wieder, wie es auch im Constitutum Constantini vorkommt, sondern mit *frigium*.[52] Valla hatte über das *lorum* gespottet: *cum lorum circundare collo Cesaris atque Silvestri vis, de homine, de imperatore, de summo pontifice equum aut asinum facis* (29, 2). Entsprechend übersetzt Quirini τὸ κυκλοῦν τὸν τράχηλον ὠμοφόριον, das dem *lorum quod imperiale circundare solet collum* des Constitutum entspricht, ohne den Nebensatz, der Vallas

---

trine, Speculum 28 (1953), S. 84–101; Hildegard S c h a e d e r, Moskau, das Dritte Rom. Studien zur Geschichte der politischen Theorien in der slawischen Welt, Diss. Hamburg 1927, 2. Aufl. Darmstadt 1957, S. 114ff.; Joseph L. W i e c z y n s k i, The Donation of Constantine in Medieval Russia, The Catholic Historical Review 55 (1969), S. 159–172, hier S. 171.

[50] F u h r m a n n, Constitutum, S. 39, Anm. 57, glaubte noch, daß die Sanctio „keine Entsprechung, weder in der griechischen noch in der lateinischen Überlieferung" habe. – Eine Übersetzung der Blastares-Version mit geringfügigen Abweichungen bietet auch Julius Caesar B o u l e n g e r († 1628), De imperatore et imperio (1618), S. 318f. Von dort übernahm den Text J. A. F a b r i c i u s in seine Bibliotheca Graeca (ed. nova Hamburg 1798), S. 699f., vgl. H. G r a u e r t, Die Konstantinische Schenkung, Historisches Jahrbuch 4 (1883), S. 46, Anm. 2. Die Übersetzung des Boulenger zitiert auch Ernst M ü n c h, Über die Schenkung Konstantins, Freiburg 1824, S. 25ff., weil sie gegenüber anderen Versionen „mit menschlicherer Konstruktion und minder konfuser Sprache abgefaßt sei". Boulenger hält die Diskussion um die Schenkung noch für unentschieden (S. 317). Die Ansprüche des Papsttums sieht er weniger durch die Schenkung Konstantins gestützt – er zitiert selbst Beispiele, daß *nec Constantinus ipse nec ceteri deinceps imperatores donationem hanc aut agnoverint aut ratam habuerint* (S. 318f.) –, sondern durch das *ius diuturnae possessionis*, begründet durch die *translatio ad Francos*.

[51] Vgl. S. 119, 4; 120, 21; beide Begriffe sind dem *Constitutum* geläufig, vgl. Zeile 119, 158, 258, 282.

[52] Vgl. S. 120, 18; Constitutum, Zeile 222.

Spott herausforderte, nur mit *munile*.[53] Die weißen Decken der Pferde, in der griechischen Vorlage ausdrücklich genannt, gibt er nur andeutungsweise mit *equosque ascendere velatos* wieder, der anschließende Nebensatz über das Schuhwerk der Kleriker fehlt ganz.[54] Auch hier fällt es schwer, an Zufall oder Abweichungen in der handschriftlichen Vorlage Quirinis zu glauben, wenn man berücksichtigt, wie sich Valla über die Erwähnung des Schuhwerks lustig machte (31, 20).

Nimmt man alle Beispiele zusammen, scheint der Schluß erlaubt, daß Quirini bewußt an einigen Stellen die sprachliche Kritik Vallas in seiner Übersetzung berücksichtigt hat.

Die *Sanctio Constantini* des Lauro Quirini mit einem Widmungsschreiben an Papst Nikolaus V.

Beatissimo Nicolao Quinto Pontifici Maximo
Laurus Quirinus felicitatem perpetuam [c]

Quamquam neminem latet, Nicolae beatissime pater, Romanum pontificem vicarium esse Christi successoremque Petri, principis apostolorum,[d] quemad-
5 modum Justinianus quoque christianissimus princeps in sacris constitutionibus protestatur his verbis: ‚et legum‘, inquiens, ‚originem anterior Roma sortita est, et summi pontificatus apicem apud eam esse nemo est qui dubitet‘,[e] [1] illud tamen plerique dubitant non modo ineruditi verum etiam iuris periti: num donatio Constantini imperatoris Silvestro pontifici facta iusta
10 sit iureque concessa; multis argumentationibus non valere de iure, plerisque etiam negantibus quicquam a Constantino pontifici Romano esse donatum. Ex quorum falsa sententia eo ventum est, ut nonnulli oppugnatores[f] religionis de pontificali potestate imperite quidem et impie sed decertatos libros non tam ediderunt quam evomuerunt, quorum perniciosissimus[g] error cum per-
15 multis et divinis honoribus[h] et humanis iuribus[i] damnetur tum sanctione ipsa Constantini imperatoris, in qua privilegium ipsius donationis continetur. Quod cum his diebus in vetustissimo iuris civilis codice[k] grece scripto

Brief und Sanctio sind in den Handschriften Bern 294 (Be), Paris 8689 (P₁), 10832 (P₂) und 13728 (P₃) überliefert. Dem Text steht jeweils folgender Hinweis voran: De donatione Constantini Silvestro pontifici facta subscripta hic doctissimus canonum ac[a] legum doctor grece ac[a] latine lingue peritissimus perduxit[b] in[b] lucem[b] XVI. Iunii 1447.
a et *Be* b Padix Thlicidem *P₁ P₃* Padix Tlcidem *P₂* c *Überschrift fehlt Be* d apostolorum principis *Be* e dubitat *P₂ P₃* f expugnatores *Be* g flagitiosissimus *Be* h erroribus *Be* i viribus *Be* k codice civilis *P₁*
[1] *Corpus Iuris Civilis, Nov. IX (Brief an Johannes II. vom 9. 11. 535).*

---

[53] Vgl. S. 120, 11.
[54] Vgl. S. 120, 15.

invenissem, digna res mihi visa est latinum facere tibique, summo pontifici,
ob quem res ipsa acta[l] est, mittere, ut apertissime[m] arguatur error eorum.
20 Qui prorsus negant[n] donationem – factam quidem[o] sed non de iure autu-
mant – iure ipso[p] convincuntur: nam si[q], ut in iure scribitur, rei sue quilibet
est moderator et arbiter,[2] et populus ergo Romanus rem[s] suam[s] id[t] est[t] imperium disponere pro arbitrio suo poterat. Lege vero regia[3] populus Romanus imperatori omne[u] suum imperium et potestatem concessit; quodcunque
25 igitur constituit ius esse constat. Hic quoque falsitas illorum convincitur[v],
qui Romanum pontificem falsitatis crimine arguunt, quod ipse sibi in decretis
huiusmodi donationem confinxerit, quoniam ipsi in constitutionibus imperialibus invenimus et grece[w], ut dictum est, conscriptam[x]. Ergo auctoritatem
potestatemque pontificatus summus ille creator[y] omnium, humane gentis
30 gubernator prestitit, qua cuncti reges ipsi crederent efficereturque Romanus
pontifex, sicut[z] scriptura[z] loquitur, ‚rex regum et[aa] dominus dominantium‘.[4]
Cui enim[bb] Romanum cessit imperium, reliqua quoque regna cederent oportet[cc]; iure itaque[dd] divino humanoque omnes populi subiecti sunt imperio
pontificio. Quod nimirum illud Mantuanus vates divinavit: ‚Imperium sine
35 fine dedi‘,[5] inclitum hoc[ee] Romanum pontificium intelligens imminere[ff]. Sed
iam Constantinum ipsum, quanta cum veneratione et solemnitate loquatur,
audiamus; nam si hoc quidem[gg] in decretis habeatur, mendose tum[hh] et inele-
ganter aliud dicitur.

Sanctio[a] Constantini imperatoris
de donatione a se facta Romano pontifici Silvestro
eiusque successoribus

Sancimus quoque cum omnibus provinciarum prefectis omnique senatu nostri
5 imperii per universum orbem terrarum Romanum episcopum[b], successorem
principis apostolorum et domini mei Petri, maiorem habere potestatem impe-
ratoriam, ab universisque honorari atque venerari multo plus imperatoria,
caputque esse quatuor sedium patriarchalium, ab eoque iudicari atque de-
cerni que circa orthodoxam fidem contingunt. Donamus enim patri meo,
10 beato Silvestro, eiusque successoribus palatium nostrum, diadema capitis

---

l apta *Be* m pertissime P_1 n negant *fehlt Be* o quidem *fehlt Be* p ipsi *Be* q si
fehlt Be, hinter ut P_1 r de P_1 s esse su P_3 t id est *fehlt* P_{1-3} u *verb. aus* omnia P_3
v convintur P_3 w et *fehlt, grece hinter est Be* x conscriptum *Be* P_2 y orator *Be* P_{1-3}
z sine scripta P_3 aa et *fehlt Be* bb enim *fehlt Be* cc opem *Be* P_{1-3} dd iuxtaque P_1
ee hoc est *Be* ff imminuere $P_1 P_3$ munimine *Be* P_2 gg idem *Be* hh tamen *Be*

[2] *Corpus Iuris Civilis, Cod. IV 35, 21.*
[3] *Corpus Iuris Civilis, Cod. I 17, 1 § 7.*
[4] *Apoc. 19, 16.*
[5] *Vergil, Aeneis I 279.*
a Sancio P_2 P_3 b Episcopum Romanum *Be*

ex lapidibus preciosis margaritisque constructum, item munile[c] et purpuream clamidem rubeamque vestem et omnia imperialia indumenta, dignitates[e] preterea equorum imperialium, sceptra item et reliqua imperialia ornamenta, gloriam insuper omnem nostre potestatis; clericos vero sacratissime Rome
15 electos[f] ornari vestibus senatoriis similibus equosque ascendere velatos, quod[g] si quis senatorius clericari voluerit eum ab nullo[h] prohiberi. Pro aurea vero corona, quam pater meus, sanctissimus Silvester, suscipere recusat (quod est summe modestie argumentum) splendidissimum frigium, quod sanctam resurrectionem significat, eius sanctissimo capiti propriis manibus imposui-
20 mus. Nos[i] autem venerantes metuentesque dominum meum Petrum officium tribuni suscepimus tenentesque habenas equi eius. Eque una[k] sacrum eius palatium eximivus, denique utile[l] ac Deo acceptissimum extimavimus[m] ex urbe Roma discedere et omnes provincias omnesque civitates occidentales sanctissimo pape tradere, imperii vero potestatem[n] ad orientales partes trans-
25 ferre, habitationis locum potissime eligentes Bizantium, civitatum[o] pulcher-rimam que sub sole sunt, in eaque imperium confirmare: impium[p] existi-mantes[q] secularem imperatorem ullam[r] potestatem ibi tenere ubi principium christiane fidei[s] celitus nobis advenit. Hec manibus propriis conscripsimus corporique[t] mei domini Petri imponentes iure iurando fidem prestamus[u] non
30 solum quicquam ex his[v] nos non preterire, verum etiam fide iubemus eis[w], qui nostram potestatem suscepturi sunt, inviolabiliter omnia observare patri[x] nostro pape eiusque successoribus.

---

c numile *Be*   e dignitatis P_1, dignitates – ornamenta *fehlt Be*   f electis *Be*   g quia *Be* h ullo *Be* P_{1-3} i vos *verb. aus* nos P_3 k e euna $P_1 P_2$ e cima P_3 l ut ille *Be*   m esti-mavimus *Be* P_2 exstimavimus $P_1 P_3$ n partem *Be*   o civitatem *Be* P_{1-3} p imperium P_{1-3} q estimantes *Be*   r illam *Be*   s fidei christiane *Be*   t corporaque P_3 u prestavi-mus P_1 v iis *Be*   w ut eius P_{1-3} x Petri *Be* $P_2 P_3$

2. Bartolomeo Pincerno und Antonio de Ferrariis (Galateo)

Die *Sanctio Constantini* des Lauro Quirini ist ohne Einfluß geblieben. Weder scheint Valla diese Kritik bekannt geworden zu sein, noch wird in den nächsten Jahrzehnten auf die griechische Überlieferung des Constitutum Con-stantini zurückgegriffen. Erst zur Zeit Julius II. (1503–1513), dann allerdings gleich von zwei Autoren, wird die griechische Überlieferung wieder gegen Valla ins Feld geführt. Bartholomeus Picernus de Montearduo[1] widmete dem

---

[1] So lautet der Name in der Ausgabe H a i n , Repertorium, Nr. 5650, die ohne Angabe von Ort, Jahr und Drucker wohl in Rom bei Stephan P l a n n c k erschien. Eine zweite Ausgabe erschien ebenfalls ohne nähere Hinweise bei Konrad Hist in Speyer, vgl. F u h r-m a n n , Constitutum, S. 39, Anm. 58. Wie schon Fuhrmann bemerkte, ist eine Ausgabe Köln 1515 nicht nachweisbar. Hinweise darauf lassen sich zurückverfolgen bis Joachim H i l d e b r a n d , Donatio Constantini Imperatoris facta (ut ajunt) Sylvestro Papae, Helmstedt 1661. Zitate im folgenden nach der Ausgabe Hain 5650.

Papst die Übersetzung eines griechischen Constitutum Constantini, das er in der Vaticana gefunden hatte: *Cum inter legendum in hac tua celeberrima bibliotheca, Beatissime Pater, occurrisset mihi Libellus quidam grecus, qui donationem Constantini continebat, equum mihi visum est illum e greco in latinum convertere et eum tibi, Sanctissime Pater, inscribere debere, qui vicarius Christi et Petri ac Silvestri successor existis.* Die Übersetzung ist ausdrücklich gegen die Kritiker der Schenkung gerichtet, doch nur Lorenzo Valla wird genannt, *vir haud sane ineruditus, qui librum de falsa donatione Constantini scribere ausus sit.* In den abschließenden Sätzen seiner Vorrede verweist Pincernus auf den Alexandrinus, Kardinal Giovanni Antonio Sangiorgi, der die Auseinandersetzung mit Valla bestens geführt habe.[2] Seine Übersetzung will nicht mehr sein als eine Ergänzung zu dessen Argumentation, er will darauf hinweisen, daß Valla bei seiner Kritik nicht hinreichend informiert gewesen sei: *existimabat vir ille (Valla) fortasse, ut quod ipse non legerat non posset apud alios reperiri. Nec mirum, cum tante mordacitatis extiterit, ut Aristotelem philosophorum principem carpere non dubitarit et omnes lingue latine auctores ita taxare ut nemini pepercerit.*

Pincernus ist bis heute so gut wie unbekannt geblieben.[3] Seine Übersetzung aber ist wiederholt angeführt worden. Sie wurde mit ihrem zweiten Teil von dem unbekannten Erstherausgeber Vallas (1506) zitiert,[4] seinem Beispiel folgte Ulrich von Hutten, der sie vollständig in seine Ausgaben von Vallas Schrift mit aufnahm.

Ebenfalls Papst Julius II. widmete wenige Jahre später, 1510, auch Antonio de Ferrariis, genannt Galateo (†1517), eine griechische Version des Constitutum Constantini.[5] Der gelehrte Hofarzt aus Neapel, Verfasser zahlreicher Schriften, darunter *De morbo articulorum, podagra et morbo gallico* (1494) und *De educatione* (1504), machte die Handschrift dem Papst anläßlich eines Besuches in Rom zum Geschenk. In einem Widmungsschreiben gibt er Auskunft über deren Provenienz und nimmt auch zur Diskussion um die Schen-

---

[2] Vgl. S. 130.

[3] An Ferdinand von Aragon (1479–1516) richtete Pincernus die lateinische Fassung einer Confutatio Alcorani seu legis Saracenorum. Es handelt sich dabei, wie im Vorwort erklärt wird, um die Rückübersetzung aus dem Griechischen einer ursprünglich lateinisch abgefaßten Schrift. Die Widmung begründet Pincernus mit Ferdinands Erfolgen bei der Reconquista. Die Schrift erschien separat ohne Angabe von Ort und Jahr, sie ist auch aufgenommen in den Sammelband *Machumetis Saracenorum principis eiusque successorum vitae, doctrina ac ipse Alcoran*, ed. Theodor Bibliander (1550), Sp. 121–192.

[4] Damit ist 1506 der terminus ante quem für die Übersetzung, vgl. Fuhrmann, Constitutum, S. 39, Anm. 58.

[5] Zu Galateo vgl. Savino, der S. 429–442 den Brief in ausführlicher Paraphrase wiedergibt. Zitate nach Antonio de Ferrariis Galateo, Epistole (ed. Antonio Altamura), Lecce 1959, S. 180–184.

kung Stellung. In den Besitz der Handschrift ist Galateo demnach durch verwandtschaftliche Beziehungen zum Erzbischof von Otranto, Stefano Pendinelli, gekommen.[6] Sie soll zurückgehen auf eine Abschrift, die Nikolaus von Otranto 1206/7 in Konstantinopel von einer Version des Balsamon gemacht hatte.[7] Um den authentischen Charakter zu wahren, hat Galateo im Gegensatz zu Quirini und Pincernus auf eine Übersetzung verzichtet: *non ausus fuerim emendare, ne fides rei, ut puto verissimae, abrogari videretur, eadem ratione nec in latinum sermonem vertere volui.*[8] Der eigentliche Wert der Abschrift liege darin – und hier urteilt er wie Quirini –, daß sie letztlich aus den kaiserlichen Archiven stamme und so zum Beweis für die Echtheit der Schenkung Konstantins werde. Daß man sie dort noch fand, ist Galateo Beweis für das Wirken Gottes: *Cur igitur in arcanis imperialis aulae hoc syngraphum repertum est nec unquam abolitum Christo veritatem tutante, cum non defuerint post Constantinum et mali et Ecclesiae et orthodoxae fidei infesti imperatores?* formuliert er in einer Reihe rhetorischer Fragen, mit denen er einige Punkte der Echtheitsdiskussion aufgreift.[9] Zwei Gegner werden namentlich genannt: Lorenzo Valla und – überraschenderweise – Wilhelm v. Ockham. Die Auseinandersetzung mit beiden ist oberflächlich. Zu Ockham fällt nur das Stichwort *sophista*, gegen Valla erhebt er mit einem Laktanz-Zitat (Div. Inst. 9, 8) den Vorwurf der *arrogantia: ille nec diis nec hominibus pepercit*; Ziel seiner Angriffe seien vor allem Aristoteles und die römische Kirche: *et tanquam ab eo plane omnia iam sint scripta contra Aristotelem et romanam Ecclesiam oblatravit.*[10] Für seine Beurteilung der Schen-

---

[6] G a l a t e o, Epistole, S. 182, Anm. 1.

[7] *libellus cuius exemplar ex archiviis imperatorum e Constantinopoli ... retulit Nicolaus hydruntinus* (G a l a t e o, Epistole, S. 181), vgl. Petrucci, S. 59, Anm. 2; Fuhr-mann, Kaisertum, S. 102, Anm. 113; Johannes M. Hoeck und Raimund J. Loenertz, Nikolaos-Nektarios von Otranto, Abt von Casole. Beiträge zur Geschichte der ost-westlichen Beziehungen unter Innozenz III. und Friedrich II., Studia Patristica et Byzantina 11 (1965), S. 53f.

[8] G a l a t e o, Epistole, S. 181f. Er betont dies nicht ohne auf die *doctiores interpretes* hinzuweisen, die dem Papst zur Verfügung stünden.

[9] A.a.O. S. 183. Das erinnert an die Behauptung des Alexandrinus, die späteren Kaiser hätten die historischen Quellen verfälscht, vgl. S. 132.

[10] Diesen Vorwurf, der sich in ähnlicher Form auch bei Pincernus findet, hat Galateo wiederholt erhoben: *ausus fuit (Valla) rem Deo et naturae improbam contra Aristotelem repastinare et corruptricem dicere omnium sententiarum peripateticam disciplinam* (G a l a t e o, Epistole, S. 163, eine ähnliche Formulierung S. 89f.). Galateo gehört auch zu denjenigen, die ihre fehlende Sprachgewandtheit gegen Valla verteidigen zu müssen glauben: *Ego a grammaticis, quorum perversa est subtilitas, barbarus fortasse dicor, quoniam nescio cuius Laurentii praecepta non servo* (S. 33), als Entschuldigung führt er an, daß es nicht um Worte, sondern um den Inhalt der Wissenschaft gehe: *abi hinc, Laurenti, in rem malam castigandus es tua ferula ... nobis non sunt curae verba, sed arcana omnium parentis naturae* (S. 89).

kung – *mihi semper ea pro certa et indubitata habita est* –[11] ist das Wirken Gottes entscheidend: *sicut divina potentia superat omnem rationem naturalem, sic et quae ad Deum pertinent transcendunt omnes leges.*[12] Von Gott haben die Römer die Weltherrschaft, war Rom zum Haupt der Welt bestimmt. Darum verließen die Kaiser die Stadt und kehrten nicht mehr zurück.[13]

Pincernus und Galateo haben wie Quirini mit ihren Hinweisen auf die griechische Überlieferung kaum mehr als Material bereitgestellt. Die Konsequenzen, die daraus gezogen werden können, werden nur angedeutet. Ausführlicher verwertet hat die griechische Version erst Augustinus Steuchus in seinen *Contra Laurentium Vallam de falsa donatione Constantini libri duo*, die hundert Jahre nach Quirinis *Sanctio Constantini* erschienen (1547). Steuchus hat nicht nur das Griechische gegenüber dem Lateinischen ausgespielt, um so Vallas sprachliche Kritik zu entkräften, er besaß ein vollständiges Constitutum und versuchte, unter Hinweis auf die Confessio Vallas Ausführungen über die Beziehungen der Donatio Constantini zur Silvesterlegende zu entwerten.[14]

IV. Juristen gegen Valla

Valla hat seine Schrift inhaltlich als juristisch-theologische Abhandlung verstanden: *res canonici iuris et theologiae, sed contra omnes canonistas atque omnes theologos.*[1] Auf kanonistische und theologische Bildung als Voraussetzung für eine überzeugende Widerlegung der Argumentation Vallas hat Felino Sandei (†1503) hingewiesen: *... rationes autem, quibus Valla non certe omnino indocte motus est, ... nemo unquam medulitus evacuabit, nisi*

---

[11] Galateo, Epistole, S. 182; ohne direkten Bezug auf Valla greift er dessen Wortspiel *palea – triticum* (20,28) auf: *neque id (Constitutum Constantini), ut quidam dicunt, palea est, sed triticum selectissimum.*

[12] A.a.O. S. 182.

[13] Im Mittelpunkt seiner Überlegungen steht das Zenon-Zitat aus Codex 5,27,5 über Konstantin, das durch die verschiedenen Lesarten *munivit* und *minuit* in der Diskussion häufig herangezogen wurde (Laehr, Schenkung I, S. 100). Er hat zu jeder Lesart eine Erklärung. Zu *munivit* heißt es: *quomodo quis magis munitum ac diuturnius facere imperium potest quam cum Deo committit, a quo accepit?* Die Lesart *minuit* gibt einen Sinn, weil der Papst zum Teilhaber des Reiches geworden ist: *at si minuit dicere placet, certe non alium quam summum pontificem participem imperii fecisset; neque id minuere est, sed augere ac stabilire imperium* (Epistole, S. 183; die Interpunktion des Herausgebers ist sinnentstellend).

[14] Vgl. S. 186.

[1] Vgl. S. 46.

pontificium ius et veram theologie cognitionem adeptus fuerit.[2] Überblickt man die Äußerungen der Juristen zu Vallas Schrift, muß man feststellen, daß es diesen kanonistisch und theologisch geschulten Herausforderer nicht gegeben hat. Auch Sandei selbst hat diese Aufgabe nicht erfüllt, das von ihm versprochene *acuratissimum opusculum,* in dem er alle Argumente zusammenfassen wollte, blieb offensichtlich ungeschrieben.[3]

Freilich haben sich die Juristen, sieht man einmal von Lauro Quirini ab,[4] auch erst relativ spät überhaupt herausgefordert gefühlt; bei den Zeitgenossen Vallas finden sich höchstens einige Anspielungen. Dabei ist die Meinung des bedeutendsten Kanonisten der Zeit, Nicolaus de Tudeschis († 1445), meist nur Abbas Panormitanus genannt, von besonderem Interesse, weil er wie Valla im Dienst König Alfonsos stand und zeitweilig dessen Vertreter beim Konzil in Basel war, von wo er erst nach dem Friedensschluß mit Papst Eugen im Jahre 1443 zurückgerufen wurde.[5] Panormitanus verweist auf Parallelstellen des kanonischen Rechts, die indirekt die Konstantinische Schenkung stützen, und wendet sich damit gegen diejenigen, *qui dicunt quod de illa donatione non reperiunt scripturam authenticam.*[6] An der Schenkung zu zweifeln, gilt ihm fast als Häresie: *nec parum ab errore distat revocare in dubium validitatem illius donationis.*[7] Dieses Urteil, später vielfach zitiert und nachgesprochen,[8] ist die Konsequenz aus seiner traditionellen Sicht der Schenkung, die auch für Panormitanus nur eine Rückgabe dessen war, was der Kirche eigentlich schon gehörte. Es gibt deshalb für ihn auch keine konstitutive Beziehung des populus Romanus zum Kaisertum, auch hierin liegt vielleicht eine Antwort auf Vallas Versuch, das römische Volk wieder in seine Rechte bei der Kaiserkrönung einzusetzen: ... *hodie Imperator non recognoscit Imperium a populo Romano, ... sed ab ecclesia, a qua confirmatur et coronatur et deponitur, quando opus est ...*[9]

---

[2] A n t o n a z z i , S. 234; M a f f e i , La Donazione, S. 324 (Anm. 6 zu S. 323). Im folgenden sind nur einige der bei Maffei genannten Autoren behandelt, die in größerer Ausführlichkeit oder mit besonderen Akzenten zu Vallas Kritik Stellung genommen haben.

[3] M a f f e i , La Donazione, S. 325 (Anm. 6 zu S. 323).

[4] Vgl. S. 110.

[5] M a f f e i , La Donazione, S. 297ff. – Zu seinen Anschauungen über das Verhältnis von geistlicher und weltlicher Gewalt vgl. Knut Wolfgang N ö r r , Kirche und Konzil bei Nikolaus de Tudeschis (Panormitanus), Köln–Graz 1964 (Forschungen zur kirchlichen Rechtsgeschichte und zum Kirchenrecht 4).

[6] Panormitani Commentaria in quartum et quintum Decretalium librum, Venedig 1578, f. 52 v, zitiert bei M a f f e i , La Donazione, S. 301.

[7] Panormitani Consilia, Venedig 1578, f. 57 v, zitiert bei M a f f e i , La Donazione, S. 298.

[8] Z. B. Francesco B o r s a t i , vgl. M a f f e i , S. 339, Anm. 48; Arnaldo A l b e r t i n o († 1545), vgl. M a f f e i , S. 326, Anm. 11.

[9] Wie Anm. 7, zitiert bei M a f f e i , La Donazione, S. 299.

Antonio Roselli († 1466)[10] versucht in seiner umfangreichen Schrift *Monarchia sive Tractatus de potestate Imperatoris et Papae* in der Nachfolge Dantes das Verhältnis von Kaisertum und Papsttum zu bestimmen. Gegen Ende des ersten Teils breitet er auch alle Gründe für und wider die Gültigkeit der Schenkung Konstantins aus, um dann seine eigene Meinung zu umreißen. Er zweifelt nicht an der Schenkung, beschränkt sie aber in ihrer Wirksamkeit auf den Kirchenstaat, auch wenn sie ursprünglich umfassender gewesen sein sollte. Unter der von Roselli verarbeiteten ‚juristischen Erbmasse'[11] befinden sich auch die von Valla vorgebrachten Argumente; seine Zusammenstellung zeigt damit auch, wie sehr Valla seinerseits mit der juristischen Diskussion um die Schenkung vertraut gewesen sein muß. Da ist von der Herrschaftsübertragung durch den populus Romanus, der Unteilbarkeit des Reiches und dem beschränkten Verfügungsrecht des Kaisers die Rede.[12] Die gleichen Vorstellungen beherrschen bei Valla die Reden der Söhne Konstantins und des Senatsvertreters (8, 18 – 11, 9). Ausführlich befaßt sich Roselli mit dem Eid der Kaiser, durch den diese, zuletzt Sigismund 1433, die Schenkung bestätigten. Diesen Eid interpretiert er nur als *reverentiae iuramentum, non fidelitatis,* das von den Päpsten nicht erpreßt werden dürfe: *extorqueri non potest huiusmodi iuramentum.*[13] Gerade dieses *extorquere* hat auch Valla den Päpsten zum Vorwurf gemacht (18, 7). Nicht weniger ausführlich geht Roselli auf die Auswirkungen der praescriptio ein und leugnet wie Valla, daß daraus Ansprüche hergeleitet werden könnten. Dabei betont er, daß die praescriptio eigentlich nichts mit der Diskussion um die Schenkung zu tun habe: *argumentatio etiam haec non tangit dubium donationis;*[14] auch für Valla war die praescriptio nur die letzte Zuflucht der Verteidiger päpstlicher Herrschaft (46, 25).

Rosellis Argumentation geht von den bestehenden Machtverhältnissen aus, er unterwirft seine Schlußfolgerungen dem Urteil der Kirche.[15] Die Konstan-

---

[10] Karla Eckermann, Studien zur Geschichte des monarchischen Gedankens im 15. Jh., Berlin 1933 (Abhandlungen zur Mittleren und Neueren Geschichte 73). Die Monarchia wurde 1458 in Venedig unter dem Titel *De Potestate Papae et Imperatoris* gedruckt (S. 50). Es gibt zwei Fassungen, gewidmet Kaiser Sigismund und Friedrich III., die in dem Druck von Melchior Goldast, Monarchia S. Romani Imperii, Hannover 1611 (Nachdruck Graz 1960), Band I, S. 252–556, nicht unterschieden sind. – Laehr, Schenkung II, S. 137ff.; Nardi, S. 191–205; Maffei, La Donazione, S. 304ff.

[11] Laehr, Schenkung II, S. 138.

[12] Roselli, Monarchia, S. 291ff. (cap. 65–67).

[13] A.a.O. S. 300, Zeile 40 und Zeile 11.

[14] A.a.O. S. 298, 42.

[15] A.a.O. S. 296, 16: *sententiam hanc infra scriptam pro verissima submitto, me tamen determinationi sanctae matris ecclesiae subiiciens, cuius correptioni me suppono, et ab eius decisione discedere non intendo,* zitiert bei Maffei, La Donazione, S. 306.

tinische Schenkung, *quam nonnulli apogrifam dicunt*,[16] ist deshalb für ihn nicht von besonderer Bedeutung. Es ist daher nicht verwunderlich, wenn er sich auch durch Vallas Kritik an der Schenkung nicht veranlaßt sah, ihm unter den vielfältigen Stellungnahmen zu dem Thema besondere Beachtung zu schenken. Daß er Vallas Ausführungen kannte, ist durch eine Anspielung wahrscheinlich: Für Roselli ist die förmliche *traditio* nicht notwendiger Bestandteil einer Herrschaftsabtretung, *licet quidam iuvenis praesumptuose bestialiter contra me dicere visus fuerit...*[17] Es ist nicht auszuschließen, daß dieser *iuvenis* Lorenzo Valla ist, der sich ausführlich mit der traditio befaßt und dabei zu dem Schluß kommt: *Non traditur possessio, que penes eosdem remanet, qui possidebant* (16, 23).

Auch Andrea Barbazza († 1479) kennt offensichtlich die Darlegungen Vallas, aber auch sein Grundsatz lautet: *ego teneo illud quod tenet sacrosancta ecclesia.*[18] Er erwähnt beispielsweise die stilistische Kritik am Constitutum: *superioribus annis fuit quidam poeta, quem aliqui mordent ut hereticum et heretica pravitate inodatum, in suo enim opere dixit falsum esse quod donatio facta fuerit pape silvestro per constantinum; et conatus est ostendere quod verba apposita in d. c. constantinus non congruunt stilo, quod vigebat tunc temporis, et per consequens est aliena a stilo communi et usitato, et per consequens est suspecta de falso, et pro certo est subtilis inductio.*[19] Mit diesen Worten wird durchaus anerkannt, welche Folgerungen aus stilistischen Beobachtungen gezogen werden können. Er erzählt sogar als Parallele von der Fälschung eines venezianischen Kaufmanns in seinem Schuldenbuch, die ebenfalls von einem *subtilis investigator* aufgedeckt wurde; schließlich hat er selbst in einer Vorlesung alle Argumente gegen die Schenkung zusammengefaßt (*demonstravi vivis rationibus urgentibus et demonstrativis quod talis donatio non tenuit*) und mit einem hohen Geistlichen über die Echtheit der Schenkung diskutiert, doch trotzdem ist er schließlich zu der Ansicht gekommen, daß eine Diskussion oder gar Zweifel nicht angebracht seien. Der Geistliche hatte ihm klargemacht, daß die Kirche sich mit dem abfinden müsse, was Gott selbst billige, und schließlich würden die Kaiser vor der Krönung selbst die Schenkung beschwören.[20]

Vallas Ausführungen werden von Barbazza nicht in ihrem Zusammenhang diskutiert; es sind lediglich einzelne Argumente, die zunächst eine gewisse Überzeugungskraft auch für ihn zu besitzen scheinen, die aber leicht wieder durch eine theologische Argumentation oder den Hinweis auf das

---

[16] Roselli, Monarchia, S. 296, 20.
[17] A.a.O. S. 295, 56, vgl. Laehr, Schenkung II, S. 138 mit Anm. 4.
[18] Maffei, La Donazione, S. 313ff., Zitat S. 314.
[19] A.a.O. S. 316.
[20] A.a.O. S. 317.

Verhalten der Kaiser an Gewicht verlieren. Gerade das Verhalten der Kaiser aber hatte Valla als Konsequenz aus der falschen Schenkung erklärt und entschuldigt.

1. Lodovico Bolognini

Lodovico Bologninis († 1508) Auseinandersetzung mit Valla ist zwar die ausführlichste von juristischer Seite überhaupt, doch verdient sie weniger wegen der Argumentation Beachtung als wegen des Zusammenhangs, in dem sie steht. Bolognini veröffentlichte 1491 einen Kommentar zu dem angeblichen Gründungsprivileg für die Universität Bologna, ausgestellt von Theodosius im Jahre 423.[1] Diese Urkunde wurde in den Jahren zwischen 1226 und 1234 gefälscht und fand 1437 Eingang in die offizielle Universitätsgeschichte. Bolognini hat selbst an dieser Universität studiert und gelehrt. In seinem Kommentar zu der angeblichen Urkunde des Theodosius nun befaßt sich Bolognini mit Vallas Kritik an der angeblichen Urkunde Konstantins. Anknüpfungspunkt ist die Formulierung *In romana nostra excellentissima civitate*.[2] Das *nostra* kennzeichnet Theodosius als Herrn von Rom und scheint im Widerspruch zu der Herrschaftsabtretung durch Konstantin zu stehen. Bolognini stellt mehrere Erklärungsmöglichkeiten für das nostra zusammen, etwa die Ableitung aus dem Titel *Imperator Romanorum* oder den Hinweis auf die kaiserliche *protectio* gegenüber der Stadt und der Kirche. Eine letzte Erklärung könnte auch darin liegen, daß die Konstantinische Schenkung gar nicht geschehen oder zumindest nicht gültig ist, aber: *hec ultima responsio mihi non placet, nam ego tenui semper et teneo quod donatio illa omnino valuerit et ostendam apertissime conclusionem hanc esse verissimam iuribus et rationibus.*[3] Von den Kritikern der Schenkung wird nur Valla genannt, der nach Bologninis Ansicht als einziger nicht nur die Gültigkeit, sondern die Schenkung selbst in Frage gestellt hat.[4] In der folgenden Disputatio zitiert oder referiert Bolognini den größten Teil von Vallas Schrift und setzt jeweils seine Argumente dagegen. 103 Gründe bringe Valla vor, so hat Angelo Uggeri, ein Schüler Bologninis, der das Register bearbeitete, festgestellt, 103 Gründe, die von Bolognini aufs schlagendste widerlegt würden.[5]

---

[1] Caprioli, S. 218ff. und S. 227; Maffei, La Donazione, S. 340, Anm. 51. Kritische Edition des Privilegium Theodosianum bei Fasoli-Pighi, S. 60–64, zur Entstehung und Wirkungsgeschichte S. 79ff. und Borst, S. 24ff.

[2] Bolognini, Privilegium, f. 14v–25v.

[3] A.a.O. f. 14vb.

[4] *qui fuit unicus et singularis in hac sua opinione* (a.a.O. f. 24 rb).

[5] *per quadraginta columnas reperies istud examinatum copiosissime et ibi habebis tria et centum argumenta Laurentii vallensis, que omnia domini Ludovici ingenio et accurata diligentia prostrata sunt* (Register zu Bolognini, Privilegium, unter dem Stichwort *donatio imperatoris*); Caprioli, S. 224, Anm. 20.

Das Geschehen selbst interpretiert Bolognini so, daß Konstantin nach Taufe und Heilung von der Lepra als Ausdruck einer *debita et condigna remuneratio* auf einen Teil seiner Herrschaft verzichtete: *Constantinus voluit et saluti anime et corporis providere.* Die Schenkung galt letztlich nicht Silvester, sondern Gott und der römischen Kirche, vorausgegangen war eine Schenkung bescheideneren Umfangs an Papst Melchiades.[6]

Bolognini macht es sich leicht, indem er Vallas Ausführungen von der Person und Sache her abwertet: *satis impudenter invehitur contra romanos summos pontifices et alios reverendissimos ecclesiasticos presules sub quadam specie veritatis ac iustitie defensande.*[7] Diese Charakterisierung steht am Anfang der Disputatio, im folgenden spricht er noch häufig von Vallas Haß gegen die Päpste,[8] der ihn auch daran hindere, den Sinn der Urkunde zu verstehen.[9] Die meisten Argumente Vallas hält Bolognini für unangemessen und weit hergeholt.[10] Das gilt auch für das Kernstück, die Kritik am Wortlaut der Urkunde. Hier betont Bolognini immer wieder, daß es nicht um Wortklauberei, sondern um den Sinn der Sätze gehe: *iste auctor nimis scrupulose agit circa has subtilitates verborum et sillabarum et non bene, quia sensum ipsum considerare debemus et non tantum ornatum.*[11] Ganz läßt er Vallas philologische Kritik nicht außer acht, ja, er kann ihn sogar belehren, wenn er etwa darauf aufmerksam macht, daß *vel* und *seu* auch im Sinne von *et* gebraucht werden, nur hätte Valla die als Beweis zitierten Belegstellen aus den Rechtsquellen und Alberich von Rosate als Zeugen kaum anerkannt.[12]

Trotz der generellen Abwertung Vallas ist es für Bolognini doch schwierig, einzelne Unstimmigkeiten, auf die Valla hinweist, oder Zeugnisse, die er anführt, wegzudiskutieren. Das Zitat aus Eutropius, Vallas Kronzeugen unter den Historikern der Zeit Konstantins, versucht Bolognini mit dem Hinweis zu entwerten, daß Eutropius vieles nicht berichte, was doch anderswo überliefert sei.[13] Die anachronistische Erwähnung von Konstantinopel erklärt

---

[6] Bolognini, Privilegium, f. 14 va und 15 ra. Die frühere Schenkung an Papst Melchiades führt Bolognini (f. 19 ra) auch als Erklärung für den von Valla kritisierten Gebrauch des Perfekts im Constitutum Constantini an.

[7] A.a.O. f. 14 vb.

[8] Z. B. a.a.O. f. 15 vb, 16 rb, 19 rb, 19 va, 22 ra.

[9] *pre nimia passione adversus pontifices et sacros ordines insurgens non recte gustavit verba dicti privilegii* (a.a.O. f. 19 vb zu Valla 29, 31 über *signa*).

[10] Immer wieder ist die Rede von *debile iudicium* (z. B. f. 16 ra, 16 rb) oder *argumentatio a remotis* (z. B. f. 15 va, 16 ra).

[11] A.a.O. f. 18 rb.

[12] A.a.O. f. 17 vb und 19 va. Bolognini zitiert auch Giovanni Tortellis De orthographia (f. 18 vb, vgl. Caprioli, S. 222 und 285, Anm. 61). Andere Werke Bologninis zeigen, daß er auch Vallas Elegantiae gut kennt; er kritisiert beispielsweise dessen Gebrauch von *vendicare* statt *vindicare*, vgl. Caprioli, S. 271f.

[13] *multa alia non scripsit, que alibi reperiuntur* (a.a.O. f. 16 va).

er gleich auf doppelte Weise: Konstantinopel habe als Byzanz ja schon bestanden, außerdem habe Konstantin in den Tagen der Schenkung beschlossen, daß diese Stadt künftig nach ihm benannt werden solle.[14] Wenn Valla schließlich spottet, daß niemand es wagen dürfe, die Urkunde auf dem Grab Petri zu suchen, so zeigt sich Bolognini überzeugt, daß die Urkunde in der Tat zu Vallas Zeiten dort noch vorhanden war. Vorsichtig fügt er jedoch hinzu: *si non reperiretur hodie non esset admiratione dignum propter temporis longitudinem.* Schließlich, so rundet er seinen Beweisgang zu diesem Punkt ab, sei die derzeitige tatsächliche Herrschaft der Päpste Beweis genug.[15] Einen ähnlichen Zirkelschluß stellt er Vallas Hinweis entgegen, daß der Übergang der Herrschaft von Konstantin auf Silvester nicht bezeugt sei. Bolognini verweist dazu auf den Text der Urkunde, in der doch ausdrücklich von *tradimus* die Rede sei.[16]

Bei all diesen naiven Argumenten verdient es hervorgehoben zu werden, daß er Valla mit Recht entgegenhält, er habe dem Senat und Volk von Rom eine Rolle zuerkannt, die diese zur Zeit Konstantins nicht mehr gespielt hätten.[17] Und in einem Punkt schließlich hat sich Bolognini von Valla belehren lassen, daß nämlich der Augustus-Titel nicht von *augere* abzuleiten sei. Diese *imperitorum ethimologia* weist er in seinen Darlegungen zur Konstantinischen Schenkung nur kurz zurück,[18] ausführlich hat er an früherer Stelle seines Kommentars, bei der Wendung *semper augustus*, dazu Stellung genommen.[19] Die Anlehnung an Valla ist unverkennbar, doch an keiner Stelle wird deutlich, woher Bolognini seine Kenntnisse hat.

Die Widerlegung Vallas bedeutet für Bolognini eine positive Antwort auf die Frage *utrum vera fuerit an simulata donatio Constantini imperatoris.*[20] Zu der Frage nach der Gültigkeit der Schenkung gibt Bolognini anschließend einen Überblick über die Meinungen, um sich denen anzuschließen, die von der Gültigkeit überzeugt sind, jedoch nicht ohne hinzuzufügen: *remittens*

---

[14] A.a.O. f. 18 va.

[15] A.a.O. f. 22 va.

[16] A.a.O. f. 16 ra (Constitutum Constantini, Zeile 266, Valla 33, 27).

[17] A.a.O. f. 17 va.

[18] A.a.O. f. 25 ra. Dieser Hinweis steht im Abschnitt über die Frage der Gültigkeit der Schenkung, wo Vallas Argumente keine Rolle mehr spielen.

[19] *nam augustus vere dicitur quasi sacer ab avium gustu dictus que in auspiciis olim adhiberi solebant, unde apud grecos dicitur* σεβατος *(!): idest savastos quasi sacratus, et inde savastianus et ex inde sabastianus etc.* (f. 4 r, vgl. Valla 44, 5). Die Abhängigkeit von Valla blieb unerkannt bei Lino Sighinolfi, Angelo Poliziano, Lodovico Bolognini e le Pandette Fiorentine, Studi e memorie per la storia dell'Università di Bologna 6 (1921), S. 189–308, hier S. 257.

[20] Bolognini, Privilegium, f. 24 rb.

me tamen in hoc ultimo ... decisioni sacrosancte romane ecclesie, in cuius terris sumus ut dicebat ipse Bartolus.[21]

Bologninis Kritik an Valla ist zwar später noch verschiedentlich zitiert worden, hat aber letztlich keine Wirkung gehabt.[22] Das mag nicht nur an den wenig durchschlagenden Argumenten liegen: sein Kommentar zum *Privilegium Theodosianum* selbst ist nicht ohne Kritik geblieben. Schon wenige Jahre später meinte der Bologneser Chronist Hyeronimus de Bursellis († 1497): *Et mirum quippe, ut tantus vir non perpendeat huius exemplaris aut transcripti commentitiam falsitatem.*[23]

2. Giovanni Antonio Sangiorgi (Alexandrinus)

Die einflußreichste Stellungnahme von kanonistischer Seite stammt von Giovanni Antonio Sangiorgi († 1509).[1] Seit 1474 Professor des kanonischen Rechts in Pavia, wurde er 1483 Bischof von Alessandria – von daher wird er meistens nur als Alexandrinus zitiert –, 1493 Kardinal. Als Bischof schrieb er einen Kommentar zum Decretum Gratiani, den er Papst Alexander VI. widmete.[2] Hierin geht er verhältnismäßig ausführlich auf einzelne Argumente Vallas ein, auch auf solche, die sich nicht juristisch oder theologisch entkräften lassen. Er referiert zunächst den Inhalt der Donatio Constantini und erklärt dabei schon die Erwähnung von Konstantinopel: *quia iam modo eam in bizantio edificare destinaverat ipsam iam hic sedem Constantinopolitanam denominat habito respectu ad id, quod animo iam deputaverat.* Von der Glossa ordinaria zum Dekret bis zu Johannes von Imola († 1436) reicht eine lange Liste von Autoritäten, die für die Gültigkeit der Schenkung eintreten und denen der Alexandrinus sich anschließt. Er bekräftigt seine Ansicht mit dem Hinweis, daß Konstantin nicht nur schenken durfte, sondern sogar schenken mußte, weil er Christ geworden sei: *quia potius dicitur agnoscere bonam fidem et relaxare quod indebite per eum et antecessores suos erat occupatum.*[3]

---

[21] A.a.O. f. 25 va. Die ausdrückliche Nennung des Bartolus muß überraschen, hatte er doch mit dieser Wendung seine Zweifel an der Gültigkeit der Schenkung verborgen (vgl. S. 22). Ähnliche Vorsicht zeigt Bolognini, wenn er zu Vallas Charakterisierung der päpstlichen Herrschaft als *sevus, vehemens, barbarus* (44, 32) bemerkt: *dico quod iste nimis audacter apponit os in celum et cum supportatione nimis impudenter loquutus est, nec licitum est nobis loqui super hiis vel disputare de hiis* (f. 23 rb).

[22] M a f f e i , La Donazione, S. 240.

[23] Cronica gestorum ac factorum memorabilium civitatis Bononie (ed. Albano S o r b e l l i), Rerum Italicarum Scriptores, Nuova edizione 23, 2 (1911–1929), S. 9f.; vgl. B o r s t , S. 29.

[1] M a f f e i , La Donazione, S. 321ff.

[2] A l e x a n d r i n u s , Commentaria super decretum (1511), f. 219 v–221 r.

[3] A.a.O. f. 219 v.

Mit dieser Auffassung der Schenkung als *restitutio* ist die Position zur Widerlegung Vallas bezeichnet. Die Zugeständnisse an das Papsttum entsprechen der Unterordnung des *imperium* unter den *pontificatus*. Konstantin hatte keine göttliche Legitimation für seine Herrschaft, er stützte sich lediglich auf den *consensus populi et principum ac universi senatus urbis Rome*, da er aber auch mit ihrer Zustimmung die Schenkung gemacht hat, ist sie auch von daher unwiderruflich. Damit ist allen geantwortet, die die Schenkung als *alienatio damnosa* beurteilen und ihr daher jede Gültigkeit absprechen. Nur einem müsse eingehender geantwortet werden, weil seine blasphemischen Äußerungen eine Gefahr für die einfachen Gemüter darstellen: *et quia inter huiusmodi obtrectatores romane ecclesie pre ceteris liberius in verba blasphemie Laurentius valla prorupit, ne simplicium corda eius falsis dogmatibus seducantur, ad illa respondebo*. Es sind acht Feststellungen und Argumente Vallas, auf die er im einzelnen antwortet.

Valla versuche, so formuliert Alexandrinus, *fucatis coloribus* nachzuweisen, daß die Schenkung allein schon unwahrscheinlich sei, weil sie keine angemessene Belohnung für die erhaltene Wohltat darstelle (*congrua remuneratio*), zudem habe er Söhne gehabt, die die Herrschaft hätten übernehmen wollen. Die Antwort liegt in Konstantins Bekenntnis zum christlichen Glauben, denn damit erkannte er, daß seine Herrschaft usurpatorischen Charakter hatte. Die Schenkung ist so Ausdruck *pro exoneratione conscientie et pro agnoscenda bona fide*. Zwar paßt die weitere Herrschaft der Kaiser nicht zu dieser Anerkennung des Papstes als *princeps mundi*, doch die Lösung ist so überraschend wie einfach: Konstantin herrschte weiter mit dem stillschweigenden Einverständnis des Papstes, *ex tacita permissione Silvestri*.[4]

Auch an der Annahme der Schenkung durch Silvester ist kein Zweifel erlaubt. Silvester durfte die Annahme gar nicht verweigern, weil es sich ja nicht um eine *nova acquisitio* handelte, sondern um eine *restitutio*. Zudem hatte Gott selbst an Konstantin gehandelt, durch die Schenkung fand der *vir multi sanguinis* zur *pietas*. Bei diesen Voraussetzungen ist die Behauptung, die *administratio temporalium* stehe den Klerikern nicht zu, gegenstandslos, das von Valla (7, 32) angeführte Beispiel Naaman-Helisaeus nicht beweiskräftig. Wenn Valla staatsrechtliche Folgerungen ziehe, beweise er nur seine Unkenntnis: *adducit... nonnulla fundamenta legalia et clare demonstrat se ignarum iuris*. Dazu zählt Alexandrinus die von Valla behauptete Notwendigkeit einer förmlichen Übernahme der Herrschaft durch Silvester, sie ist nach seiner Meinung wegen der besonderen Art der Schenkung nicht erforderlich: *nam clarum est quod favore ecclesie et pie cause valet donatio etiam non data presentia, quando deo dirigitur*. Ebenso überflüssig ist eine feierliche In-

---

[4] A.a.O. f. 220 r.

thronisation des neuen Herrschers. Die Herrschaft späterer Kaiser stützte sich ähnlich wie die weitere Herrschaft Konstantins auf die *tolerantia pontificum*, nur kam ein weiteres Moment hinzu. Wie vor Konstantin wurden wieder usurpatorische Tendenzen deutlich. Diese *violentia imperatorum*, ihre erneut unchristliche Herrschaft, gibt Alexandrinus die Antwort an die Hand auf die Feststellung, daß die Geschichtsbücher von der Schenkung schweigen: *quod mihi non videtur mirum, nam in ultimis annis imperii Constantini ista gesta fuerunt et imperatores qui Constantino successerunt curarunt, ut ista occultarentur et abolerentur, nec de eis mentio in historiis fieret.* So mögen denn die *historiae gentilium* schweigen, ihnen stehen genügend Zeugnisse gegenüber. Alexandrinus führt sie auf, von Hieronymus über Isidor bis Baldus, und betont ausdrücklich ihre Glaubwürdigkeit: *nec enim est verisimile quod sancti pontifices in iuribus expressis que pro lege universali ediderunt mentiti fuerint.* Auch die späteren Bestätigungen der Schenkung durch andere Kaiser sind für Alexandrinus ein Beweis für deren Gültigkeit.

Damit ist auf die wichtigsten Argumente Vallas geantwortet. Doch dieser fragt auch, was denn dem *imperator Romanus* geblieben sei, wenn man von der Schenkung Konstantins ausgehe. Die Antwort des Alexandrinus ist der Hinweis auf die *administratio* in Italien und Deutschland, soweit sich nicht die Päpste auch diese vorbehalten haben. Ausdrücklich wird betont, daß die generelle Unterordnung auch für die in der Schenkung nicht genannten Länder gelte.

Wenn Valla sich auf Eusebius berufe, der bezeuge, daß Konstantin schon als Knabe Christ gewesen sei, so stünden ihm andere Autoritäten gegenüber. Da aber Eusebius nicht als Lügner hingestellt werden kann, wird die Schuld – ähnlich wie den Kaisern für die verfälschten Historien – den Feinden der Kirche zugeschoben: *nec mirandum esset, si ab emulis romane ecclesie Eusebii liber in hoc corruptus et depravatus fuisset.* Den historischen Ablauf sieht Alexandrinus folgendermaßen: *Nondum tamen baptizatus multas leges in christianorum favorem edidit et per universum orbem misit, nec mirum quod etiam multa donaria tunc ecclesiis fecerit.*[5] Dem Konzil von Nicäa, das die *fidei nostre fundamenta* wiederhergestellt habe, folgten Kriege, wegen deren Grausamkeit Konstantin mit dem Aussatz geschlagen wurde. Erst jetzt folgen Heilung, Taufe und die eigentliche Schenkung.

Die Tatsache, daß die Schenkung nur als Palea überliefert ist, gibt keinen Grund zu zweifeln, schließlich seien auch andere Texte *magne autoritatis* als Paleae bezeichnet. Zum Schluß berührt Alexandrinus noch die stilistische Kritik Vallas. Es wird zugegeben, daß der Text *rudis aliquo modo* ist, doch das gelte auch für andere Texte des Dekrets. Vor allem aber entspreche es der

---

[5] A.a.O. f. 220 v.

simplicitas der Kirche, wenn mehr auf den Sinn als die einzelnen Worte geachtet werde, sehr leicht hätte man sich eines besseren Lateins bedienen können. So wird selbst der Stil in der Argumentation des Alexandrinus zu einem Beweis für die Echtheit der Schenkung: *nemo enim dubitet, quod si ecclesia romana donationem istam fingere voluisset elegantius et cum maiori solemnitate omnia composuisset.*[6]

Die Ausführungen des Alexandrinus haben einen großen Einfluß gehabt. Der Hinweis darauf hat manchem eine eigene Argumentation erspart. So nennt ihn ausdrücklich als den *iuris utriusque consultissimum* Bartholomeus Pincernus, der mit seiner Übersetzung des Constitutum Constantini auf der Grundlage der griechischen Fassung eine Hauptstütze für die nachfolgende Diskussion lieferte.[7] Diese Übersetzung bringt am Ende seiner Ausführungen auch der Rechtsgelehrte Enrico Boccella[8] aus Lucca in seiner 1539 dort gedruckten *In Constantini Imperatoris Donationem Iuris Utriusque Praxis.* Er versucht eine Abrechnung mit allen Gegnern der Konstantinischen Schenkung von Dante über Pius II. bis zu Hutten, vor allem aber denkt auch er an Valla. Den Grund für Vallas Vorgehen sieht er in dessen *mordacitas*, die so groß gewesen sei, daß er *Aristotelem philosophorum principem carpere non dubitavit, et omnes lingue latine autores ita morderet, ut nemini pepercerit.* Dieses Zitat macht schon den überraschendsten Zug der Schrift deutlich; denn es findet sich fast wörtlich in der Vorrede des Pincernus zu seiner Übersetzung.[9] In ähnlicher Weise – und deshalb ist sein Name hier genannt – stützt er sich in seinen Ausführungen gegen Valla auf die Argumentation des Alexandrinus.

Im ersten Teil seiner Schrift führt Boccella nicht weniger als 44 Gründe an, die von den Gegnern der Schenkung vorgebracht worden seien, unter Nr. 36 wird Vallas Schrift mit den wichtigsten Argumenten erwähnt. Schon hier gehen die Sätze Boccellas unmerklich in die Ausführungen des Alexandrinus über.[10] Die eigentliche Antwort auf die *opinio haereticorum*, die die Schenkung als *magnum et impium ... mendacium Romani Pontificis*[11] bezeichnet, wird im vierten Teil gegeben. Ein Beispiel mag die Arbeitsweise verdeutlichen:

---

[6] A.a.O. f. 221 r.

[7] Vgl. S. 120.

[8] Antonazzi, S. 222, Anm. 208; G. Calabrò, Boccella (Buccella, Buccelli), Enrico, in: Dizionario biografico degli Italiani 11 (1969), S. 54–56.

[9] Boccella, Praxis, S. A 3; vgl. S. 121.

[10] Schon hier findet sich die Formulierung *in nullis historiis caveri*, die auch im folgenden Beispiel auftaucht (vgl. Anm. 12). Sie wird ohne Hinweis auf ihren Ursprung auch von Foscarari (wie Anm. 18), S. LIv, verwendet.

[11] Boccella, Praxis, S. F 4 r.

Alexandrinus	Boccella
Subiicit quoque in nullis historiis caveri de hac donatione. *Quod mihi non videtur* mirum, *nam* in ultimis annis imperii Constantini ista gesta *fuerunt* et imperatores qui Constantino successerunt curarunt, ut ista occultarentur et abolerentur, nec de eis mentio in historiis fieret.	*Ultra praedicta nec obstat aliud Vallae fundamentum* in nullis historiis caveri de hac Donatione, *quia respondetur hoc* mirum *non esse, ex quo* in ultimis annis imperii Constantini ista gesta *fuere*, et Imperatores qui Constantino successerunt curaverunt *summopere*, ut ista occultarentur et abolerentur, nec de eis mentio in historiis fieret.[12]

Boccellas umfangreiche Ausführungen erweisen sich so als eine wertlose Kompilation. Auch die Übersetzung des Pincernus wird ohne Hinweis auf den Verfasser gebracht; sie muß sich sogar einen Eingriff gefallen lassen. Die Übersetzung schließt mit den Worten ... *viris consulibus et clarissimis,* Boccella fügt ohne Absatz hinzu: ... *ex quo quidem imperiali edicto e Graeco in latinum traducto, excerpta est pagina Constantinus 96. Dist ...*[13]

Boccella bringt an einigen Stellen längere Zitate aus Vallas Schrift, die er wohl auch aus eigener Lektüre kennt.[14] Um so überraschender ist es, wenn er an einer Stelle einige Sätze Vallas als Aussage des Nikolaus von Kues zitiert. Unter Nr. 41 der gegen die Konstantinische Schenkung vorgebrachten Argumente referiert er ausführlich, zum Teil mit wörtlichen Zitaten, das entsprechende Kapitel aus der Concordantia catholica; die Reihenfolge der Argumente ist allerdings nicht eingehalten. Am Schluß steht die Folgerung, daß die Kaiser auch nach Konstantin mit vollem Recht in Italien geherrscht hätten. Ohne Überleitung folgt hier ein Satz, der in seinem zweiten Teil in ein fast wörtliches Zitat aus Vallas Schrift übergeht: ... *cum similibus.*[15] *ut latissime per scribentes in dictis iuribus: hinc Romanos Pontifices donationem huiusmodi pro vera asserentes, illi ac inherentes, dedecorare Pontificatus maies-*

---

[12] Alexandrinus, Commentaria, f. 220v; Boccella, Praxis, S. G 4 r.

[13] Boccella, Praxis, S. J 6 v.

[14] Besonders ausführliche Zitate bringt er in der Einleitung. Mit geringen Abweichungen, die durch die referierende Wiedergabe bedingt sind, schreibt er folgende Passagen aus: 8,7 *Ieroboam* – 8,10 *accepisset*; 29,28 *quenam* – 29,31 *banna*; 49,8 *in summo pontificatu* – 49,12 *exorbet*; 49,16 *et cum horum* – 49,20 *beata*; 49,21 *ut igitur* – 49,24 *moriatur*. Bei der Zusammenfassung der Argumentation Vallas wird S. B 5 der Text 19,3 *Ecclesia* – 19,11 *concederet* (= Ps. Melchiades) zitiert, außerdem S. G 1 der Text 11,24 *ut non decebat* – 12,1 *potero* und 12,6 *eadem* – 12,9 *date* (aus der Rede Silvesters).

[15] Nikolaus von Kues, Concordantia, S. 331.

tatem aiunt, dedecorare veterum Pontificum memoriam, dedecorare religio-
nem Christianam et omnia cedibus minis flagitiisque miscere . . .[16]

Die gleiche Verwechslung findet sich in ähnlicher Weise bei Tiresio Foscarari († 1552),[17] der 1549 eine ausführliche Rechtfertigung der Konstantinischen Schenkung veröffentlichte. Er zitiert als angebliche Äußerung des Nikolaus von Kues: . . . *et exclamat Hieronymo approbato magis credendum quam*
ignotis auctoribus, et idcirco romanos pontifices donationi huic inhaerentes
dedecorare pontificatus maiestatem ait . . .[18] Foscarari verdient Erwähnung,
weil er zur gleichen Zeit wie Steuchus wieder mit Nachdruck auf die griechische Überlieferung des Constitutum Constantini verweist, im Gegensatz zu
diesem aber sogar für den griechischen Ursprung der Urkunde einzutreten
scheint.[19] Er erzählt, daß er in Rom zur Zeit Leos X. ein *Constitutum litteris*
graecis exaratum gesehen habe; zu seiner Abhandlung habe ihn ein libellus
angeregt, der eine Übersetzung der Urkunde aus dem Griechischen enthielt.
Damit kann wieder nur die Übersetzung des Pincernus gemeint sein, die er
denn auch anschließend im vollen Wortlaut abdruckt. Zur griechischen Überlieferung zitiert Foscarari einen Hinweis von Tommaso Diplovatazio
(† 1541)[20]: *vidi Venetiis librum decretorum Imperialium litteris graecis com-*
positum per quendam dominum Matheum, tempore Iustiniani compilatum,[21]
in quo inserta erat donatio Constantini facta beato Silvestro. Daraus gewinnt
er eine Antwort auf Vallas Argument, daß die zeitgenössischen Quellen
nichts von der Schenkung berichten: *Quare mirum non est, si Vallae ista non*
innotuerunt utpote viro alterius professionis et qui magis grammaticalia cole-
ret quam legalia, facit etiam ratio, cur de huiusmodi largitione mentio non
est apud latinos historicos, quoniam graeco sermone conscripta, fluxit ab ipso
Imperatore: et credendum est apud graecos mentionem de hoc plurimam
fieri.[22]

---

[16] Das Valla-Zitat reicht von 4, 35 bis 4, 41 *contineri.*

[17] Giovanni Fantuzzi, Notizie degli scrittori bolognesi 3 (1783), S. 355–357; Foscarari
war apostolischer Protonotar.

[18] Donatio Constantini Magni Imp. erga Ro. sedem, iuris civilis auctoritate comprobata ac
sacrae scripturae testimonio roborata . . . Das Werk war, wie aus einer Nachschrift hervorgeht, 1546 vollendet, es erschien erst 1549. Zitat S. LIIIIv, der Text Vallas reicht bis 4, 38
miscentes. Die Lesart *ruinis/minis* weist wie bei Boccella auf eine Ausgabe Huttens.

[19] Vgl. S. 186.

[20] Mario Ascheri, Saggi sul Diplovatazio, Milano 1971 (Quaderni di Studi Senesi 25),
S. 43ff. Den Hinweis zitiert auch Francesco Borsati; vgl. Maffei, La Donazione,
S. 341, Anm. 52.

[21] Damit dürfte das Syntagma des Matthaios Blastares gemeint sein (vgl. S. 116); vgl.
Ascheri (wie Anm. 20), S. 44, Anm. 30.

[22] Foscarari, Donatio, S. LIv f. Zum Teil die gleichen sprachlichen Anklänge wie bei
Boccella und Foscarari finden sich auch bei Giovanni Girolamo Albani († 1591); vgl.
Maffei, La Donazione, S. 335ff.

Im Laufe der Jahrzehnte scheint die Diskussion um die Konstantinische Schenkung bei den Juristen nur zu einer noch umfangreicheren Auseinandersetzung mit Autoritäten und Meinungen geworden zu sein. Valla war dabei nur einer aus der Reihe der Gegner, denen die Befürworter und ihre Argumente gegenübergestellt werden mußten. Das hat schließlich dazu geführt, daß man Listen mit den Gegnern und Befürwortern zusammenstellte. Francesco Borsati führt in seinen 1572 erschienenen Consilia[23] im Anschluß an eine ausführliche Diskussion diejenigen auf, *qui baptismum, apostolorum visionem, donationem immensam Constantini Magni erga Ecclesiam Romanam ac illius validitatem comprobant.* Er unterscheidet dabei Pontifices, Theologi, Imperatores, Germani Imperatores, Historiographi, Leges Pontificum et Imperatorum, Auctoritates Canonistarum und Auctoritates scribentium in iure civili.[24]

Von dieser ausufernden Diskussion, bei der nicht immer zu unterscheiden ist, wo welche Argumente zum erstenmal vorgebracht worden sind, unterscheidet sich eine Stellungnahme wie die des Freiburger Juristen Ulrich Zasius († 1535).[25] Ihm machte im Dezember 1520 Bonifazius Amerbach ein Exemplar der zweiten Hutten-Ausgabe zum Geschenk, der nicht recht wußte, was er von Vallas Schrift zu halten habe: *habet, ni fallar, aliqua noster libellus, si non veritatem, certe veritatis imaginem preseferentia.*[26] Zasius kannte Vallas Schrift schon, wie aus seiner Antwort hervorgeht, hat aber selbst nach nochmaliger Lektüre die ganze Frage nicht mehr für diskutierenswert gehalten: *Lectum (Valle libellum) olim hoc momento perfunctorie relegi videturque michi, si locus sit probabilibus argumentis, utroque fune urgere, maxime quod et cęteri viri melioris notę eadem sunt in opinione. Sed super huiusmodi vanis rebus, cum vitę nostrę tempora pro eorum compendio vix utili-*

---

[23] Maffei, La Donazione, S. 337ff. Borsati druckt f. 356v–358r die Übersetzung des Pincernus, von daher erklärt sich das nicht gekennzeichnete Zitat aus der Vorrede des Pincernus in dem von Maffei, S. 338, Anm. 47 zitierten Text: *Laurentius Valla ... nemini pepercerit.*

[24] Borsati, Consilia, f. 359. – Eine ähnliche Zusammenstellung findet sich im Codex Vat. lat. 5552, f. 38r–50v: *De Baptismo et Donatione Constantini facta S. Silvestro eiusque veritate et validitate;* vgl. Fuhrmann, Constitutum, S. 37, Anm. 54. Am Schluß folgt eine Antwort auf Vallas Kritik, die sich sprachlich ebenfalls an die Ausführungen des Alexandrinus und die Charakterisierung Vallas durch Pontano (vgl. S. 185) anlehnt. Eine Zusammenstellung von Autoritäten und Meinungen enthält auch der Codex Casanatensis 1030, der außerdem die Stellungnahme eines Hieronymus Fuscus zu Valla und Baronius überliefert; vgl. Mancini, Vita, S. 160, Anm. 1; Laehr, Schenkung II, S. 180.

[25] R. Stintzing, Ulrich Zasius. Ein Beitrag zur Rechtswissenschaft im Zeitalter der Reformation, Basel 1857; Guido Kisch, Erasmus und die Jurisprudenz seiner Zeit, Basel 1960 (Basler Studien zur Rechtswissenschaft 56), Kap. 14.

[26] Amerbachkorrespondenz (wie S. 163, Anm. 60) II, Nr. 708, S. 219.

bus sufficiunt, conflictari semper duxi supervacaneum, qui odi, quidquid plus ostentationis pręstat quam rei.[27]

V. Kuriale und Theologen gegen Valla

Die Kritik, die von kurialer und theologischer Seite an Valla geäußert wurde, unterscheidet sich nicht grundsätzlich von der der Juristen, die ja nicht nur vom weltlichen, sondern auch vom kirchlichen Recht her argumentierten, zum Teil selbst ihren Platz in der kirchlichen Hierarchie hatten. Der Unterschied liegt eher in den Personen. Von Antonio Cortese, Mitglied der päpstlichen Kanzlei, einem unbekannten Prediger aus der Umgebung des Papstes und dem gelehrten Priester Pietro Edo, die im folgenden näher charakterisiert werden sollen, hat nur Edo eine ausführliche Auseinandersetzung mit Valla versucht. Alle aber haben in besonderer Weise die Persönlichkeit Vallas mit in den Blick genommen.

1. Antonio Cortese

Das als *Antivalla* überlieferte Fragment,[1] in dem A(ntonio) Cortese[2] zu Vallas Schrift Stellung nimmt, beschränkt sich auf persönliche Vorwürfe. Auf Vallas juristische und theologische Argumentation geht Cortese nicht ein; denn die Frage, ob Konstantin die behauptete Schenkung getan habe oder nicht, ist für ihn nicht von Bedeutung. Er will niemanden überreden, daran zu glauben, und ist doch überzeugt, daß kaum ein Christ daran zweifelt.

---

[27] A.a.O. Nr. 709, S. 220f. Amerbach und Zasius waren sich einig in der Ablehnung der Kritik Vallas an den Juristen, vor allem an Accursius; vgl. Guido Kisch, Gestalten und Probleme aus Humanismus und Jurisprudenz, Berlin 1969, S. 62 und 164f. – In seinem Digestenkommentar (Opera omnia, 1550, Sp. 393) betont Zasius, daß durch die Schenkung Konstantins das *Imperium* Schaden nehme, hält es aber nicht für angebracht, die Frage weiter zu diskutieren, *quia est inutile*; zitiert bei Maffei, La Donazione, S. 342, Anm. 55.

[1] Der Antivalla ist überliefert im Codex 582 der Biblioteca Capitolare, Lucca (15. Jh.) und dem Codex 1685 der Biblioteca Governativa, Lucca (18. Jh.); vgl. Miglio, S. 172, Anm. 1. – In beiden Handschriften folgt eine kurze Beurteilung von Felino Sandei († 1503), der auch auf die Diskussion um die Schenkung eingeht. Text bei Antonazzi, S. 223–234.

[2] In beiden Handschriften ist der Verfasser als A. Cortesius angegeben. Am Schluß steht die Bemerkung *Explicit fragmentum antivale alex(andri) cortesii*; in der Nachschrift des Sandei wird jedoch Antonius Cortesius genannt. Im allgemeinen gilt daher auch Antonio Cortese als Verfasser, vgl. Mancini, Vita, S. 160ff.; Antonazzi, S. 215f. Daß auch Alexander Cortese, neben Paolo ein Sohn des Antonio Cortese, als Verfasser in Frage komme, erwägt Miglio, S. 172, Anm. 1. Zur Familie Paschini.

Er will nicht diskutieren, ob die Schenkung *omnium consensu vel interposita divinitate*[3] geschehen sei, er braucht nicht zu verteidigen, was *tum maximis suffulta rationibus, tum pontificum decretis confirmata, tum diuturna possessione stabilita*[4] sei; ihm geht es darum zu zeigen, daß Vallas Ausführungen – der mit dem Papst zugleich alle *sacros ordines* angegriffen habe[5] – *ab omni pietate, ratione, sanitate* entfernt seien.[6]

Es ist nicht auszuschließen, daß der Kritiker den Verfasser der Schrift gegen die Konstantinische Schenkung persönlich kannte; denn Antonio Cortese war *abbreviator assistens* in der päpstlichen Kanzlei. Seit 1446 sicher nachweisbar, ist er vielleicht schon unter Martin V. in päpstliche Dienste getreten. Er starb 1474; der Antivalla scheint durch den Tod des Verfassers Fragment geblieben zu sein.[7]

Cortese hat Jahrzehnte mit einer Antwort auf Valla gewartet. Zunächst hielt er sich nicht für berufen, die Kirche gegen die *reipublicae contemptores christianae* und *religionis oppugnatores* zu verteidigen.[8] Er hat vielleicht Enea

---

[3] Cortese, Antivalla, S. 226, 9.

[4] A.a.O. S. 226, 23.

[5] A.a.O. S. 224, 4.

[6] A.a.O. S. 226, 13. – Cortese scheint aber die Argumentation Vallas sehr wohl gekannt zu haben. Er fragt z. B. nach der Berechtigung seiner Kritik und betont dabei, daß es nicht um *vetustatis noticia* oder eine *causa* gehe: *si vetustatis noticia requiritur, in illis profecto maior fuit, qui proximiores vetustati fuerant* (vgl. Valla 37, 11), *si causa, ad eos maxime pertinebat, qui de possessione se deiectos dicerent* (vgl. Valla 16, 33). Vielleicht ist es auch kein Zufall, wenn gleich zu Beginn an den Papst die Frage gestellt wird: *ita ne hoc ... aequo animo feres?* (vgl. Valla 3, 17) und auf Vallas Flucht mit der Formulierung *dissimulato habitu* hingewiesen wird; Valla gebrauchte sie im Zusammenhang mit der Flucht Eugens IV., vgl. Antivalla, S. 233, 3, und Valla 47, 41. Schließlich mag auch die häufige direkte Anrede an Valla eine stilistische Angleichung sein.

[7] Paschini, S. 3. In der Nachschrift des Sandei heißt es, daß Cortese den eigentlichen Kampf nicht geführt habe, *ante litis ingressum functus vita* (Antivalla, S. 234, 12). Antonazzi, S. 215, entschied sich für eine Abfassung nach 1464, wohl weil eine Aufzählung von Papstnamen von Martin V. bis Pius II. reicht. Diese Aufzählung ist an Valla gerichtet mit der Frage, welchen Papst er denn gelobt hätte, wenn nicht diese: *Quid enim in Martino, quid in Eugenio, quid in Nicolao, Calixto, Pio eorum defuit* (Antonazzi schreibt *fuit*, Hs. 582 *defuit*) *ornamentorum, quae summum constituant pontificem atque omni laude cumulatum?* (Antivalla, S. 230, 28). Es handelt sich also lediglich um die Päpste, die Valla nach Meinung von Cortese gekannt hat. Die Nennung von Pius II., der erst nach Vallas Tod Papst wurde, braucht bei der allgemeinen chronologischen Ungenauigkeit nicht zu überraschen. Cortese läßt z. B. Valla unter Nikolaus V. in der päpstlichen Kanzlei mit Leonardo Bruni zusammenarbeiten, der schon 1444 gestorben ist (S. 227, 1), vgl. Mancini, Vita, S. 162. Andererseits heißt es aber vom Papst, an den Cortese sich wendet: *maiores tui totiens de principatu contenderent* (S. 227, 41). Das paßt wiederum nur auf Paul II. (1464–1471), den Neffen Eugens IV., nicht auf Sixtus IV. (1471–1484).

[8] Cortese, Antivalla, S. 223, 16.

Silvio Piccolomini zu einer Entgegnung auf Valla aufgefordert[9] und schließlich doch zur Feder gegriffen, weil die Betroffenen selbst seit Jahren nicht auf die Schmähungen geantwortet hätten.[10] Für seine Tat erhofft sich Cortese himmlischen Lohn, er stellt sich selbst mit Paulus, Ambrosius, Leo, Gregorius, Hieronymus und Augustinus in eine Reihe der Verteidiger des Glaubens, trete er doch an gegen einen Mann, der in seinen Schriften immer noch als *hostis patriae, religionis, reipublicae* fortlebe.[11]

Cortese bekennt gern, daß er von Valla sehr viel *de elegantia latinae linguae* gelernt habe, und daß es ihm lieber gewesen wäre, wenn er hätte zeigen können, daß der Angriff auf die Konstantinische Schenkung nicht von Valla stamme.[12] So aber muß der erste und wichtigste Vorwurf gegen Valla lauten, daß er mit dieser Schrift sich selbst untreu geworden sei: *Quod tibi tam iratum subito numen fuit, aut quod te insaniae ac furoris genus invasit, ut repente ex grammaticorum critico tibi regum, imperatorum, pontificum maximorum censor, iudex, arbiter factus viderere?*[13] Valla hat nach Meinung von Cortese in seiner Schrift sein rednerisches Talent mißbraucht. Wenn es um eine strittige Frage gehe, müsse sich der Redner davor hüten, seinen *dolor* mit zum Ausdruck zu bringen; wenn aber gar nichts strittig sei, wie Valla in diesem Fall behaupte, dann bedürfe es auch nicht vieler Argumente: *Quid igitur persuades? Si rem non dubiam, non intelligis quam sis ineptus, qui tot uteris argumentationibus, tanta contentione, tot verbis? Si dubiam, cogita an sit conveniens homini praesertim eloquentiam professo suum initio dolorem praeseferre.* Der Mißbrauch der Rhetorik geht zusammen mit einer Reihe negativer Eigenschaften: *arrogantia, temeritas, furor* und *audacia.* Mit der Eloquenz Vallas kann und will es Cortese nicht aufnehmen, er weiß um die Grenzen seiner eigenen Begabung und hofft statt dessen auf göttlichen Beistand: *non tam eloquentia fretus sum (quae scio, si qua est modo in me, quam sit exigua) quam quod in causa divinae laesae maiestatis agenda opem divinam mihi non defuturam spero.*[14]

Verwerflich ist Vallas Schrift zweitens, weil sie von einem Römer gegen Päpste geschrieben wurde, die doch zumeist auch Römer gewesen seien. Da-

---

[9] So muß man wohl den Satz aus der Nachschrift des Sandei verstehen: *inter alia ad victoriam propugnacula Eneam, qui postea Pius fuit, invocaverat* (S. 234, 14). Enea Silvio erwähnt eine solche Anregung allerdings nicht.

[10] *ne lacessitos quidem respondere nostros homines quorundam maledictis iam tot annis animadverto* (S. 223, 30). Die schlimmsten Angriffe sind nach Corteses Meinung die von Lorenzo Valla, *hominis quidem literati, sed parum de republica christiana meriti* (S. 224, 1).

[11] A.a.O. S. 224, 37 und 42.

[12] A.a.O. S. 225, 16.

[13] A.a.O. S. 225, 35.

[14] A.a.O. S. 227, 24; 225, 6.

mit verbindet sich der dritte Vorwurf, daß Valla nicht als Christ gehandelt habe. Der besondere Charakter des päpstlichen Amtes lasse es gar nicht zu, daß ein schlechter Mensch über längere Zeit das Amt innehabe: *Nam sicut cadaver humanum diutius ferre mare non potest, ita perditis hominem moribus dignitas non patitur pontificia.*[15] Aber nicht nur das päpstliche Amt und seine Vertreter zu Vallas Zeit boten nach Cortese keinen Anlaß zur Kritik, auch in der Frage der Konstantinischen Schenkung habe kein Grund bestanden. Valla habe als *homo privatus*[16] noch weniger ein Urteil zugestanden als den Fürsten; er aber führe Klage, wo sich selbst die Kaiser nie beklagt hätten.[17] Vallas Verhalten ist noch weniger zu verstehen, meint Cortese, wenn man bedenke, daß er nicht nur Benefizien von den Päpsten erhalten habe, sondern sogar selbst ein *sacerdos* gewesen sei. Mit seiner Schrift habe aber Valla gerade seine Unkenntnis in religiösen Dingen offenbart: *Quam multa et in veterum olim superstitionibus et nunc in nostra religione sunt occulta, arcana, mystica, quae omnibus nefas est comunicare, quam multa in sacris literis scripta divinitus, humani vim ingenii praetergressa, quam multa parum pio ac religioso tibi neglecta, fastidita et ut impuro non intellecta.*[18]

Gerade weil Vallas Verhalten für ihn so unverständlich ist, stellt Cortese die Frage, ob er vielleicht von anderer Seite zu seinem Schritt veranlaßt worden sei. Zwei Möglichkeiten werden erwogen und abgelehnt. Gegen eine Beeinflussung oder auch nur Duldung des Vorhabens durch König Alfonso von Neapel spreche dessen Charakter und sein Verhalten gegenüber der Kirche: *fuit enim ille rex . . ., quod omnes scimus, cum divina quadam virtute ac felicitate tum pietate praeditus singulari.*[19] Dieser König war für Cortese ganz das Gegenteil zu Valla: *an benefico ingratus, gravissimo levis, religioso impius acceptus esse potuisset?*[20] Auch eine Beeinflussung durch den *imperator Turcarum* scheidet nach Cortese's Meinung aus. Dieser habe kurz zuvor Konstantinopel erobert[21] und eine Unterstützung durch Valla gewiß nicht nötig gehabt.

---

[15] A.a.O. S. 230, 35.

[16] A.a.O. S. 227, 35.

[17] *et de quo imperatores ipsi numquam sunt questi, iste nunc quereretur* (S. 228, 3).

[18] A.a.O. S. 231, 1; S. 228, 12 *(sacerdos)*.

[19] A.a.O. S. 231, 26. Von der Auseinandersetzung mit Eugen IV. ist nicht die Rede; die Unterstützung des Papstes nach dem Frieden von Terracina ist für ihn gleichbedeutend mit einer Restitution von Kirchenbesitz: *agrum Picenum, quem vi atque astu quidam oppugnaverat, armis receptum Sanctae Romanae Ecclesiae restituit, ac victis, fusis fugatisque ubique Apostolicae Sedis hostibus, omnem eius statum, opinione quidem hominum celerius, pacatum sacrumque reddidit* (S. 231, 30).

[20] A.a.O. S. 231, 42.

[21] Danach wäre Vallas Schrift erst nach 1453 vollendet worden (S. 232, 8).

So bleibt nur der Schluß, daß doch die Ursache für sein Verhalten in Valla selbst gelegen habe: *tu seminarium et fons tui sceleris, tu auctor tibi adhortatorque fuisti.*[22] Den Beweis hierfür sieht Cortese auch in Vallas Lebensweg. Danach hat Valla seinen *libellus de falsa pontificum potestate*[23] in Rom zur Zeit Eugens IV. verfaßt. Der Papst wandte sich, als er davon erfuhr, an das Kardinalskollegium, es wurde die Einleitung eines Verfahrens beschlossen: *decretum est ut quaestio haberetur postulareturque de crimine laesae maiestatis Laurentius, cuius cum scripto convinceretur lege poenas daret.*[24] Diesem Verfahren habe sich Valla durch eine Flucht entzogen, die ihn über Ostia und Barcelona nach Neapel führte und mit der er zugleich seine Schuld eingestand: *non enim magis pontificis maximi ac senatus decretum te sontem esse iudicavit quam exilium istud tuum tua sponte susceptum.*[25] Obwohl diese Flucht Armut und Trennung von der Familie zur Folge hatte, habe Valla keine Reue gezeigt. Beweis ist ihm dessen Schrift über den freien Willen. Damit bringt er auch den Inquisitionsprozeß in Neapel in Verbindung, bei dem Valla nur durch das Einschreiten des Königs vor dem Feuertod gerettet worden sei.[26]

Nikolaus V. habe Valla wegen seiner Begabung wieder aufgenommen, dessen *liberalitas* habe Valla aber schlecht gelohnt, indem er die Schrift, die er unter Eugen begonnen hatte, nun vollendete: *concisis omnibus fidei, pietatis, modestiae, humanitatis vinculis, orationem hanc, quam in Eugenium exorsus fueras, in Nicolaum perfecisti, et, quem patris loco colere debueras, insolentissima es petulantia insectatus.*[27] Mit diesen fehlerhaften biographischen Angaben hat Antonio Cortese noch nach 300 Jahren Glauben gefunden, als sich Girolamo Tiraboschi (1784) in seiner Literaturgeschichte zum erstenmal um eine biographische Skizze zu Valla bemühte.[28]

Der Antivalla läßt sich kaum besser charakterisieren, als es bereits Felino Sandei tat, der in einer Notiz den Mangel an sachlicher Auseinandersetzung beklagte: *Antonius Cortesius hucusque miles fuit contra Vallam rorarius, proelium non inivit; hominis petulantiam non ignorantiam confundit.*[29]

In seiner eigenen Zeit scheint der Antivalla unbekannt geblieben zu sein. Paolo Cortese, der seinen Vater Antonio mehrfach lobend erwähnt, weiß

---

[22] A.a.O. S. 232, 26.

[23] A.a.O. S. 232, 38.

[24] A.a.O. S. 232, 45.

[25] A.a.O. S. 233, 14.

[26] A.a.O. S. 233, 27.

[27] A.a.O. S. 227, 8.

[28] Tiraboschi, S. 347, vgl. Mancini, Vita, S. 161. Auch José Amettler y Vinyas, Alfonso V y la crisis religiosa del siglo XV, Gerona 1903–1928, Band II, S. 317, folgt den Angaben Corteses.

[29] Cortese, Antivalla, S. 234, 10.

von dessen Kritik an Valla nichts[30]. Er selbst schreibt in *De hominibus doctis* über Valla zwar auch, daß er sich *vel odio servitutis, vel desperatione quadam dignitatum adipiscendarum* von Rom nach Neapel begeben habe, spricht aber nicht ausdrücklich von einer Flucht. Die Charakterisierung Vallas fällt bei ihm ähnlich negativ aus: *Laurentius Valla scriptor egregie doctus, sed erat acer et maledicus et toto genere paullo asperior, diligentissimus tamen Romanarum rerum atque verborum investigator. Molestus erat et stomachosus, nihil admodum alienum laudabat, sua vero cum diligentia tum acri quodam judicio expendebat.*[31]

Auch Gironi Pau (Hieronymus Paulus Cathalanus, † 1497), der sich von 1475–1492 in Rom aufhielt und 1493 eine *Practica Cancellariae Apostolicae* veröffentlichte, in der er Antonio Cortese gleichsam als Fachmann erwähnt,[32] scheint den Antivalla nicht zu kennen. In einem Anhang zu seinem Kanzlei-handbuch faßt er u. a. auch die Diskussion um die Konstantinische Schenkung zusammen: *Quod donatio Constantini etiam de facto non fuerit, lege Laurentium Vallam et Papam Pium in Dialogo, nec de tali donatione quicquam legi apud probatum historicum, praesertim eos, qui scripserunt illa aetate vel illi proxima.* Pau erwähnt außerdem noch Platina, mit dem er zeitweise zusammengearbeitet habe,[33] und Zeno.[34] Seine kurze Bestandsaufnahme hat Hutten in seine Ausgaben der Schrift Vallas mit aufgenommen.

2. Eine anonyme Rede: *Quod papa praesit temporalibus*

Zusammen mit dem Antivalla ist eine Rede[1] über die weltlichen Herr-

---

[30] P a s c h i n i , S. 3f.

[31] De hominibus doctis (1734), S. 27.

[32] Antonio E r a , Il giureconsulto Catalano Gironi Pau e la sua „Practica Cancillariae Apostolicae", Studi di storia e diritto in onore di Carlo Calisse III, Milano 1940, S. 367 –402, besonders S. 399f.; M a f f e i , La Donazione, S. 328ff.

[33] *Vide collecta novissime per dom. Bartholomaeum de Platina bibliothecarium, qui omnia instrumenta pertinentia ad statum Ecclesiae in temporalibus, praesertim circa acquisitionem terrarum, et aliorum iurium et censuum, collegit in valde magno volumine, ad cuius collectionem etiam operam nostram praebuimus in revidendo* (zitiert nach E r a , a.a.O. S. 400). Zu Platina vgl. S. 108.

[34] In den Ausgaben liest man *Renus* statt *Zenus*, auch dieser Fehler wurde durch Huttens Abdruck weiter verbreitet. Zu Zeno vgl. S. 108.

[1] Nach Codex 582, f. 270r–274v, der Biblioteca Capitolare Lucca gedruckt bei: G a e t a , Una polemica, S. 390–398. Der Abdruck ist nicht fehlerfrei; zum besseren Verständnis seien einige Lesarten nachgetragen. 390, 10 *ascevenda / astruenda*; 390, 34 *sed dico / sed deo*; 392, 45 *iurisditione / in ditione*; 393, 32 *vita / vota*; 393, 36 *debuisset / debuisse*; 393, 42 *in presentiam / praesentiam*; 394, 7 *sic / sicut*; 394, 19 *ignoraverit / ignoravit in*; 397, 6 *qiestiam sacerdotalis / qui etiam sacerdotali*; 398, 1 *facerem / facere*; 398, 2 *alium / aliam*; 398, 4 *pontificibus / a pontificibus*; 398, 9 *suppleti / suppleri*.

schaftsrechte des Papstes überliefert. Der unbekannte Verfasser,[2] der sich an den Papst und das Kardinalskollegium wendet, erinnert an frühere Reden, in denen er sich mit Armut und Reichtum, der Exkommunikation und dem Gehorsam gegenüber dem Papst befaßt hatte und über Johannes Baptista, die geistliche Gewalt des Papstes und die Gerechtigkeit gesprochen hatte. An diese Reihe soll sich der Nachweis über die *amplissima... omnibus in rebus apostolice sedis potestas*[3] anschließen. Dabei will er sich allein auf die Bibel stützen, *sanctorum autem patrum decreta tanquam domestica testimonia vel suspecta silentio pertransibo.*[4] Diese kleine Abhandlung ist ein Versuch, Valla mit theologischen Argumenten zu widerlegen.

Im ersten Teil geht der Verfasser dem Verhältnis der weltlichen und geistlichen Güter nach und kommt zu dem Schluß, daß, wie generell alles Weltliche dem Geistlichen untergeordnet sei, auch der oberste weltliche Herrscher dem obersten geistlichen Herrscher untergeordnet sein müsse.[5] Im zweiten Teil wendet er sich gegen die Argumente der Gegner, und das heißt der Häretiker; insbesondere sind es die Waldenser, die gegen jegliche weltliche Herrschaft der Kirche seien: *quorum est opinio successoribus apostolorum, hoc est summi pontificis sanctitati ceterisque prelatis ecclesie, secularis iurisdictionis dominium repugnare nec eisdem licere ut possideant divitias temporales.*[6] Diese Meinung habe viele Anhänger gefunden, obwohl sie nicht zuletzt auf Konzilien zurückgewiesen worden sei. So gilt ihm auch, daß die Vertreter solcher Ansichten keine lauteren Motive haben: *ulcisci se de ecclesia voluerunt et sub colore cuiusdam palliate honestatis, tamquam pretendentes se optare sanctitatem ecclesie, eam funditus evertere curaverunt, evangelia ipsa, ex quibus omnis nostra fides et salus pendet, ad sinistra eorum vota detorquentes.*[7] Stellvertretend für diese Häretiker wird *nescio quis Laurentius Valla*[8] zitiert, der denn auch nach Meinung des Verfassers *Valdensis potius quam Vallensis appellandus sit.*[9] Als Beispiel für Vallas Argumentation wird ein

---

[2] Es ist erwogen worden, die Rede Alexander Cortese zuzuschreiben, so von A n t o n a z z i, S. 218, Anm. 185; vorher schon M a n c i n i, Vita, S. 160, Anm. 2. Die Überlegungen gehen letztlich zurück auf den Randvermerk zum Antivalla (vgl. S. 137, Anm. 2). Die Rede enthält keinen Hinweis auf den Verfasser. Die Datierung ergibt sich aus den darin vertretenen Ideen; vgl. M a c c a r r o n e, S. 269.

[3] G a e t a, Una polemica, S. 391, 19.

[4] A.a.O. S. 391, 9.

[5] *Sed tota multitudo temporalis subiicitur multitudini spiritualium, ergo princeps temporalium debet principi spiritualium esse subiectus* (S. 392, 7).

[6] A.a.O. S. 393, 23.

[7] A.a.O. S. 393, 29 (G a e t a schreibt *vita*).

[8] A.a.O. S. 393, 33.

[9] A.a.O. S. 393, 35.

Abschnitt aus der Rede Silvesters zitiert.[10] In sechs Punkten wird diese Argumentation als falsch erwiesen. Es geht dabei um die ‚richtige' Interpretation der Bibelstellen, mit denen Valla Papst Silvester seine Weigerung, die Schenkung Konstantins anzunehmen, begründen läßt. Wenn Valla behaupte, daß dem Papst die *regia dignitas* nicht zukomme, so habe er nicht bedacht, daß diese nicht mit der *caesarea maiestas* gleichzusetzen sei; diese aber sei gemeint, wenn in der Apokalypse 19, 16 vom *rex regum et dominus dominantium* die Rede sei.[11] Vor allem habe Valla die Aussage Jesu, daß sein Reich nicht von dieser Welt sei,[12] falsch verstanden. Gleich drei Irrtümer weiß der Verfasser hier Valla vorzuwerfen. Dieses Wort besage zunächst, daß das Reich Jesu nicht von Menschen abhänge, sondern daß Jesus seine Rechte von Gott ableite.[13] Schließlich müßten Gott die *regnandi iura* zugestanden werden, da sonst jegliche Ordnung und mit ihr die Religion zugrunde gingen: *et sic peritura est omnis, te auctore, Laurenti Valla, religio.*[14] Wenn Jesus davon spreche, daß die Herrschaft der *principes gentium*[15] nicht für seine Nachfolger gelte, so habe er sich damit nur gegen tyrannische Herrschaft gewandt: *prelatio ecclesie debet esse iusta et charitativa ad modum solicitudinis pastoralis cunctis animarum saluti ministrando.*[16] Schließlich habe Valla Unrecht, wenn er behaupte (14, 2), daß Gott über das Volk Israel nur Richter, nicht Könige gesetzt habe.

Von diesen Irrtümern Vallas schließt der Verfasser dann auf dessen gesamte Schrift: *Isti sunt errores sex... convicti, quos ex tam brevi pagella libellique de ficta seu ementita Constantini donatione Laurentius Vallensis instituit. Quidsi tantum otii daretur, ut totum illud opusculum liceret corrigere omni ex parte corruptum, certe iam non libellus ille de ementita Constantini donatione, verum mentita Laurentii Vallensis confictione diceretur.*[17] Es folgen schließlich noch Zeugnisse aus dem Alten und Neuen Testament, die die Ansicht des Verfassers bekräftigen sollen.[18]

Die Rede ist ein Beispiel dafür, wie von einem anderen Vorverständnis aus gleichen Bibelstellen eine entgegengesetzte Interpretation abgewonnen werden kann. Valla ist dabei nicht mehr als ein Beispiel für die Gegenposition,

---

[10] Es ist der Abschnitt bei Valla 13, 26 *Quid* bis 14, 5 *revocavit*. Der Text ist sehr verderbt. Der Verfasser weiß, daß Valla *in contione regum ac principum* (vgl. Valla 5, 30) argumentiert, und wendet sich an den gleichen Personenkreis (S. 394, 12).

[11] A.a.O. S. 394, 23; vgl. Valla 13, 26.

[12] Joh. 18, 36; zitiert bei Valla 13, 28.

[13] G a e t a , Una polemica, S. 395, 12.

[14] A.a.O. S. 395, 17.

[15] Matth. 20, 25, zitiert bei Valla 13, 38.

[16] G a e t a , Una polemica, S. 396, 5.

[17] A.a.O. S. 396, 30.

[18] A.a.O. S. 398.

Inhalt und Form seiner Darlegungen interessieren nicht näher. Erwähnt werden lediglich die *phuci eloquentie,* mit denen die falsche Meinung aufgeputzt werde.[19]

3. Pietro Edo

Im letzten Jahrzehnt des 15. Jahrhunderts versuchte Pietro Edo,[1] ein Kleriker mit literarischen Ambitionen, auf Vallas Kritik zu antworten. 1427 in Pordenone bei Venedig geboren, wo er 1504 starb, lag schon ein langes und auch in literarischer Hinsicht reiches Leben hinter ihm. Seine Werke befassen sich zumeist mit religiösen Themen, etwa *De senectute christiani hominis* oder *De pestifero sedicionis malo huiusque remedio.*[2] Er hat daneben so unterschiedliche Dinge übersetzt wie die *Constitutioni de la patria de friuoli* und *Lo ofitio de la Madona.*[3] Für unseren Zusammenhang von besonderer Bedeutung sind seine *Anterotica sive de Amoris generibus,* denn dieses Werk zeigt inhaltlich und formal starke Anklänge an Valla, vor allem zu dessen *De professione religiosorum.*[4] Edo scheint eine nicht nur oberflächliche Kenntnis Vallas gehabt zu haben.[5] So ist es nicht mehr als eine literarische Fiktion, wenn er in seinen Schriften behauptet, nicht sicher zu wissen, ob der Angriff gegen die Konstantinische Schenkung überhaupt von Valla stamme.

Zweimal hat Edo zu diesem Thema Stellung genommen. Als Grund gibt er an, zunächst habe er nur ein fehlerhaftes Exemplar von Vallas Schrift gehabt. Doch zwischen beiden Äußerungen liegen nur wenige Monate, beide sind 1496 verfaßt. Deutlich ist der unterschiedliche Charakter. Das *Antidotum* ist eine erste generelle Entgegnung, in der es um Vallas Motive und die richtige Interpretation der Schenkung Konstantins geht, die *Apologia* ist ein Dialog mit Valla, abschnittsweise wird dessen Schrift zitiert und dann kommentiert.[6]

Das *Antidotum*[7] widmete er dem Bischof seiner Diözese, Leonello Chieregato,[8] der als Gesandter der Päpste in der kurialen Politik eine Rolle spielte, die Apologia ist an Papst Alexander VI. selbst gerichtet.

---

[19] A.a.O. S. 396, 38.

[1] Ausführlich behandelt von M i g l i o.

[2] A.a.O. S. 186ff.

[3] A.a.O. S. 182f.

[4] A.a.O. S. 183f.

[5] A.a.O. S. 220.

[6] A.a.O. S. 187ff. Der Codex 580 der Biblioteca Comunale Assisi überliefert Antidotum und Apologia, der Codex 4917 der Österreichischen Nationalbibliothek Wien nur das Antidotum und die Praefatio zur Apologia. Das Antidotum ist ursprünglich Leonello Chieregato gewidmet, in der Wiener Handschrift jedoch dem Juristen Daniele Crescendulo, obwohl Chieregato 1501 (Datum der Handschrift) noch lebte. Vgl. M i g l i o, S. 189.

[7] Vielleicht nach Vallas Antidotum gegen Poggio so genannt.

[8] Zu seinen politischen Anschauungen M i g l i o, S. 223ff.

Im *Antidotum* erzählt Edo von seiner Erregung, als ihm Vallas Buch gezeigt wurde, in dem dieser den Papst und alle Kleriker angegriffen habe. Seine erste Reaktion war, dieses Buch eines Mannes, der *tantum in errorem tantamque in heresim lapsus esset*[9], zu verbrennen. Doch weil mit einem Exemplar nicht das Werk und erst recht nicht die Gedanken vernichtet werden, habe er sich entschlossen, auf die falschen Ansichten zu antworten, auf Vallas giftige Gedanken ein Gegengift zu verabreichen: *ei mox antidotum esse apponendum censui, quod omnem prorsus tolleret contagionis periculi et veneni vim.*[10]

Pietro Edo fragt nach den Gründen, die den *Cynocephalus* veranlaßt hätten, den Papst anzukläffen, und nennt drei Motive. Da ist zunächst der Gegensatz der Laien zu den Klerikern. Edo ist überzeugt, daß *in omnes fere laycos cadit summa erga clericos invidencia. Est enim antiquius fere nihil clericis laicos infestos esse.*[11] Doch diese allgemeine Erkenntnis reicht nicht aus, die besondere Heftigkeit Vallas zu erklären. Eine Vermutung hilft weiter: *suspicor maledicum hunc hominem cuiuspiam forsitan sacerdotis alumnum ne dicam filium fuisse.*[12] Edo kennt also nicht die etwa im Antivalla vertretene Meinung, Valla sei selbst Priester gewesen. Ein anderes Motiv liegt für Edo darin, daß Valla römischer Bürger gewesen sei, vielleicht sogar *ex vetustissimis illis... Romanorum optimatibus*[13] stamme. Diese könnten es nämlich nicht verwinden, daß ihre Stadt jetzt dem Papst untertan sei. Allgemeiner ist das folgende Motiv: die Reichen zahlen nicht gerne Steuern. Vertraut aus der Diskussion um Vallas Schrift ist der Vorwurf, sie sei ein Beispiel für den Mißbrauch der *eloquentia*. Was Valla selbst als streitbaren Einsatz für die Wahrheit bezeichnet, erklärt Edo damit, daß die Beredsamkeit einen dazu verführe, für wahr zu halten, was man schreibe. Vallas *pravum ingenium* habe ihn das ausführen lassen, was in dem ‚Römer‘ Valla schon angelegt war.

Die eigentliche Auseinandersetzung mit Valla stellt Edo unter das Thema *propositio, qua queritur utrum quas terras ecclesia Romana papave possidet eas recte necne possideat.*[14] Es geht Edo dabei nicht in erster Linie darum, die Schenkung Konstantins oder ihre Gültigkeit zu erweisen. Diese ist lediglich ein Aspekt der Frage nach dem Herrschaftsanspruch der Kirche: *docebimus quam falsus sit bonus iste vir, qui existimarit romanam sedem omnem-*

---

[9] E d o, Antidotum (Zitate nach Cod. Vind. 4917), f. 117 r.
[10] A.a.O. f. 118 r. Vallas libellus ist für ihn *veneno mortifero imbutus*; er möchte erreichen, daß er *et si non omnino sanus, minus tamen egrotus suum ad dominum redeat.*
[11] A.a.O. f. 118 v.
[12] A.a.O. f. 119 r.
[13] A.a.O. f. 119 r.
[14] A.a.O. f. 117 r.

que pontificis maximi iurisdictionem non in alio prorsus fundamento quam in ea quam Silvestro Constantinus fecisse dicitur liberalitate donatione versari.[15] Den Streit über die Schenkung selbst kann er den Juristen überlassen: *Ego vero non hoc loco (ut multi iam fecere) querendum esse censeo Silvestrone Constantinus quicquam largitus sit, iure ne potuerit elargiri, nam iureconsultis id relictum esse velim.*[16] Er folgt ganz der heilsgeschichtlichen Deutung, für die die Schenkung Konstantins nicht mit anderen verglichen werden kann, weil hier eine *divina vis* wirksam gewesen sei und er nicht einem bestimmten Papst, sondern dem *vicarius Christi* geschenkt habe. Daraus ergibt sich auch deren Gültigkeit: *si largitus est existimo donacionem eam non invalidam fuisse tum quod princeps legibus non subest, praesertim autem successoris, tum quod Silvestro non ut privato largitus est sed ut Christi vicario pontificique maximo, ut ecclesie procuratori, ut administratori, ut dispensatori demum ecclesiasticarum rerum.*[17]

Das Verhältnis von geistlicher und weltlicher Gewalt erklärt er mit den Bildern von den zwei Schwertern und Sonne und Mond. Aus dem letzteren leitet er im Zusammenhang mit der Schenkung eine Erklärung für die Verlegung der kaiserlichen Residenz nach Konstantinopel ab: der Glanz des Kaisers (Mond) wachse mit dem Abstand von der Sonne![18] So wie durch die Schenkung Konstantins der Papst als *princeps maior* erhielt, was ihm zukam, so erlangte Konstantin auch dadurch erst seine Legitimation, als *princeps minor* weiter zu herrschen. Zusammengefaßt stellen sich ihm die Ereignisse folgendermaßen dar:

Constantinus suscepta fide non tam est a Silvestro confirmatus imperator quam denuo creatus, quandoquidem nullum iure fuit imperium ante habitum. Non igitur multo post Constantinus ille princeps divinitus inspiratus (non est ut plerique fabulantur Silvestro gratificandi causa) secessit orientem aquilonemve pocius sedem illic imperialem collocaturus, siquidem rerum non tam ignarus erat, quin intelligeret romanam sedem summo pocius pontifici Christique vicario... quam sibi convenire.[19] Seine Interpretation sieht Edo auch durch den weiteren historischen Ablauf bestätigt, den er nach zwei weitverbreiteten Werken seiner Zeit darstellt, dem *Supplementum Chronicarum*

---

[15] A.a.O. f. 118 r/v.

[16] A.a.O. f. 126 v.

[17] A.a.O. f. 127 r.

[18] A.a.O. f. 123 r. Zu dieser Interpretation des Gleichnisses vgl. Othmar Hageneder, Das Sonne-Mond-Gleichnis bei Innozenz III. Versuch einer teilweisen Neuinterpretation, Mitteilungen des Instituts für österreichische Geschichtsforschung 65 (1957), S. 340–368, bes. S. 358.

[19] Edo, Antidotum, f. 129 v.

des Jacopo Filippo Foresti und dem *Fasciculus temporum* des Werner Rolewinck.[20]

Bei aller grundsätzlichen Verschiedenheit der Interpretation, verrät Edo in einzelnen Punkten deutlich seine Unsicherheit gegenüber Vallas Argumenten. Auch er wundert sich über die schlechte Überlieferung und darüber, daß die Glossatoren zu der Palea schweigen, obwohl diese doch eine Kommentierung erfordere: *nullam a glosatoribus decretorum mencionem factam esse miror, cum tamen in eiusmodi capitulis multa contineantur quae ... contraria eamque ob rem exposicione indigerent clariore.*[21] Doch auch hier will er die Entscheidung anderen überlassen, *non enim de illis temere decernere quicquam ausim.* Obwohl so manches ungeklärt bleiben muß, hat Edo doch die Hoffnung, daß seine Leser künftig nicht mehr anfällig sein werden für die Meinungen eines Valla: *omnes homines omnino huius rei admonitos esse volui, ne qui forte cum Laurentio Valla eiusque similibus periclitentur, si contemptores fuerint audaciores, mortuique non tam sentire quam fateri penitus cogantur, quod viventes impugnare quam credere maluere.*[22]

In der Einleitung zur *Apologia*, die nur wenig später entstand und im Antidotum bereits angekündigt ist,[23] werden die Vorwürfe wiederholt, seine Interpretation der Geschehnisse setzt er im folgenden als bekannt voraus. Auch hier spielt er mit der Tatsache, daß die Handschrift, die ihm vorliegt, den Namen des Verfassers verschweige. Valla wird so für ihn nicht nur zum *accusator* sondern *calumniator*, der sich der Diskussion und damit dem Urteilsspruch entziehen wolle. Daß er es aber mit Valla zu tun habe, gilt ihm aufgrund des Stils als sicher: *te, Laurenti, hunc fuisse satis indicat et inflatum ipsum exordium libelli – nemini sane pepercisti unquam quem pungere quovis modo posses – et orationis genus caracterque dicendi.*[24] Mit Vallas Eloquenz kann und will auch er es nicht aufnehmen: *non enim mihi tecum elegancia orationis, qua maxime confidis, sed veritate, quae per se ipsam facunda est et expolita, certandum esse censeo.*[25] So ergibt sich für diese zweite Schrift die Form des Dialogs. Satz für Satz wird Valla zitiert und kommentiert. Dessen Anspruch, vor den Fürsten und allen Christen Klage zu führen, wird von Edo abgewertet; für ihn ist das nicht mehr als eine Pose, sei es doch ungefährlich, gegen den Papst zu schreiben, wenn dieser *eiusmodi scripturam nunquam nec visurus sit nec auditurus* – nur weil er das wußte, habe Valla über-

---

[20] M i g l i o , S. 201ff., zeigt, daß Abhängigkeit hier zuweilen wörtliche Übernahme bedeutet.
[21] E d o , Antidotum, f. 130 r.
[22] A.a.O. f. 137 r.
[23] A.a.O. f. 120 r; in der Apologia (Zitate nach Codex Assisi 580) verweist er auf seine grundsätzliche Kritik zurück, z. B. f. 72 v.
[24] E d o , Antidotum, f. 116 r.
[25] A.a.O. f. 116 v.

haupt die Schrift verfaßt.[26] Das schließt aber nicht aus, daß er sich selbst in gleicher Rednerpose Valla entgegenstellt; so übernimmt er es z. B., für Palea zu antworten.[27] Die einzelnen Argumente, die Edo Valla entgegenhält, sind z. T. aus seiner Geschichtskonstruktion abgeleitet, die er hier nicht mehr erläutert, sondern unter Hinweis auf sein Antidotum voraussetzt. Da er aber zu allen Sätzen Vallas eine Antwort zu geben versucht, bleibt es nicht aus, daß er zuweilen zu kuriosen Vorstellungen greifen muß. Wie Valla befaßt er sich nur mit der Palea im Dekret Gratians, die sonstige Überlieferung wird nicht angesprochen, für ihn ist Palea sogar der Verfasser. Das Original, das auf dem Grab des Apostelfürsten niedergelegt worden war, sei vergangen, *cum omnia consumat ac deleat vetustas*[28]; Palea habe deshalb nicht ein älteres Exemplar abgeschrieben, sondern die Silvesterlegende ergänzt: *non ex Constantini privilegio illo, quod super beati Petri corpus tempore longe posteriore vidit nunquam, sed ex Silvestri gestis eiusmodi conceptionem formamque didicisse ... itaque memoria tenens quod legisset, id postea digessit arbitratu suo, non omnino verba inter scribendum prosecutus sed sensum.*[29] Damit läßt sich die Erwähnung von Konstantinopel leicht erklären. Auch Palea sei klar gewesen, daß zum Zeitpunkt des Privilegs von Konstantinopel noch nicht die Rede sein konnte, er habe lediglich mit angesprochen, was der Kaiser schon damals vorhatte.[30] Palea ist für Edo als Schüler des Gratian ein gelehrter Mann, die stilistischen Fehler und Ungeschicklichkeiten in der Urkunde können deshalb nicht von ihm stammen. Hierfür trifft die Schuld die Abschreiber. Immer wieder findet sich der Hinweis auf die *negligentia* der *librarii* oder *notarii*. Edo weiß aus eigener Erfahrung, wie leicht einem beim Abschreiben ein Fehler unterläuft, und schließlich habe er mit der Antwort auf Valla warten müssen, weil auch dessen Schrift durch die Abschreiber ent-

---

[26] E d o, Apologia, f. 71 v; vgl. auch: *constituisti ... accusare non modo absentem, sed ne in ius vocatum quidem. Satisne credis esse scribere libellum, quem in foro neque iudex neque reus unquam lecturus vel visurus sit?* (f. 72 v zu Valla 4, 4).

[27] A.a.O. f. 100 v. Wenn Valla 18, 33 das *letale vulnus* ankündigt, nimmt Edo die Herausforderung an: *hoc loco tibi, Petre, maxime curandum est, ut apud te sis tibique potissimum caveas. Minatur hostis sese causam nostram uno iugulaturum ictu. Quid igitur demoraris, bone vir?* (f. 95 r).

[28] A.a.O. f. 124 v.

[29] Edo bleibt dieser Fiktion nicht treu. Je nachdem, auf welches Argument er antworten muß, wandelt er die Dinge ab. So habe Gratian die Urkunde nicht in sein Dekret aufgenommen, *quod extare sciret* (f. 98 r), ebenso sei auch der Verfasser der gesta Silvestri auf die Schenkung nicht eingegangen, weil er wußte, daß darüber das Privileg vorlag (f. 98 v). Schließlich spricht Edo von zwei unterschiedlichen Fassungen der gesta Silvestri; Valla habe nur eine verkürzte Version kennengelernt, auf die sich das Gelasius-Zitat beziehe (f. 100 v zu Valla 20, 7).

[30] A.a.O. f. 107 r.

stellt worden sei.[31] Da Palea aber Mönch war, erklären sich leicht die von Valla so sehr betonten Anklänge an den Sprachgebrauch der Bibel: ... *mona-chum fuisse eum Gratianique discipulum, deinde studiosissimum, sed sacra-rum litterarum, non etiam oratorum, ut non sit mirandum si nonnumquam earum imitatur vestigia genus loquendi.*[32]

Hin und wieder findet Edo in Vallas Ausführungen Widersprüche oder gar Sätze, die seine eigene Interpretation bestätigen. So lasse Valla die Söhne Konstantins auf ihr Nachfolgerecht pochen und betone doch an anderer Stelle, daß die *electio* beim Senat liege;[33] auch wolle er mit den Söhnen das Reich aufteilen und lasse andererseits die Senatsvertreter mit dem Bruderkrieg drohen, wenn Konstantin dem Papst die Herrschaft abtrete.[34] Wenn Valla zugebe, daß Konstantin nicht durch Wahl, sondern durch Waffengewalt die Herrschaft erlangt habe, sei er doch im Grunde der gleichen Auffassung wie er, Edo, daß nämlich Konstantin kein *legitimus imperator* gewesen sei und eine *restitutio* und neue Wahl erforderlich gewesen sei.[35] Zuweilen allerdings erscheinen ihm Vallas Argumente schlicht unglaubwürdig, so etwa die Behauptung, daß Sigismund fast vor Hunger umgekommen sei (43, 27): *nam ne verisimile quidem videri potest eum regem, qui opulentissimus ac poten-tissimus Boemie Ungarieque praeesset, tantam – nescio quam ob rem – in paupertatem incidisse.*[36] Was Valla von Bonifaz VIII. berichtet, paßt nicht zu den Vorstellungen, die er selbst von diesem Papst hat. Er muß aber zugestehen, daß er ihn im Augenblick nicht so verteidigen kann, wie er gerne möchte: *Quod si forte deus mihi aliquis (ut opto) illius opusculi videndi faceret po-testatem, certum est me hanc ipsam disceptationem et ampliorem effecturum et robustiorem.*[37] Selbst wo er mit berechtigter Kritik ansetzt, gewinnen seine Argumente durch seine zusätzlichen Überlegungen einen kuriosen Anstrich. So weiß auch er, daß der von Valla (19, 3) angeführte Ps. Melchiades-Traktat nicht von dem Vorgänger des Silvester stammen kann. Vielleicht, so gibt er zu bedenken, habe der richtige Verfasser auch Melchiades geheißen, dann könnte wiederum durch einen Fehler des Abschreibers dieser Brief dem gleichnamigen Papst zugeschrieben worden sein.[38]

Von allen Stellungnahmen zu Valla ist die des Edo sicherlich die originellste. Das gilt nicht für die Interpretation der Schenkung – hier steht er in

---

[31] Edo, Antidotum, f. 117 v. Die Verderbtheit des Textes ist für ihn ein Indiz für die große Verbreitung des Werkes.

[32] Edo, Apologia, f. 103 r.

[33] A.a.O. f. 80 v.

[34] A.a.O. f. 82 r.

[35] A.a.O. f. 76 v.

[36] A.a.O. f. 136 r.

[37] A.a.O. f. 138 r.

[38] A.a.O. f. 96 v; dazu Miglio, S. 219.

der Tradition der hierokratischen Theorien, die gerade unter Alexander VI. wieder eine besondere Bedeutung erlangten.[39] Edo ist aber der einzige von Vallas Kritikern, der wirklich auf alle Argumente eine Antwort zumindest suchte. Steuchus hat sich ein halbes Jahrhundert später geweigert, Valla wörtlich zu zitieren, Pietro Edo stellt sich sozusagen jedem Satz. Er glaubt an die Schenkung, zeigt sich aber auch offen gegenüber manchen Einzelargumenten Vallas. So sucht er in einer gewissen Naivität nach Erklärungen, die das für Valla Unwahrscheinliche wahrscheinlich machen könnten.

VI. Vallas *De falso credita et ementita Constantini donatione* in der politischen und religiösen Auseinandersetzung mit Rom

1. Die Ausgaben Ulrichs von Hutten

Huttens editorische Leistung

Das entscheidende Ereignis für die Wirkungsgeschichte von Vallas Schrift bleibt die Neuherausgabe durch Ulrich von Hutten, auch wenn er nicht mehr als Erstherausgeber angesprochen werden kann. Die editio princeps von 1506 des Anonymus de Aloysio blieb ohne erkennbare Wirkung.[1] Es stellt sich die Frage, ob Hutten Kenntnis von diesem Erstdruck hatte. In seiner Praefatio zu Vallas Schrift heißt es nämlich ausdrücklich, daß er sie erneut drucken wolle: *edatur hic denuo liber.*[2] Die oder eine Vorlage für seinen Druck hat Hutten bei Johannes Cochläus in Bologna gefunden, „schon im Begriff nach Deutschland zurückzukehren".[3] In einem Brief des Cochläus an Willibald Pirckheimer vom 5.7.1517 heißt es: *Pridie quam recederet (Huttenus) apud me vidit Laurentii Vallae libellum contra Constantini donationem, quem ego*

---

[39] Miglio, S. 220ff.

[1] Vgl. S. 93.

[2] Hutten, Schriften I, S. 155–161, hier S. 158,2. Ähnlich heißt es 1518: *Laurentii Vallae ... libellum in lucem iterum ... edere nuper ausus sim...* (Schriften I, S. 241,21); vgl. S. 162.

[3] Holborn, S. 72. Holborn fährt fort: „er beschließt, dieses Werk des seiner Zeit an kritischem Vermögen und aufgeklärter Bildung voraneilenden Italieners alsbald in Deutschland *neu* herauszugeben". Vgl. auch Grimm, Hutten, S. 72 und 88. Spahn, S. 32, malte die Begegnung mit Cochläus aus: „... da erfaßte der geniale Agitator (Hutten) auf der Stelle, welch eine Waffe der Freund ihm bot. Der hagere, von den Stürmen seines Lebens ausgezehrte Jüngling drängte sich an den älteren Cochläus heran, unheimliches Feuer loderte in seinen zurückgesunkenen Augen auf, und mit einer wilden Leidenschaft sprach er ... auf das kleine Männchen ein. Er wollte eine Abschrift von dem Buche nehmen und es dann hinaus in die deutschen Gaue schleudern, auf daß sie sich endlich der römischen Niedertracht erwehrten."

ad modicum tempus videndum ab alio commodatum acceperam; vult homo
eum libellum in Germania rursus impressioni mandare, petiit, ut libellus iste,
quia correctior esset, transscriberetur, non potui ei id denegare.[4] Diese Zeilen
beschreiben den Sachverhalt in aller wünschenswerten Klarheit. Hutten hatte
demnach schon vor der Begegnung mit Cochläus die Absicht, Vallas Schrift
zu drucken und zwar *rursus impressioni mandare*. Das *rursus* deckt sich mit
Huttens *edatur hic denuo liber*. Es kann also keine Rede davon sein, daß erst
durch die Handschrift, die er bei Cochläus sah, sein Entschluß ausgelöst worden sei.[5] Wenn aber die Absicht schon bestand, mußte Hutten die Schrift
Vallas nicht nur kennen, sondern auch eine Druckvorlage haben. Ja, er kannte
die textliche Qualität seiner Vorlage so gut, daß er die Handschrift des Cochläus als *correctior* bezeichnen konnte. Deshalb hat er sich zusätzlich auch von
dieser Handschrift eine Abschrift erbeten und erhalten. Hutten hatte also
zwei Vorlagen für seinen Druck, der damit auch als editorische Leistung zu
bewerten ist.

Ein Textvergleich zeigt nun, daß die Hutten im Juli 1517 bereits bekannte
Vorlage in der Tat die editio princeps von 1506 gewesen ist. Der Druck bietet eine sehr verderbte Textform. Neben zahlreichen Auslassungen und Zusätzen ist die häufige Änderung ganzer Sinneinheiten besonders charakteristisch. So heißt es z. B. 10, 37 *in imperium Romanum* statt *in populi Romani*
imperio und 19, 5 *fidem sacram* statt *fidei sacramenta*.

Zur editio princeps liegt in der Handschrift Ch. B. 226 der Forschungsbibliothek Gotha eine Parallelüberlieferung vor; die Handschrift Missionari
Urbani 57 der Biblioteca Franzoniana Genova steht diesem Überlieferungs-
zweig sehr nahe. Es lassen sich nun zwischen dem ersten Druck Huttens und
der editio princeps sowie der Gothaer Handschrift Übereinstimmungen aufzeigen, die weder von der nah verwandten Genueser Handschrift noch von
den zahlreichen anderen Textzeugen geteilt werden. Da sind gemeinsame
Auslassungen: 6, 3 *duobus*; 37, 36 *ad illum* bis *mittuntur* und gemeinsame Zusätze: 9, 23 *tu / tu ne*; 27, 11 *eius /eiusque*; 29, 4 *asinum / asinum aut canem*;
30, 29 *fient / fiant aut militaria ornamenta*.

An anderen Stellen haben beide Ausgaben gemeinsame sinnentstellende Varianten: 4, 33 *aut non / aut vero*; 23, 16 *princeps / pontifex*; 35, 12 *sine /*
summo. Als paläographische Verschreibungen sind folgende Lesarten leicht
zu erklären, trotzdem finden sie sich nur in den beiden Drucken und der

---

[4] Hutten, Schriften I, S. 142, 12.

[5] Nur Coleman hat die Formulierung ernst genommen und bot S. 203, Anm. 1, schon
einen richtigen Ansatz zur Interpretation. Er suchte den ersten Druck in Italien; da er
ihn nicht nachweisen konnte, schwächte er seine Deutung wieder ab: „(I) infer that the
above (rursus impressioni mandare) is merely a loose use of words." Ähnlich Paoli,
S. 40: „la seconda edizione o forse pubblicazione..."

Gothaer Handschrift: 11,25 *avem / ovem*; 25,34 *Iudea / India*. Größer ist die Zahl einfacher wiederum nur hier überlieferter Varianten.[6]

Für alle diese Lesarten käme die Gothaer Handschrift oder eine Parallelüberlieferung als Vorlage für Hutten ebenso in Frage wie die editio princeps. Daß ihm aber nicht eine Handschrift, sondern der Druck von 1506 vorlag, ergibt sich aus einer Reihe von Abweichungen, die dieser Druck auch gegenüber der Gothaer Handschrift und erst recht gegenüber allen anderen Textzeugen aufweist, die sich aber auch bei Hutten finden: 4,38 *ruinis / minis*; 13,11 *cuius / eius*; 15,8 *de / in*; 16,9 *assistente / simul assistente*; 21,40 *ne tu / ne tum*; 22,30 *aut iuncto / adiuncto*; 35,21 *quoquam / quoquo*; 43,11 *voluit / voluerit*; 47,34 *bonus / Bonifacius*. Man kann diese Reihe noch ergänzen durch Varianten, die zwar von dem einen oder anderen Überlieferungszeugen, nicht aber von der Gothaer Handschrift geteilt werden.[7] Auf die editio princeps wird man auch verwiesen, wenn Hutten 25,15 *Atqui* statt *a qua* schreibt; offensichtlich hat er das Kürzel der Vorlage falsch aufgelöst. 37,21 schreibt er *paenultima*, die editio princeps bietet *penultimam*. Insgesamt zeigt sich, daß Hutten sich verhältnismäßig eng an die editio princeps anlehnt. Das mag an der bequemeren Benutzbarkeit des Druckes gegenüber einer Handschrift gelegen haben, erklärt sich aber vielleicht auch daraus, daß er seine Ausgabe in möglichst kurzer Zeit fertigstellen wollte. Auffallend ist jedenfalls, daß er an einigen Stellen, wo er mit der editio princeps einer schlechten Textvorlage gefolgt war, für die zweite Ausgabe Korrekturen vorgenommen hat. So heißt es jetzt 25,34 richtig *Iudea* statt *India*, auch ist 27,20 *singularum* zu *singularis* verbessert. 30,29 bleibt der Einschub *aut militaria ornamenta* erhalten, wird aber durch *gestabunt* zu einer sinnvollen Einheit ergänzt.

Die editio princeps von 1506 kann so mit Sicherheit als eine der Vorlagen Huttens angesehen werden.[8] Nicht eindeutig bestimmbar ist dagegen die

[6] 3,20 *os verberari / obverberari*; 5,23 *tantam / tantum*; 8,30 *deserimur / destituimur*; 11,19 *recedere / discedere*; 11,33 *assentirer / assentiar*; 12,21 *hoc / hec*; 16,36 *quis / aliquis*; 17,21 *num / enim*; 24,29 *possent / possint*; 27,20 *singularis / singularum*; 29,24 *delabitur / dilabitur*; 32,3 *placatus / placatu*; 35,18 *vel / et*; 43,26 *ac / et*. Auch in der Wortfolge finden sich gemeinsame Abweichungen: 5,28 *et quasi / quasi et*; 6,29 *peti dominatus / dominatus peti*; 7,3 *quotidie a barbaris / a barbaris quotidie*.

[7] 19,7 *suo / sub suo*; 21,37 *committas / committis*; 28,2 *convertantur / convertentur*; 39,26 *commentor / commentator*; 49,31 *possimus / possumus*.

[8] Woher Hutten die editio princeps kannte, läßt sich nicht sagen. – C. J. W a g e n s e i l, Ulrich von Hutten nach seinem Leben, seinem Karakter und seinen Schriften geschildert, Nürnberg 1823, widerlegt S. 208 mit dem angeführten Brief des Cochläus die Behauptung von Ludwig S c h u b a r t, Ulrich von Hutten, Leipzig 1791, S. 45, Hutten habe die Schrift Vallas „aus dem Schutte einer Klosterbibliothek gezogen". Auch in der Einleitung zu: Die deutschen Dichtungen des Ulrich von Hutten, hrsg. von G. B a l k e (Deutsche National-Litteratur 17,2, 1891), S. 208 (Nachdruck Darmstadt 1967, S. 8) heißt es: „Zu dieser Zeit (1517) entdeckte er in der Klosterbibliothek zu Fulda ein Exemplar der

zweite Vorlage, die Abschrift der Handschrift, die Cochläus sich im Sommer 1517 ausgeliehen hatte. Unter den bisher bekannten Handschriften ist keine als diese Abschrift zu identifizieren. Zahlreiche Übereinstimmungen bestehen nur zwischen Huttens Text und den Handschriften Padova, Biblioteca Capitolare, A 44 und Lüneburg, Ratsbücherei, Misc. D 4° 33. Von diesen beiden bietet die Handschrift aus Padova einen verderbteren Text. Mit beiden Handschriften hat Huttens Text folgende Abweichungen gemeinsam: 4,4 *itaque / igitur*; 4,11 *possim / possum*; 20,12 *idem / id*; 20,16 *in / fehlt*; 22,32 *scriptas / fehlt*; 24,36 *Christo / Christiano*; 32,6 *concessimus / concesserimus*; 32,16 *esset / est*; 36,30 *aut / an*; 41,16 *illos / istos*; 45,38 *fas / ius*; 47,21 *curriculum / circulum*. Einige Varianten erscheinen noch nicht in der Lüneburger Handschrift, sondern erst in der Paduaner: 12,38 *simus / sumus*; 16,16 *et* bis *pondus / fehlt*; 31,17 *interpretatur / interpretantur*.

Aussagestärker ist eine andere Gruppe von Varianten. An mehreren Stellen hat der Codex Padova A 44 die gleichen Abweichungen wie der Erstdruck von 1506. Wo Hutten hier die richtige Lesart bringt, muß mit dem Erstdruck auch die Paduaner Handschrift als Vorlage ausscheiden. An diesen Stellen bietet jeweils die Lüneburger Handschrift den richtigen Text: 8,30 *oppetere / appetere*; 9,8 *noluisset / voluisset*; 18,22 *loquor / loquar*; 19,21 und 28,33 *unquam / nunquam*; 23,34 *repetat / repetet*; 33,34 *referret / refert*; 34,14 *tanquam* bis *regionum / fehlt*.[9] An anderen Stellen, wo die Paduaner Handschrift und die editio princeps unterschiedliche Varianten haben, bietet Hutten ebenfalls mit der Lüneburger Handschrift den richtigen Text.[10]

Nimmt man alle Beobachtungen zusammen, so ergibt sich für die zweite Vorlage Huttens: die Abschrift, die er von Cochläus erhielt, gehört zur Gruppe der Handschriften aus Padua und Lüneburg, sie stand aber offensichtlich der Lüneburger Handschrift und damit der besseren von beiden näher. Diese Feststellung deckt sich mit Huttens eigenem Urteil, daß diese

---

Schrift des Laurentius Valla..." Es ist dies wohl nur eine Verwechslung mit der Auffindung von De unitate ecclesiae conservanda; vgl. Hutten, Schriften I, S. 321. – Bemerkenswert in diesem Zusammenhang ist, daß Vallas Schrift in Huttens unmittelbarer Nähe greifbar war. Lorenz Truchseß, mit dem Hutten bekannt war, besaß sie schon seit mehr als zwei Jahrzehnten, vgl. S. 92. Über Truchseß vgl. Hutten, Schriften I, S. 251,10 und S. 257,26.

[9] Außerdem noch: 36,20 *paginas / pagina*; 36,27 2. *quam fehlt*; 36,38 *inquireremus / inquiremus*; 37,7 *atqui / atque*; 39,16 *ullum / illum*; 47,9 *inscitia / iustitia*.

[10] Es sind dies u. a. 14,38 *idest*; 25,15 *is*; 29,16 *cum nos*; 39,13 *descenderetur*; 41,32 *discernemus*. Es gibt auch Abweichungen, die allen hier verglichenen Vorlagen gemeinsam sind; wo Hutten hier die richtige Lesart bietet, hat er sie z. T. wohl leicht erschließen können, z. B. 11,26 *dispicere / despicere*; 18,34 *Constantio / Constantino*; 37,35 *perfert / profert*.

zweite Vorlage *correctior* gewesen sei als seine ihm schon bekannte Vorlage, der Druck von 1506.

Durch die beiden Textvorlagen wird eine Reihe von Besonderheiten in Huttens Textgestaltung nicht gedeckt. Da sich auch in anderen Handschriften für diese Varianten keine parallele Überlieferung findet, liegt es nahe, diese Abweichungen dem glättenden Eingriff des Herausgebers Hutten zuzuschreiben. Einige Zusätze führen zu gängigeren Formulierungen: 30, 14 *pontificem / summum pontificem*; 33, 3 *Petri / Petri apostoli*. 12, 22 fand Hutten in seinen Vorlagen *divina* (im Druck von 1506) und wohl das zumeist richtig überlieferte *dominus*. Er änderte das ab in *dominatus*, nicht ohne auch das folgende Adjektiv *terrena*, das auf *pars nostra sive sors* zu beziehen ist, in *terrenus* abzuändern. Ähnlich wird bei ihm 49, 5 *principium* zu *principatum*, auch hier ist das nachfolgende Relativpronomen *quod* in *quem* abgeändert. 19, 22 schreibt er *codicibus* statt *editionibus*. Einen erläuternden Zusatz bietet er zu Vallas Exkurs über die Quantität der Silben beim Namen *Simon* (42, 16): ... *ita legendum Simonem*. Ergänzt hat er auch das substantivisch gebrauchte *sacra* (= Urkunde) des Constitutum Constantini (35, 1), das er adjektivisch auffaßte und durch *scriptura* verdeutlichte.

Huttens Vorrede

Hutten hat zu Vallas Schrift ein an Papst Leo X. gerichtetes Vorwort verfaßt. Darin geht es zunächst um den Wandel, der mit dem Pontifikat Leos X. gekommen sei. Leo sei der *restaurator pacis*, sein Amtsantritt die Zäsur zwischen der Tyrannis des kriegerischen Julius II. und der neu erstandenen Freiheit.[11] Friede aber bedeute nicht nur Freiheit, zugleich kehrten mit ihm zurück *iustitia, fides, veritas, clementia* und *mansuetudo: vides quot simul bonorum author fueris, Leo decime*.[12] In Zeiten des Friedens, der Freiheit und der Gerechtigkeit könne endlich auch die Wissenschaft wieder aufblühen, und die *literati homines* seien es, die sich am meisten über den eingetretenen Wandel freuten, die nun wieder veröffentlichen könnten, was nicht willkommen war, als man kein Ohr hatte für das Wahre: *proinde in lucem prodeat siquid diu latuit, et eo maiori cum fiducia prodeat, quanto quidque verius, quantoque syncere magis scriptum est; qualis hic est liber, quem alii idcirco non tulerunt pontifices, quia verum audire noluerunt, tu idcirco amabis, quia veritatis iam ante poculum nobis propinasti*.[13]

Damit ist Hutten auf Vallas Schrift zu sprechen gekommen. Dem Einwurf,

---

[11] Hutten, Schriften I, S. 155–161, hier S. 156, 10.
[12] A.a.O. S. 156, 32.
[13] A.a.O. S. 157, 7.

diese Schrift sei *contra ecclesiastici status dignitatem*[14] geschrieben, antwortet
er mit dem Hinweis, daß solche Behauptungen ebenso wie die Fälschung
selbst von Päpsten stammten, die ihrem Amte nicht gerecht geworden seien:
*neque fuerunt pontifices illi qui finxerunt Constantini donationem, quia
pastores non fuerunt.*[15] Wie Valla macht er so die Päpste für die Fälschung
verantwortlich, mit Valla spricht er von der Unterjochung fremder Völker[16],
und auch der abgewandelte Psalmvers 52, 5 mag Hutten noch von der Lektüre Vallas im Ohr geklungen haben.[17] Solange sich die Päpste auf die Konstantinische Schenkung stützten, solange sie weltliche Macht und Herrschaft
anstrebten, mußten sie notwendig kriegerisch sein und damit ihr eigentliches
officium vernachlässigen.[18] Wiederherstellung des Friedens und Rückkehr
zum wahren Papsttum ist so gleichbedeutend mit der Beschränkung auf geistliche Macht: *tu in syncero veritatis splendore coelestem dominationem, id est
pacis regnum aperuisti.*[19] Nicht zuletzt dadurch, daß er die Herausgabe der
Schrift Vallas zulasse und die Widmung annehme, könne Leo zeigen, daß er
im Gegensatz zu seinem Vorgänger *verus pontifex*[20] sei: *quapropter desinant
quidam metuere, ne tu aegre feras, si edatur hic denuo liber, quod illi ante
praeposteri pontifices, ne haberetur in manibus, vetuerunt: nihil est tibi enim
commune cum illis, quia nihil fuit ipsis cum Christo.*[21]

Im folgenden gibt er seine Beurteilung der Schrift Vallas. Valla ist für Hutten
nicht *maledicus* oder *in pontifices impius*,[22] sondern ein Beispiel christlicher
Unerschrockenheit, er habe den Mut besessen, die Wahrheit auszusprechen:
*Ergo non maledicit pontificibus Valla, sed in tyrannos vera dicit ... hoc in
libello, si usquam, ostendit Laurentius, qui vir, quanto praeditus animo fuerit,
qui maximo etiam proposito, ut illa tempestate, periculo veritatem deserere
noluit.*[23] So kann Hutten seine Vorrede schließen in der Gewißheit, daß diesem Papst die Schrift Vallas sehr willkommen sei: *tibi vero gratissimum facere me confidam, qui reiectum nuper et damnatum hac de re Vallae libellum*

---

[14] A.a.O. S. 157, 12.

[15] A.a.O. S. 157, 13.

[16] *(ecclesia) non sub iugum traxisset imperia et nationes* (S. 157, 18); vgl. Valla 48, 11, der
davon spricht, daß die Völker der päpstlichen Herrschaft nie unter der Bedingung zugestimmt hätten, *ut nunquam suptrahere a iugo colla possent.*

[17] *... ut devorarit illam (familiam Dei) velut cibum et escam panis* heißt es bei Valla 49, 10;
Hutten verweist S. 157, 22 auf das Herrenwort *pasce oves meas...* (Ioh. 21, 15ff.; vgl.
Valla 13, 22), das nicht gelautet habe: *devora plebem meam sicut escam panis.*

[18] Hutten, Schriften I, S. 157, 26; vgl. Valla, 48, 31.

[19] A.a.O. S. 158, 6.

[20] A.a.O. S. 157, 35.

[21] A.a.O. S. 158, 2.

[22] A.a.O. S. 158, 30.

[23] A.a.O. S. 159, 3 und 159, 9.

156

veluti ex tenebris in lucem, ab interitu ad vitam revocem. Quinetiam ipsum tibi illum dedico, ut testatum sit quam te pontifice renata libertate verum dicere licuerit omnibus verumque scribere.[24]

Dieses Vorwort zeigt, wie genau Hutten die Argumentation Vallas kennt und wie sehr er sich den Standpunkt Vallas zu eigen gemacht hat. Auch für ihn sind die Päpste Urheber der Fälschung, auch für ihn ist sie kennzeichnend für Päpste, die in Mißachtung ihres eigentlichen Amtes aus Hirten zu Tyrannen geworden sind. Für die Vertrautheit mit den Ausführungen Vallas gibt es noch weitere Zeugnisse. Immer wieder, wenn Hutten auf die Konstantinische Schenkung zu sprechen kommt, klingen Argumente und Formulierungen Vallas an.

Im Frühjahr 1518 entstand die Türkenrede: *Ulrichi de Hutten Equitis ad principes Germanos ut bellum in Turcas concorditer suscipiant exhortatoria,*[25] in der kurz auch die Konstantinische Schenkung angesprochen ist: ... *et magnopere sollicitus non sim quid oporteat hoc modo diadema sumpturum Imperatorem Pontifici largiri, in quae verba iurare, quas leges praescribente illo accipere, in quam servitutem sese addicere: nam de Constantini donatione non audemus ne mutire quidem: quamquam animo sim impatientissimo, iniuria fortasse, sed tamen patriae studio.*[26] Die Anklänge an Valla sind deutlich. Um die Krönung zu erlangen, muß der deutsche König Schenkungen machen *(largiri)* und sich gleichsam in Knechtschaft *(servitutem)* begeben. Auch Valla hatte 18, 6 von der *confessio servitutis* gesprochen, die die Päpste von den zukünftigen Kaisern erzwangen.

Von 1519 stammt der Dialog *Vadiscus sive Trias Romana.*[27] Es geht in diesem Gespräch um die Äußerungen eines fiktiven Vadiscus,[28] der seine Kritik an Rom jeweils in Dreierformulierungen vorgetragen hatte. An zwei Stellen ergänzt Hutten dessen Triaden. An die Bemerkung, daß Rom überreich sei an *antiquitatibus, venenis et vastitate* knüpft er an, daß dafür drei andere Dinge Rom verlassen hätten: *simplicitas, continentia* und *integritas.*[29] Vadiscus hatte auch gemeint, daß man Rom meiden solle, weil dort drei Dinge getötet

---

[24] A.a.O. S. 161,29; zu der Formulierung *reiectum nuper et damnatum* vgl. S. 101.

[25] Hutten, Schriften V, S. 101–134.

[26] A.a.O. S. 104,14.

[27] In einem Brief Huttens an Eoban Hesse vom 3. 8. 1519 ist bereits vom Druck des Dialogs die Rede. Er erschien zusammen mit den Dialogen Fortuna, Febris und Inspicientes im April 1520; vgl. Benzing, Hutten, Nr. 122, S. 74. Die Trias ist gedruckt in Hutten, Schriften IV, S. 145–259.

[28] Zu der Vorlage, einer deutschsprachigen Triadensammlung, die früher Crotus Rubeanus zugeschrieben wurde (vgl. Paul Kalkoff, Die Crotus-Legende und die deutschen Triaden, Archiv für Reformationsgeschichte 23 [1926], S. 113–149) Benzing, Hutten, S. 142–145.

[29] Hutten, Schriften IV, S. 177,9.

würden: *bona conscientia, religionis zelus, iusiurandum;* dazu ergänzt Hutten: *Ubi in mentem venit mihi trium quoque commemorationem deridere nunc Romam, maiorum exempla, pontificatum Petri et extremum iudicium.*[30] Was nun den *pontificatus Petri* angehe, so brüste man sich mit der Konstantinischen Schenkung, verachte nicht mehr weltliche Herrschaft, sondern kämpfe gar für sie: *Praeterea quandam iactant adornatam iam olim ab se Constantini donationem, et occidentis imperium ad se pertinere dicunt, occupantque eo nomine urbem Romam, Romani imperatoris, siquis esset, domicilium et imperii caput; deinde nullam aspernantur, ut Petrus, temporariam ditionem, sed pro regnis etiam et imperiis digladiantur terra ac mari tumultuanter, et sanguinem fundunt ac veneno grassantur.*[31]

Auch zu diesen Sätzen lassen sich leicht bei Valla Parallelen finden.[32] Schließlich zeichnet Hutten die Entstehung und Wirkung der Schenkung ebenfalls in Anlehnung an Valla. Die *avaritia* habe die Päpste getrieben, sich einen immer größeren Teil Italiens untertan zu machen, bis dann ein *prudentissimus pontifex . . . in veteri membrana aut aliquamdiu in pulvere prius versata vel situ obducta perscripsit divinum hoc edictum, seculis haud dubie post Constantinum multis.*[33] Auch meint Hutten wie Valla, daß die Päpste zur Zeit Konstantins als *sancti . . . eius saeculi antistites* die Schenkung *ut inutilia* nicht angenommen hätten,[34] auch habe kein Papst je die Herrschaft in dem Umfang, wie die Schenkung ihn angibt, angetreten, vielmehr hätten sie später die Herrschaft über Rom usurpiert.[35]

In einem Brief vom 26. Oktober 1519 an Eobanus Hesse[36] berichtet Hutten, daß er in der Klosterbibliothek zu Fulda eine Schrift gegen Gregor VII. gefunden habe, die er mit einer Vorrede herausgeben wolle. Es handelt sich um die Schrift *De unitate ecclesiae conservanda,* die dann im März 1520 erschien.[37] Sie ist für Hutten ein Zeugnis für den Kampf gegen päpstliche Tyrannei: *strenue pontificum tyrannidem oppugnat (auctor) et pro libertate*

---

[30] A.a.O. S. 171, 5.

[31] A.a.O. S. 172, 9.

[32] Vgl. 43, 39: *quisquis est, qui dicitur imperator Romanorum, me iudice se non esse . . . imperatorem, nisi Rome imperium teneat . . .;* 21, 8: *terras miscetis et maria;* 48, 22: *Si urbem sanguine civili perfundas? Perfudisti!*

[33] Hutten, Schriften IV, S. 175, 3; vgl. Valla 36, 32, wo er sich über die Niederlegung der Urkunde auf dem Apostelgrab lustig macht.

[34] A.a.O. S. 174, 8; vgl. bei Valla die Rede Silvesters, besonders 15, 10, die Kennzeichnung der frühen Päpste als *sancti* (50, 2) und der Schenkung als *neque utilis* (7, 18).

[35] A.a.O. S. 174, 12; vgl. Valla 15, 38 über *traditio* und *possessio*.

[36] Hutten, Schriften I, S. 313.

[37] Benzing, Hutten, S. 122, Nr. 219. Edition von W. Schwenkenbecher (MGH, Libelli de lite II, S. 173–284). Vgl. Z. Zafarana, Ricerche sul ‚Liber de unitate ecclesiae conservanda‘, Studi medievali, serie terza, 7 (1966), S. 617–700, zum Vorwort S. 619.

Germanica belligeratur animosissime.[38] Von dieser Einschätzung her ist die Herausgabe dieser Schrift durchaus mit der Herausgabe der Schrift Vallas zu vergleichen. Diesen Vergleich scheint Hutten selbst zu ziehen, wenn er in der Vorrede an Ferdinand, den Bruder Karls V., davon spricht, daß die bekämpfte Wahrheit ans Licht kommen müsse, daß nicht länger für Erdichtungen und Lügen Raum sein dürfe.[39] Die Päpste hätten an die Stelle der evangelischen Wahrheit und Lehre Christi *inanes fabulas, hominum mandata, lucri plerumque caussa ab iis commenta* gesetzt.[40] Wenig später wird die Konstantinische Schenkung ausdrücklich genannt, wenn Hutten das Verhältnis Kaiser–Papst charakterisiert: *Servierunt enim Romanis pontificibus, servierunt, pro pudor, quotquot ex Germanis imperatoribus aut urbe Roma illis cesserunt, aut scelerate ementitam Constantini donationem ratam habuerunt, aut iusiurandum inito principatu reddendum illis dignum duxerunt.*[41] Bei diesen Formulierungen sind die sprachlichen Anklänge an Valla besonders deutlich. Im Anschluß an die kurze Schilderung des Romzugs von Kaiser Sigismund spricht Valla von dem Widersinn, daß nur gekrönt werde, wer *Constantini donationem ratam haberet* (43, 30) und sich durch ein *iusiurandum* (44, 2) binden lasse; gegenüber Konstantins Vorhaben verweist er auf David und Salomon, die in Jerusalem geblieben seien *nec tota illis urbe cesserunt* (34, 34).

Die angeführten Beispiele, die zeigen sollen, wie Hutten im Zusammenhang mit der Konstantinischen Schenkung immer wieder auf Argumente und Formulierungen Vallas zurückgreift, reichen von 1517 bis 1519/20. Am Anfang steht das Vorwort zu Vallas Schrift, am Ende dieses Zeitraums das Vorwort zu *De unitate ecclesiae conservanda*. Diese Beispiele wurden aber auch angeführt, weil die Datierung der Vorrede zu Vallas Schrift angezweifelt worden ist.

Zur Datierung der Vorrede und der Ausgaben Huttens

Huttens Vorrede trägt das Datum *Ex arce Steckelberg, Calen. Decemb. Anno post millesimum et quingentesimum decimo septimo.* Lange Zeit sah man keinen Grund, an dieser Angabe zu zweifeln, und setzte den Druck deshalb in das Jahr 1518.[42] Erst Kalkoff (1925) hat von einer bewußten Rückdatierung gesprochen;[43] in der Hutten-Bibliographie von Benzing (1956) ist

---

[38] Hutten, Schriften I, S. 313, 19.
[39] A.a.O. S. 325–334, hier S. 326, 14.
[40] A.a.O. S. 326, 18.
[41] A.a.O. S. 327, 31.
[42] Hutten, Schriften I, Index bibliographicus XIII, 1.
[43] Paul Kalkoff, Huttens Vagantenzeit und Untergang, Weimar 1925, S. 223, Anm. 1.

dessen Argumentation teilweise übernommen und der Winter 1519 als Entstehungszeit der Vorrede angegeben.[44] Als Begründung für die späte Datierung wird einmal darauf verwiesen, daß Hutten im Dezember 1517 in Frankreich war und das Erscheinen der ersten Ausgabe erst für ‚frühestens Ende 1519' wahrscheinlich gemacht werden könne. Zum anderen wird, insbesondere von Kalkoff, vom Tenor des Vorworts her argumentiert. Er führt einen ‚Gesichtspunkt der höheren Kritik' an: „Diese Annahme einer Zurückdatierung der Vorrede, die Hutten schwerlich zwei volle Jahre im Pulte hat liegen lassen, wird aber zur Notwendigkeit, wenn man erwägt, daß die gewichtige kleine Schrift stilistisch wie inhaltlich dem Höhepunkt der antirömischen Polemik Huttens entspricht, daß sie die Quintessenz der seit Ende 1518 entstandenen Dialoge darstellt." Wohl in Aufnahme dieser Argumentation meint Benzing: „1517 war Hutten noch gar nicht imstande, eine so anklagende Praefatio wie die vorliegende zu formulieren."

Diese Interpretation ist kaum haltbar.

Es ist gezeigt worden, wie sehr Huttens Vorwort aus der Kenntnis von Vallas Schrift lebt; man könnte es – um diese Kennzeichnung aufzugreifen – als ‚Quintessenz' aus der Lektüre bezeichnen. Die Unterscheidung zwischen wahrem und falschem Papsttum, das Spiel mit den Bildern vom Hirten und von den Räubern, die Zuordnung von *libertas, iustitia* und *veritas:* alles ist ähnlich von Valla formuliert. Das Vorwort ist ganz auf die nachfolgende Schrift Vallas abgestellt, deren Inhalt und Bedeutung es unterstreichen soll. Es bleibt zudem weitgehend literarisch,[45] nur kurz ist von den Klagen die

---

In seinem Buch Ulrich von Hutten und die Reformation, Leipzig 1920, hatte er noch anders geurteilt. Im Verzeichnis der besprochenen Schriften Huttens nach ihrer Abfassungszeit erscheint die Vorrede zu Valla vor der Türkenrede von 1518 (S. 587). Huttens Vorwort zu Valla wird folgendermaßen gekennzeichnet: „Die Herausgabe der Schrift des Laurentius Valla ... bedeutete doch keine wissenschaftliche Leistung, sondern hielt sich im Rahmen seiner journalistischen Tätigkeit bei Bekämpfung der päpstlichen Machtstellung..." (S. 32). – Zur Frage der Datierung auch F u h r m a n n, Vallas Schrift, S. 997, Anm. 15.

[44] B e n z i n g, Hutten, S. 3 zu Nr. XIII; G r i m m, Hutten, S. 88: „... aus Sicherheitsgründen war die Praefatio bewußt ... zurückdatiert worden."

[45] Für die Beurteilung des Vorworts ist entscheidend, ob man in der Apostrophe Leos X. als *restaurator pacis* eine wirkliche Hoffnung Huttens oder lediglich eine ironische Fiktion sehen will. Daß Hutten 1517 noch diese Hoffnung hatte, wird durch sein In annum MDXVI Prognosticon ad Leonem X. (Schriften III, S. 252–254) nahegelegt, wo es Zeile 50f. heißt: ... *pax incubet orbi / Et toties sperata tuis et debita votis.* Vgl. auch Schriften I, S. 328, 21. Im allgemeinen ist man in der Beurteilung des Vorworts Formulierungen wie der von G r e g o r o v i u s III, S. 259, gefolgt: „Erst Hutten entdeckte sie (die Abhandlung Vallas) wieder und ließ sie mit einer sarkastischen Widmung an Leo X. drucken." S t r a u ß spricht S. 216 von „äch Hutten'scher Dreistigkeit", K a l k o f f, Vagantenzeit, von einer „dreisten Widmung" (S. 224) und „geheuchelter Verherrlichung" (S. 225).

Rede, die auch von deutscher Seite gegen das kriegerische Papsttum vorgebracht worden sind.[46]

Gerade diese national getönten Klagen aber stehen im Vordergrund in dem Vorwort zu *De unitate ecclesiae conservanda*. Von Vallas Schrift hatte es geheißen, daß ihre Lektüre nützlich und notwendig sei, *cum permagnus sit ex eo fructus, dum veritas pernoscitur;*[47] die Schrift aus dem Investiturstreit soll dagegen Karl V. zu einer festen Haltung gegenüber dem Papst veranlassen, sie soll dem Bruder des neuen Herrschers, *de restituendo sibi (Carolo) imperii statu consultanti,*[48] Argumente an die Hand geben, mit denen er seinen Einfluß verstärken könnte. Heinrich IV. soll Vorbild sein für den neuen König: *ad cuius imitationem, siquid instigare Carolum potest, hic poterit liber.*[49] Polemisch-politisch akzentuiert ist nicht das Vorwort zu Vallas Schrift aus dem Jahre 1517, wohl aber die Vorrede zu *De unitate*. Zwischen beiden liegt die Ausweitung des Streits um Luther, der romfeindliche Reichstag in Augsburg 1518 und die Wahl des neuen Königs; zwischen beiden liegen aber auch die Dialoge *Febris* und *Vadiscus*, mit denen Huttens antirömische Polemik begonnen hatte.[50]

Der Vergleich der beiden Vorworte spricht nicht für eine bewußte Rückdatierung des Vorworts zu Vallas Schrift, sondern läßt diese durchaus als Ausgangspunkt für die spätere Polemik erscheinen. Das deckt sich auch mit Huttens eigener Interpretation. Er kennzeichnet z. B. den Dialog *Vadiscus*, der zeitlich auf das Vorwort zu Vallas Schrift folgt, auch inhaltlich als eine Steigerung: *quo nihil vehementius, nihil liberius adhuc editum est in Romanos aurisugas.*[51]

Doch man ist gar nicht auf die Interpretation angewiesen, um die Frage zu entscheiden. Hutten selbst gibt einen eindeutigen Hinweis, aus dem hervorgeht, daß die Veröffentlichung der Schrift Vallas keine Verzögerung erfahren hat. Im April/Mai 1518 verfaßte er die Türkenrede, die er im Dezember durch ein einleitendes *Exhortatorium liberis omnibus ac vere Ger-*

---

[46] Hutten, Schriften I, S. 159, 28 und S. 160, 18.

[47] A.a.O. S. 158, 29.

[48] A.a.O. S. 328, 14.

[49] A.a.O. S. 328, 9.

[50] Holborn, Kap. VII (Politik und Flugschriften).

[51] In einem Brief an Eoban Hesse vom 3. 8. 1519 (Schriften I, S. 302, 24). Interessant ist auch das Urteil des Cochläus. Zur Herausgabe der Schrift Vallas hatte er durchaus anerkennende Worte gefunden: *facile igitur illius ausu in lucem Laurentii libertas, qua haud inferiorem Francus ille gerit, redibit* (Hutten, Schriften I, S. 142, 20, vgl. auch S. 174). Am 8. 2. 1520 äußerte sich Cochläus zu Huttens Edition von De unitate. Er erwähnt sie zusammen mit den Dialogen Febris und Trias Romana und meint: *mira homo utitur libertate in asserenda Germaniae gloria, vehementissimo flagrans odio in pontificem Romanum* (Hutten, Schriften I, S. 321, 24).

manis ergänzte.[52] Hutten erklärt darin, warum er mit der Veröffentlichung der Rede gewartet habe, und zitiert Freunde, die ihm davon abgeraten hätten, *qui vehementer ab hoc instituto deterrebant, fore putantes, ut quia insunt quaedam orationi ipsi in statum Romanum liberiora quam malus aliquis pontifex ferre possit, ut mihi periculum inde aut certum etiam malum proveniat.*[53] Wenn er nun doch die Rede herausgehen lasse, dann deshalb, weil er überzeugt sei, daß ihm keine Gefahr daraus erwachsen werde. Als Beweis für diese Gewißheit führt er die Veröffentlichung der Schrift Vallas an: *... quem (Leonem X.) tantum abest ut in hac re metuam, ut etiam Laurentii Vallae adversus ementitam Constantini donationem libellum in lucem iterum, praefatione ad ipsum facta, edere nuper ausus sim.*[54] Diese Sätze bedürfen keiner Interpretation. Sie besagen eindeutig, daß Vallas Schrift im Jahre 1518 erschienen ist.[55]

Damit ist kein Anlaß mehr gegeben, an der Datierung des Vorworts auf den 1. Dezember 1517 zu zweifeln. Doch wie steht es mit der Angabe *ex arce Steckelberg?* Im September 1517, zwei Monate nach seiner Abreise aus Bologna, trat Hutten in die Dienste Albrechts von Brandenburg-Mainz, der ihn

---

[52] B e n z i n g, Hutten, S. 4 zu Nr. XIX. Gedruckt in: H u t t e n, Schriften I, S. 240–242. – Auf den Zusammenhang zwischen der Türkenrede und dem Vorwort zu Valla hat schon Paul J o a c h i m s e n in der Besprechung zu K a l k o f f, Vagantenzeit, hingewiesen (Historische Zeitschrift 136, 1927, S. 336ff.). Er wollte deshalb bei dem Datum der Vorrede 1518 statt 1517 lesen; daß das Datum bewußt fingiert sei, war ihm eine „ganz grundlose Vermutung" (S. 338).

[53] H u t t e n, Schriften I, S. 241, 8.

[54] A.a.O. S. 241, 21.

[55] Zweifel sind allerdings erlaubt, wenn Andeutungen Huttens über eine feindliche Reaktion auf seine Veröffentlichungen allzu schnell auf die Herausgabe von Vallas Schrift bezogen werden. So B ö c k i n g zu folgendem Passus aus der Vorrede zu De unitate: *... qui, cum adversus iniquissimas illorum exactiones mutiremus nuper, haereticos clamabant et ignem nobis minabantur, ac Romam pertrahebant magno cum Germaniae motu* (H u t t e n, Schriften I, S. 331, 31). Wer gemeint ist, bleibt unbestimmt. Von *adversus exactiones mutire* kann man kaum im Zusammenhang mit Vallas Schrift sprechen, eher läßt sich das auf die Türkenrede beziehen, wo auch *mutire* gebraucht wird (H u t t e n, Schriften V, S. 104, 16). Vgl. auch die Anmerkungen Böckings zu H u t t e n, Schriften I, S. 172, 13; 331, 32 und 329. – Eine mögliche Anspielung sieht Paul H e l d, Ulrich von Hutten. Seine religiös-geistige Auseinandersetzung mit Katholizismus, Humanismus und Reformation (Schriften des Vereins für Reformationsgeschichte 144, 1928), S. 118, Anm. 1, in einer Rede Huttens an Karl V. vom September 1520, in der es heißt, Papst Leo habe befohlen, *ut comprehensum me vinctum Romam mittant... At qua de caussa? Quia Christianam adserui veritatem, novitias pontificum detestatus fabulas; quia ad pristinam et huic nationi tuoque imperio debitam respexi libertatem, externum detrectans iugum* (H u t t e n, Schriften I, S. 372). Der Hinweis auf die *fabulae* paßt aber im Herbst 1520 nicht mehr nur auf das Vorwort zu Valla, inzwischen hatte sich Hutten wiederholt und in größerem Zusammenhang zu der Konstantinischen Schenkung geäußert.

bald in diplomatischer Mission zum französischen König schickte. Hutten kehrte erst nach dem 20. Dezember 1517 von dieser Reise zurück.[56]

Damit ist ausgeschlossen, daß er am 1. Dezember auf seiner Burg war. Die Ortsangabe erweist sich so als Fiktion. Doch dieser Schluß erlaubt kaum, auch das Datum für eine Fiktion zu halten. Wenn Hutten schon vor seiner Begegnung mit Cochläus in Bologna im Juli 1517 mit der Edition von Vallas Schrift befaßt war, sollte die Zeit bis Dezember 1517 wohl ausreichen, um die neue Handschrift, die er bei Cochläus gesehen und in Abschrift erbeten hatte, in den Text einzuarbeiten. Die Reise nach Frankreich mag die Arbeit beeinträchtigt, muß sie aber nicht gänzlich behindert haben. Selbst auf Reisen, so bekannte er 1518 in einem Brief an Pirckheimer, habe er immer eine kleine Bibliothek bei sich, studiere und schreibe.[57] Offensichtlich hat er während seiner Mission in Frankreich die Arbeit an der Edition abgeschlossen und dann anstelle seines augenblicklichen Aufenthaltsortes seine heimische Adresse angegeben. Dies wäre verständlicher als eine Rückdatierung um nur wenige Wochen oder Monate, wenn die Arbeit doch erst nach der Rückkehr abgeschlossen worden sein sollte. Entscheidend aber bleibt die Feststellung, daß die erste Ausgabe Huttens im Jahr 1518 erschienen ist.

Beide Ausgaben Huttens sind ohne Angabe von Druckort und -jahr erschienen. Böcking (1859) schrieb die erste Ausgabe der Schöfferschen Offizin in Mainz zu und setzte sie in das Jahr 1518; für die zweite Ausgabe gab er Basel als Druckort und Valentin Curio als Drucker an.[58] Benzing (1956) schreibt jetzt beide Drucke dem Basler Andreas Cratander zu und nennt als Erscheinungsdaten „Ende 1519 oder Anfang 1520" für die erste, „vor dem 13. November 1520" für die zweite Ausgabe.[59] Die Angabe „Ende 1519 oder Anfang 1520" ist abgeleitet aus der oben widerlegten Argumentation über die Abfassungszeit des Vorworts. Das angebliche Erscheinungsdatum der zweiten Ausgabe ist abgeleitet aus einem Brief Cratanders an Bonifacius Amerbach vom 13.11.1520, in dem einige Bücher genannt werden, die dem Empfänger als Geschenk zugehen sollen, u.a. *L. Val. de don. Const. denuo impressum.*[60] Die anderen Bücher sind *Topica D. Claudii Cantiunculae,* der

---

[56] Grimm, Hutten, S. 75; Abel Lefranc, Ulrich de Hutten à Paris 1517, Société de l'histoire du protestantisme française, Bulletin historique et littéraire 39 (1890), S. 181 –189. – Das Beglaubigungsschreiben für Hutten datiert vom 20. September 1517; das Ende der Mission ergibt sich aus einem Brief Budés an Erasmus vom 26. Dezember 1517, in dem Huttens Abreise erwähnt ist (Hutten, Schriften V, S. 507, und I, S. 162).

[57] Hutten, Schriften I, S. 201, 10.

[58] Hutten, Schriften I, Index bibliographicus XIII. Zu Schöffer vgl. Benzing, Buchdrucker, S. 296, zu Curio, S. 32.

[59] Benzing, Hutten, S. 118 zu Nr. 212 und 213; Benzing, Buchdrucker, S. 32.

[60] Amerbachkorrespondenz, hrsg. von Alfred Hartmann, Band 2, Basel 1943, Nr. 751, S. 264–266, hier S. 265, 38. Fuhrmann, Vallas Schrift, S. 918, Anm. 17, erwägt, die

Dialog *Henno rusticus* und eine *Oratio pro Iulio II*. Es handelt sich dabei um Titel aus der eigenen Offizin. Nur die *Topica* haben einen genauen Druckvermerk: *Basileae, apud Andream Cartandrum, mense Iunio Anno MDXX*.[61] Aus der Angabe Juni 1520 ergibt sich für die Ausgabe von Vallas Schrift, daß es sich nicht unbedingt um eine jüngste Erscheinung handeln muß. Auch der *Henno rusticus* muß schon vor Juni 1520 erschienen sein; denn Hutten erwähnt ihn in einem Brief an Agrippa von Nettesheim vom 16. Juni 1520.[62] Mit dem 13. November ist also lediglich ein terminus ante quem genannt; es ist damit nicht ausgeschlossen, daß dieser Druck schon im Frühjahr 1520 oder gar schon Ende 1519 fertiggestellt worden ist.

Für den ersten Druck verweist Benzing auf einen Brief des Bernhard Adelmann von Adelmannsfelden an Willibald Pirckheimer vom 28. 4. 1520.[63] Hier ist von einer Büchersendung die Rede, die er von Jakob Spiegel[64] aus Schlettstadt erwarte, darunter *Donationis Constantini privilegium interprete Bartholomaeo Pincerno, Laurentii Vallae contra ipsum privilegium declamationem cum Hutteni nostri praefatione mere Huttena*. Der Titel ist nicht wörtlich wiedergegeben, doch ausführlich genug, um daran zweifeln zu lassen, ihn unbedingt auf die erste Ausgabe Huttens zu beziehen. Diese erste Ausgabe hat als Obertitel *De Donatione Constantini quid veri habeat eruditorum quorundam iudicium*; dieser Obertitel ist in der zweiten Ausgabe weggefallen, dort wird zum Titel, was in der ersten Ausgabe erst auf der zweiten Seite folgt: *Donationis quae Constantini dicitur privilegium Bartholomeo Pincerno... interprete...* Es liegt näher, die Angaben des Briefes auf den Titel der zweiten Ausgabe als auf das Inhaltsverzeichnis der ersten Ausgabe zu beziehen.[65]

Vom 19. 3. 1519 datiert ein Brief des Beatus Rhenanus an Zwingli, in dem von neuen Werken Huttens die Rede ist. Es werden die Dialoge *Phalarismus* und *Febris* genannt, anschließend heißt es: *edidit et alia quaedam ad Leonem X. omnium mortalium audentissimus*.[66] Damit kann nur die Papst Leo X. gewidmete Vorrede zu Vallas Schrift gemeint sein; Hutten konnte wegen dieser Ausgabe sehr wohl als *audentissimus* bezeichnet werden. Die Angabe

---

Angabe *denuo impressum* nicht auf die erste Ausgabe Huttens, sondern auf die Erstausgabe von 1506 zu beziehen.

[61] Amerbachkorrespondenz, S. 266, Anm. 10; zur Namensform *Cartandrum*, S. 219, Anm. 2.
[62] Hutten, Schriften I, S. 360, 14.
[63] Benzing, Hutten, S. 118 zu Nr. 212; Hutten, Schriften I, S. 336.
[64] Zu Spiegel vgl. S. 170.
[65] So auch aufgefaßt von Franz Xaver Thurnhofer, Bernhard Adelmann v. Adelmannsfelden, Humanist und Luthers Freund (1457–1523), Freiburg 1900 (Erläuterungen und Ergänzungen zu Janssens Geschichte des deutschen Volkes, Bd. 2, 1), S. 44, Anm. 3.
[66] Briefwechsel des Beatus Rhenanus, hrsg. von Adalbert Horawitz und Karl Hartfelder, Leipzig 1886, Nr. 97, hier S. 144.

würde indirekt 1518 als Erscheinungsjahr der ersten Ausgabe bestätigen. Eindeutig ist von erschienenen Werken, nicht nur von Vorhaben die Rede. Der *Phalarismus* erschien schon 1517, *Febris* im Februar 1519.[67]

Der Briefwechsel des Rhenanus enthält auch einen Hinweis auf die zweite Ausgabe. Am 31.8.1519 schrieb ihm sein Famulus Albert Burer: *Andream super Constantini donationibus admonui.*[68] Es geht aus dem Zusammenhang nicht hervor, von welchem Andreas die Rede ist, doch in Verbindung mit dem Vorhaben, etwas über die Konstantinische Schenkung zu drucken, liegt es nahe, an Andreas Cratander und die erneute Drucklegung der Schrift Vallas zu denken.[69] Dieser zweite Druck wurde noch vor Jahresende fertig. Am 12. November schrieb Burer an Rhenanus: *mitto quantum de donatione impressum est, pulchre convolutum.*[70] Im Dezember 1519 sandte dann Bonifacius Amerbach Vallas Schrift als Geschenk an seinen Freund, den Juristen Ulrich Zasius.[71] Aus diesen Angaben ergibt sich, daß im November/Dezember 1519 eine Ausgabe von Vallas Schrift erschienen ist. Da nun aber am Erscheinen der ersten Ausgabe im Jahre 1518 nicht gezweifelt werden kann, muß es sich dabei um die zweite Ausgabe handeln. Diese Ausgabe war es dann, die Luther Anfang 1520 kennenlernte,[72] die im April 1520 Bernhard Adelmann erwartete und die in dem Bücherpaket lag, das Cratander am 13. November 1520 Bonifacius Amerbach ankündigte.

Überraschend ist dabei, daß sich die meisten der angeführten Briefstellen auf die zweite Ausgabe beziehen. Aus den Hinweisen in den Briefen Burers, der sich im August 1519 nach dem Druck erkundigte und im November die bis dahin ausgedruckten Bogen an Rhenanus sandte, wird deutlich, daß die erste Auflage ein breites Interesse geweckt haben muß, das erst durch den Nachdruck befriedigt werden konnte.

Neu gestellt werden muß schließlich die Frage, ob wirklich beide Ausgaben aus der Offizin Cratanders stammen. Auffallend ist der große Unterschied beider Ausgaben in Format und Typographie. Die zweite Ausgabe, die mit Sicherheit bei Cratander erschien, entspricht in Format und Typographie etwa dem erwähnten *Henno rusticus* und der *Oratio pro Iulio II.*[73] Ebenso

---

[67] Benzing, Hutten, S. 42 und S. 61.

[68] Briefwechsel des Rhenanus, Nr. 124, S. 172.

[69] Wenige Wochen später wird dieses Vorhaben in einem Brief des gleichen Burer allerdings mit dem Drucker Froben in Verbindung gebracht: *Quod tibi Frobenius donationem Constantini expressam dixerat, debebas novisse hominem; scis enim, ut homini peculiare sit nativumque ioco tantum* χϱητίζειν (Briefwechsel des Rhenanus, Nr. 128, S. 180).

[70] Briefwechsel des Rhenanus, Nr. 133, S. 189.

[71] Amerbachkorrespondenz (wie Anm. 60), Nr. 708, S. 219. Amerbach schickt *Vallę Constantinum ... cum quibusdam recens adnexis;* vgl. S. 136.

[72] Vgl. S. 167.

[73] Amerbachkorrespondenz, S. 266, Anm. 13; vgl. Böcking in der Beschreibung des Henno rusticus, Hutten, Schriften IV, S. 488.

groß ist aber auf der anderen Seite auch die Übereinstimmung in Typographie und Satzspiegel zwischen der ersten Ausgabe und der 1520 erschienenen Dialogsammlung Huttens,[74] die von Johannes Schöffer in Mainz gedruckt wurde. Schöffer druckte seit 1514 Werke Huttens, insgesamt erschienen bei ihm nicht weniger als 25 Titel, bei denen Hutten als Autor oder Herausgeber beteiligt war. 1518, als die erste Ausgabe der Schrift Vallas erschien, war das Verhältnis Huttens zu Schöffer unverändert gut.[75] Gegen Cratander als Drucker der ersten Ausgabe spricht weiter, daß er ja erst ab September 1518 eine Druckerei in Basel besaß;[76] zu diesem Zeitpunkt war aber die Ausgabe, wie gezeigt werden konnte, bereits erschienen. Wenn durch eine kundige typographische Untersuchung die erste Ausgabe der Offizin des Johannes Schöffer zurückgegeben werden könnte, bliebe die Frage offen, warum nicht auch die zweite Ausgabe in Mainz erschienen ist. Hierzu kann nicht mehr als eine Vermutung geäußert werden. Es könnte mit der unter Albrecht von Brandenburg verstärkten Zensur zusammenhängen.[77]

2. Martin Luther

Die angebliche geistige Verwandtschaft Luthers mit Valla hat schon Augustinus Steuchus betont: *Cumque sint innumerabiles prope scriptores omni et eruditione et eloquentia mirabiles, unus in his tantummodo Laurentius placuit Lutheranis. Legite ipsum Martinum, quibus laudibus eum attollat. Invenerunt enim sibi accommodatissimum et quam simillimum ingenium.* Er nennt in diesem Zusammenhang auch Vallas Kritik an der Konstantinischen Schenkung, *cuius sententiae quasi celesti oraculo subscripsere concordes Lutherani.*[1] Kardinal Roberto Bellarmino, der theologische Repräsentant der Gegenreformation, nannte Valla einen *praecursor quidam Lutheranae factionis*

---

[74] B e n z i n g, Hutten, S. 74, Nr. 122, dazu Abbildung S. 71.

[75] Heinrich G r i m m, Ulrichs von Hutten persönliche Beziehungen zu den Druckern Johannes Schöffer in Mainz, Johannes Schott in Strassburg und Jakob Köbel zu Oppenheim, Festschrift Josef Benzing, Wiesbaden 1964, S. 140–156, hier S. 142ff.

[76] G r i m m, Buchführer, Sp. 1384. Im November 1518 erschien bei Cratander ein Sammelband mit drei Werken Vallas, herausgegeben von Joachim Vadian (De libero arbitrio, Apologia, Contra Bartoli libellum ... de Insigniis et armis), vgl. Guido K i s c h, Amerbach und Vadian als Verteidiger des Bartolus, in: Gestalten und Probleme aus Humanismus und Jurisprudenz. Neue Studien und Texte, Berlin 1969, S. 134; Vadians Vorwort S. 179–181. Zu Vadian vgl. auch S. 171.

[77] Hilger F r e u n d, Die Bücher- und Pressezensur im Kurfürstentum Mainz von 1486–1797 (Studien und Quellen zur Geschichte des deutschen Verfassungsrechts A, 6), Karlsruhe 1971, S. 9.

[1] S t e u c h u s, Pro vera religione adversus Lutheranos, Opera omnia (1591) III, f. 12 v und 13 v. Zu Steuchus vgl. S. 183.

und dachte dabei vor allem an seine *Annotationes* zum Neuen Testament.[2] Luther selbst sagte von Valla, er sei *ein frommer man gewesen, purus, simplex, dexter, candidus ..., is coniunxit pietatem cum literis,* und wies dabei auf seine Schrift *De libero arbitrio* hin.[3]

Auf die Fälschung der Konstantinischen Schenkung scheint Luther erst durch Valla, der sie *der erst schrifftlich angefochten,* aufmerksam geworden zu sein. Er hat die Erkenntnis 1537 in seiner kommentierten Übersetzung der Donatio Constantini weitergegeben, *die weil es uns Deudschen nutz ist zu wissen, was schendlicher, verzweivelter, boeser grewel unter dem schendlichen, verzweivelten, boesen Bapstum wir haben angebetet und fur wahrheit gehalten.*[4] Kennengelernt hat Luther Vallas Schrift in der zweiten Ausgabe Huttens. Er berichtet darüber in einem Brief an Georg Spalatin,[5] den Hofprediger Friedrichs des Weisen, vom 24.2.1520: *Habeo in manibus officio Dominici Schleupner*[6] *Donationem Constantini a Laurentio Vallensi confutatam per Huttenum editam. Deus bone, quante seu tenebre seu nequitie Romanensium, et quod in Dei iuditio mireris per tot secula non modo durasse, sed etiam prevaluisse ac inter decretales relata esse tam impura tam crassa tam impudentia mendacia inque fidei articulorum (nequid monstrosissimi monstri desit) vicem successisse. Ego sic angor, ut prope non dubitem papam esse proprie Antichristum illum, quem vulgata opinione expectat mundus; adeo conveniunt omnia, quae vivit, facit, loquitur, statuit.*[7] Luther zeigte sich überrascht und bestätigt zugleich. Überrascht hat ihn, daß eine Fälschung über Jahrhunderte wirken konnte, in das kirchliche Rechtsbuch aufgenommen und so zu einem *articulus fidei* werden konnte. Entsprechend überschrieb er 1537 seine Übersetzung: *Einer aus den hohen Artikeln des päpstlichen Glaubens, genannt Donatio Constantini.* Bestätigt sieht er sich in seiner Auffassung, daß der Papst die Verkörperung des Antichrist sei.[8]

---

[2] Bellarmin, De controversiis christianae fidei (1590) II, S. 1190ff.; vgl. Gaeta, Valla, S. 106. – Monrad, S. 26, gebraucht folgendes Bild: „Es ist ein Unterschied zwischen dem Schmiede, der das Schwert schmiedet, und dem Helden, der es gebraucht. Laurentius Valla war der Schmied; der Held war Martin Luther." Vgl. auch das Urteil des Cochläus (vgl. S. 176), der nachdrücklich auf die unterschiedliche Beurteilung des Papsttums bei Valla und Luther hinweist.

[3] Luther, Werke, Tischreden 2, Nr. 1470, S. 107 (7. 4.–1. 5. 1532).

[4] Luther, Werke 50, S. 73 und 70.

[5] Irmgard Höss, Georg Spalatin (1484–1545). Ein Leben in der Zeit des Humanismus und der Reformation, Weimar 1956; zu diesem Brief S. 173.

[6] Schleupner, seit 1519 in Wittenberg immatrikuliert, wurde 1522 Prediger an der Sebalduskirche in Nürnberg; vgl. Luther, Werke, Briefe 2, Nr. 257, Anm. 13.

[7] Luther, Werke, Briefe 2, Nr. 257, S. 48f.

[8] Andeutungen gehen zurück bis 1518. So heißt es in einem Brief an Link vom 18. 12. 1518:

Wenige Monate später entstand die Schrift *An den christlichen Adel deutscher Nation.*[9] In ihr geht es um die drei Mauern der *Romanisten,* die es niederzureißen gelte. Diese Mauern sind die Leugnung der Oberhoheit des Konzils, der Anspruch, Meister der Schrift zu sein, und als wichtigste die Behauptung, die weltliche Macht sei der geistlichen untertan.[10] Es kann nicht verwundern, wenn Luther in diesem Zusammenhang auch auf die Konstantinische Schenkung zu sprechen kommt. Seine Ausführungen zeigen, daß er mit Vallas Argumenten vertraut ist.[11] Wieder drückt er seine Überraschung und seinen Ärger darüber aus, daß solche Lügen Glauben gefunden haben: *Es musz ein besundere plage von got gewesen sein, das szoviel vorstendige leut sich haben lassen bereden, solch lugen aufftzunehmen, so sie doch szo gar grob und unbehend sein, das mich dunckt, es solt ein trunckenn bawr behender und geschickter liegen kunden.*[12]

Wenn er den Papst auffordert, seine Herrschaftsansprüche aufzugeben, stellt Luther die Ansprüche auf das *Kunigreich zu Neapel unnd Sicilien* besonders heraus – sicherlich in Nachfolge Vallas.[13] Er übernimmt auch den von Valla gegeißelten Widerspruch, daß der römische Kaiser gezwungen wird, auf Rom, die Hauptstadt seines Reiches, zu verzichten: *Alszo hat nu der Romisch stuel seinen mutwillen, Rom eingenummen, den deutschen keyszer erausz trieben, und mit eyden vorpflicht, nit ynnen zu Rom zuwonen. Sol Romischer keyszer sein, und dennoch Rom nit ynnen haben, dartzu alletzeit ynsz bapsts und der seinen mutwillen hangen und weben, das wir den namen haben, und sie das land und stedt.*[14]

Zwischen der Schrift an den christlichen Adel und der Übersetzung der Donatio liegen 17 Jahre. Aus der Zwischenzeit berichten einige Notizen in den Tischreden davon, daß man wiederholt auf die Schenkung Konstantins zu sprechen kam. Immer betont Luther dabei, daß diese Lüge nur dazu dienen sollte, den Machtanspruch der Päpste zu stützen: *Magnum igitur mendacium est Donatio Constantini, qua papa dimidium de imperio Romano*

Mittam ad te nugas meas, ut videas, an recte divinem Antichristum illum verum et intentatum a Paulo in Romana curia regnare (Briefe 1, Nr. 121, S. 270). Vgl. Remigius B ä u m e r , Martin Luther und der Papst, Münster 1970, 2. Aufl. 1971 (Katholisches Leben und Kirchenreform im Zeitalter der Glaubensspaltung 30), S. 54ff.

[9] Ernst K o h l m e y e r , Die Entstehung der Schrift Luthers An den christlichen Adel deutscher Nation, Gütersloh 1922.

[10] L u t h e r , Werke 6, S. 406.

[11] Walther E. K ö h l e r , Luthers Schrift An den christlichen Adel deutscher Nation im Spiegel der Kultur- und Zeitgeschichte, Halle 1895, S. 24 und S. 299ff.

[12] L u t h e r , Werke 6, S. 434.

[13] A.a.O. S. 435; Köhler, a.a.O. S. 302. Bemerkenswert ist, daß Luther die von Valla propagierte Namensform übernimmt.

[14] L u t h e r , Werke 6, S. 463.

sibi arrogat. Etiamsi factum esset, tamen non fuisset in potestate imperato-
ris, neque convenit papae iuxta dictum Christi: Vos autem non sic (Luk.
22, 26).[15]

Luthers Übersetzung der Palea aus dem Dekret, für das zu Mantua ge-
plante Konzil verfaßt und von dem Nuntius Giovanni Morone mit anderen
Büchern gleich nach Rom gesandt,[16] ist seine ausführlichste Stellungnahme zu
diesem Thema. Sie macht die Gemeinsamkeiten und Unterschiede zu Valla
besonders deutlich: *Es hat ein gelerter trefflicher man, genant Laurentius
Valla, ein Roemer, so noch fast bey mans zeiten gelebt hat, sich da wider
gelegt und der erst schrifftlich angefochten, wie wol er fast seuberlich mit der
braut auff dem stein wege thet und die Rote mordische verdampte hure zu
Rom nicht so ungewasschen angreiff, wie der Luther gethan hat.*[17] An ironischen und bissigen Bemerkungen fehlt es bei Valla gewiß nicht, sie nehmen
sich aber harmlos aus gegenüber Luthers Formulierungen. Das Spiel mit dem
Namen Palea greift er zwar nicht auf, hält aber seine Leser mehr als schad-
los. Papst *Gelasius* ist ihm *ein lecherlicher,*[18] bei dem *Liber Sextus* Bonifaz' VIII. verspricht er sich: *seine dreck (Sext Decretal wolt ich sagen),*[19]
ebenso bei den *Legati nati: Legatos nothos, natos solt ich sagen.*[20] Das Handeln der antichristlichen Päpste nennt er am Beispiel Bonifaz' VIII. *gut Boni-
fazisch,*[21] statt *excubitores* liest er wie Valla *concubitores* und übersetzt *bey-
schleffer.*[22] Wie Valla geißelt er das *schendliche, verzweivelte, boese Latin* der
Urkunde, die er nur deshalb verständlich übersetze, damit die *weidliche, fette,
dicke, wolgemeste, eine rechte Bepstliche Luegen* auch recht verstanden
werde.[23] Besonders beeindruckt hat ihn die anachronistische Erwähnung von
Konstantinopel. Sie ist ihm ein Beispiel dafür, *wie sich die Donatio Constantini selbs inn die backen hewet.*[24]

---

[15] L u t h e r, Werke, Tischreden 5, Nr. 6043 (ohne Datum), S. 456; fast identisch ist Nr. 6462,
S. 675. Besonders ausführlich äußert er sich in Tischreden 3, Nr. 3151 a und b, S. 194f.,
wo er einen historischen Abriß über das Verhältnis Papst–Kaiser gibt.

[16] Hubert J e d i n, Geschichte des Konzils von Trient, Band 1, Freiburg 1949, S. 566,
Anm. 88 zu S. 271.

[17] L u t h e r, Werke 50, S. 73.

[18] A.a.O. S. 70.

[19] A.a.O. S. 77.

[20] A.a.O. S. 81.

[21] A.a.O. S. 76; vgl. Valla 47, 32: *si modo Bonifacii dicendi sunt, qui pessime faciunt.*

[22] A.a.O. S. 71; vgl. Valla 31, 6.

[23] A.a.O. S. 69f.

[24] A.a.O. S. 83. Luther greift S. 75 auch das Argument auf, daß die Päpste die Herrschaft
nie ausgeübt hätten: *Ists war, das Constantinus dem Bapst hat gegeben das gantz Occi-
dent oder das beste halbe teil des Roemischen Reichs, warumb hat ers nicht offentlich
gefoddert und besessen inn so viel hundert, nemlich zwelff hundert jarn.* Vgl. Valla 4, 38
über die Ansprüche auf Herrschaft; 7, 10 die Wendung *optima pars.* – Luther hat auch

Luther geht es nicht mehr darum, die Argumente für den Nachweis der Fälschung noch einmal auszubreiten. Die Tatsache steht für ihn fest, ihm liegt daran zu zeigen, wie die Päpste, die *Keiser und Gott* werden wollten, ihre *Constantinheit*[25] zu stärken versuchten. In großer Ausführlichkeit bringt Luther Beispiele für das Verhalten der Päpste und den frühen Kampf gegen Rom. Philipp IV. ist als Gegenspieler Bonifaz' VIII. ein *zimlicher Lutherischer*,[26] und der nationale Gegensatz findet seinen Ausdruck in dem Haß auf die zu Rom, die *alle welt fur lauter Gense und Endten (halten), sonderlich uns Deudschen, und lachen, das sie uns so fein effen und nerren koennen unter Gottes namen, von dem sie sonst weniger halten denn von einem putzen.*[27]

Luthers Einschätzung der Konstantinischen Schenkung hat sich über die Jahre nicht geändert.[28] Der Brief von 1520 hat die Stichworte gegeben, die in dem Kommentar von 1537 zu Leitthesen eines Pamphlets geworden sind.

Vallas Schrift war längst zu einem *libellus vulgo notissimus* geworden. So charakterisierte sie 1531 der Jurist Jakob Spiegel,[29] der 1520 ein Exemplar

---

von anderer Seite Argumente übernommen. Zur Lepra schreibt er, daß *die Walen selbs sagen, das solcher aussatz sey zu der zeit inn Welschen landen nicht gewest* (S. 75). Darauf hatte Baptista Mantuanus unter Berufung auf Plinius hingewiesen: *Si ergo tempore Plinii, qui sub Vespasiano floruit, erat iam restinctus hic morbus in Italia, simile veri non est Constantinum eo laborasse, qui post longum tempus imperavit* (De Patientia, Antwerpen 1576, c. XXX, S. 44 v). Mantuanus geht nicht näher auf die Schenkung ein, das Kapitel trägt die Überschrift *Quomodo quaerenda est sanitas.* Luther hatte Mantuanus in Erfurt kennengelernt, vgl. Robert S t u p p e r i c h, Geschichte der Reformation, München 1967, S. 36.

[25] L u t h e r, Werke 50, S. 73 und S. 80.

[26] A.a.O. S. 76.

[27] A.a.O. S. 78.

[28] Luther verweist selbst auf seine frühere Schrift An den christlichen Adel (S. 80).

[29] Sie findet sich in seinem 1531 erschienenen Kommentar zum Ligurinus VI 631. Er erwähnt *Laurentium Vallam, virum propter veritatem odio habitum et persecutum, quod probare conatus est, eo libello, qui iam vulgo notissimus est, nullum ius sive munus imperii Pontifici concessum* (Iustus R e u b e r, Veterum scriptores, qui Cesarum et Imperatorum Germanicorum res per aliquot secula gestas literis mandaverunt, Tomus unus, Hannover 1619, S. 377). Spiegel war mit den Werken Vallas gut vertraut. Er zitiert ihn wiederholt in seinem Iuris Civilis Lexicon, Straßburg 1538, und druckt das Lob über die römischen Juristen (Vorwort zum dritten Buch der Elegantiae) im Anhang ab. In die zweite Auflage des Lexikons (1539) hat er auch das Stichwort Donatio Fl. Constantini Aug. aufgenommen. Er nennt hier Valla und Hutten, denen *commentita et fabulosa visa est prorsus Constantini donatio,* geht aber auf die Diskussion nicht ein. Ihn hat vielmehr die Verteidigung des päpstlichen Primats durch Albert P i g g e, Hierarchiae catholicae assertio, Köln 1538, beeindruckt. Pigge hält das Constitutum wegen der Erwähnung von Konstantinopel zwar für falsch, zitiert es aber trotzdem, da Konstantin gar nicht anders habe handeln können, als dort behauptet werde. (Vgl. Hubert J e d i n, Studien über die Schriftstellertätigkeit Albert Pigges, Münster 1931; P o l m a n, S. 470). Zu Spiegel:

der zweiten Ausgabe Huttens aus Schlettstadt an Bernhard Adelmann von Adelmannsfelden nach Augsburg gesandt hatte.[30] Spiegel war kein Anhänger der Reformation, als langjährigen kaiserlichen Sekretär interessierte ihn der Nachweis der Fälschung im Zusammenhang mit der Frage nach dem Verhältnis von Kaiser und Papst.[31]

Unter einem ganz anderen Gesichtspunkt hat Ulrich Zwingli Vallas Argumente verwertet. Er wurde vielleicht von Beatus Rhenanus auf Huttens Ausgabe hingewiesen.[32] Welchen Eindruck Vallas Schrift auf ihn machte, läßt sich daran ablesen, daß er mindestens zwei Exemplare davon verschenkt hat: an Joachim Vadian und Oswald Myconius.[33] Er selbst hat sich zur Konstantinischen Schenkung nur kurz geäußert. Er sah die Fälschung als nachträgliche Begründung für den ungeheuren Reichtum der Kirche, der im Gegensatz zum Gebot Christi stehe. Zu den Thesen, die er als Grundlage für das Züricher Religionsgespräch vom 29. 1. 1523 formuliert hatte, gehört als Nr. 23 der Satz: *Daß Christus die Hab und Pracht diser Welt verwirft; darus ermessen, daß, die Rychtag zu inen ziehend in seinem Namen, in größlich schmähend, so sy in ein Deckmantel irs Gytes und Mutwillens machend.* Dazu heißt es in den *Ußlegen und gründ der schluszreden* (1523): *Und damit sy genüg thůn mögind irem Hochmůt, erdichtend sy offen Lüg uff sant Petrum, uff Constantinum, ... der ... sye ein Keiser xin und habe inen alles römisch Rych mit der Zyt inzenemmen übergeben, das so ein häller Lug ist als der hälle Tag.*[34]

Vadians Exemplar, das er von Zwingli als Geschenk erhalten hat, ist noch erhalten.[35] Zahlreiche Anstreichungen, Hinweise auf wichtige Stellen, Stich-

Gustav K n o d , Jacob Spiegel aus Schlettstadt. Ein Beitrag zur Geschichte des deutschen Humanismus (Beilage zum Programm des Realgymnasiums Schlettstadt), 2 Teile, Straßburg 1884–1886; Thomas B u r g e r , Jakob Spiegel. Ein humanistischer Jurist des 16. Jahrhunderts, jur. Diss. Freiburg 1973.

[30] Vgl. S. 164.

[31] Die Schenkung Konstantins ist zu verwerfen, *cum manifeste a tantorum virorum autoritate dissentiat,* auf sie berufen sich nur *quidam historiarum ignari et temporum nescii* (Kommentar zum Ligurinus, a.a.O. S. 335 und 285). Unter Hinweis auf Pippin und Karl d. Gr. betont Spiegel, daß die Päpste den Kaisern mehr zu verdanken hätten als umgekehrt. Die Kaiserkrönung hat für ihn nur symbolische Bedeutung.

[32] Vgl. S. 164.

[33] Myconius bedankte sich dafür in einem Brief vom 27. 2. 1520 (Zwinglis Briefwechsel I, Corpus Reformatorum 94, 1911, Nr. 122, S. 274,18). Myconius war seit 1519 Lehrer in Luzern, er wurde später Professor in Basel und verfaßte die erste Biographie Zwinglis. Es ist gewiß kein Zufall, daß Myconius am 11. 7. 1521 (Briefwechsel I, Nr. 184, S. 464) Zwingli auf Platina und sein Urteil zur Schenkung Konstantins hinwies.

[34] Zwingli, Hauptschriften. Zwingli, der Verteidiger des Glaubens, bearbeitet von Oskar F r e i , Band 2, Zürich 1952, S. 3 und 8f.

[35] St. Gallen, Stadtbibliothek (Vadiana), Signatur Misc. E XLVIII/9; vgl. Verena S c h e n - k e r - F r e i u. a., Bibliotheca Vadiani. Die Bibliothek des Humanisten Joachim von Watt

worte zum Inhalt und ergänzende Bemerkungen zeigen das große Interesse Vadians. Die Notizen stammen allerdings erst aus späteren Jahren, da u. a. auf die Eroberung von Florenz (1530) und Ancona (1532) durch päpstliche Truppen hingewiesen wird.[36] Doch schon 1521 hatte sich Vadian an Johann Faber, den späteren Bischof von Wien, gewandt und um dessen Meinung zur Konstantinischen Schenkung befragt.[37]

Es ist bei alledem nicht überraschend, daß Vallas Schrift auch von Matthias Flacius Illyricus verwertet worden ist, der Zitate daraus in seinen *Catalogus testium veritatis* (1556) aufnahm.[38] Er hebt dabei besonders hervor, daß sich Valla auch gegen andere fromme Erzählungen gewandt habe: *arguit ... et de aliis multis mendaciis in religione impie ac scelerate confictis deque polluta falsitatibus Christiana pietate.* Vallas Kritik an der Konstantinischen Schenkung vergleicht er mit der des Nikolaus von Kues und kommt dabei zu dem Ergebnis: *omnium tamen firmissima est Cusani refutatio.*[39] Dieses Urteil dürfte mit der größeren Zahl von Belegen zusammenhängen, die Nikolaus von Kues anführt.

Der Catalogus war zugleich eine Art Quellenbuch für die Magdeburger

---

nach dem Katalog des Josua Kessler von 1553 (Vadian-Studien 9), St. Gallen 1973, Nr. 796, S. 264. – Zwingli scheint Vadian sonst nur eigene Werke geschenkt zu haben, vgl. die Nummern 755, 789, 799, 800, 811, 816, 817, 845, 850, 1158.

[36] Vadian ergänzt damit Vallas Hinweis auf das Schicksal Bolognas (48,8): *Nuper Clemens VII. Florentiam et mox Anconam, clariss. urbes, nephanda servitute oppressit.* Zur Erwähnung des *Constantinopolitanus Augustus* (43,21) merkt Vadian an: *Aetate Vallę, adhuc durabant Impp. Orientis. Nunc Turcae occupant.* Valla ist auch erwähnt in handschriftlichen Notizen zur Konstantinischen Schenkung im Manuskript 58, S. 208 (Gustav Scherer, Verzeichniss der Manuscripte und Incunabeln der Vadianischen Bibliothek in St. Gallen, St. Gallen 1864, S. 23). Vgl. Conradin Bonorand, Vadians Weg vom Humanismus zur Reformation und seine Vorträge über die Apostelgeschichte (1523) (Vadian-Studien 7), St. Gallen 1962, S. 80.

[37] Faber, ein erbitterter Gegner der Reformation, führt in seinem *extemporarium iudicium* als wichtigstes Argument an, daß Vallas Eutropius-Zitat (17,29) kein Beweis sei, weil Eutropius auch über andere Ereignisse nichts berichte. Er fügt hinzu: *Taceo de baptismo, quod idem Valla non parum vellicat atque suggillat* (Die Vadianische Briefsammlung der Stadtbibliothek St. Gallen III, hrsg. von Emil Arbenz [Mitteilungen zur vaterländischen Geschichte 25], St. Gallen 1891, Nr. 268, S. 371–375, hier S. 373). Faber kritisiert auch Vallas Argumentation zu der Identität des Dionysius Areopagita (S. 372). – Als Bischof von Wien hat Faber später 636 Bände aus dem Nachlaß des Johannes Cuspinian erworben, darunter auch den heutigen Codex 3471 der Österreichischen Nationalbibliothek (vgl. S. 99), vgl. Leo Helbling, Dr. Johannes Fabri, Generalvikar von Konstanz und Bischof von Wien (1478–1541), Münster 1941 (Reformationsgeschichtliche Studien und Texte 67/68), S. 129; Freudenberger, S. 307.

[38] Wilhelm Preger, Matthias Flacius Illyricus und seine Zeit, 2 Bände, Erlangen 1859 –1861; Pontien Polman, Flacius Illyricus, Historien de l'Eglise, Revue d'histoire ecclésiastique 27 (1931), S. 27–73, hier S. 36.

[39] Catalogus, Basel 1566, S. 959 und 839.

Zenturien.[40] In der 4. Zenturie (1560) ist der Komplex Konstantinische Schenkung sehr ausführlich abgehandelt.[41] Nach dem Abdruck der Donatio aus dem Dekret Gratians, ergänzt durch die Confessio aus der Übersetzung des Pincernus, und einem Überblick über die Echtheitsdiskussion kommt der Bearbeiter auf die Sprache des bei Gratian überlieferten Textes zu sprechen. Die nachfolgenden Ausführungen sind weitgehend eine bloße Zusammenfassung der Argumente Vallas, der nur im Zusammenhang mit der Taufe und Lepra einmal erwähnt wird. So heißt es beispielsweise zu *Eligentes nobis ipsis principem apostolorum, vel eius vicarios, firmos apud Deum esse patronos* (Constitutum Constantini 164): *Nam dubites, Petrum ne an eius successores eligat* (vgl. Valla 23,39): *et inepte alii episcopi vocantur Petri vicarii* (vgl. Valla 23,40) *et quidem Petrum et Paulum appellat beatos, Sylvestrum vero beatissimum* (vgl. Valla 26,8): *dicit se praedia possessionum donasse, et diversis rebus Ecclesiam ditasse: verum non exprimit, quae, ubi, quando, quomodo: quod omnino necesse est in donationibus fieri* (vgl. Valla 26,12).[42]

In der Zusammenfassung, daß die Schenkung *improbissime conficta et ementita* sei, geht er auch auf die Situation ein, in der sich Konstantin zur Zeit der angeblichen Schenkung befand. Auch hier wirkt deutlich die Argumentation Vallas nach: *Neque enim dominandi cupiditas... id facere sivisset, ut ea ratione Sylvestro Imperium donaret, ut se servum et ministrum eius faceret* (vgl. Valla 6,35): *nec Reipublicae commodum tulisset, ut se altero Imperii oculo orbaret* (vgl. Valla 6,3), *praesertim cum nondum omnes nationes subegisset et necesse haberet se contra Barbaros tutari: nec filii, nec amici, nec cognati neque Romanus Senatus id permisissent* (vgl. Valla 7,2)...[43]

3. Johannes Cochläus

In dem Brief an Willibald Pirckheimer vom 5. 7. 1517, aus dem wir von Huttens Vorhaben erfahren, die Schrift Vallas erneut herauszugeben, urteilt Cochläus[1] selbst über Vallas Kritik an der Konstantinischen Schenkung: *Credo equidem verissima esse quae scripsit Laurentius; vereor tamen ne tuto edi*

---

[40] Heinz S c h e i b l e , Die Entstehung der Magdeburger Zenturien, Gütersloh 1966 (Schriften des Vereins für Reformationsgeschichte 183), S. 18.

[41] Ecclesiastica Historia ... secundum singulas Centurias, Basel 1559–1574, Centuria IV (1560), Sp. 560–575.

[42] A.a.O. Sp. 569. Zu der Erwähnung von Konstantinopel wird Vallas Hinweis aufgegriffen, daß die Schenkung am vierten Tag nach der Taufe geschehen sein soll (Sp. 571).

[43] A.a.O. Sp. 572. – Flacius selbst hat 1566 im Anhang zu seinem Werk *De Translatione imperii* u. a. auch Vallas Schrift erneut abgedruckt (vgl. S. 97). – Weitere Hinweise auf die Diskussion um das Constitutum Constantini in der Reformationszeit bei P o l m a n .

[1] Zu Cochläus vgl. O t t o und S p a h n .

queant. At Huttenus anathema non formidat, et indignum mihi videtur, ut veritas a veritatis gladio prohibeatur, facile igitur illius ausu in lucem Laurentii libertas, qua haud inferiorem Francus ille gerit, redibit.[2] Aus diesen Zeilen spricht die sachliche Zustimmung zu den Darlegungen Vallas und eine gewisse Hochachtung vor dem Vorhaben Huttens. Deutlich sind auch die Befürchtungen; Cochläus rechnete offenbar damit, daß die Kirche auf die Veröffentlichung mit dem Bann reagieren könnte. Der Grund dafür wird in der Wendung *Laurentii libertas* nur angedeutet.

Cochläus, der später zu einem der erbittertsten Gegner Luthers wurde, der mit seinen *Commentaria de actis et scriptis Martini Lutheri* (1549) ein Lutherbild prägte, das in seiner negativen Zeichnung Jahrhunderte fortwirkte,[3] hat sich noch zweimal zur Konstantinischen Schenkung und in diesem Zusammenhang zu Vallas Schrift geäußert. Anlaß war zunächst die Schrift des Ulricus Velenus[4] von 1520, in der dieser sich gegen einen Aufenthalt und die Passion des Apostels Petrus in Rom aussprach. Cochläus antwortete darauf mit seiner 1522 verfaßten, aber erst 1525 gedruckten Schrift *De Petro et Roma adversus Velenum Lutheranum.*[5] 1537 erschien als Erwiderung zu Luthers Übersetzung und Kommentar der Donatio Constantini[6] seine Schrift *Von der Donation des Kaysers Constantini und von Bepstlichem gewalt, grundtlicher bericht aus alten bewerten Lerern und Historien. Auch etwas vom Laurentio Valla, vom Cypriano, vom Ireneo, Hierony. etc.,*[7] in der er einen größeren Abschnitt aus De Petro et Roma in deutscher Übersetzung wiederholte. Alle drei Äußerungen umfassen so einen Zeitraum von zwanzig Jahren. Die Tatsache, daß er 1537 eigene 15 Jahre alte Formulierungen über-

---

[2] H u t t e n, Schriften I, S. 142, 18.

[3] Adolf H e r t e, Das katholische Lutherbild im Bann der Lutherkommentare des Cochläus, 3 Bände, Münster 1943.

[4] Der Titel lautet: *In hoc libello ... probatur, Apostolum Petrum Romam non venisse, neque illic passum, proinde satis frivole et temere Romanus Pontifex se Petri successorem iactat et nominat etc.* Das Werk erschien 1520 bei A. Cratander in Basel, vgl. Josef B e n - z i n g, Die Indianerbordüre und ihre Nachschnitte 1518–1521, Archiv für Geschichte des Buchwesens 2 (1960), S. 742–748, hier. S. 744. Velenus ist kein Pseudonym, wie noch Benzing, a.a.O., unter Hinweis auf Otto C l e m e n, Das Pseudonym Symon Hessus, Zentralblatt für Bibliothekswesen 17 (1900), S. 566–592, besonders S. 586ff., meint; es handelt sich um den tschechischen Humanisten Ulrich Velenský, vgl. F. M. Bartoš, Křestanský rytíř Oldřich Velenský, in: Bojovníci a mučedníci, Prag, 2. Aufl. 1964. Zur Diskussion, die diese Schrift auslöste, Remigius B ä u m e r, Die Auseinandersetzungen über die römische Petrustradition in den ersten Jahrzehnten der Reformationszeit, Römische Quartalschrift 57 (1962), S. 20–57, hier S. 23ff. – Luther lernte das Werk Anfang 1521 kennen (Brief an Spalatin vom 3. 2. 1521), vgl. B ä u m e r, S. 24, Anm. 20.

[5] S p a h n, S. 345 (Verzeichnis der Schriften Nr. 30).

[6] Vgl. S. 167.

[7] S p a h n, S. 360 (Verzeichnis der Schriften Nr. 112, dazu S. 261).

nimmt, zeigt schon, daß sich seine Meinung über Valla im Verlauf der Reformation nicht grundlegend geändert hat. Ein Vergleich von De Petro et Roma mit dem Brief vom 5.7.1517 macht darüberhinaus deutlich, daß auch die Anfänge der Reformation ihn nicht zu einer Korrektur seiner Meinung veranlaßt haben. Von einem späteren Bedauern über die Drucklegung von Vallas Schrift durch Hutten kann keine Rede sein.[8] Das Urteil von 1517: *credo equidem verissima esse, quae scripsit Laurentius* hat Cochläus später nicht widerrufen, sondern lediglich differenziert.[9]

Mit Valla wendet er sich gegen die Überlieferung der Donatio im Dekret Gratians. Was er in De Petro et Roma nur kurz andeutet, wird 1537, nachdem Luther von dieser Palea als von einem hohen Artikel päpstlichen Glaubens gesprochen hatte, ausführlich begründet. Diese Palea, ins *Decretbuch hinein geflickt*, sei *freylich noch nie von eynigem Babst Cardinal oder Bischoff fur Autentica und glaubwirdig ... approbirt oder angenommen worden biß auff diese stund.*[10] Zum Beweis, daß keiner, der *unter dem Bapst ist*, an die Konstantinische Schenkung glauben müsse, daß man *noch heutigs tags* die Wahrheit sagen könne,[11] bringe er den Auszug aus der vor 12 Jahren gedruckten Schrift De Petro et Roma. Schließlich verweist er wiederholt auf die anderen Kritiker der Schenkung, die ungefährdet ihre Ansicht hätten äußern können. Schon in De Petro werden die Zeugen genannt, die Hutten in seiner Ausgabe zusammengestellt hatte: Nikolaus von Kues, Antoninus von Florenz und Hieronymus Paulus Cathalanus.[12] Die Widerlegung der Palea allein hätte auch Valla in keine Schwierigkeiten gebracht; er unterscheide sich aber von den anderen Kritikern dadurch, daß er *procaciter ac seditiose contra modestiam religionemque Christianam* geschrieben habe. So übernimmt Cochläus das verbreitete Urteil, daß Vallas Stil unangemessen sei. Dadurch habe er zu Recht das Mißfallen der Päpste und Kardinäle erregt: *Propter quam iuste nimirum ac prudenter damnatus et interdictus est ipsius contra Donationis paleam libellus.*[13] Auch Cochläus will also etwas von einer Verurteilung der Schrift wissen, auch er ist der Meinung, daß Valla wegen ihr aus Rom fliehen mußte, denn – so formuliert er 1537 – *solche beyssige, auffruerische, blutgirige unn moerdische wort offentlich an tag gegeben, haben gedachten Lau. Vallam fluechtig gemacht und sein buch verwerfflich.*[14] Zur Bekräftigung

---

[8] Polman, S. 469.

[9] Otto meint S. 74 bei einem Vergleich zwischen dem Brief vom 5.7.1517 und De Petro, Cochläus habe seine Meinung über die Konstantinische Schenkung gemildert.

[10] Von der Donation, S. A II v.

[11] A.a.O. S. B I v.

[12] De Petro, S. 12f. Zu Valla heißt es: *Contra unam decertavit Laurentius paleam, zelo veritatis, non haeresum restaurandarum studio.*

[13] A.a.O. S. 12.

[14] Von der Donation, S. C II v.

seines Urteils zitiert Cochläus Sätze, in denen Valla nach seiner Meinung die Fürsten gegen den Papst *ad ferrum et spolium* rufe.[15] Hiermit hat Cochläus ausgeführt, was er in dem Brief vom 5. 7. 1517 mit der Formulierung *Laurentii libertas* nur angedeutet hatte, von hier werden seine damaligen Bedenken, diese Schrift vollständig herauszugeben, verständlich.

Wichtiger aber als dieses traditionelle Urteil über Vallas Heftigkeit ist seine grundsätzliche Zustimmung zu dessen Ansichten. Cochläus geht sogar so weit, Valla gegen die Lutheraner zu verteidigen. An Velenus gerichtet betont er, daß Valla nicht als ein Herkules mit Luther als Theseus verglichen werden könne,[16] und 1537 meint er wiederholt, daß Valla, wenn er noch lebte, näher beim Papst und der römischen Kirche als bei Luther stünde, *das Lau. Valla viel einer anderen meynung vom Bapstumb gewest ist denn Luther und seiner rott.*[17] Cochläus wendet sich auch ausdrücklich gegen den Vorwurf der Ketzerei, schließlich liege Valla ja in der Lateranbasilika *ehrlich begraben.*[18]

Den Unterschied zwischen Valla und Luther sieht Cochläus in der Stellung zum Papst. Valla habe sich nur gegen die weltliche Macht des Papstes gewandt, nicht jedoch gegen den päpstlichen Primat: *quotiens enim Valla Petri sedem, Petri successores, Petri principatum et primatum in Donationis libro fatetur, probat, asserit, confirmat.*[19] Er verweist dazu besonders auf einen Passus aus der Rede Silvesters, wo Valla ihn das päpstliche Amt mit den Worten charakterisieren läßt o *quantum est pontificale munus! quantum est caput esse ecclesie!* (13,19) und auf den Satz Vallas, in dem die Verleihung des Primats durch Christus betont wird (24,33).

In der Beurteilung der Schenkung selbst ist Cochläus anderer Meinung als Valla. Er will nicht in einer Schenkung an Melchiades den historischen Kern sehen, sondern folgt der Darstellung des Platina, *qui nominatim et dona et basilicas et praedia commemorat.*[20] So unterscheidet sich die Stellungnahme des Cochläus zu Valla von anderen vor allem dadurch, daß er zwischen der Kritik im einzelnen und der grundsätzlichen Einstellung zum Papsttum zu

---

[15] De Petro, S. 12; Cochläus zitiert u. a. Valla 4, 22f.; 5, 3f.

[16] A.a.O. S. 95: *At in promptum ad manum habes (ut puto) Herculem tuum ...* Velenus hatte Valla nur einmal und zwar in diesem Vergleich erwähnt: *Sed iam duobus amissis capitibus, mitior est aliquanto bestia, quorum unius in eo duello iacturam passa est, quo Laurentius ille Valla acerrimus literarum et pietatis censor ac verus ille Hercules ei occurrit.* (aiiir).

[17] Von der Donation, S. CIIIr.

[18] A.a.O. S. BIv.

[19] De Petro, S. 46 und 94. – Vgl. dazu Luthers Urteil in seinen Tischreden, 26. 5. 1521: *Cocleus potestatem papae negat ex donatione Constantini, sed eam ex evangelio probare contendit* (Tischreden 3, Nr. 3884, S. 685, zitiert bei Maccarrone, S. 285).

[20] De Petro, S. 13; zu Platina vgl. S. 108.

unterscheiden weiß. Neben den Kritikern, die Vallas Schrift nicht nur grundsätzlich ablehnten, sondern auch die einzelnen Argumente durch unterschied-
lichste Konstruktionen noch zu entkräften versuchten, und beispielsweise
Luther, für den Valla im Grunde nicht mehr war als *zu seiner Zeit ein zimlicher Lutherischer*,[21] bemüht sich Cochläus selbst zur Zeit der heftigsten politisch-religiösen Auseinandersetzungen um eine abgewogene Beurteilung.

4. Die Übersetzungen des 16. Jahrhunderts

Die tschechische Übersetzung des Gregor Hruby, gen. Gelenius (1513)

Gregor Hruby, gen. Gelenius,[1] war bemüht, seine Landsleute mit den
Schriften antiker und humanistischer Autoren bekannt zu machen. Deutlichs-
tes Zeugnis dafür legt der 1513 zusammengestellte Codex 168 (XVII D 38)
der Universitätsbibliothek Prag[2] ab, der auch seine Übersetzung der Schrift
Vallas enthält. Daneben stehen Werke von Isokrates, Cicero, Agapet, Petrarca, Campano, Pontano, Erasmus, bis auf Isokrates alle von Gelenius
selbst übersetzt.[3] Gelenius hat seine Übersetzungen in der Regel mit ausführlichen Vorworten versehen. In dem Vorwort zu Valla geht er auf die Diskussion um die Konstantinische Schenkung ein, charakterisiert das Werk Vallas
und gibt dem Leser einige Lesehilfen an die Hand. Seine Stellungnahme zur
Konstantinischen Schenkung ist nicht politisch akzentuiert. Ohne Kommentar betont er, daß Valla alle Christen und insbesondere die Fürsten aufrufe,
den Papst abzusetzen. Auch auf die Hussitenkriege geht er nicht ein. Die
Schenkung ist ihm Ausdruck der Verweltlichung der Kirche. Ursprünglich
hätten die Römer und andere, die sich zum christlichen Glauben bekannten,
der Kirche Schenkungen gemacht für den Lebensunterhalt, für die Armen
und den Bau von Kirchen – Gelenius beruft sich dabei auf die Papstgeschichte
Platinas –, die Priester aber hätten dann Besitztum an sich gerissen und die

---

[21] So L u t h e r über Philipp IV. v. Frankreich, Werke 50, S. 76, 27.

[1] Dejiny Ceské Literatury, hrsg. von Josef H r a b á k, Band 1, Praha 1959, S. 301f.; Emil
P r a z á k, Místo Řehoře Hrubého ve vývoji českého humanismu, Česká literatura 9
(1961), S. 29–48. In der älteren Literatur (z.B. Bohuslaus B a l b i n u s, Bohemia
docta II, Prag 1776, S. 286ff., und Biographie universelle 17, Paris 1816, S. 32f.) wird
Gregor Hruby jeweils nur im Zusammenhang mit seinem berühmten Sohn Sigismund
Gelenius genannt, der durch Vermittlung des Erasmus von 1524 bis zu seinem Tod 1554
Korrektor bei Froben in Basel war. – Für Übersetzungshilfe danke ich Frau Marétha
Meier und Herrn Dr. Hilsch, Tübingen.

[2] Josef T r u h l á ř, Katalog Českých Rukopisů C. K. Veřejne a Universitní Knihovny
Pražské, Praze 1906, S. 64ff.

[3] Die Isokrates-Übersetzung stammt von Wenzel Pisecky, einem Freund Gregor Hrubys
und Lehrer seines Sohnes Sigismund. Die Handschrift ist ausführlich behandelt bei Joseph
D o b r o w s k y, Geschichte der böhmischen Sprache und ältern Literatur, Prag, 2. Aufl.
1818, S. 352ff., und P r a z á k, a.a.O. S. 36 und S. 43.

Herrschaft usurpiert.[4] Ausführlich geht er auf den Widerstand der Kirche gegen Vallas Schrift ein. Sie habe sie weder abschreiben noch drucken lassen. Einen Zeugen für diese Ansicht nennt er allerdings nicht. Von Paul II. (1464 –1471) berichtet er, daß der Papst viele als Ketzer verfolgen ließ, die der Meinung waren, der Papst solle nicht herrschen, sondern in Armut und Demut Christus nachfolgen.[5] Aus der jüngsten Vergangenheit erwähnt er noch die Auseinandersetzung zwischen Alexander VI. und Savonarola. Als Kritiker des Papsttums nennt er die Kirchenväter Chrysostomos, Hieronymus und Augustinus, daneben Petrarca. Überhaupt gilt dieses Vorwort zugleich für die Übersetzung des Petrarca-Briefes Sine nomine 17.[6]

Von Valla selbst berichtet Gelenius seinem Leser nur, daß er ein bedeutender Mann aus der Zeit Kaiser Sigismunds, ein Römer aus dem Senatorenstande gewesen sei. Seine Schrift wird in höchsten Tönen gelobt. Er zeige auf geistvolle Weise und in schönem Stil, mit Beispielen aus der Bibel und Chroniken, daß es die Schenkung nie gegeben habe. Mit Valla müsse man sich wundern, daß diese Schenkung als Privileg bezeichnet werde, und daß sie in so schlechtem Latein abgefaßt sei.[7] In der Schrift sei vieles enthalten, was nützlich und wissenswert sei, beispielsweise für die Führung eines Rechtsstreits. Die von Valla oft nur nebenbei genannten römischen Magistrate hat Gelenius im Anhang zusammenfassend erläutert.[8] Besonders hebt Gelenius den Stil Vallas hervor. Diese Schrift könne nur verstehen, wer sie richtig lese. Deshalb hat er eigene Zeichen eingeführt, um etwa Fragen zu kennzeichnen und Pausen für den (Vor-)leser zu verdeutlichen. Auch findet der überraschte Leser am Rand gelegentlich den Hinweis *Ironia*. Gelenius bedauert es, daß er die Schrift Vallas nicht angemessen übersetzen könne. Die tschechische Sprache reiche noch nicht aus, das Latein des gelehrten und sprachgewandten Valla wiederzugeben. Die Übersetzung ist sehr genau.[9] Ausgelassen sind Passagen, in denen Valla den Wortgebrauch der Urkunde oder etymologische Beispiele behandelt.[10]

---

[4] Prag, Codex 168, f. 217 v.

[5] A.a.O. f. 217 r; wohl eine Anspielung auf die Ketzerverfolgung in der Campagna, vgl. Platina, S. 377, 20.

[6] Im Katalog ist der Brief als Nr. 16 genannt, die inhaltliche Beschreibung paßt aber nur auf Nr. 17. Das müßte anhand der Übersetzung überprüft werden. Die Übersetzung ist bei Piur (wie S. 82, Anm. 33) nicht genannt. Zum Petrarca-Brief vgl. S. 82.

[7] Prag, Codex 168, f. 217 v.

[8] A.a.O. f. 303 r–310 v; der *tribunus* wird dabei etwa zum vertrauten Hauptmann in Beziehung gesetzt. Auf diese Erläuterungen verweist Gelenius jeweils in der Übersetzung.

[9] So sind 3, 9 *pontifex* und 3, 18 *sacerdos*, obwohl beide Bezeichnungen sich auf den Papst beziehen, auch in der Übersetzung unterschieden. Andererseits ist 42, 4 *capitolinos* nur mit ‚römisch' wiedergegeben. Pronomina sind entweder übersetzt – dann findet sich am Rand oft ein Hinweis, wer gemeint ist – oder durch den entsprechenden Namen ersetzt.

[10] Es fehlen z. B. die Abschnitte über *optimates* (23, 1), *phrygium* und *lorum* (28, 32).

Gelenius hat in der Geschichte der tschechischen Sprache und Literatur seinen festen Platz, in der Literatur über Valla ist seine Übersetzung bislang unbeachtet geblieben. Es ist die früheste der bisher bekannten Übersetzungen, sie blieb als einzige ungedruckt. Die Vorlage scheint in der Textüberlieferung der editio princeps nahegestanden zu haben, eine Benutzung des Erstdruckes selbst scheidet allerdings aus.[11]

Das Interesse an Vallas Kritik der Konstantinischen Schenkung im hussitischen Böhmen ist nicht überraschend. Der 1458 in Straßburg als Ketzer verbrannte Friedrich Reiser, der sich um eine Vereinigung der Waldenser und Hussiten bemühte, hatte den Hinweis auf die Ablehnung der Schenkung sogar in seinen Titel aufgenommen: *Fridericus, Dei gratia Episcopus fidelium in Romana Ecclesia donationem Constantini spernentium.*[12] Aus dem engeren Kreis der Hussiten wurde Wenzeslaus Koranda d. J. bereits erwähnt.[13] Auch Lukas von Prag, der Bischof der Böhmischen Brüder († 1528), und dessen Freund Laurentius Krasonický († 1532) kannten Vallas Schrift.[13a]

Die französische Übersetzung

Die französische Übersetzung geht zurück auf den Wiederabdruck der editio princeps im Jahre 1520, sie dürfte wohl bald danach in Lyon erschienen sein.[14] Es handelt sich im Grunde um eine Bearbeitung. Vallas Schrift ist nicht vollständig wiedergegeben, zuweilen verweist der Übersetzer auf das Original.[15] An anderen Stellen sind Vallas Ausführungen ergänzt, in ihrer Tendenz verstärkt oder gar verändert worden. So heißt es in Vallas Praefatio: ... *ego ob celestem patriam assequendam – assequuntur autem eam, qui Deo placent, non qui hominibus – mortis discrimine deterrebor?* (3, 30). Der

---

[11] Die Vorlage bot – nach der Übersetzung zu urteilen – wie die Erstausgabe 4, 30 *aures hominum / homines*; 5, 16 *antequam / a quo*; im Gegensatz zur editio princeps aber mit 21, 35 *agit* und 22, 21 *neminem* den richtigen Text.

[12] Jean Gonnet und Amedeo Molnar, Les Vaudois au Moyen Age, Torino 1974, S. 239ff., zum Titel S. 250.

[13] Vgl. S. 91.

[13a] Amedeo Molnar, Voyage d'Italie, Communio Viatorum 5 (1962), S. 28–34, hier S. 34, Anm. 34; Gonnet-Molnar, a.a.O. S. 413.

[14] Die Ausgabe ist beschrieben bei Henry Harrisse, Excerpta Colombiniana. Bibliographie de quatre cents pièces gothiques françaises, italiennes et latines, Paris 1887, S. 177f.; Mancini, Vita, S. 164, Anm. 1. Das Erscheinungsjahr 1522 ist nicht mehr als eine Vermutung, abgeleitet aus dem Erscheinen der Vorlage 1520. Eine Ausgabe Huttens scheidet als Vorlage aus, weil der Passus über das Bad im Blut der Knaben (42, 3) mit übersetzt ist. Theoretisch käme als Vorlage auch die editio princeps in Frage.

[15] *Si tu veulx mieulx particulierement cognoistre les incongruitez et folies contenues en linstrument susdicte ayes recours au vray texte de Laurentz Valle, duquel ie prens plus les sentences et qui servent au propos que non pas les termes* (f. II v).

Übersetzer bringt nicht nur ausführlich das Bibelzitat (Gal. 1, 10), auf das Valla nur anspielt, er gibt Vallas knappen und deutlich gegliederten Satz in einer umfangreichen Paraphrase wieder.[16] Oft ist die Argumentation Vallas neu geordnet. Der Übersetzer bringt im dritten Teil erst die zusammenhängende Übersetzung der Donatio, faßt dann die Hauptpunkte der Kritik zusammen und geht erst in diesem Zusammenhang darauf ein, daß die Urkunde als Palea im Dekret Gratians überliefert ist. Valla hatte diese Überlieferung besonders betont, in der Übersetzung wird sie zu einem Argument unter vielen.

Besonders auffallend sind die Erweiterungen des Textes. Bevor Eutropius als Zeuge zitiert wird (17, 29), gibt der Übersetzer einen kurzen Abriß über das Leben des Kaisers.[17] Auch die Geschichte von Konstantin bis zu Karl d. Gr. ist in großen Zügen geschildert. Dieser Teil der Übersetzung trägt den Titel *Translation (ou mieulx division) de lempire Grec et Latin...* Wo Valla von dem Widersinn spricht, daß sich die Päpste das Recht der Kaiserkrönung anmaßen (43, 35), verweist der unbekannte Übersetzer ergänzend auf den Frieden von Venedig zwischen Friedrich I. und Alexander III.[18]

Aus Vallas kritischer Untersuchung einer Urkunde ist so eine historische Abhandlung geworden.

Die deutsche Übersetzung

Der deutschen Übersetzung *Des Edlen Römers Laurentii Vallensis Clagrede wider die erdicht unnd erlogene begabung, so von dem Keyser Constantino der Roemischen kirchen sol geschehen sein* ist ein Vorwort an den christlichen Leser vorangestellt, dessen Verfasser nur mit den Initialen H. S. genannt ist.[19] Dahinter könnte sich Hans Schleichershöver verbergen, der seit

---

[16] f. A III r/v. Es folgt das Beispiel der Zurechtweisung des Petrus durch Paulus, erst dann ist von der Aufgabe des Redners die Rede: selbst Vallas Vorwort ist also frei ausgestaltet und neu gegliedert.

[17] *Cest que Constantin entra au grand pretoire en Rome apres quil eust eu victoire de Maxentius et quil reforma Leglise Romaine aussy quil conferma la religion chrestienne. Finablement apres quil eust regne trente ans dix mois unze iours il mourut le soixante et sixieme an de son aage. Et laissa trois enfantz qui feurent seigneurs de tout le monde* (f. E IIII r).

[18] *... ne te cure et nayes soing es coronnes ne es sermentz, qui sont cauteleuses inventions pour te mettre le pied sur la gorge, si come feit iadiz ung pape Alexandre a lempereur Federic premier du nom a Venise* (f. L IIII r).

[19] Emil Weller, Repertorium typographicum, Nördlingen 1864, Nr. 1155, S. 140, nannte Johann Schöffer in Mainz und das Jahr 1518. Josef Benzing nennt in: Peter Schöffer d. J. zu Worms und seine Drucke, Wormsgau 5 (1961/1962), S. 109, auch das Jahr 1518, hält jetzt aber dieses Datum nach einer schriftlichen Mitteilung für zu früh.

1524 für den Wormser Drucker Peter Schöffer arbeitete.[20] Das Erscheinungsjahr der Übersetzung ist nicht genannt. Als „vorlängst gedruckt" bestellte „etzliche exemplarie" davon 1526 Herzog Albrecht von Preußen bei dem Buchführer Lucas Cranach.[21]

Die Übersetzung will als Beitrag zur religiösen Auseinandersetzung verstanden sein. Auch für den Übersetzer ist der Papst die Verkörperung des Antichrist. Der *hochgelert und Edel Laurentius Valla* wird als einer aus der Zahl derjenigen vorgestellt, die von Gott erwählt seien, *iem und nit dem Babst, sprich ich dem Antichrist nachzefolgen . . . Diser wie wol er mitten under den widerchristen, als zu Rom, gezielt, geborn, erzogen, gelebt hat, iedoch hat iem got das maul auffgethan, die warheyt durch ien an den tag bracht.* Der Übersetzer hat eine möglichst genaue Wiedergabe angestrebt, einmal aus Liebe zur Wahrheit, aber auch, um zu zeigen, was es mit dieser Urkunde auf sich habe: *In disem büchlin sichstu klarlich mit was betrug das Antichristisch reich . . . uffgericht ist worden, in welchen wir mehe fleiß gehabt, die warheyt dem Latein gemaeß, von wort zu wort, der sachen zu gut, in dz schlecht einfaltig deutsch verdolmetschen, dann mit schoenne geschmuckten worten solchs zeferben. Dann die schlechte eynfaltige rede ist eyn freündin der warheyt . . .* Der Übersetzer bringt neben Vallas Schrift noch das Constitutum Constantini auf der Grundlage der lateinischen Übersetzung des Pincernus. Als Vorlage diente die erste Ausgabe Huttens.[22]

Die englische Übersetzung des William Marshall (1534)

Die englische Übersetzung gehört zu den Werken, mit denen die in der Suprematsakte vom November 1534 erhobenen Ansprüche des englischen Königs auf Unabhängigkeit von Rom gestützt werden sollten. Seit 1530 stand Thomas Cromwell im Dienst Heinrichs VIII. Er war Mitglied des Privy council, wurde 1534 principal secretary. Ein Mittel seiner Politik war

---

[20] F. R o t h, Die Mainzer Buchdruckerfamilie Schöffer während des 16. Jahrhunderts und deren Erzeugnisse zu Mainz, Worms, Straßburg und Venedig, Centralblatt für Bibliothekswesen, Beiheft 9 (1892), S. 105 und 153. K a l k o f f, Huttens Vagantenzeit und Untergang, Weimar 1925, S. 223, Anm. 1, wendet sich gegen diese Identifikation und möchte die Initialen auflösen zu Heinrich Stoll, Theologieprofessor in Heidelberg, denn für die „ebenso gewandt als warmherzig geschriebene Vorrede" komme nur „ein humanistisch und theologisch gebildeter Mann in Betracht".

[21] G r i m m, Buchführer, Sp. 1613.

[22] Auf diese Ausgabe verweisen die Lücke bei 8,12 *sui quoque – fuisset* und die Lesart 25,34 *India*. Aus dieser Ausgabe ist auch die einzige deutsche Anmerkung zu 27,11 übernommen worden: *Hie schenckt Keyser Constantinus alles das er hat, dem bapst Silvestro, bis uff die bruch.*

der Einsatz des Buchdrucks. Ab 1532 versammelte er einen Kreis von Literaten um sich, die im Sinne der offiziellen Politik tätig werden sollten. Zu diesem Kreis gehörte ab 1533 auch William Marshall.[23] Seine erste Aufgabe war die Übersetzung des Defensor pacis des Marsilius von Padua. Seine Übersetzung der Schrift Vallas ist in einem Brief an Cromwell vom 1. 4. 1534 genannt: *Surely I thinke there was never better boke made and sett forthe for the defasing of the Pope of Rome than this.* Die Übersetzung erschien noch im gleichen Jahr bei Thomas Godfray in London unter dem Titel *A treatyse of the donation or gyfte and endowment of possessyones gyven and presented unto Sylvester pope of Rome by Constantyne emperor of Rome ...* Der Übersetzer ist nicht genannt. Als Vorlage diente auch hier die erste Ausgabe Huttens.[24]

Die Widerlegung der Legende von der Konstantinischen Schenkung mußte Heinrich VIII. sehr willkommen sein, in dessen Vorstellungen von seiner imperialen Würde Kaiser Konstantin eine wichtige Rolle spielte. Noch 1521 soll er geäußert haben, man könne Rom nicht zu viel Ehre erweisen, weil er von dort seine Krone habe. Später aber berief er sich häufiger auf Sagen aus der Frühzeit Englands, um seine Herrscherwürde unter Beweis zu stellen. Nach einer Sage war König Arthur ein Nachfolger Konstantins, der römisches Kaisertum und englisches Königtum vereint hatte. Wenn nun die Herrschaftsabtretung Konstantins hinfällig wurde, konnte Konstantin mit größerem Nachdruck als früher Vorfahre des Königs von England herausgestellt werden.[25]

Die italienische Übersetzung (1546)

Die italienische Übersetzung erschien erst 1546. Sie trägt den Titel *Trattato utile et degno d'esser letto da ogni persona, di Lorenzo Valla Gentilhuomo Romano, dove si tratta della donatione, che volgarmente si dice esser fatta*

---

[23] Benzing, Hutten, S. 121, Nr. 218; Charles C. Butterworth, The English Primers (1529–1545). Their Publication and Connection with the English Bible and the Reformation in England, University of Philadelphia Press 1953, S. 56f. und S. 73, Anm. 4; James Kelsey McConica, English Humanists and Reformation Politics, Oxford 1965, S. 136f. McConica erwähnt S. 91 eine Bücherliste von 1521 eines Brian Rowe, Vice-Provost of King's, in der ein *Libellus de donatione Constantini* aufgeführt ist. Vielleicht darf man auch das auf eine der Ausgaben Huttens beziehen.

[24] Die Übersetzung folgt der Vorlage bis in Einzelheiten, so ist auch der Satz nach dem Cathalanus-Zitat *Haec libuit praemittere ...* mit übersetzt. Den einzelnen Abschnitten sind kurze Inhaltsangaben vorangestellt, der Text ist durchgehend mit sachlichen Randbemerkungen versehen.

[25] J. J. Scarisbrick, Henry VIII., London 1968, S. 270ff. Der König hatte Vallas Widerlegung vielleicht schon 1533 kennengelernt (S. 309, Anm. 3).

da Costantino Magno Imperatore Romano a Papa Silvestro.[26] Ein Übersetzer ist nicht genannt, kein Vorwort erläutert Anlaß oder Zweck der Übersetzung. Als Vorlage diente die zweite Ausgabe Huttens, aus der neben
Vallas Schrift auch die Constitutum-Version des Pincernus und Huttens Vorrede mit übersetzt sind. So bleibt an dieser Übersetzung nur das Erscheinungsjahr hervorzuheben. Zur gleichen Zeit schrieb Augustinus Steuchus seine umfangreiche und zusammenfassende Kritik an Vallas Werk.

5. Augustinus Steuchus

Höhepunkt und Abschluß der Auseinandersetzung mit Vallas Kritik am
Constitutum Constantini bildet die ausführliche Stellungnahme des Augustinus Steuchus. Die meisten Kritiker Vallas waren nur in größerem Zusammenhang auf die Konstantinische Schenkung zu sprechen gekommen oder
hatten in Valla nur einen aus der Reihe der Gegner dieser Schenkung gesehen;
Steuchus verfaßte wie vor ihm nur Pietro Edo eine nur auf Valla ausgerich-
tete Gegenschrift: *Contra Laurentium Vallam De falsa Donatione Constantini Libri duo.*[1] Im Gegensatz zu den Schriften des Edo ging dieses Werk unmittelbar nach Fertigstellung in den Druck, es erschien 1547 in Lyon.

Steuchus studierte in Bologna und stand seit 1536 in päpstlichen Diensten.[2]
Paul III. ernannte ihn zum Bischof von Kissamos auf Kreta und übertrug
ihm die Leitung der Vatikanischen Bibliothek. Für kurze Zeit nahm er 1547/
1548 am Konzil in Bologna teil, wo er am 19. 3. 1548 starb. Steuchus hatte
sich schon zu Beginn seiner literarischen Tätigkeit mit der Konstantinischen
Schenkung befaßt. Schon in seiner Schrift *Pro religione christiana adversus
Lutheranos,* die 1530 erschien,[3] hielt er Valla die griechische Überlieferung
des Constitutum Constantini entgegen. Später hat er vielleicht seine Meinung
geändert, er soll Papst Paul III. gegenüber geäußert haben, daß die Schenkung Konstantins sich auf schwache Fundamente stütze.[4] Wenn er sich trotzdem 1546 an die umfangreiche Antwort auf Valla machte, liegt die Vermu-

---

[26] E. G a r i n in: Giornale critico della Filosofia Italiana 32 (1953), S. 277; die Ausgabe ist
bei B e n z i n g, Hutten, zu ergänzen.

[1] Zitate im folgenden nach der Erstausgabe. In den Opera omnia (1591) steht die Schrift
in Band III, f. 209 v–241 v.

[2] Zu Steuchus vgl. M a n c i n i, Vita, S. 162f.; L a e h r, Schenkung II, S. 177f. und besonders F r e u d e n b e r g e r.

[3] F r e u d e n b e r g e r, S. 63ff.

[4] A.a.O. S. 124f. und S. 127f. Steuchus gab Johann Albrecht Widmannstetter 1541 seine
Übersetzung der *Vita Constantini,* die dieser an Karl V. weiterleiten sollte. Bei dieser
Gelegenheit soll er von seiner gewandelten Meinung gesprochen haben: ... *dixit etiam
tum mihi, se in longe diversissima sententia nunc esse, quod ad Constantini donationem
attinet, quam olim fuerit, cum scriberet de Constantini donatione* (S. 127, Anm. 38).

tung nahe, daß es sich dabei um eine bestellte Antwort handelt, vielleicht gedacht als Antwort auf Luthers Schrift *Wider das Papsttum zu Rom, vom Teufel gestiftet* (1545).[5] So sieht Steuchus überraschenderweise seine Aufgabe nicht darin, die Echtheit der Konstantinischen Schenkung zu beweisen, sondern sie lediglich wahrscheinlich zu machen: *hoc primum praefabor, non me quidem velle probare atque omni ratione contendere, donationem esse veram; sed concesso eam dubiam esse, clariores ac plures extare rationes, quae veram esse probent, quam rationes Laurentii valere ad probandum non esse veram, scilicet rem suapte natura dubiam, ut hoc Laurentio ac nonnullis aliis concedam, validioribus argumentis probari esse veram.*[6] Diese Zielsetzung macht es notwendig, die Fülle der Argumente theologischer und historischer Art, die seit Jahrhunderten die Diskussion um die Schenkung bestimmt haben, noch einmal zusammenzutragen und auszuwerten. Dies geschieht vor allem im umfangreicheren zweiten Buch. Hier wird Valla nur noch gelegentlich erwähnt, die eigentliche Auseinandersetzung mit seinen Thesen geschieht im ersten Buch, dessen Argumentation dem Aufbau von Vallas Schrift folgt.[7] Die Auseinandersetzung geschieht auf drei Ebenen: Vallas Kritik wird erklärt aus seinem Charakter und seinem Lebenslauf, die Stichhaltigkeit seiner Argumentation wird abgestritten und schließlich seine Beurteilung der Schenkung als unangemessen herausgestellt.

Vor der Widmung, die an keinen Geringeren als Petrus gerichtet ist, wird ausführlich begründet, warum Valla nicht wörtlich zitiert werden soll: *Laurentius Vallensis contra donationem Constantini libellum conscribens, eum blasphemiis et impiis irrisionibus refersit. Visum igitur est praestare, eum ex hoc opere subducere, sensibus duntaxat in redarguendo prolatis.* Gleich auf der ersten Seite umreißt Steuchus den Hauptvorwurf gegen Valla, daß er nämlich aus Haß und Undankbarkeit seine Schrift verfaßt habe: *Hoc scelus a Laurentio Valla imprimis peccatum memoriae proditum est: quem cum Rom. Pontifex, qui tunc rerum potiebatur, beneficiis, quibus forsan non esset indignus, minime affecisset, ignominia et dolore permotus et ad Regem Alphonsum Pontificis hostem profectus, non tam adversus privatam personam quam ipsam dignitatem invectus est: atque de falsa donatione librum conscribens, omnes hic odii et iracundiae suae vires effudit.* Neu ist an dieser sonst traditionellen Beurteilung die Betonung, die auf dem Verhältnis Vallas zu König Alfonso liegt. Hier wird er ausdrücklich als Feind des Papstes be-

---

[5] A.a.O. S. 309.

[6] Steuchus, Contra Vallam, S. 86.

[7] Die Argumente sind von Freudenberger, S. 306–347, im einzelnen aufgeführt. Es mag hier genügen, die Auseinandersetzung mit Valla zu charakterisieren. Die Reihe der Zitate und Zeugen reicht bis in Vallas Zeit und schließt beispielsweise das Konzil von Florenz mit ein (S. 335).

nannt, an anderer Stelle wird ergänzend darauf hingewiesen, daß Valla zwar nicht im Auftrag, wohl aber zugunsten von König Alfonso die Schrift verfaßt habe: *audacia tantum ac temeritate, veluti vento pulsus, venit ad scribendum, in favorem Alphonsi apud quem exulabat.*[8] Steuchus versäumt nicht, auf das Urteil des Gioviano Pontano († 1503) über Valla hinzuweisen, das er seiner Schrift als Anhang beigegeben hat. Er zitiert von ihm den angeblichen Ausspruch Vallas, er habe auch gegen Christus Pfeile bereit (... *habere se quoque in Christum spicula).*[9] Mit diesen wenigen Hinweisen ist gleich zu Beginn betont, daß Vallas Ausführungen keinen Glauben verdienen: *at irato ... nihil est credendum.*[10] Entsprechend wird auch die Schrift Vallas als häretisch und gegen Christus gerichtet interpretiert: *tota enim haec eius scriptio contra donationem Constantini effusa est tenditque clam contra Christum.*[11]

Vallas Angriff scheint Steuchus um so weniger verständlich, als Valla doch Römer gewesen sei und selbst darauf hingewiesen habe, daß im Papsttum die Tradition des römischen Reiches fortlebe: *ait Laurentius in aliis suis scriptis efferens linguam Latinam, non penitus eam concidisse ... Cur igitur non perspicit huius rei causam Romanae ecclesiae fuisse maiestatem, quae velut filius Romano imperio successit.* Valla hatte bescheidener nur vom Fortleben der Sprache gesprochen. Wie sehr Steuchus Valla mißversteht, wird deutlich, wenn er in diesem Zusammenhang Vergil zitiert, dessen *Imperium sine fine dedi* (Aen. I 279) er, wie Quirini[12] vor ihm, auf die *Romanae sedis maiestas* bezieht, durch die bewirkt worden sei, daß das *Imperium Romanorum esset sine fine renatum in ipsa ecclesia.*[13]

Zu den unlauteren Motiven Vallas und den Widersprüchen in seinem Werk kommt nach Ansicht von Steuchus eine ungenügende Fundierung der Argumentation. Er wirft Valla vor, nicht alle historischen Berichte und Kon-

---

[8] S t e u c h u s, Contra Vallam, S. 61f. Ähnlich hieß es schon in Pro religione christiana (Opera III, f. 15 r): ... *cum Romae versaretur, non potuerit quae peteret assequi sacerdotia. Auffugiens igitur ad regem Neapolitanum, quem hostem sciret pontificis esse, adversus eum ibi stilum exacuit deque falsa donatione Constantini scripsit, quae res multis Italorum est notissima.*

[9] S t e u c h u s, Contra Vallam, S. 212; ausführlich zitiert bei D i N a p o l i, S. 355. Pontano charakterisiert Valla folgendermaßen: *Laurentius Vallensis in grammaticis, in rhetoricis dialecticisque ita et scripsit et disputare est solitus, ut minime videretur velle praecipere, nec appareret tam contendere illum de veritate proprietateque aut docere velle quam maledicere oblectareque vetustis scriptoribus atque obloqui. Itaque Ciceronem vellicabat, Aristotelem carpebat, Virgilio subsannabat, ... uni tantum Epicuro assurgeret ... ne dubitaverit ipse quidem dicere profiterique palam, habere se quoque in Christum spicula* (De sermone libri VI, lib. I, c. De Contentiosis, ed. L u p i - R i s i c a t o, 1954, S. 29f.).

[10] S t e u c h u s, Contra Vallam, S. 2f.

[11] A.a.O. S. 25.

[12] Vgl. S. 114.

[13] S t e u c h u s, Contra Vallam, S. 33f.

zilsbeschlüsse herangezogen zu haben: *Multa de Conciliis Graece scriptis scire eum oportuerat, multas caeteris incognitas historias Latinas perspicere, universam lustrare bibliothecam, series temporum, regnorum successiones, sacra et profana conferre necesse erat.*[14] Das ist zugleich das Programm, das Steuchus im zweiten Buch selbst zu erfüllen versucht. Im Einzelfall mag seine Kritik sogar berechtigt sein,[15] aber Valla wollte eben nicht die Fülle der Argumente und Zeugnisse neu werten, sondern in kritischer Besinnung auf die historischen Voraussetzungen die Unmöglichkeit der Schenkung verdeutlichen. Einzelne Zitate wie Eutropius oder das Pactum Hludovicianum sollten jeweils nur das schon Bewiesene bekräftigen. Für Steuchus aber werden spätere Zeugnisse durchaus zum Beweis für die Richtigkeit der angezweifelten Behauptungen; der Stratordienst späterer Kaiser z. B. bestätigt ihm, daß auch Konstantin diesen Dienst erwiesen habe.[16]

Besonders herausgestellt wird der Vorwurf, daß Valla sich nicht um die sonstige Überlieferung des Constitutum Constantini gekümmert habe, insbesondere habe er die griechische Überlieferung vernachlässigt. Die Palea im Dekret Gratians ist für Steuchus ein Beispiel verderbter Textüberlieferung, die Bezeichnung Palea selbst lediglich ein ungewöhnlicher Ausdruck für Donatio.[17] Steuchus argumentiert deshalb nicht von der Gratianüberlieferung aus, sondern verweist gegenüber Vallas sprachlicher Kritik immer wieder auf lateinische und griechische *antiquiora exemplaria*. Besonderes Gewicht legt er dabei auf die griechischen Handschriften, die er in der Vaticana gefunden habe. Die griechische Version des Constitutum gilt ihm zwar nicht als die ältere,[18] sie bezeuge aber allein schon durch ihr Vorhandensein die Echtheit der Schenkung und gebe manche Möglichkeit, den lateinischen Text zu korrigieren. Steuchus wiederholt aus seiner früheren Schrift die Übersetzung der Confessio[19] und verbindet damit den Vorwurf, daß Valla diese notwendige Ergänzung zur Donatio unberücksichtigt gelassen habe. Er sieht in den Übereinstimmungen zwischen der Legende und der Confessio auch einen Beweis für die Richtigkeit der Schenkung: *Vides igitur decretum coniunctum esse cum confessione, eundem esse utriusque contextum, ut si vera est confessio, nempe Constantinum edidisse sua voce eam confessionem, reliqua quoque necessario sint vera.*[20] Wenn die Schenkung aber die direkte Folge der

---

[14] A.a.O. S. 3.

[15] Er macht ihn beispielsweise S. 42 auf die Vita Constantini aufmerksam, die Valla nicht gekannt zu haben scheint.

[16] A.a.O. S. 134ff.; F r e u d e n b e r g e r , S. 284.

[17] S t e u c h u s , Contra Vallam, S. 43.

[18] Das betont F r e u d e n b e r g e r , S. 312, gegen L a e h r , Schenkung II, S. 179.

[19] S t e u c h u s , Contra Vallam, S. 99–109; P e t r u c c i , S. 56; F u h r m a n n , Constitutum, S. 40 mit Anm. 59.

[20] S t e u c h u s , Contra Vallam, S. 19.

186

Bekehrung und des Glaubensbekenntnisses ist, kann Konstantin für Steuchus auch nie so argumentiert haben, wie Valla es seinen Lesern einreden wolle. Es bestand kein Gegensatz zu Silvester, weil der Kaiser nur bekannte, was er von Silvester gelernt hatte: *unus enim idemque spiritus erat Constantino et Sylvestro.*[21]

Wo der Verweis auf bessere und vollständigere Überlieferungen nicht ausreicht, hilft sich Steuchus mit Konstruktionen. Er hat eigene Vorstellungen von der Entstehung der Urkunde. So kurz nach der Taufe konnte auch seiner Meinung nach Konstantin nicht all das schon wissen, was in der Confessio erwähnt wird. Diese muß also später abgefaßt sein. Die Erklärung sieht er darin, daß wiederum zwischen der Confessio und den Beschlüssen des Konzils von Nicäa enge Beziehungen bestehen. Der christliche Kaiser hat an diesem Konzil teilgenommen und hier seine Bischöfe beauftragt, die Urkunde aufzusetzen. Die Urkunde entstand also nicht im Zusammenhang mit den Geschehnissen, von denen die Confessio berichtet, sondern erst *insecutis... non multis annis.*[22] Das erklärt z. B. das teilweise schlechte Latein, denn *dixi quoque in desuetudinem eo tempore sermonem Latinum abiisse.*[23] Wenn Satrapen erwähnt werden, so sei das ein Beispiel für den sprachlichen Verfall. An anderer Stelle aber versucht Steuchus nachzuweisen, daß der Stil der Urkunde von dem Sprachgebrauch anderer kaiserlicher Dokumente nicht weit entfernt sei.[24] Im übrigen betont er, daß man zu Konstantins Zeiten nicht mehr das Latein Ciceros erwarten dürfe – und übersieht dabei, daß Valla lediglich den Zeitgenossen Laktanz als Zeugen angerufen hatte.[25] Die besonderen Umstände bei der Abfassung der Urkunde erklären ihm auch die von Valla herausgestellten Anklänge an die Bibel: *conscriptum etiam a Christianis episcopis edictum fuit, Constantino iubente, ob eam causam sunt pleraque ex sacris literis admista.*[26] Schließlich erklärt die späte Abfassung der Urkunde auch die anachronistische Erwähnung von Konstantinopel, entspreche sie doch den Beschlüssen des Konzils über den römischen Primat.[27]

Ein dritter Punkt der Kritik an Valla ist die falsche Deutung der Schenkung Konstantins. Steuchus folgt wie fast alle Kritiker vor ihm der heilsgeschichtlichen Interpretation, die in dieser Schenkung lediglich eine *restitutio* sieht. Der eigentliche Empfänger ist Christus, Silvester hat sie stellvertretend angenommen und annehmen müssen: *nec poterat aut debuerat spernere Syl-*

---

[21] A.a.O. S. 26.
[22] A.a.O. S. 52.
[23] A.a.O. S. 72.
[24] A.a.O. S. 204f.
[25] A.a.O. S. 47f.; vgl. Valla 23, 32.
[26] A.a.O. S. 72.
[27] A.a.O. S. 53.

vester, quę non sibi sed Petro et Christo donabantur.[28] Damit lassen sich leicht die Unterschiede zu einer profanen Herrschaftsübertragung erklären, denn eine förmliche *traditio* und *acceptatio* waren nicht nötig: *summo et sacrosancto sacerdoti satis erat, imo maximum erat, Imperatorem procubuisse ante altare, super ipso coram tot testibus Imperium sacrasse, devovisse. Ut novum erat et inusitatum hoc Constantini factum, divinum potius quam humanum, sic novo genere celebrationis transactum est. Quae Laurentius profert profana sunt plebeia vulgaria.*[29] Silvester hat auch nicht in allen Dingen die Herrschaft angetreten, als wenn ein Sohn seinem Vater nachfolgte, vielmehr haben er und seine Nachfolger es geduldet, daß diejenigen herrschten, *quos ad regnum cupiditas rapuisset.*[30] Die Päpste haben nur immer wieder ihren Anspruch herausgestellt: *volens et prudens passus est eos imperare, reiecta in eos cura gubernandi: ostendebat tamen et fatebatur ea Christi esse, Imperiumque illud religioni debere donatum Christo et Petro a Constantino.*[31] Im zweiten Buch wird ausführlich dargestellt, welche Päpste auf welche Länder Anspruch erhoben haben. Doch wie Steuchus die Schenkung nicht beweisen will, leitet er auch aus all diesen Beispielen keine konkreten Machtansprüche ab: *nec repetit Romana sedes haec regna, regibusque cupit eripere, sed vult reges imperatoresque regnare, modo dominam ac reginam, quod toties inculco, agnoscant et fateantur.*[32]

So ist das Ergebnis der umfangreichen Bemühungen zwiespältig. Die Schenkung konnte und sollte nicht bewiesen werden, die Argumente sollten lediglich durch ihre Zahl die Einwände entkräften. Auf der anderen Seite wird die Herrschaft der Kirche zwar ebenfalls ausführlich begründet, schließlich aber doch zu einem bloßen Anspruch abgeschwächt.

In ihren Hauptmerkmalen – Abwertung der Persönlichkeit Vallas und seiner Motive, Kritik an dessen wissenschaftlicher Gründlichkeit und heilsgeschichtliche Deutung der Schenkung Konstantins – sind die Ausführungen des Steuchus in keiner Weise originell. So war es vor allem die Fülle der durch den Druck leicht zugänglichen Argumente, die auf den empfänglichen Leser nicht ohne Eindruck blieben und bis ins 17. Jahrhundert hinein fortwirkten.[33]

---

[28] A.a.O. S. 21 (restitutio) und S. 26.
[29] A.a.O. S. 37.
[30] A.a.O. S. 39f.
[31] A.a.O. S. 40.
[32] A.a.O. S. 190.
[33] Freudenberger, S. 346f.

Rückblick

Pierre Gilles[1] kennzeichnete 1521 in seinem Vorwort zu Vallas Geschichte Ferdinands von Aragon den Autor mit den Worten: *Laurentius Valla, sui semper similis, falsitatis hostis capitalissimus, veritatis severus patronus: in historia non videtur esse alius, quam fuerit ubilibet. Non enim parcit vitio regum, non pontificum.*[2] Dieser Charakterisierung hätte Valla voll zugestimmt. Sich selbst treu zu bleiben, Schreiben und Handeln in Übereinstimmung zu halten, war eine Grundüberzeugung, die er so oft und mit solchem Nachdruck ausgesprochen hat, daß sie bei aller rhetorischen Ausschmückung ernst genommen zu werden verdient.[3] Anlaß und Ziel des Schreibens war für ihn stets der Kampf um und für die Wahrheit,[4] das Aufdecken von Irrtümern und ihren Konsequenzen, die Bloßstellung falscher Autoritäten. Ein eindrucksvolles Beispiel für diese Haltung ist *De falso credita et ementita Constantini donatione* (1440), eine Schrift, die beide Akzente schon in ihrem Titel deutlich macht.

Die ausführliche Beschäftigung mit den Werken Vallas in den letzten Jahren hat vor allem den inneren Zusammenhang des Gesamtwerks deutlich gemacht; der Philosoph und Theologe Valla ist gleichberechtigt neben den Stilisten und Sprachkritiker getreten. Im Rahmen seines umfangreichen Schaffens ist die Kritik an der Konstantinischen Schenkung nur ein Nebenprodukt, in Zielsetzung und Ethos aber steht sie den Hauptwerken nicht nach. Es ist an der Zeit, auch hier die tradierte communis opinio aufzugeben, die bei allen Widersprüchen im einzelnen in diesem Fall besonders einhellig war. Danach handelte es sich um eine antikirchliche Streitschrift zur Unterstützung des Kampfes König Alfonsos V. (I.) von Neapel (1435–58) gegen Papst Eugen IV. (1431–47), um den „kühnsten Angriff gegen die weltliche Papstgewalt"[5]. Entsprechend schien es auf der Hand zu liegen, daß einerseits die Kirche den Autor und sein Werk bekämpfte und andererseits nur ein ge-

---

[1] Es handelt sich nicht um den mit Erasmus befreundeten Peter Gilles aus Antwerpen, sondern um den Naturforscher Petrus Gillius aus Albi (1490–1555), Verfasser von De vi et natura animalium (1533), vgl. Nouvelle Biographie Générale 20 (1857), Sp. 542–544.

[2] Laurentii Vallensis, Patritii Romani, Historiarum Ferdinandi, regis Aragoniae, libri treis, Paris 1521, Faksimile-Ausgabe (mit einem ebenso kurzen wie fehlerhaften Vorwort von Pedro Lopez Elum) in: Textos Medievales 41, Valencia 1970, Zitat S. 13.

[3] Das Motiv erscheint auch in De falso credita..., wenn etwa Papst Silvester betont, er könne dem Vorhaben Konstantins nicht zustimmen, *nisi vellem mihi ipsi esse dissimilis* (11,34). Zum Abschluß der kritischen Prüfung des Urkundentextes weist Valla darauf hin, daß der Fälscher nicht habe formulieren können, *quod Constantinum dixisse ac fecisse verisimile esset* (37,39).

[4] Vgl. *causa veritatis, causa iustitie, causa Dei* (4,3).

[5] Gregorovius III, S. 259.

wandelter oder charakterloser Valla später in den Dienst der so heftig be-
kämpften Päpste treten konnte.

In allen Punkten kann diese Interpretation korrigiert werden. Es sind
dabei kaum neue Quellen, die eine Neubewertung ermöglichen, sondern das
vorurteilslose Studium der Schrift im Rahmen des Gesamtwerks.

Valla hält in seiner Schrift den beschwörenden Worten Kaiser Konstantins,
keiner solle seine Schenkung *aut confringere vel in quoquam convelli* (35, 21)
ein Zitat aus der Apostelgeschichte entgegen: *Si opus tuum ex Deo non est,
dissolvetur, sin ex Deo, dissolvi non poterit* (vgl. Act. 5, 38). Dasselbe Zitat
greift er drei Jahre später auf, um sich gegen seine Kritiker zu verteidigen –
deutlicher läßt sich sein Bekenntnis zu seinem Werk kaum formulieren. Dieses
Bekenntnis ist um so bemerkenswerter, als es bereits aus einer Zeit stammt,
da einerseits die Auseinandersetzung zwischen König und Papst im Vertrag
von Terracina (1443) ihr Ende gefunden hatte, andererseits Valla sich um
eine Rückkehr nach Rom und eine Stellung in päpstlichen Diensten bemühte.
Ein auch oder nur aus politischen Motiven geschriebenes Werk hätte wohl
kaum ein solches Bekenntnis hervorgerufen. Die Schrift enthält denn auch
keinen Hinweis, daß sie im Auftrag oder auch nur zur Unterstützung Alfonsos geschrieben wurde. Die aktuelle politische Situation des Jahres 1440 ist
ausgespart, nur aus der Kombination gelegentlicher Äußerungen läßt sich
überhaupt die Abfassungszeit bestimmen. Valla versteht sich zudem als Vertreter des römischen Volkes, nicht als Parteigänger Alfonsos. Es gibt auch
keinen Hinweis, daß sich der König des Werks bedient hätte. Und was die
Kritik am Papsttum angeht, so richtet sie sich gerade nicht gegen den pontificatus als Institution, sondern gegen einzelne pontifices, deren jeder seiner
Aufgabe als *fidelis dispensator aut prudens* (49, 8 vgl. Luc. 12, 42) nicht gerecht geworden ist, die im Gegensatz zu den frühen Päpsten nicht *sapientes
et sancti*, sondern *impii . . . et stulti* (50, 6) sind.

Vallas Schrift ist keine politische Abhandlung, sondern ein rhetorisches
Werk, wobei rhetorisch nicht nur die Form, sondern mehr noch den Geist, das
sie tragende Ethos bezeichnet. Während es für eine Interpretation unter politischen Kategorien keinen Anhaltspunkt im Werk selbst oder in sonstigen
Äußerungen des Autors gibt, stammt die Kennzeichnung als *oratio, qua nihil
magis oratorium scripsi* von Valla selbst und erweist sich als tragbare Grundlage für die Interpretation, ebenso wie die anderen von Valla zur Charakterisierung seines Werkes genannten Stichworte: *res canonici iuris* und *res theologiae*.[6]

Die Schrift entstand im April/Mai 1440.[7] Anlaß für die Abfassung dürfte

---

[6] Vgl. S. 46–59.
[7] Vgl. S. 63.

die Diskussion auf dem Konzil in Florenz gewesen sein, bei der sich die Lateiner auf die Schenkung Kaiser Konstantins beriefen, obwohl sie nur wenige Jahre zuvor von Nikolaus von Kues in seinem den Konzilsvätern in Basel vorgelegten Werk *De concordantia catholica* als unecht erwiesen worden war[8].

Daß Valla der Widerlegung eine eigene Schrift widmete, ergibt sich aus seiner Grundeinstellung: die Konstantinische Schenkung ist für ihn mehr als nur eine fromme Erzählung; sie ist ein Beispiel, daß eine falsche Behauptung und damit falsches Wissen zu falschem Bewußtsein und Handeln und damit zu einer historischen Fehlentwicklung geführt hat. Das Constitutum Constantini ist für Valla das *principium potentie papalis* (49, 5). Mit dieser Einschätzung verbindet er zugleich die Hoffnung, daß die Belehrung über den wahren Sachverhalt schon das Handeln beeinflussen werde (vgl. 50, 11). In ähnlicher Weise hatte er sich gegenüber König Alfonso für eine korrekte Bezeichnung des Königreichs Neapel eingesetzt.[9]

Ganz andere Akzente als die Interpretation trägt die Wirkungsgeschichte. Die Schrift hat weder sofort nach ihrer Veröffentlichung noch zu Lebzeiten des Verfassers eine für uns erkennbare Diskussion ausgelöst.[10] Für die von ihm 1443 erwähnte Kritik lassen sich keine Namen und Argumente anführen. Die Kritiker dürften aber kaum in den höheren Rängen der kirchlichen Hierarchie zu suchen sein, wenn man bedenkt, wie positiv wenige Jahre später (1450) Vallas Annotationes zum Neuen Testament von Nikolaus von Kues und Papst Nikolaus V. aufgenommen worden sind. Es muß offen bleiben, ob es den frühen Kritikern allein um die strittige Frage ging oder ob sie nicht eher an der Art der Darstellung ansetzten und die allgemeine Kritik an diesem Autor auch auf dieses Werk ausdehnten. Die Eigenart der Interpretation Vallas, der Verzicht auf die Auseinandersetzung mit der vielfältigen Diskussion um die Schenkung durch die Jahrhunderte, und das starke Selbstbewußtsein, mit dem die Argumente vorgetragen werden, hat es Vallas Kritikern leicht gemacht, unter Hinweis auf andere Zeugen und Deutungen seine Argumentation als wirkungslos oder falsch abzutun oder seine *mordacitas* zu geißeln. Auch für dieses Werk galt zunehmend, was Erasmus 1505 in seinem Vorwort zu den Annotationes schrieb: *Sunt enim, qui, quod est nimis profecto ridiculum, nihil quicquam de Valla didicerunt, nisi quod est mordaculus.*[11]

Aus Vallas Lebenszeit († 1457) kennen wir an kritischen Äußerungen nur die Lauro Quirinis in einem Schreiben an Papst Nikolaus V., mit dem er dem

---

[8] Vgl. S. 25.
[9] Vgl. S. 78.
[10] Vgl. S. 100.
[11] Opera I, S. 802.

Papst eine *Sanctio Constantini*, die Übersetzung eines griechischen Constitutum Constantini, widmete (1447). Die Kritik ist nur indirekt, sie stammt von einem Mann, der wegen anderer Werke viel heftiger gegen Valla polemisiert hatte. Die Kritik blieb zudem ohne Wirkung und Echo, selbst Valla hat sie offenbar nicht kennengelernt.[12]

Die Kritik an Vallas Schrift wurde erst heftiger, als die Päpste sich wieder stärker auf die Konstantinische Schenkung als Grundlegung ihrer politischen Macht beriefen. Es waren dann vor allem die Juristen, die das Thema wieder aufgriffen und die seit Jahrhunderten vorgebrachten Argumente erneuerten, wobei sie gegen Valla oft ohne eigene Kenntnis seines Werkes polemisierten. Meinungsbildend war vor allem Giovanni Sangiorgi gen. Alexandrinus. Besonders ausführlich war die Stellungnahme Lodovico Bologninis, der sich ausgerechnet im Zusammenhang mit der Verteidigung einer anderen Fälschung, des sog. Privilegium Theodosianum für die Universität Bologna, zu einer Auseinandersetzung mit Valla herausgefordert fühlte.[13] Von theologischer Seite ist vor allem die Stellungnahme des Pietro Edo bemerkenswert, auch sie weniger wegen der Argumentation als wegen der Form: wie Bolognini setzt er sich Punkt für Punkt mit Valla auseinander.[14] Allen Äußerungen ist gemein, daß sie die Handlungsweise Konstantins unter heilsgeschichtlichem Aspekt beurteilten, nicht wie Valla nach Wahrscheinlichkeit und Belegbarkeit des angeblich historischen Geschehens fragten oder gar den vorliegenden Text der Urkunde kritisch prüften. Es ist aber sicher kein Zufall, daß wiederholt griechische Versionen des Constitutum angeführt wurden, nachdem Valla den lateinischen Text der im Dekret Gratians überlieferten Donatio in den Mittelpunkt seiner Kritik gestellt hatte. Neben Quirini sind Galateo und vor allem Bartholomaeus Pi(n)cernus zu nennen,[15] dessen Übersetzung in der Druckgeschichte eng mit Vallas Werk verbunden war und dadurch sehr stark rezipiert wurde. Auch Steuchus hat in seiner umfassenden Auseinandersetzung mit Valla viele Argumente aus der griechischen Version des Constitutum Constantini gewonnen. Mit zunehmender Diskussion verbreitete sich Vallas Werk über ganz Europa: bis heute sind nicht weniger als zwei Dutzend Handschriften bekannt geworden. Noch bevor die Schrift 1506 in Straßburg zum erstenmal gedruckt wurde, war sie von Frankreich bis Böhmen bekannt, dem französischen Kanzler Jean de Ganay ebenso wie dem böhmischen Utraquistenführer Wenzeslaus Koranda d. J. oder dem ‚Erzhumanisten‘ Konrad Celtis.[16] Aus Gründen, die im Dunkeln liegen, ist

---

[12] Vgl. S. 110–120.
[13] Vgl. S. 123–137 (Alexandrinus S. 130; Bolognini S. 127).
[14] Vgl. S. 137–151 (Pietro Edo S. 145).
[15] Vgl. S. 120.
[16] Vgl. S. 91f.

die Erstausgabe fast ohne Widerhall geblieben. Wir kennen auch nicht den Zufall, der Ulrich von Hutten ein Exemplar in die Hand spielte, das er dann zur Grundlage seiner eigenen Edition machte, die 1518 erschien.[17] Er hat jedenfalls Vallas Werk nicht erst, wie man bisher meinte, bei Johannes Cochläus in Bologna kennengelernt. Der große Erfolg dieser neuen Ausgabe läßt sich allein schon daran ablesen, daß 1519 eine zweite Auflage notwendig wurde.

Das große Interesse an Vallas Schrift belegen auch die Übersetzungen in nicht weniger als fünf Sprachen. Schon 1513 hatte Gregor Hruby eine tschechische Übersetzung angefertigt, die nicht gedruckt wurde. Von den anderen Übersetzungen gehen die deutsche, englische und italienische auf Huttens Ausgaben zurück, eine französische stützt sich auf einen Nachdruck der editio princeps, der 1520 in Lyon erschienen war. Während die deutsche Übersetzung (1524?) einen theologisch-reformatorischen Akzent trägt, sind die französische und englische Übersetzung Beispiele für eine politische Auswertung der Schrift. Die französische (1522?) zeigt dies besonders deutlich, weil in ihr Vallas Text bearbeitet ist: die philologisch-rhetorischen Passagen sind gekürzt, die politische Argumentation erweitert. Die englische Übersetzung trägt den politischen Akzent nicht so deutlich zur Schau. Sie verdankt ihre Entstehung (1534) der Auseinandersetzung Heinrichs VIII. mit dem Papst.[18]

Valla wurde zu einem Wahrheitszeugen für die Reformation und den nationalen Kampf gegen Rom. Durch ihn, der – wie damals allein Cochläus erkannte und betonte[19] – zwar einzelne Päpste kritisierte, aber nicht das Papsttum in Frage stellte, sah sich beispielsweise Luther in seiner Auffassung vom Papst als Antichrist bestätigt.[20] Erst in der Auseinandersetzung mit der Reformation ging dann auch die Kirche als Institution gegen Vallas Werk vor. Als quasi offizielle Stellungnahme darf die Argumentation des Steuchus gelten, die 1547 im Druck erschien.[21] Wenige Jahre später wurde Vallas Schrift auf den Index librorum prohibitorum gesetzt, wie andere seiner Werke auch, z. B. die anfangs mit höchstem Lob bedachten Annotationes, die dann durch Erasmus, der sie 1505 veröffentlicht hatte, das Bibelverständnis der Reformatoren mit bestimmten.[22]

Mit Steuchus war die Auseinandersetzung mit Valla nicht beendet, sie wurde im Rahmen der allgemeinen Diskussion über das Constitutum Constantini weitergeführt. Das Interesse an Vallas Argumentation belegen die

---

[17] Vgl. S. 151–166.
[18] Vgl. S. 177–183.
[19] Vgl. S. 173–177, bes. S. 176.
[20] Vgl. S. 166–170, bes. S. 167.
[21] Vgl. S. 183–188.
[22] Vgl. S. 101.

noch bis zur Mitte des 17. Jahrhunderts erscheinenden Nachdrucke. An diese Tradition schloß dann die Geschichtsschreibung des 19. Jahrhunderts an, zu deren einseitiger und damit vergröbernder, ja falscher Interpretation auch die Auferstehung paßt, die Valla beschieden war: Johann Friedrich Schröder schrieb 1861 unter dem Pseudonym „Laurentius Valla der Zweite" sein Pamphlet *Wie aus den römischen Bischöfen Päpste wurden. Zur Belehrung für Jedermann, der es noch nicht weiß.*[23]

---

[23] Michael Holzmann und Hanns Bohatta, Deutsches Pseudonymen-Lexikon, Wien–Leipzig 1908, S. 290. Der 1789 geborene Autor ist bei Johann Georg Meusel u. a., Das gelehrte Teutschland im 19. Jahrhundert 20 (1825), S. 288, als Lehrer in Zeitz erwähnt; sonst hat er in den allgemeinen Nachschlagewerken keine Spur hinterlassen.

REGISTER

Accursius 52f., 104, 137
Adelmann von Adelmannsfelden, Bernhard
    164f.
Albani, Giovanni Girolamo 135[22]
Alberich von Rosate 128
Albertino, Arnaldo 124[8]
Albrecht von Brandenburg 162, 166
Albrecht von Preußen 181
Alexander VI. 101, 130, 145
Alexandrinus 101, 121, 122[9], *130–134*
Alfonso V. 2–4, 7, 14–18, *62–70*, 73, 78–80,
    84, 85[13], 140, 184
Amerbach, Bonifacius 136f., 163, 165
Antoninus von Florenz 95, 108, 175
Antonio da Bitonto 3, 85[13]
Antonio de Ferrariis s. Galateo
Augustus-Titel 53, 105, 129
Aurispa, Giovanni 1, 46, 85

Badius Ascensius, Jodocus 94
Baldus de Ubaldis 21f., 53, 132
Balsamon, Theodoros 115, 122
Banck, Laurentius 97[43]
Baptista Mantuanus 169[24]
Barbazza, Andrea 126
Baronio, Cesare 116
Bartolus de Saxoferrato 2, 22, 50, 52f.,
    104[12], 130
Beccadelli, Antonio 7, 65
Bellarmino, Roberto 12, 166f.
Bernardino da Siena 56, 98f., 103–106
Bernhard von Clairvaux 20, 59
Bessarion 88, 110
Blastares, Matthaios 116f., 135[21]
Boccella, Enrico 133–135
Boethius 11, 35, 76, 101, 112
Bolognini, Lodovico 53, 101, *127–130*
Bonifaz VIII. 42, 73, 150, 169f.
– IX. 73[60]
Bonizo von Sutri 19
Borsati, Francesco 124[8], 135[20], 136
Boulenger, Julius Caesar 117[50]

Brant, Sebastian 94
Bruni, Leonardo 1, 7, 10[40], 85, 110f., 112[20],
    138[7]

Campanella, Tommaso 64[14]
Carvajal, Juan de 88
–, Bernardino de 88[25]
Ceffonius, Petrus 98
Celtis, Konrad 92
Cesarini, Giuliano 30, 77, 83
Cicero 6, 8[29], 83, 187
Cochläus, Johannes 28[18], 92, 151–154, 161[51],
    163, 167[2], *173–177*
Cortese, Alessandro 137[2], 143[2]
–, Antonio 14[63], 107[20], *137–142*
–, Paolo 137[2], 141f.
Cranach, Lucas 181
Cratander, Andreas 96, 163–166
Cromwell, Thomas 181
Curio, Valentin 163
Cusanus s. Nikolaus von Kues
Cuspinian, Johannes 80[22], 99, 172[37]

Dante 64[14], 133
Decretum Gelasianum 26, 40, 169
Decretum Gratiani 3f., 23, 26, 29, 31, 39f.,
    44f., 51, 54[58], 64[15], 104, 115, 130, 173,
    180, 186
De primitiva ecclesia (Ps. Melchiades) 24, 26,
    29, 39, 43, 46, 57, 128, 134, 150, 176
Diplovatazio, Tommaso 135
Donato, Girolamo 101
Dubois, Pierre 97

Edo, Pietro 101, *145–151*, 183
Epikur 9, 82
Epistola Luciferi 98
Eugen IV. 1, 2, 4, 10[42], 14–17, 30, 42, 62,
    70–74, 77, 140f.
Eusebius 46, 50, 132
Eutropius 39, 43, 46, 50, 128, 172[37], 186

Faber (Fabri), Johann 172

195

197

LORENZO VALLA

*DE FALSO CREDITA ET EMENTITA CONSTANTINI
DONATIONE*

Die Überlieferung des Werkes bietet keine besonderen textkritischen Probleme. Es gibt keine unterschiedlichen Redaktionsstufen, kaum verderbte Stellen und Interpolationen. Für die Textgestaltung wurden drei Handschriften herangezogen, die als beste Repräsentanten jeweils einer Handschriftengruppe gelten können:

- Città del Vaticano, Cod. Vat. lat. 5314,
- Città del Vaticano, Cod. Ottob. lat. 2075,
- Napoli, Bibl. Nazionale, Cod. VII D 25.

Orthographie und Schreibgewohnheiten sind von Handschrift zu Handschrift verschieden und auch in den einzelnen Textzeugen nicht einheitlich. Das Autograph Vallas ist nicht überliefert und kann nicht rekonstruiert werden. Seine Schreibgewohnheiten lassen sich in ihren Grundzügen aus den überlieferten Autographen anderer Werke ableiten; soweit sie von ihm konsequent eingehalten wurden, sind sie auch im nachfolgenden Text berücksichtigt (vgl. O. Besomi in der Einleitung zur Edition der *Gesta Ferdinandi regis Aragonum* (1973), S. LXXIff.):

- *ae* und *oe* sind nicht gekennzeichnet, Valla schreibt *e*;
- *m* wird zu *n* vor *c, d, t, q, f* (mit Ausnahme von *-que = et*);
- Valla schreibt getrennt die Enklitika *ne* und *ve* sowie *enim vero, et si, nec dum, quis nam, tam diu, tam et si*;
- Valla schreibt zusammen: *iandudum, idest, necnon, nondum, nequis, nonnihil, nonnulli, nonnunquam, quandiu, quandoquidem, quemadmodum, quodammodo, quominus, siquidem*;
- *ob-* und *sub-* werden vor *t* zu *op-* und *sup-* (z. B. *optemperare, supter*);
- *sub-* wird vor *m* zu *sum-* (z. B. *summovere*).

Die Schreibung einzelner Wörter ist durch theoretische Äußerungen Vallas gesichert, z. B. *charxa, chirographus, idololatria, nomisma, temptare, vendicare*. Die ungewöhnliche Schreibweise einiger Namen (*Gelatius, Tarquinus*) wurde beibehalten; entstellte Namen wurden berichtigt.

Im folgenden Textabdruck sind nur die Zitate und wichtige Anspielungen nachgewiesen. Beim *Constitutum Constantini*, das Valla nach einer nicht genau bestimmbaren Handschrift des *Decretum Gratiani (Dist. XCVI c. 14)* zitiert, wurde die in den Editionen üblich gewordene Zeilenzählung angegeben. (Vgl. Johanna Petersmann, Die kanonistische Überlieferung des Constitutum Constantini bis zum Dekret Gratians. Untersuchung und Edition, Deutsches Archiv für Erforschung des Mittelalters 30, 1974, S. 356–449, bes. S. 407f.)

2*

LAURENTII VALLENSIS

DE FALSO CREDITA ET EMENTITA CONSTANTINI DONATIONE

Plures a me libri compluresque emissi sunt in omni fere doctrinarum genere, in quibus quod a nonnullis magnisque et longo iam evo probatis auctoribus dissentio, cum sint, qui indigne ferant meque ut temerarium sacrilegumque criminentur, quid tandem nunc facturi quidam putandi sunt? quantopere in
5 me debacchaturi? et, si facultas detur, quam avide me ad supplicium festinanterque rapturi? qui non tantum adversus mortuos scribo, sed adversus etiam vivos, nec in unum alterum ve, sed in plurimos, nec contra privatos modo, verum etiam contra magistratus. At quos magistratus? Nempe summum pontificem, qui non temporali solum armatus est gladio regum ac prin-
10 cipum more, sed ecclesiastico quoque, ut ab eo neque supter ipsum, ut sic loquar, clipeum alicuius principum protegere te possis, quominus excommunicatione, anathemate, execratione feriare. Quod si prudenter ut dixit sic fecisse existimatus est, qui inquit: *nolo scribere in eos, qui possunt proscribere (Macrobius, Saturnalia II 4,21)*, quanto mihi magis idem faciendum esse
15 videatur in eum, qui ne proscriptioni quidem relinquat locum? quique invisibilibus me potestatis sue iaculis persequatur, ut iure possim dicere: *quo ibo a spiritu tuo et quo a tua fugiam facie? (Ps. 138,7)*, nisi forte putamus patentius hec esse laturum summum sacerdotem, quam ceteri facerent. Nihil minus, siquidem Paulo, quod bona se conscientia conversatum esse diceret,
20 Ananias, princeps sacerdotum, coram tribuno, qui iudex sedebat, iussit os verberari, et Phasur, eadem preditus dignitate, Ieremiam ob loquendi libertatem coniecit in carcerem. Sed illum tribunus ac preses, hunc rex adversus iniuriam pontificis tutari et potuit et voluit, me vero quis tribunus, quis preses, quis rex e manibus summi sacerdotis, si me rapuerit ille, etiam ut
25 velit, eripere poterit?
Verum non est causa, cur me duplex hic periculi terror conturbet arceatque a proposito. Nam neque contra ius fasque summo pontifici licet aut ligare quempiam aut solvere, et in defendenda veritate atque iustitia profundere animam summe virtutis, summe laudis, summi premii est. An vero multi ob
30 terrestrem patriam defendendam mortis adiere discrimen: ego ob celestem patriam assequendam – assequuntur autem eam, qui Deo placent, non qui

3*

hominibus – mortis discrimine deterrebor? Facessat igitur trepidatio, procul abeant metus, timores excidant. Forti animo, magna fiducia, bona spe defendenda est causa veritatis, causa iustitie, causa Dei. Neque enim is verus est habendus orator, qui bene scit dicere, nisi et dicere audeat. Audeamus itaque
5 accusare, quicunque digna committit accusatione, et qui in omnes peccat, unius pro omnium voce carpatur. At non debeo palam obiurgare fratrem, sed *inter me et ipsum (Matth. 18,15)*: immo publice peccans et qui privatum consilium non admitteret, publice arguendus est, *ut ceteri timorem habeant (1. Tim. 5,20)*. An non Paulus, cuius verbis modo sum usus, in os Petrum
10 coram ecclesia reprehendit, *quia reprehensibilis erat (Gal. 2,11)*, et hoc ad nostram doctrinam scriptum reliquit? At non sum Paulus, qui Petrum possim reprehendere: immo Paulus sum, qui Paulum imitor, quemadmodum, quod multo plus est, unus cum Deo spiritus efficior, cum studiose mandatis illius optempero. Neque aliquem sua dignitas ab increpationibus tutum red-
15 dit, que Petrum non reddidit multosque alios eodem preditos gradu, ut Marcellum, quod diis libasset, ut Celestinum, quod cum Nestorio heretico sentiret, ut quosdam etiam nostra memoria, quos ab inferioribus – quis enim non est inferior papa? – reprehensos scimus, ut taceam condemnatos.

Neque vero id ago, ut quenquam cupiam insectari et in eum quasi Philip-
20 picas scribere – hoc enim a me facinus procul absit – sed ut errorem a mentibus hominum convellam, ut eos a vitiis sceleribusque vel admonendo vel increpando summoveam. Non ausim dicere, ut alii per me edocti luxuriantem nimiis sarmentis papalem sedem, que Christi vinea est, ferro coerceant et plenas uvas, non graciles labruscas ferre compellant *(vgl. Is. 5,2)*. Quod cum
25 facio, nunquis erit, qui aut mihi os aut sibi aures velit occludere, ne dicam supplicium mortemque proponere? Hunc ego, si hoc faciat, etiam si papa sit, quid dicam esse: *bonum ne pastorem (Ioh. 10,11)* an *aspidem surdam, que nolit exaudire vocem incantantis*, velit eiusdem membra morsu venenoque prestringere *(vgl. Ps. 57,5–6)*?
30 Scio iandudum expectare aures hominum, quodnam pontificibus Romanis crimen impingam: profecto ingens sive supine ignorantie sive immanis avaritie, que est *idolorum servitus (Eph. 5,5)*, sive imperandi vanitatis, cuius crudelitas semper est comes. Nam aliquot iam seculis aut non intellexerunt donationem Constantini commenticiam fictamque esse aut ipsi finxerunt sive
35 posteriores in maiorum suorum dolis vestigia imprimentes pro vera, quam falsam cognoscerent, defenderunt, dedecorantes pontificatus maiestatem, dedecorantes veterum pontificum memoriam, dedecorantes religionem christianam, et omnia cedibus, ruinis flagitiisque miscentes. Suam esse aiunt urbem Romam, suum regnum Sicilie Neapolitanumque, suam universam Italiam,
40 Gallias, Hispanias, Germanos, Britannos, suum denique occidentem: hec enim cuncta in ipsa donationis pagina contineri. Ergo hec omnia tua sunt,

4*

summe pontifex? omnia tibi in animo est recuperare? omnes reges ac principes occidentis spoliare urbibus aut cogere, ut annua tibi tributa pensitent,
sententia est? At ego contra existimo iustius licere principibus spoliare te
imperio omni quod optines. Nam – ut ostendam – donatio illa, unde natum
5 esse suum ius summi pontifices volunt, Silvestro pariter et Constantino fuit
incognita.

Verum antequam ad confutandam donationis paginam venio, quod unum
istorum patrocinium est non modo falsum, verum etiam stolidum, ordo
postulat, ut altius repetam. Et primum dicam non tales fuisse Constantinum
10 Silvestrumque: illum quidem, qui donare vellet, qui iure donare posset, qui,
ut in manum alteri ea traderet, in sua haberet potestate; hunc autem, qui
vellet accipere quique iure accepturus foret. Secundo loco: si hec non essent,
que verissima atque clarissima sunt, neque hunc acceptasse neque illum tradidisse possessionem rerum, que dicuntur donate, sed eas semper in arbitrio et
15 imperio Cesarum permansisse. Tertio: nihil datum Silvestro a Constantino,
sed priori pontifici, antequam etiam baptismum acceperat, donaque illa
mediocria fuisse, quibus papa degere vitam posset. Quarto: falso dici donationis exemplum aut apud decreta reperiri aut ex historia Silvestri esse sumptum, quod neque in illa neque ulla in historia invenitur, in eoque quedam
20 contraria, impossibilia, stulta, barbara, ridicula contineri. Preterea loquar de
quorundam aliorum Cesarum vel simulata vel frivola donatione, ubi ex
abundanti adiiciam: si Silvester possedisset, tamen – sive illo sive quovis alio
pontifice a possessione deiecto – post tantam temporis intercapedinem nec
divino nec humano iure posse repeti. Postremo: ea, que a summo pontifice
25 tenentur, nullius temporis longitudine potuisse prescribi.

I

Atque quod ad primam partem attinet – loquemur autem de Constantino
prius, deinde de Silvestro –, non est committendum, ut publicam et quasi
Cesaream causam non maiore, quam private solent, ore agamus. Itaque quasi
30 in contione regum ac principum orans – ut certe facio, nam mea hec oratio
in manus eorum ventura est – libet tanquam presentes et in conspectu positos
alloqui. Vos appello, reges ac principes, difficile est enim privatum hominem
animi regii concipere imaginem, vestram mentem inquiro, conscientiam
scrutor, testimonium postulo: nunquid vestrum quispiam, si fuisset Constan-
35 tini loco, faciendum sibi putasset, ut urbem Romam, patriam suam, caput
orbis terrarum, reginam civitatum, potentissimam, nobilissimam, ditissimam
populorum, triumphatricem nationum et ipso aspectu sacram, liberalitatis
gratia donaret alteri et se ad humile oppidum conferret, deinde Byzantium?

donaret preterea una cum Roma Italiam, non provinciam, sed provinciarum victricem? donaret tres Gallias, donaret duas Hispanias, donaret Germanos, donaret Britannos, totum donaret occidentem et se altero ex duobus imperii oculis orbaret? Hoc ego, ut quis faciat compos mentis, adduci non possum ut
5 credam. Quid enim vobis expectatius, quid iocundius, quid gratius contingere solet quam accessionem imperiis vestris vos regnisque adiungere et longe lateque quam maxime proferre dicionem? In hoc, ut videre videor, omnis vestra cura, omnis cogitatio, omnis labor dies noctesque consumitur, ex hoc precipua spes glorie, propter hoc voluptates relinquitis, propter hoc mille pericula
10 aditis, propter hoc carissima pignora, propter hoc partem corporis equo animo amittitis. Siquidem neminem vestrum aut audivi aut legi a conatu ampliandi imperii fuisse deterritum, quod aut luminis aut manus aut cruris aut alterius membri iacturam fecisset: quin ipse hic ardor atque hec late dominandi cupiditas, ut quisque maxime potens est, ita eum maxime angit
15 atque agitat. Alexander non contentus deserta Libye pedibus peragrasse, orientem ad extremum usque Oceanum vicisse, domuisse septentrionem inter tot vulnera, tot casus, recusantibus iam detestantibusque tam longinquas, tam asperas expeditiones militibus, ipse sibi nihil effecisse videbatur, nisi et occidentem et omnes nationes aut vi aut nominis sui auctoritate sibi tributarias
20 reddidisset. Parum dico: iam Oceanum transire et, si quis alius orbis esset, explorare ac suo subiicere arbitrio destinaverat, in celum tandem, ut opinor, temptasset ascendere. Talis fere est omnium regum voluntas, et si non omnium talis audacia. Taceo quanta scelera, quot abominanda propter imperium assequendum ampliandum ve admissa sunt, ut nec fratres a fratrum nec filii
25 a parentum nec parentes a filiorum sanguine nefarias abstineant manus. Adeo nusquam magis, nusquam atrocius grassari solet humana temeritas, et, quod mirari possis, non segniores ad hoc videas animos senum quam iuvenum, orborum quam parentum, regum quam tyrannorum. Quod si tanto conatu peti dominatus solet, quanto maiore necesse est conservetur? Neque enim
30 tantopere miserum est non ampliare imperium quam imminuere, neque tam deforme tibi alterius regnum non accedere tuo quam tuum accedere alieno. Nam quod ab rege aliquo aut populo legimus nonnullos prepositos regno aut urbibus, id factum est non de prima nec de maxima, sed de postrema quodammodo ac minima imperii parte, atque ea ratione, ut donantem, qui dona-
35 tus est, quasi dominum et se ministrum illius semper agnosceret.

Nunc queso, non ne abiecto animo et minime generoso videntur esse, qui opinantur Constantinum meliorem a se imperii alienasse partem – non dico Romam Italiamque et cetera, sed Gallias, ubi ipse prelia gesserat, ubi solum diu dominatus fuerat, ubi sue glorie suique imperii rudimenta posuerat –
40 hominem, qui cupiditate dominandi nationibus bella intulisset, socios affinesque bello civili persecutus imperio privasset; cui nondum perdomite ac

profligate reliquie essent alteríus factionis; qui cum multis nationibus bella gerere non modo soleret spe glorie imperiique, sed etiam necesse haberet utpote quotidie a barbaris lacessitus; qui filiis, qui coniunctis sanguine, qui amicitiis abundaret; qui senatum populumque Romanum huic facto repugnaturum nosset; qui expertus esset instabilitatem victarum nationum et ad omnem fere Romani principis mutationem rebellantium; qui se meminisset more aliorum Cesarum non electione patrum consensuque plebis, sed exercitu, armis, bello dominatum occupasse: que tam vehemens causa et urgens aderat, ut ista negligeret et tanta liberalitate uti vellet?

Aiunt: ,quia effectus erat christianus'. Ergo ne imperii optima parte se abdicaret? Credo scelus erat, flagitium, nefas: iam regnare nec cum christiana religione coniungi poterat regnum? Qui in adulterio sunt, qui usuris rem auxerunt, qui aliena possident, ii post baptismum alienam uxorem, alienam pecuniam, aliena bona reddere solent: hanc cogitationem si habes, Constantine, restituere urbibus libertatem, non mutare dominum debes. Sed non id in causa fuit; tantum in honorem religionis ut faceres adductus es: quasi religiosum sit magis regnum deponere quam pro tutela religionis illud administrare. Nam quod ad accipientes attinet, neque honesta erit illis neque utilis ista donatio. Tu vero, si christianum te ostendere, si pietatem indicare tuam, si consultum non dico Romane ecclesie vis, sed ecclesie Dei, nunc, precipue nunc principem agas, ut pugnes pro iis, qui pugnare non possunt nec debent, ut eos tua auctoritate tutos reddas, qui insidiis iniuriisque obnoxii sunt. Nabuchodonosor, Cyro, Assuero multisque aliis principibus sacramentum veritatis Deus aperiri voluit, a nullo tamen eorum exegit, ut imperio cederet, ut partem regni donaret, sed tantum libertatem Hebreis redderet eosque ab infestantibus finitimis protegeret. Hoc satis fuit Iudeis, hoc sat erit et Christianis. Factus es, Constantine, christianus? at indignissima res est christianum te nunc imperatorem minori esse principatu, quam fueras infidelis. Est enim principatus precipuum quoddam Dei munus, ad quem gentiles etiam principes a Deo eligi existimantur.

,At erat levatus a lepra, ideo verisimile est referre gratiam voluisse et maiore mensura reddere quam acceperat.' Ita ne? Naaman ille Syrus ab Heliseo curatus munera tantum offerre voluit, non dimidium bonorum: Constantinus dimidium imperii optulisset? Piget me impudenti fabelle tanquam indubitate historie respondere, sic enim hec fabula ex historia Naaman et Helisei ut altera draconis ex fabuloso dracone Beli adumbrata est. Sed ut ista concedam, nunquid in hac historia de donatione fit mentio? Minime! Verum de hoc commodius postea.

Levatus est a lepra, cepit ob id mentem christianam, Dei timore, Dei amore imbutus est, illi honorem habere voluit: non tamen persuaderi possum eum tanta donare voluisse, quippe cum videam neminem aut gentilem in honorem

7*

deorum aut fidelem in honorem Dei viventis imperium deposuisse sacerdoti-
busque donasse. Siquidem ex regibus Israel nemo adduci potuit, ut pristino
more ad templum Ierusalem populos sacrificaturos ire permitteret, eo videlicet timore, ne forte ad regem Iude, a quo defecerant, redirent sacro illo
5 cultu religionis admoniti ac templi maiestate. Et quanto hoc maius est, quod
fecisse dicitur Constantinus! Ac nequid tibi propter curationem lepre blan-
diaris: Ieroboam primus a Deo in regem Israel electus est et quidem ex infima
condicione – quod mea sententia plus est quam esse lepra levatum – et tamen
is non est ausus regnum suum Deo credere. Et tu vis Constantinum regnum
10 Deo donasse, quod ab illo non accepisset? qui presertim – id quod in Ieroboam
non cadebat – offenderet filios, deprimeret amicos, negligeret suos, lederet
patriam, merore omnes afficeret, sui quoque oblivisceretur. Qui si etiam talis
fuisset et quasi in alium hominem versus, certe non defuissent, qui eum
admonerent, et imprimis filii, propinqui, amici. Quos quis est, qui non putet
15 protinus imperatorem fuisse adituros? Ponite igitur illos ante oculos mente
Constantini audita trepidos, festinantes, cum gemitu lacrimisque ad genua
principis procumbentes et hac voce utentes:
    „Ita ne, pater antehac filiorum amantissime, filios privas, exheredas,
abdicas? Nam, quod te optima maximaque imperii parte exuere vis, non tam
20 querimur quam miramur. Querimur autem, quod eam ad alios defers cum
nostra et iactura et turpitudine. Quid enim cause est, quod liberos tuos expectata successione imperii fraudas, qui ipse una cum patre regnasti? Quid in
te commisimus? qua in te, qua in patriam, qua in nomen Romanum ac maiestatem imperii impietate digni videmur? quos precipua optimaque prives
25 principatus portione, qui a patriis laribus, a conspectu natalis soli, ab assueta
aura, a vetusta consuetudine relegemur. Penates, fana, sepulcra exules relin-
quemus, nescio ubi aut qua terrarum regione victuri? Quid, nos propinqui,
quid, nos amici, qui tecum totiens in acie stetimus, qui fratres, parentes, filios
hostili mucrone confossos palpitantesque conspeximus nec aliena morte territi
30 sumus et ipsi pro te parati mortem oppetere, nunc abs te universi deserimur?
Qui Rome gerimus magistratus, qui urbibus Italie, qui Galliis, qui Hispaniis,
qui ceteris provinciis presumus aut prefuturi sumus, omnes ne revocamur,
omnes privati iubemur esse? An iacturam hanc aliunde pensabis? et quomodo
pro merito ac pro dignitate poteris tanta orbis terrarum parte alteri tradita?
35 Num, qui preerat centum populis, eum tu, Cesar, uni preficies? Quomodo
tibi istud in mentem venire potuit? quomodo subita tuorum te cepit oblivio,
ut nihil te misereat amicorum, nihil proximorum, nihil filiorum? Utinam nos,
Cesar, salva tua dignitate atque victoria in bello contigisset occumbere potius
quam ista cernamus. Et tu quidem de imperio tuo ad tuum arbitratum agere
40 potes atque etiam de nobis uno duntaxat excepto, in quo ad mortem usque
erimus contumaces: ne a cultu deorum immortalium desistamus magno etiam

8*

aliis exemplo, ut scias tua ista largitas quid mereatur de religione christiana. Nam si non largiris Silvestro imperium, tecum christiani esse volumus multis factum nostrum imitaturis; sin largiris, non modo christiani fieri non sustinebimus, sed invisum, detestabile, execrandum nobis hoc nomen efficies tales-
que reddes, ut tandem tu et vite et mortis nostre miserearis nec nos, sed te ipsum duritie accuses."

Non ne hac oratione Constantinus, nisi extirpatam ab eo volumus humanitatem, si sua sponte non movebatur, motus fuisset? Quid, si hos audire noluisset, non ne erant, qui huic facto et oratione adversarentur et manu? An senatus populusque Romanus sibi tanta in re nihil agendum putasset? non ne oratorem, ut ait *Virgilius (Aeneis I 151), gravem pietate ac meritis* advocasset? qui apud Constantinum hanc haberet orationem:

„Cesar, si tu tuorum immemor es atque etiam tui, ut nec filiis hereditatem nec propinquis opes nec amicis honores nec tibi imperium esse integrum velis, non tamen senatus populusque Romanus immemor potest esse sui iuris sueque dignitatis. Etenim quomodo tibi tantum permittis de imperio Romano, quod non tuo, sed nostro sanguine partum est? Tu ne unum corpus in duas secabis partes et ex uno duo efficies regna, duo capita, duas voluntates? et quasi duobus fratribus gladios, quibus de hereditate decernant, porriges? Nos civitatibus, que de hac urbe bene merite sunt, iura civitatis damus, ut cives Romani sint: tu a nobis dimidium imperii aufers, ne hanc urbem parentem suam agnoscat? Et in alveis quidem apium, si duo reges nati sunt, alterum, qui deterior est, occidimus: tu in alveo imperii Romani, ubi unus et optimus princeps est, alterum et hunc deterrimum et non apem, sed fucum collocandum putas? Prudentiam tuam vehementer desideramus, imperator, nam quid futurum est, si vel te vivo vel post tuam mortem aut huic parti, quam alienas, aut alteri, quam tibi relinquis, bellum a barbaris nationibus inferatur? Quo robore militum, quibus copiis occurremus? vix nunc totius imperii viribus possumus, tunc poterimus? An perpetuo membrum hoc cum illo in concordia erit? Ut reor, nec esse poterit: cum Roma dominari velit, nolit pars illa servire. Quin et te vivo breve intra tempus revocatis veteribus presidibus, suffectis novis, te in tuum regnum profecto et longe agente, hic altero dominante non ne omnia nova, idest diversa atque adversa erunt? Regno fere inter duos fratres diviso protinus et populorum animi dividuntur et prius a se ipsis quam ab externis hostibus bellum auspicantur: idem eventurum in hoc imperio quis non videt? An ignoras hanc olim imprimis fuisse causam optimatibus, cur dicerent citius se in conspectu populi Romani esse morituros, quam rogationem illam ferri sinerent, ut pars senatus ac pars plebis ad incolendum Veios mitteretur duasque urbes communes populi Romani esse? si enim in una urbe tantum dissensionum esset, quid in duabus urbibus futurum? *(vgl. Livius V 24, 8–10).* Ita hoc tempore, si tantum discordiarum in uno imperio – testor

9*

conscientiam tuam ac labores – quid in duobus imperiis fiet? Age vero, putas
ne hinc fore, qui tibi bellis occupato esse auxilio aut velint aut sciant? Ita ab
armis atque ab omni re bellica abhorrentes erunt, qui proficientur militibus
atque urbibus, ut ille, qui proficit. Quid, non ne hunc tam imperitum regnandi
et iniurie facilem aut Romane legiones aut ipse provincie spoliare temptabunt
ut quem sperabunt vel non repugnaturum vel penas non repetiturum? Credo,
mehercule, ne unum quidem mensem illos in officio mansuros, sed statim et ad
primum profectionis tue nuntium rebellaturos. Quid facies, quid consilii
capies, cum duplici atque adeo multiplici bello urgebere? Nationes, quas
subegimus, continere vix possumus: quomodo illis accedente ex liberis gentibus bello resistetur?

    Tu, Cesar, quid ad te spectet, ipse videris, nobis autem hec res non minus
quam tibi cure esse debet. Tu mortalis es, imperium populi Romani decet
esse immortale et, quantum in nobis est, erit, neque imperium modo, verum
etiam pudor: scilicet, quorum religionem contemnimus, eorum accipiemus
imperium? et principes orbis terrarum huic contemptissimo homini serviemus?
Urbe a Gallis capta Romani senes demulceri sibi barbam a victoribus passi
non sunt: nunc sibi tot senatorii ordinis, tot pretorii, tot tribunicii, tot con-
sulares triumphalesque viri eos dominari patientur, quos ipsi tanquam servos
malos omni contumeliarum genere suppliciorumque affecerunt? Isti ne homines magistratus creabunt, provincias regent, bella gerent, de nobis sententias
capitis ferent? sub his nobilitas Romana stipendia faciet, honores sperabit,
munera assequetur? Et quod maius quodque altius penetret vulnus accipere
possumus? Non ita putes, Cesar, Romanum degenerasse sanguinem, ut istud
passurus sit equo animo et non quavis ratione devitandum existimet, quod,
mediusfidius, neque mulieres nostre sustinerent, sed magis se una cum dulcibus
liberis sacrisque penatibus concremarent, ut non Cartaginenses femine for-
tiores fuerint quam Romane. Etenim, Cesar, si regem te delegissemus, haberes
tu quidem magnum de imperio Romano agendi arbitrium, sed non ita, ut vel
minimum de ipsius imminueres maiestate. Alioquin, qui te fecissemus regem,
eadem facultate abdicare te regno iuberemus, nedum posses regnum dividere,
nedum tot provincias alienare, nedum ipsum regni caput peregrino atque
humillimo homini addicere. Canem ovili proficimus, quem, si lupi mavult
officio fungi, aut eiicimus aut occidimus: nunc tu, cum diu canis officio in
ovili Romano defendendo sis functus, ad extremum in lupum nullo exemplo
converteris? Atque ut intelligas – quandoquidem nos pro iure nostro cogis
asperius loqui – nullum tibi in populi Romani imperio ius esse: Cesar vi
dominatum occupavit, Augustus et in vitium successit et adversariarum partium profligatione se dominum fecit, Tiberius, Gaius, Claudius, Nero, Galba,
Otho, Vitellius, Vespasianus ceterique aut eadem aut simili via libertatem
nostram predati sunt, tu quoque aliis expulsis aut interemptis dominus effectus

es, sileo, quod ex matrimonio natus non sis. Quare, ut tibi nostram mentem testificemur, Cesar, si non libet te Rome principatum tenere, habes filios, quorum aliquem in locum tuum nobis quoque permittentibus ac rogantibus nature lege substituas, sin minus, nobis in animo est publicam amplitudinem
5 cum privata dignitate defendere. Neque enim minor hec iniuria Quiritum quam olim fuit violata Lucretia, neque nobis deerit Brutus, qui contra Tarquinum se ad libertatem recuperandam huic populo prebeat ducem. Et in istos primum, quos nobis preponis, deinde et in te ferrum stringemus, quod in multos imperatores et quidem leviores ob causas fecimus."

10 Hec profecto Constantinum, nisi lapidem eum aut truncum existimamus, permovissent, que, si populus non dixisset, tamen dicere apud se et his passim verbis fremere credibile erat.

Eamus nunc et dicamus Constantinum gratificari voluisse Silvestro, quem tot hominum odiis, tot gladiis subiiceret, ut vix, quantum sentio, unum Sil-
15 vester diem in vita futurus fuisset, nam eo paucisque aliis absumptis videbatur omnis sublatum iri de pectoribus Romanorum tam dire iniurie contumelieque suspicio. Age porro, si fieri potest, concedamus neque preces neque minas neque ullam rationem aliquid profecisse perstareque adhuc Constantinum nec velle a suscepta semel persuasione recedere: quis non ad Silvestri orationem, si
20 res vera fuisset, unquam commotum assentiatur? que talis haud dubie fuisset:

„Princeps optime ac fili, Cesar, pietatem quidem tuam tam pronam tamque effusam non possum non amare atque amplecti, veruntamen, quod in offerendis Deo muneribus immolandisque victimis nonnihil erres, minime demiror, quippe qui adhuc es in christiana militia tiro. Ut non decebat olim
25 a sacerdote omnem pecudem feramque et avem sacrificari, ita non omne ab eodem accipiendum est munus. Ego sacerdos sum ac pontifex, qui dispicere debeo, quid ad altare patiar offerri, ne forte non dico immundum animal offeratur, sed vipera aut serpens. Itaque sic habeas: si foret tui iuris partem imperii cum regina orbis, Roma, alteri tradere quam filiis – quod minime
30 sentio – si populus hic, si Italia, si cetere nationes sustinerent, ut, quos oderunt et quorum religionem adhuc respuunt, capti illecebris seculi eorum imperio obnoxii esse vellent – quod impossibile est – tamen, si quid mihi credendum putas, fili amantissime, ut tibi assentirer ulla adduci ratione non possem, nisi vellem mihi ipsi esse dissimilis et condicionem meam oblivisci ac
35 propemodum dominum Iesum abnegare. Tua enim munera sive, ut tu vis, tue remunerationes et gloriam et innocentiam et sanctimoniam meam atque omnium, qui mihi successuri sunt, polluerent ac prorsus everterent viamque iis, qui *ad cognitionem veritatis (1. Tim. 2, 4)* venturi sunt, intercluderent. An vero Heliseus Naaman Syro a lepra curato mercedem accipere noluit: ego te
40 curato accipiam? Ille munera respuit: ego regna mihi dari sinam? Ille personam prophete maculare noluit: ego personam Christi, quam in me gero,

11*

maculare potero? Cur autem ille accipiendis muneribus personam prophete maculari putavit? Nempe quod videri poterat vendere sacra, fenerare donum Dei, indigere presidiis hominum, elevare atque imminuere beneficii dignitatem. Maluit ergo sibi principes ac reges beneficiarios facere quam ipse bene-
5 ficiarius illorum esse, immo ne mutua quidem beneficentia uti. *Beatius est enim multo*, ut inquit Dominus, *dare quam accipere (Act. 20,35)*. Eadem mihi atque adeo maior est causa, cui etiam a Domino precipitur dicente: *Infirmos curate, mortuos suscitate, leprosos mundate, demones eiicite; gratis accepistis, gratis date (Matth. 10,8)*. Ego ne tantum flagitium admittam, Cesar, ut Dei
10 precepta non exequar, ut gloriam meam polluam? *Melius est,* ut inquit Paulus, *mihi mori quam ut gloriam meam quis evacuet (1. Cor. 9,15)*. Gloria nostra est apud Deum honorificare ministerium nostrum, ut idem inquit: *Vobis dico gentibus, quandiu ego quidem sum gentium apostolus, glorificabo ministerium meum (Rom. 11,13)*. Ego, Cesar, aliis quoque sim et exemplum et causa
15 delinquendi? christianus homo, sacerdos Dei, pontifex Romanus, vicarius Christi.

Iam vero innocentia sacerdotum quomodo incolumis erit inter opes, inter magistratus, inter administrationem secularium negotiorum? Ideo ne terrenis renuntiavimus, ut eadem uberiora assequamur? et privata abiecimus,
20 ut aliena possideamus et publica? Nostre erunt urbes, nostra tributa, nostra vectigalia? Et cur clericos, si hoc fecerimus, nos vocari licebit? Pars nostra sive sors, que grece dicitur κλῆρος, dominus est, non terrena, sed celestis. Levite, qui iidem clerici sunt, partem cum fratribus non fuere sortiti *(vgl. Ios. 13,14)*: et tu nos iubes etiam fratrum sortiri portionem? Quo mihi divitias atque
25 opes? qui domini voce iubeor nec de crastino esse sollicitus *(vgl. Matth. 6,34)* et cui dictum est ab illo: *Nolite thesaurizare super terram (Matth. 6,19), nolite possidere aurum neque argentum neque pecuniam in zonis vestris (Matth. 10,9)*, et: *Difficilius est divitem introire in regnum celorum quam camelum per foramen acus transire (vgl. Matth. 19,24)*. Ideoque pauperes
30 sibi ministros elegit et qui omnia reliquerunt, ut eum sequerentur, et paupertatis ipse fuit exemplum. Usque adeo divitiarum pecuniarumque tractatio innocentie inimica est, non modo possessio illarum atque dominatus: unus Iudas, qui loculos habebat et portabat que mittebantur *(vgl. Ioh. 12,6)*, prevaricatus est et amore pecunie, cui assueverat, magistrum, dominum, Deum
35 et reprehendit et prodidit. Itaque vereor, Cesar, ne me ex Petro facias Iudam. Audi etiam, quid Paulus dicat: *Nihil intulimus in hunc mundum, haud dubium quod nec auferre quid possumus. Habentes autem alimenta et quibus tegamur, his contenti simus. Nam qui volunt divites fieri, incidunt in temptationem et in laqueum diaboli et desideria multa et inutilia et nociva, que mergunt
40 homines in interitum et perditionem. Radix enim omnium malorum est cupiditas, quam quidam appetentes erraverunt a fide et inseruerunt se doloribus*

12*

multis. Tu autem, homo Dei, hec fuge (1. Tim. 6,7–11). Et tu me accipere
iubes, Cesar, que velut venenum effugere debeo?

Et quis preterea – pro tua prudentia, Cesar, consideres – quis inter hec
divinis rebus faciendis locus? Apostoli quibusdam indignantibus, quod vidue
5 ipsorum in ministerio quotidiano despicerentur, responderunt *non esse equum
relinquere se verbum Dei et ministrare mensis (Act. 6,2):* et tamen mensis
viduarum ministrare quanto aliud est quam exigere vectigalia, curare erarium,
stipendium numerare militibus et mille aliis huiusmodi curis implicari. *Nemo
militans Deo implicat se negotiis secularibus,* inquit Paulus *(2. Tim. 2, 4).*
10 Nunquid Aaron cum ceteris Levitici generis aliud quam domini tabernaculum
procurabat? cuius filii, quia ignem alienum in thuribula sumpserant, igni
celesti conflagraverunt: et tu iubes nos ignem secularium divitiarum, vetitum
ac profanum, in sacrata thuribula, idest in sacerdotalia opera sumere? Num
Eleazar, num Phinees, num ceteri pontifices ministrique aut tabernaculi aut
15 templi quicquam, nisi quod ad rem divinam pertineret, administrabant?
administrabant dico, immo administrare poterant, si officio suo satisfacere
volebant? Quod si nolint, audiant execrationem Domini dicentis: *Maledicti,
qui opus Domini faciunt negligenter (vgl. Ier. 48, 10).* Que execratio cum in
omnes tum in pontifices maxime cadit. O quantum est pontificale munus!
20 quantum est caput esse ecclesie! quantum est preponi pastorem tanto ovili, e
cuius manu uniuscuiusque agni ovisque amisse sanguis exigitur, cui dictum
est: *Si amas me plus quam alii, ut fateris, pasce agnos meos; iterum: si amas
me, ut fateris, pasce oves meas; tertio: si amas me, ut fateris, pasce oves meas
(vgl. Ioh. 21, 15–17).* Et tu me iubes, Cesar, capras etiam pascere et porcos,
25 qui nequeunt ab eodem pastore custodiri?

Quid, quod me regem facere vis aut potius Cesarem, idest regum principem? Dominus Iesus Christus, deus et homo, rex et sacerdos, cum se regem
affirmaret, audi de quo regno locutus est: *Regnum meum,* inquit, *non est de
hoc mundo. Si enim de hoc mundo esset regnum meum, ministri mei utique
30 decertarent (Ioh. 18, 36).* Et que fuit prima vox ac frequentior clamor predi-
cationis eius? non ne hic?: *Penitentiam agite, appropinquavit enim regnum
celorum (Matth. 4, 17), appropinquavit regnum Dei (Marc. 1, 15).* Cui com-
parabitur regnum celi? non ne, cum hec dixit, regnum seculare nihil ad se
pertinere declaravit? Eoque non modo regnum huiusmodi non quesivit, sed
35 oblatum quoque accipere noluit. Nam cum intelligeret aliquando populos
destinasse, ut eum raperent regemque facerent, in montium solitudines fugit
(vgl. Ioh. 6, 15). Quod nobis, qui locum ipsius tenemus, non solum exemplo
dedit imitandum, sed etiam precepto, inquiens: *Principes gentium dominantur
eorum, et qui maiores sunt, potestatem exercent in eos. Non ita erit inter vos,
40 sed quicunque voluerit inter vos maior fieri, sit vester minister, et qui voluerit
primus inter vos esse, erit vester servus. Sicut filius hominis non venit, ut*

13*

ministretur ei, sed ut ministret et det animam suam redemptionem pro multis
(*Matth. 20,25–28*). Iudices olim Deus, ut scias, Cesar, constituit super Israel,
non reges, populumque sibi nomen regium postulantem detestatus est, nec
aliter ob duritiam cordis illorum regem dedit, quam quod repudium per-
miserat, quod in nova lege revocavit. Et ego regnum accipiam, qui vix iudex
esse permittor? *An nescitis*, inquit Paulus, *quod sancti de hoc mundo iudica-*
bunt? Et si in vobis iudicabitur mundus, indigni estis, qui de minimis iudicetis?
Nescitis quod angelos iudicabimus? Quanto magis secularia! Secularia igitur
iudicia si habueritis, contemptibiles qui sunt in ecclesia, eos constituite ad
iudicandum (*1.Cor.6,2–4*). Atqui iudices de rebus controversis tantummodo
iudicabant, non etiam tributa exigebant: ego exigam? qui scio a Domino
interrogatum Petrum a quibusnam reges terre acciperent tributum censum ve,
a filiis an ab alienis? et, cum hic respondisset ,ab alienis‘, ab eodem dictum:
ergo liberi sunt filii (*vgl. Matth. 17,24–25*). Quod si omnes filii mei sunt,
Cesar, – ut certe sunt – omnes liberi erunt, nihil quisquam solvet. Igitur non
est opus mihi tua donatione, qua nihil assecuturus sum preter laborem, quem
ut minime debeo, ita minime possum ferre.

Quid, quod necesse haberem potestatem exercere sanguinis, punire sontes,
bella gerere, urbes diripere, regiones ferro ignique vastare? Aliter non est,
quod sperem posse me tueri que tradidisses. Et si hec fecero, sacerdos, pontifex,
Christi vicarius sum? ut illum in me tonantem audiam atque dicentem: *Domus*
mea domus orationis vocabitur omnibus gentibus et tu fecisti eam speluncam
latronum (*vgl. Matth. 21,13*). *Non veni in mundum*, inquit Dominus, *ut*
iudicem mundum, sed ut liberem eum (*vgl. Ioh. 12,47*). Et ego, qui illi suc-
cessi, causa mortium ero? cui in persona Petri dictum est: *Converte gladium*
tuum in locum suum, omnes enim, qui acceperint gladium, gladio peribunt
(*Matth. 26,52*). Ne defendere quidem nobis ferro nos licet – siquidem defendere dominum Petrus volebat, cum auriculam abscidit servo –: et tu divitiarum aut comparandarum aut tuendarum causa uti ferro nos iubes? Nostra
potestas est potestas clavium dicente Domino: *Tibi dabo claves regni celorum,*
quodcunque ligaveris super terram, erit ligatum et in celis, et quodcunque sol-
veris super terram, erit solutum et in celis (*Matth. 16, 19*), *et porte inferi non*
prevalebunt adversus eas (*Matth. 16,18*). Nihil ad hanc potestatem, nihil ad
hanc dignationem, nihil ad hoc regnum adiici potest. Quo qui contentus
non est, aliud sibi quoddam a diabolo postulat, qui etiam Domino dicere
ausus est: *Tibi dabo omnia regna mundi, si cadens in terram adoraveris me*
(*Matth. 4,9*). Quare, Cesar, – cum pace tua dictum sit – noli mihi diabolus
effici, qui Christum, idest me regna mundi a te data accipere iubeas, malo
enim illa spernere quam possidere; et – ut aliquid de infidelibus, sed ut spero
futuris fidelibus loquar – noli me de angelo lucis reddere illis angelum tenebra-
rum, quorum corda ad pietatem inducere volo, non ipsorum cervici iugum

imponere, et *gladio, quod est verbum Dei (Eph. 6, 17)*, non gladio ferreo mihi
subiicere, ne deteriores efficiantur, ne recalcitrent, ne cornu me feriant, ne
nomen Dei meo irritati errore blasphement. Filios mihi carissimos volo reddere, non servos; adoptare, non emere; generare, non manu capere; animas
5 eorum offerre sacrificium Deo, non diabolo corpora. *Discite a me,* inquit
Dominus, *qui mitis sum et humili corde. Capite iugum meum et invenietis
requiem animabus vestris. Iugum enim meum suave et pondus meum leve
(Matth. 11, 29–30).* Cuius ad extremum, ut iam finem faciam, illam de hac
re sententiam accipe, quam quasi inter me et te tulit: *Reddite, que sunt Cesaris,*
10 *Cesari, et que sunt Dei, Deo (Matth. 22, 21)*, quo fit, ut nec tu, Cesar, tua
relinquere neque ego, que Cesaris sunt, accipere debeam, que, vel si millies
offeras, nunquam accipiam."

Ad hanc Silvestri orationem apostolico viro dignam, quid esset, quod amplius
Constantinus posset opponere? Quod cum ita sit, qui aiunt donationem esse
15 factam, non ne iniuriosi sunt in Constantinum, quem suos privare imperiumque Romanum voluisse convellere? iniuriosi in senatum populumque Romanum, Italiam totumque occidentem, quem contra ius fasque mutari imperium
permisisse? iniuriosi in Silvestrum, quem indignam sancto viro donationem
acceptam habuisse? iniuriosi in summum pontificatum, cui licere terrenis potiri
20 regnis et Romanum moderari imperium arbitrantur? Hec tamen omnia eo pertinent, ut appareat Constantinum inter tot impedimenta nunquam fuisse facturum, ut rem Romanam Silvestro ex maxima parte donaret, quod isti aiunt.

II

Age porro, ut credamus istam donationem, de qua facit pagina vestra men-
25 tionem, debet constare etiam de acceptatione Silvestri. Nunc de illa non
constat. ,At credibile est', dicitis, ,ratam hunc habuisse donationem.' Ita
credo, nec ratam habuisse modo, verum etiam petiisse, rogasse, precibus
extorsisse credibile est. Quid, vos credibile, quod preter opinionem est hominum, dicitis? Nec quia in pagina privilegii de donatione fit mentio, putan-
30 dum est fuisse acceptatum, sed e contrario, quia non fit mentio de acceptatione, dicendum est non fuisse donatum. Ita plus contra vos facit hunc donum
respuisse quam illum dare voluisse, et *beneficium in invitum non confertur*
(Corpus Iuris Civilis, Digesta 50, 17, 69).

Neque vero tantum donata respuisse Silvestrum suspicari debemus, sed
35 tacite etiam indicasse nec illum dare iure nec se iure accipere posse. Sed o
cecam semper inconsultamque avaritiam! Demus, ut tabulas quoque de
assensu Silvestri proferre possitis veras, incorruptas, sinceras: num protinus
donata sunt, que in tabulis continentur? Ubi possessio? ubi in manus traditio?

Nam si chartam modo Constantinus dat, non gratificari Silvestro voluit, sed illudere. ,Verisimile est', dicitis, ,qui donat quippiam, eum et possessionem tradere.' Videte, quid loquamini, cum possessionem non esse datam constet et, an datum sit ius, ambigatur. Verisimile est, qui possessionem non dedit, eum ne ius quidem dare voluisse.

An non constat possessionem nunquam fuisse traditam, quod negare impudentissimum est? Nunquid Silvestrum Constantinus in Capitolium quasi triumphantem inter frequentium Quiritum, sed infidelium plausum duxit? in sella aurea assistente universo senatu collocavit? magistratus pro sua quenque dignitate regem salutare et adorare iussit? Hoc erga novos principes fieri solet, non tantum aliquod palatium velut Lateranense tradi. Num postea per universam Italiam circunduxit? adiit cum illo Gallias, adiit Hispanos, adiit Germanos ceterumque occidentem? Aut si gravabantur ambo tantum obire terrarum, quibus nam tam ingens officium delegarunt, qui et Cesaris vice traderent possessionem et Silvestri acciperent? Magni ii viri atque eximie auctoritatis esse debuerunt, et tamen qui fuerint ignoramus. Et quantum in his duobus verbis tradere et accipere subest pondus! Nostra memoria, ut exempla vetusta omittam, nunquam aliter factitatum vidimus, cum quis aut urbis aut regionis aut provincie dominus factus est, ita demum traditam existimari possessionem, si magistratus pristini summoveantur novique surrogentur. Hoc si tunc Silvester fieri non postulasset, tamen magnificentie Constantini intererat, ut declararet non verbo se, sed re possessionem tradere, suos presides amovere aliosque ab illo substitui iubere. Non traditur possessio, que penes eosdem remanet, qui possidebant, et novus dominus illos summovere non audet. Sed fac istud quoque non obstare et nihilominus putari Silvestrum possedisse atque omnia preter morem preterque naturam tunc esse dicamus administrata. Postquam ille abiit, quos provinciis urbibusque rectores Silvester preposuit? que bella gessit? quas nationes ad arma spectantes oppressit? per quos hec administravit? ,Nihil horum scimus', respondetis. Ita puto nocturno tempore hec omnia gesta sunt et ideo nemo vidit.

Age, fuit in possessione Silvester. Quis eum de possessione deiecit? Nam perpetuo in possessione non fuit neque successorum aliquis, saltem usque ad Gregorium Magnum, qui et ipse caruit possessione. Qui extra possessionem est nec se ab ea deiectum probare potest, is profecto nunquam possedit et, si se possedisse dicat, insanit. Vides ut te insanum etiam probo, alioquin dic, quis papam deiecit: ipse ne Constantinus an eius filii an Iulianus an quis alius Cesar? Profer nomen expulsoris, profer tempus, unde primum, unde secundo ac deinceps expulsus est. Num per seditionem et cedes an sine his? coniurarunt in eum pariter nationes an que prima? Quid, nemo omnium auxilio fuit, ne illorum quidem, qui per Silvestrum alium ve papam prepositi urbibus ac provinciis erant? Uno die universa amisit an paulatim et per partes? Restitit

16*

ipse suique magistratus an ad primum tumultum se abdicarunt? Quid, ipsi
victores non in eam fecem hominum, quam indignam imperio ducebant, ferro
grassati sunt in ultionem contumelie, in tutelam occupate dominationis, in
contemptum religionis nostre, in ipsum etiam posteritatis exemplum? Omnino
5 eorum, qui victi sunt, nemo fugam cepit, nemo latuit, nemo timuit? O admira-
bilem casum! Imperium Romanum tantis laboribus, tanto cruore partum tam
placide, tam quiete a christianis sacerdotibus vel partum est vel amissum, ut
nullus cruor, nullum bellum, nulla querela intercesserit, et – quod non minus
admirari debeas – per quos hoc gestum sit, quo tempore, quomodo, quandiu
10 prorsus ignotum. Putes in silvis inter arbores regnasse Silvestrum, non Rome
et inter homines, et ab hibernis imbribus frigoribusque, non ab hominibus
eiectum. Quis non habet cognitum, qui paulo plura lectitarit, quot reges
Rome, quot consules, quot dictatores, quot tribuni plebis, quot censores, quot
ediles creati fuerint? Nemoque ex tanta hominum copia, ex tanta vetustate
15 nos fugit. Scimus item, quot Atheniensium duces, quot Thebanorum, quot
Lacedemoniorum extiterint, pugnas eorum terrestres navalesque universas
tenemus; non ignoramus, qui reges Persarum, Medorum, Chaldeorum, Hebreorum fuerint aliorumque plurimorum, et quomodo horum quisque aut acceperit regnum aut tenuerit aut perdiderit aut recuperaverit: Romanum autem
20 sive Silvestrianum imperium, qua ratione inceperit aut qua desierit, quando,
per quos, in ipsa quoque urbe nescitur. Interrogo: num quos harum rerum
testes auctoresque proferre possitis? ‚Nullos‘, respondetis: et non pudet vos,
non tam homines quam pecudes, dicere verisimile esse possedisse Silvestrum?

Quod quia vos non potestis, ego e contrario docebo ad ultimum usque diem
25 vite Constantinum et gradatim deinceps omnes Cesares possedisse, ut nequid
habeatis, quod hiscere possitis. At perdifficile est et magni, ut opinor, operis
hoc docere. Evolvantur omnes Latine Greceque historie, citentur ceteri auctores, qui de illis meminere temporibus, ac neminem reperies in hac re ab
alio discrepare. Unum ex mille testimoniis sufficiet: *Eutropius,* qui Constan-
30 tinum, qui tres Constantini filios a patre relictos dominos orbis terrarum
vidit, qui de Iuliano, filio fratris Constantini, ita scribit: *Hic Iulianus*[1] *rerum
potitus est ingentique apparatu Parthis intulit bellum, cui expeditioni ego
quoque interfui (Breviarium 10,16).* Nec de donatione imperii occidentis
tacuisset nec paulo post de Ioviano, qui successit Iuliano, ita dixisset: *Pacem
35 cum Sapore necessariam quidem, sed ignobilem fecit mutatis finibus ac nonnulla imperii Romani parte tradita, quod ante, ex quo Romanum imperium
conditum erat, nunquam accidit. Quin etiam legiones nostre apud Cau-
dium per Pontium Telesinum et in Hispania apud Numantiam et in Numi-*

---

[1] In der gesamten Überlieferung folgt nach Iulianus der Hinweis: *qui fuit subdiaconus in
Romana ecclesia, imperator effectus apostatavit in idolorum cultu,* der kaum von Valla
stammen dürfte.

dia sub iugo misse sunt, ut nihil tamen finium traderetur (Breviarium 10,17).

Hoc loco libet vos nuperrimi, licet defuncti estis, convenire, pontifices Romani, et te, Eugeni, qui vivis cum Felicis tamen venia: cur donationem Con-
5 stantini magno ore iactatis frequenterque vos ultores erepti imperii quibusdam regibus principibusque minamini? et confessionem quandam servitutis a Cesare, dum coronandus est, et a nonnullis aliis principibus extorquetis? – veluti ab rege Neapolitano atque Sicilie – id quod nunquam aliquis veterum Romanorum pontificum fecit, non Damasus apud Theodosium, non Syricius apud
10 Archadium, non Anastasius apud Honorium, non Ioannes apud Iustinianum, non alii apud alios, sanctissimi pape apud optimos Cesares, sed semper illorum Romam Italiamque cum provinciis, quas nominavi, fuisse professi sunt. Eoque nomismata aurea, ut de aliis monumentis sileam templisque urbis Romane, circunferuntur non Grecis, sed Latinis litteris inscripta Constantini iam chri-
15 stiani et deinceps cunctorum ferme imperatorum, quorum multa penes me sunt, cum hac plerunque subscriptione super imaginem crucis: CONCORDIA ORBIS. Qualia infinita reperirentur summorum pontificum, si unquam Rome imperassetis, que nulla reperiuntur, neque aurea neque argentea, neque ab aliquo visa memorantur, et tamen necesse erat illo tempore proprium habere
20 nomisma, quisquis imperium Rome teneret, saltem sub imagine salvatoris aut Petri. Proh imperitiam hominum! Non cernitis, si donatio Constantini vera est, Cesari – de Latino loquor – nihil relinqui? en qualis imperator, qualis rex Romanus erit, cuius regnum si quis habeat nec aliud habeat, omnino nil habeat? Quod si itaque palam est Silvestrum non possedisse, hoc est Constan-
25 tinum non tradidisse possessionem, haud dubium erit ne ius quidem, ut dixi, dedisse possidendi, nisi dicitis ius quidem datum, sed aliqua causa possessionem non traditam. Ita plane dabat, quod minime profuturum intelligebat? dabat, quod tradere non poterat? dabat, quod non prius venire in manus eius, cui dabatur, possibile erat, quam esset extinctum? dabat donum, quod ante quingentos
30 annos aut nunquam valiturum foret? Verum hoc loqui aut sentire insanum est.

III

Sed iam tempus est, ne longior fiam, cause adversariorum iam concise atque lacerate letale vulnus imprimere et uno eam iugulare ictu. Omnis fere historia, que nomen historie meretur, Constantinum a puero cum patre Constantio
35 christianum refert multo etiam ante pontificatum Silvestri, ut Eusebius, ecclesiastice scriptor historie, quem Rufinus, non in postremis doctus, in Latinum interpretatus duo volumina de evo suo adiecit, quorum uterque pene Constantini temporibus fuit. Adde huc testimonium etiam Romani pontificis, qui

his rebus gerendis non interfuit, sed prefuit, non testis, sed auctor, non alieni negotii, sed sui narrator. Is est *Melchiades* papa, qui proximus fuit ante Silvestrum, qui ita ait: *Ecclesia ad hoc usque pervenit, ut non solum gentes, sed etiam Romani principes, qui totius orbis monarchiam tenebant, ad fidem*
5 *Christi et fidei sacramenta concurrerent. E quibus vir religiosissimus Constantinus primus fidem veritatis patenter adeptus licentiam dedit per universum orbem suo degentibus imperio non solum fieri christianos, sed etiam fabricandi ecclesias, et predia constituit tribuenda. Denique idem prefatus princeps donaria immensa contulit et fabricam templi prime sedis beati Petri instituit,*
10 *adeo ut sedem imperialem relinqueret et beato Petro suisque successoribus profuturam concederet (Decretum Gratiani, C. XII, q. I c. 15).* En nihil Melchiades a Constantino datum ait, nisi palatium Lateranense et predia, de quibus Gregorius in registro facit sepissime mentionem. Ubi sunt, qui nos in dubium vocare non sinunt, donatio Constantini valeat nec ne, cum illa dona-
15 tio fuerit et ante Silvestrum et rerum tantummodo privatarum?

IV

Que res quanquam plana et aperta sit, tamen de ipso, quod isti stolidi proferre solent, privilegio disserendum est. Et ante omnia non modo ille, qui Gratianus videri voluit, qui nonnulla ad opus Gratiani adiecit, improbitatis arguendus
20 est, verum etiam inscitie, qui opinantur paginam privilegii apud Gratianum contineri, quod neque docti unquam putarunt, et in vetustissimis quibusque editionibus decretorum non invenitur. Et si quo in loco huius rei Gratianus meminisset, non in hoc, ubi isti collocant seriem ipsam orationis abrumpentes, sed in eo, ubi agit de Lodoici pactione, meminisset. Preterea duo milia locorum
25 in decretis sunt, que ab huius loci fide dissentiant, quorum unus est, ubi – que superius retuli – Melchiadis verba ponuntur. Nonnulli eum, qui hoc capitulum *(Dist. XCVI c. 14)* adiecit, aiunt vocatum Paleam vel vero nomine vel ideo quod, que de suo adiunxit, ad Gratianum comparata instar palearum iuxta frumenta existimentur. Utcunque sit, indignissimum est credere, que ab hoc
30 adiecta sunt, ea decretorum collectorem aut ignorasse aut magnifecisse habuisseque pro veris.

Bene habet, sufficit, vicimus: primum, quod hoc Gratianus non ait, ut isti mentiebantur, immo adeo – prout ex infinitis locis datur intelligi – negat atque confutat; deinde, quod unum et ignotum et nullius auctoritatis ac
35 numeri hominem afferunt, ita etiam stolidum, ut ea Gratiano affinxerit, que cum ceteris illius dictis congruere non possent. Hunc ergo vos auctorem profertis? huius unius testimonio nitimini, huius chartulam ad tante rei confirmationem contra sexcenta probationum genera recitatis? At ego expecta-

veram, ut aurea sigilla, marmoratos titulos, mille auctores ostenderetis. ‚Sed ipse‘, dicitis, ‚Palea auctorem profert, fontem historie ostendit et Gelatium papam cum multis episcopis in testimonium citat: *Ex gestis*, inquit, *Silvestri, que beatus papa Gelatius in concilio LXX episcoporum a catholicis legi com-*
5 *memorat et pro antiquo usu multas hoc dicit ecclesias imitari, in quibus legitur Constantinus etc. (Dist. XCVI c. 13).* Multo superius, ubi de libris legendis et non legendis agitur, etiam dixerat: *Actus beati Silvestri presulis, licet eius qui scripsit nomen ignoremus, a multis tamen in urbe Roma catholicis legi cognovimus, et pro antiquo usu hoc imitantur ecclesie (Dist. XV c. 3, 19).‘*
10 Mira hec auctoritas, mirum testimonium, inexpugnabilis probatio! Dono vobis hoc Gelatium, dum de concilio LXX episcoporum loquitur, id dixisse: num idem dixit paginam privilegii in beatissimi Silvestri gestis legi? Is vero tantum ait gesta Silvestri legi et hoc Rome, cuius ecclesie auctoritatem multe alie sequuntur, quod ego non nego, concedo, fateor, me quoque una cum
15 Gelatio testem exhibeo. Verum quid vobis ista res prodest, nisi ut in adducendis testibus mentiri voluisse videamini? Ignoratur nomen eius, qui hoc in decretis ascripsit: et solus hoc dicit; ignoratur nomen eius, qui scripsit historiam: et solus is et falso testis affertur. Et vos, boni viri atque prudentes, hoc satis superque esse ad tante rei testimonium existimatis? At videte, quan-
20 tum inter meum intersit vestrumque iudicium: ego ne si hoc quidem apud gesta Silvestri privilegium contineretur pro vero habendum putarem, cum historia illa non historia sit, sed poetica et impudentissima fabula – ut posterius ostendam – nec quisquam alius alicuius duntaxat auctoritatis de hoc privilegio habeat mentionem. Et Iacobus Varaginensis, propensus in amorem
25 clericorum ut archiepiscopus, tamen in gestis sanctorum de donatione Constantini ut fabulosa nec digna, que inter gesta Silvestri poneretur, silentium egit, lata quodammodo sententia contra eos, si qui hec litteris mandavissent.

Sed ipsum falsarium ac vere paleam, non triticum, optorto collo in iudicium trahere volo. Quid ais, falsarie? unde fit, quod istud privilegium inter
30 Silvestri gesta non legimus? Credo, rarus hic liber est difficilisque inventu nec vulgo habetur, sed tanquam fasti olim a pontificibus aut libri Sibyllini a decemviris custoditur, lingua Greca aut Syriaca aut Chaldaica scriptus est. Testatur Gelatius a multis catholicis legi, Varaginensis de eo meminit, nos quoque mille et antique scripta exemplaria vidimus, et in omni fere cathe-
35 drali ecclesia, cum adest Silvestri natalis dies, lectitantur, et tamen nemo se illic legisse istud ait, quod tu affingis, nemo audisse, nemo somniasse. An alia quedam fortassis historia est? Et quenam ista erit? Ego aliam nescio nec abs te aliam dici interpretor, quippe de ea tu loqueris, quam Gelatius apud multas ecclesias lectitari refert. In hac autem tuum privilegium non invenimus. Quod
40 si istud in vita Silvestri non legitur, quid tu ita legi tradidisti? Quid in tanta re iocari es ausus et levium hominum cupiditatem eludere?

20*

Sed stultus sum, qui illius potius insector audaciam quam istorum dementiam, qui crediderunt. Si quis apud Grecos, apud Hebreos, apud barbaros diceret hoc esse memorie proditum, non ne iuberetis nominari auctorem, proferri codicem et locum ab interprete fideli exponi, antequam crederetis?
5 Nunc de lingua vestra, de notissimo codice fit mentio, et vos tam incredibile factum aut non inquiritis aut, cum scriptum non reperiatis, tam prona estis credulitate, ut pro scripto habeatis atque pro vero. Et hoc titulo contenti terras miscetis et maria et, quasi nullum subsit dubium, eos, qui vobis non credunt, terrore bellorum aliisque minis prosequimini. Bone Iesu, quanta vis,
10 quanta divinitas est veritatis, que per sese sine magno conatu ab omnibus dolis ac fallaciis se ipsa defendit, ut non immerito, cum esset apud Darium regem exorta contentio, quid foret maxime validum, et alius aliud diceret, tributa sit palma veritati. Quia cum sacerdotibus, non cum secularibus mihi res est, ecclesiastica magis quam secularia sunt exempla repetenda: Iudas
15 Maccabeus, cum dimissis Romam legatis fedus amicitiamque a senatu impetrasset, curavit verba federis in es incidenda Ierosolimamque portanda *(vgl. 1. Macc. 8, 20–22).* Taceo de lapideis decalogi tabulis, quas Deus Moysi dedit. Ista vero tam magnifica Constantini et tam inaudita donatio nullis, neque in auro neque in argento neque in ere neque in marmore neque postremo in
20 libris, probari documentis potest, sed tantum, si isti credimus, in charta sive membrana. Iobal, primus musices auctor – ut est apud *Iosephum (Antiq. I 64 und 68ff.)* – cum esset a maioribus per manus tradita opinio res humanas semel aqua, iterum igni delendas, doctrinam suam duabus columnis inscripsit – latericia contra ignem, lapidea contra aquas, que ad Iosephi evum, ut
25 idem scribit, permansit – ut suum in homines beneficium semper extaret. Et apud Romanos rusticanos adhuc et agrestes, cum parve et rare littere essent, tamen leges XII tabularum in es fuere incise, que in capta atque incensa a Gallis urbe incolumes postea sunt reperte. Adeo duo maxima in rebus humanis, diuturnitatem temporis et fortune violentiam, vincit circumspecta provi
30 dentia. Constantinus vero orbis terrarum donationem papyro tantum et atramento signavit? cum presertim machinator fabule, quisquis ille fuit, faciat Constantinum dicentem se credere non defore, qui donationem hanc impia aviditate rescinderent. Hoc times, Constantine, et non caves, ne ii, qui Romam Silvestro eriperent, chartulam quoque surriperent? Quid, ipse Silvester pro
35 se nihil agit? ita omnia Constantino remittit, ita securus ac segnis est in tanto negotio? nihil sibi, nihil ecclesie sue, nihil posteritati prospicit? En cui imperium Romanum administrandum committas? qui tam magne rei tantoque aut lucro aut periculo indormit, siquidem sublata chartula privilegii donationem utique etate procedente probare non poterit.
40 *Paginam privilegii* appellat homo vesanus. *Privilegium* ne tu – libet velut presentem insectari – vocas donationem orbis terrarum? et hoc in *pagina* vis

esse scriptum et isto genere orationis usum esse Constantinum? Si titulus absurdus est, qualia cetera existimemus?

> *Constantinus imperator quarto die sui baptismatis privilegium Romane*
> *ecclesie pontifici contulit, ut in toto orbe Romano sacerdotes ita hunc caput*
> 5 *habeant, sicut iudices regem.*   (*Decretum Gratiani, Dist. XCVI c. 14*)

Hoc in ipsa Silvestri historia (*Mombritius, Sanctuarium II, S. 513, 17*) continetur, ex quo dubitari non potest, ubinam scriptum significetur privilegium. Sed more eorum, qui mendacia machinantur, a vero incepit, ut sequentibus, que falsa sunt, conciliet fidem, ut Sinon apud *Virgilium (Aen. II 77–79)*:
10 *Cuncta equidem tibi, rex, fuerint quecunque, fatebor / vera, inquit, nec me Argolica de gente negabo; / hoc primum.* Deinde falsa subiecit. Ita hoc loco noster Sinon facit, qui, cum a vero incepisset, adiecit:

> *In eo privilegio ita inter cetera legitur: utile iudicavimus una cum omnibus*
> *satrapis nostris et universo senatu, optimatibus etiam et cum cuncto populo*
> 15 *imperio Romane ecclesie subiacenti, ut, sicut beatus Petrus in terris vicarius*
> *Dei videtur esse constitutus, etiam et pontifices ipsius principis aposto-*
> *lorum vicem, principatus potestatem amplius, quam terrene imperialis*
> *nostre serenitatis mansuetudo habere videretur, concessam a nobis nostro-*
> *que imperio optineant.*   (*Constitutum Constantini, 157–164*)

20 O scelerate atque malefice, eadem, quam affers in testimonium, refert historia longo tempore neminem senatorii ordinis voluisse accipere religionem christianam et Constantinum pauperes sollicitasse pretio ad baptismum: et tu ais intra primos statim dies senatum, optimates, satrapes quasi iam christianos de honestanda ecclesia Romana cum Cesare decrevisse. Quid, quod vis inter-
25 fuisse *satrapes*? O caudex, o stipes! Sic loquuntur Cesares? sic concipi solent decreta Romana? Quis unquam satrapes in consiliis Romanorum nominari audivit? Non teneo memoria unquam legisse me ullum non modo Romanum, sed ne in Romanorum quidem provinciis satrapem nominatum. At hic imperatoris satrapes vocat eosque senatui preponit, cum omnes honores, etiam qui
30 principi deferuntur, tantum a senatu decernantur aut iuncto populoque Romano. Hinc est, quod in lapidibus vetustis aut tabulis ereis aut nomismatis duas litteras videmus scriptas: SC, idest senatus consulto, vel quattuor: SPQR, hoc est senatus populusque Romanus. Et, ut *Tertullianus (Apol. V 2)* meminit, cum Pontius Pilatus de admirandis Christi actionibus ad Tiberium
35 Cesarem, non ad senatum scripsisset – siquidem ad senatum scribere de magnis rebus magistratus consueverant – senatus hanc rem indigne tulit Tiberioque prerogativam ferenti, ut Iesus pro deo coleretur, repugnavit ob tacitam tantummodo indignationem offense senatorie dignitatis, et – ut scias, quantum senatus valeat auctoritas – ne pro deo coleretur, optinuit. Quid,

quod ais *optimates?* quos aut primarios in re publica viros intelligimus – qui
cur nominentur, cum de ceteris magistratibus silentium sit? – aut eos, qui
populares non sunt, benivolentiam populi aucupantes, sed optimi cuiusque
et bonarum partium studiosi ac defensores, ut *Cicero* quadam oratione (*Pro*
P. Sestio 96) demonstrat. Ideoque Cesarem ante oppressam rem publicam
popularem fuisse dicimus, Catonem ex optimatibus, quorum differentiam
Sallustius (Catilina 54) explicavit. Neque hi optimates magis quam populares
aut ceteri boni viri dicuntur in consilio adhiberi. Sed quid mirum, si adhiben-
tur optimates, ubi *cunctus populus*, si homini credimus, cum senatu et Cesare
iudicavit, et is quidem *Romane ecclesie subiacens?* Et quis iste est populus,
Romanus ne? At cur non dicitur ‚populus Romanus' potius quam ‚populus
subiacens'? Que nova ista contumelia est in Quirites? de quibus optimi poete
elogium est: *Tu regere imperio populos, Romane, memento (Vergil, Aen.*
VI 851). Qui regit alios populos, ipse vocatur populus subiacens, quod
inauditum est. Nam in hoc, ut in multis epistolis *Gregorius* testatur, differt
Romanus princeps a ceteris, quod solus est princeps liberi populi. Ceterum
ita sit ut vis: non ne et alii populi subiacent? an alios quoque significas?
Quomodo fieri istud triduo poterat, ut omnes populi subiacentes imperio
Romane ecclesie illi decreto adessent? Tam et si num omnis fex populi iudi-
cabat? Quid, antequam subiecisset Romano pontifici, populum Constantinus
subiectum vocaret? Quid, quod ii, qui subiacentes vocantur, faciendo dicuntur prefuisse decreto? Quid, quod hoc ipsum dicuntur decrevisse, ut sint
subiacentes et ut ille, cui subiacent, hos habeat subiacentes? Quid agis aliud,
infelix, nisi ut indices te voluntatem fallendi habere, facultatem non habere?

Eligentes nobis ipsum principem apostolorum vel eius vicarios firmos apud
Deum esse patronos. Et sicut nostra est terrena imperialis potentia, ita eius
sacrosanctam Romanam ecclesiam decrevimus veneranter honorare et,
amplius quam nostrum imperium terrenumque thronum, sedem sacratissi-
mam beati Petri gloriose exaltari, tribuentes ei potestatem et gloriam et
dignitatem atque vigorem et honorificentiam imperialem.
(*Constitutum Constantini, 164–170*)

Revivisce paulisper, Firmiane Lactanti, resisteque huic asino tam vaste
immaniterque rudenti. Ita verborum turgentium strepitu delectatur, ut eadem
repetat et inculcet, que modo dixerat. Hunc ne in modum evo tuo loquebantur
Cesarum scribe, ne dicam agasones? Elegit sibi illos Constantinus non patronos, sed *esse patronos,* interposuit illud *esse,* ut numerum redderet concin-
niorem. Honesta ratio barbare loqui, ut venustius currat oratio, si modo quid
in tanta scabritia venustum esse potest. *Eligentes principem apostolorum vel*
eius vicarios: non eligis Petrum et eius deinceps vicarios, sed aut hunc
exclusis illis aut illos hoc excluso? Et pontifices Romanos appellat *vicarios*

23*

Petri, quasi vel vivat Petrus vel minori dignitate sint ceteri, quam Petrus
fuit. Non ne et illud barbarum est: *a nobis nostroque imperio?* quasi imperium habeat animum concedendi et potestatem. Nec fuit contentus dicere *opti-*
neant, nisi etiam diceret *concessam,* cum satis alterum esset. Et illud *firmos*
5 *patronos*: perquam elegans est. Scilicet firmos vult, ne pecunia corrumpantur
aut metu labantur. Et illud *terrena imperialis potentia*: duo adiectiva sine
copula. Et illud *veneranter honorare,* et illud *nostre imperialis serenitatis*
mansuetudo! Lactantianam eloquentiam redolet, cum de potentia agatur
imperii, *serenitatem* nominare et *mansuetudinem,* non ,amplitudinem' et
10 ,maiestatem'. Quod etiam tumida superbia inflatum est, ut in illo quoque
gloriose exaltari per *gloriam et potestatem et dignitatem et vigorem et honori-*
ficentiam imperialem, quod ex *Apocalypsi (5, 12)* sumptum videtur, ubi dicitur: *Dignus est agnus, qui occisus est, accipere virtutem et divinitatem et*
sapientiam et fortitudinem et honorem et benedictionem. Frequenter, ut
15 posterius liquebit, titulos Dei sibi arrogare fingitur Constantinus et imitari
velle sermonem sacre scripture, quem nunquam legerat.

> *Atque decernentes sancimus, ut principatum teneat tam super quatuor*
> *sedes, Alexandrinam, Antiochenam, Ierosolimitanam, Constantinopolita-*
> *nam, quam etiam super omnes in universo orbe terrarum Dei ecclesias.*
> 20 *Etiam pontifex, qui per tempora ipsius sacrosancte Romane ecclesie extite-*
> *rit, celsior et princeps cunctis sacerdotibus et totius mundi existat, et eius*
> *iudicio, que ad cultum Dei et fidem christianorum vel stabilitatem procu-*
> *randam fuerint, disponantur.*   *(Constitutum Constantini, 171–177)*

Omitto hic barbariem sermonis, quod *princeps sacerdotibus* pro ,sacerdotum'
25 dixit; et quod in eodem loco posuit *extiterit* et *existat*; et, cum dixerit *in uni-*
verso orbe terrarum, iterum addit *totius mundi,* quasi quiddam diversum
aut celum, que mundi pars est, complecti velit, cum bona pars orbis terrarum
sub Roma non esset; et quod *fidem christianorum vel stabilitatem procuran-*
dam, tanquam non possent simul esse, distinxit; et quod *decernere* et *sancire*
30 miscuit et, veluti prius cum ceteris Constantinus non iudicasset, decernere
eum et, tanquam penam proponat, sancire et quidem una cum populo sancire
facit. Quis hoc christianus pati queat et non papam, qui hoc patitur ac libens
audit et recitat, censorie severeque castiget? quod, cum a Christo primatum
acceperit Romana sedes et id *Gratiano (Dist. XXII c. 7)* testante multisque
35 Grecorum octava synodus declararit, accepisse dicatur a Constantino vixdum
christiano tanquam a Christo. Hoc ille modestissimus princeps dicere, hoc
piissimus pontifex audire voluisset? Absit tam grave ab utroque illorum
nefas!

Quid, quod multo est absurdius, capit ne rerum natura, ut quis de *Con-*
40 *stantinopoli* loqueretur tanquam una patriarchalium sedium, que nondum

24*

esset, nec patriachalis nec sedes, nec urbs christiana nec sic nominata, nec condita nec ad condendum destinata? quippe privilegium concessum est triduo, quam Constantinus esset effectus christianus, cum Byzantium adhuc erat, non Constantinopolis. Mentior, nisi hoc quoque confiteatur hic stolidus, scribit enim prope calcem privilegii:

> *Unde congruum perspeximus nostrum imperium et regiam potestatem orientalibus transferri regionibus et in Byzantie provincie optimo loco nomini nostro civitatem edificari et illic nostrum constitui imperium.*
> *(Constitutum Constantini, 271–274)*

Si ille transferre alio volebat imperium, nondum transtulerat; si illic volebat constituere imperium, nondum constituerat; sic, si volebat edificare urbem, nondum edificaverat: non ergo fecisset mentionem de patriarchali, de una quatuor sedium, de christiana, de sic nominata, de condita, de qua condenda – ut historie placet, quam Palea in testimonium affert, ne cogitarat quidem. A qua non videt hec belua – sive is Palea sit sive alius, quem Palea sequitur – se dissentire, ubi Constantinus non sua sponte, sed inter quietem admonitu Dei, non Rome, sed Byzantii, non intra paucos dies, sed post aliquot annos dicitur decrevisse de urbe condenda nomenque, quod in somnis edoctus fuerat, indidisse. Quis ergo non videt, qui privilegium composuit, eum diu post tempora Constantini fuisse? et, cum vellet adornare mendacium, excidisse sibi, quod ante dixisset: hec gesta esse Rome tertio die, quam ille fuisset baptizatus? ut in eum decentissime cadat tritum vetustate proverbium *mendaces memores esse oportere (Quint., Inst. or. IV 2, 91).* Quid, quod *Byzantiam provinciam* vocat, quod erat oppidum nomine Byzantium, locus haudquaquam capax tante urbis condende? Nanque muris complexa est Constantinopolis vetus Byzantium, et hic in eius *optimo loco* ait urbem esse condendam. Quid, quod Trachiam, ubi positum erat Byzantium, vult esse in oriente, que vergit ad aquilonem? Opinor, ignorabat Constantinus locum, quem condende urbi delegerat, sub quo celo esset, urbsque an provincia, quanta eius mensura foret.

> *Ecclesiis beatorum apostolorum Petri et Pauli pro continuatione luminariorum possessionum predia contulimus, et rebus diversis eas ditavimus, et per nostram imperialem iussionem sacram tam in oriente quam in occidente quam etiam a septentrione et meridionali plaga, videlicet in Iudea, Grecia, Asia, Trachia, Africa et Italia vel diversis insulis, nostra largitate eis concessimus, ea prorsus ratione, ut per manus beatissimi patris nostri Silvestri summi pontificis successorumque eius omnia disponantur.*
> *(Constitutum Constantini, 196/202–208)*

25*

O furcifer, *ecclesie* ne, idest templa Rome erant Petro et Paulo dicate? Quis eas extruxerat? quis edificare ausus fuisset? cum nusquam foret, ut historia ait, christianis locus, nisi secreta et latebre. Aut si qua templa Rome fuissent illis dicata apostolis, non erant digna, in quibus tanta luminaria accenderen-
5 tur, edicule sacre, non edes; sacella, non templa; oratoria intra privatos parietes, non publica delubra: non ergo ante cura gerenda erat de luminaribus templorum quam de ipsis templis. Quid ais tu, qui facis Constantinum dicentem Petrum et Paulum *beatos*, Silvestrum vero, cum adhuc vivit, *beatissimum* et suam, qui paulo ante fuisset ethnicus, iussionem *sacram*? Tanta ne con-
10 ferenda sunt pro luminaribus continuandis, ut totus orbis terrarum fatigetur? At que ista predia sunt, presertim possessionum? ‚Prediorum possessiones‘ dicere solemus, non *possessionum predia*. Das predia nec que predia explicas. Ditasti *diversis rebus*, nec quando nec quibus rebus ostendis. Vis *plagas* orbis a Silvestro *disponi*, nec pandis quo genere disponendi. Concessisti hec antea:
15 cur te hodie incepisse significas honorare ecclesiam Romanam et ei privilegium concedere? Hodie concedis, hodie ditas: cur dicis *concessimus* et *ditavimus*? Quid loqueris aut quid sentis, bestia? Cum fabule machinatore mihi sermo est, non cum optimo principe Constantino.

Sed quid in te ullam prudentiam, ullam doctrinam requiro, qui nullo inge-
20 nio, nulla litteratura es preditus, qui ais *luminariorum* pro ‚luminarium‘ et *orientalibus transferri regionibus* pro eo, quod est ‚ad orientales transferri regiones‘. Quid porro iste ne sunt quatuor *plage*? Quam *orientalem* numeras? *Trachiam* ne? At, ut dixi, vergit ad septentrionem. An *Iudeam*? At magis ad meridiem spectat, utpote vicina Egypto. Quam item *occidentalem*? *Italiam*
25 ne? At hec in Italia gerebantur, quam nemo illic agens occidentalem vocat, cum Hispanias dicamus esse in occidente, et Italia hinc ad meridiem, illinc ad arcton magis quam ad occidentem vergit. Quam *septentrionalem*? an *Trachiam*? At ipse ad orientem esse vis. An *Asiam*? At hec sola totum possidet orientem, septentrionem vero communem cum Europa. Quam *meridionalem*?
30 certe *Africam*? At cur non aliquam nominatim provinciam proferebas, nisi forte Ethiopes Romano imperio suberant? Et nihilominus non habent locum Asia et Africa, cum orbem terrarum in quatuor dividimus partes et nominatim regiones singularum referimus, sed cum in tres: Asiam, Africam, Europam, nisi Asiam pro Asiatica provincia, Africam pro ea provincia, que prope Getu-
35 los est, appellas, que non video, cur precipue nominentur. Siccine locutus esset Constantinus, cum quatuor orbis plagas exequitur, ut has regiones nominaret, ceteras non nominaret? et a *Iudea* inciperet, que pars Syrie numeratur et que amplius Iudea non erat eversa Ierosolima, fugatis et prope extinctis Iudeis, ita ut credam vix aliquem in sua tunc patria remansisse, sed alias habitasse natio-
40 nes? Ubi tandem erat Iudea, que nec Iudea amplius vocabatur, ut hodie videmus illud terre nomen extinctum? Et sicut exterminatis Chananeis Chananea

26*

regio desiit appellari commutato nomine in Iudeam a novis incolis, ita exterminatis Iudeis et convenis gentibus eam incolentibus desierat Iudea nominari.
Nuncupas *Iudeam, Trachiam, insulas,* Hispanias vero, Gallias, Germanos non
putas nuncupandos. Et cum de aliis linguis loquaris, Hebrea, Greca, barbara,
de ulla provinciarum Latino sermone utentium non loqueris. Video, has tu
ideo omisisti, ut postea in donatione complectereris. Et quid, non tanti erant
tot provincie occidentis, ut continuandis luminaribus suppeditarent sumptus,
nisi reliquus orbis adiuvaret? Transeo, quod hec concedi ais per *largitatem,*
non ergo, ut isti aiunt, ob lepre curationem, alioquin insolens sit, quisquis
remunerationem loco munerum ponit.

> *Beato Silvestro, eius vicario, de presenti tradimus palatium imperii nostri*
> *Lateranense, deinde diadema, videlicet coronam capitis nostri, simulque*
> *phrygium necnon et superhumerale, videlicet lorum, quod imperiale cir-*
> *cundare solet collum, verum etiam chlamydem purpuream atque tunicam*
> *coccineam et omnia imperialia indumenta seu etiam dignitatem imperia-*
> *lium presidentium equitum, conferentes etiam ei imperialia sceptra simul-*
> *que cuncta signa atque banna et diversa ornamenta imperialia et omnem*
> *processionem imperialis culminis et gloriam potestatis nostre. Viris etiam*
> *diversi ordinis, reverendissimis clericis sancte Romane ecclesie servientibus,*
> *illud culmen singularis potentie et precellentie habere sancimus, cuius*
> *amplissimus noster senatus videtur gloria adornari, idest patricios consules*
> *effici, necnon in ceteris dignitatibus imperialibus eos promulgavimus*
> *decorari. Et sicut imperialis extat decorata militia, ita clerum sancte*
> *Romane ecclesie adornari decrevimus. Et quemadmodum imperialis poten-*
> *tia diversis officiis, cubiculariorum nempe et hostiariorum atque omnium*
> *concubitorum, ordinatur, ita et sanctam Romanam ecclesiam decorari*
> *volumus. Et ut amplissime pontificale decus prefulgeat, decernimus et, ut*
> *clerici sancti eiusdem sancte Romane ecclesie mappulis et linteaminibus,*
> *idest candidissimo colore decoratos equos equitent et, sicut noster senatus*
> *calciamentis utitur, cum udonibus idest candido linteamine, illustrentur,*
> *et ita celestia sicut terrena ad laudem Dei decorentur.*
>
> (*Constitutum Constantini, 216–241*)

O sancte Iesu, ad hunc sententias volventem sermonibus imperitis non respon-
debis de turbine? non tonabis? non in tantam blasphemiam ultricia fulmina
iaculabere? tantum ne probrum in tua familia sustines? Hoc audire, hoc
videre, hoc tam diu conniventibus oculis preterire potes? Sed *patiens es et*
multe misericordie (Ps. 85, 15), vereor tamen, ne patientia hec tua sit potius
ira et condemnatio, qualis in illos fuit, de quibus dixisti: *Et dimisi eos secun-*
dum desiderium cordis eorum; ibunt in adinventionibus suis (Ps. 80, 13), et
alibi: *Tradidi eos in reprobum sensum, ut faciant, que non conveniunt, quia*

non probaverunt se habere notitiam mei (vgl. Rom. 1,28). Iube me queso,
Domine, ut exclamem adversus eos, et forte convertantur *(vgl. Ps. 50,15).*
O Romani pontifices, exemplum facinorum omnium ceteris pontificibus, o
improbissimi scribe et pharisei, qui sedetis super cathedram Moysi et opera
5 Dathan et Abiron facitis, ita ne vestimenta, apparatus, pompa, equitatus,
omnis denique vita Cesaris vicarium Christi decebit? Que communicatio
sacerdotis ad Cesarem! Ista ne Silvester vestimenta sibi induit? eo apparatu
incessit? ea celebritate ministrantium domi vixit atque regnavit? Sceleratis-
simi homines non intelligunt Silvestro magis vestes Aaron, qui summus Dei
10 sacerdos fuerat, quam gentilis principis fuisse sumendas. Sed hec alias erunt
exagitanda vehementius. Impresentiarum autem de barbarismo cum hoc
sycophanta loquamur, cuius ex stultiloquio impudentissimum eius patescet
sua sponte mendacium.

Tradimus, inquit, *palatium imperii nostri Lateranense:* quasi male hoc loco
15 inter ornamenta donum palatii posuisset, iterum postea, ubi de donis agitur,
replicavit. *Deinde diadema:* et quasi illi non videant, qui adsunt, interpretatur *videlicet coronam.* Verum hic non addidit *ex auro,* sed posterius easdem
res inculcans inquit *ex auro purissimo et gemmis pretiosis.* Ignoravit homo
imperitus diadema e panno esse aut fortassis ex serico. Unde sapiens illud
20 regis dictum celebrari solet, quem ferunt traditum sibi diadema, priusquam
capiti imponeret, retentum diu considerasse ac dixisse: *O nobilem magis quam*
felicem pannum, quem si quis penitus agnosceret, quam multis sollicitudinibus
periculisque et miseriis sis refertus, ne humi quidem iacentem vellet tollere
(Val. Maximus, Memorabilia VII 2,5). Iste non putat illud nisi ex auro esse,
25 cui circulus aureus nunc cum gemmis apponi a regibus solet. Verum non erat
rex Constantinus nec regem appellare nec regio se ritu ornare fuisset ausus:
Imperator Romanorum erat, non rex. Ubi rex est, ibi res publica non est, at
in re publica multi fuerunt etiam uno tempore imperatores. Nam Cicero
frequenter ita scribit: *M. Cicero imperator* illi vel illi *imperatori salutem,*
30 licet postea peculiari nomine Romanus princeps ut summus omnium imperator appelletur.

Simulque phrygium necnon superhumerale, videlicet lorum, quod impe-
riale circundare solet collum: quis unquam *phrygium* latine dici audivit?
Tu mihi, dum barbare loqueris, videri vis Constantini aut Lactantii esse ser-
35 monem? *Plautus in Menechmis (426)* ,phrygionem' pro concinnatore vestium
posuit, *Plinius (Nat. hist. VIII 48)* ,phrygionas' appellat vestes acu pictas,
quod earum Phryges fuerint inventores: *phrygium* vero quid significet? Hoc
non exponis, quod obscurum; exponis, quod est clarius: *superhumerale* ais
esse *lorum* nec quid sit lorum tenes. Non enim cingulum ex corio factum,
40 quod dicitur lorum, sentis circundari pro ornamento Cesaris collo. Hinc est,
quod habenas et verbera vocamus lora. Quod si quando dicantur lora aurea,

28*

non nisi de habenis, que aurate collo equi aut alterius pecudis circundari assolent, intelligi potest. Que te res, ut mea fert opinio, fefellit, et cum lorum circundare collo Cesaris atque Silvestri vis, de homine, de imperatore, de summo pontifice equum aut asinum facis.

5 *Verum et chlamydem purpuream atque tunicam coccineam:* quia *Mattheus (27, 28)* ait *chlamydem coccineam* et *Ioannes (19, 2) vestem purpuream,* utrunque voluit hic eodem loco coniungere. Quod si idem color est, ut Evangeliste significant, quid tu non fuisti contentus alterum nominasse, ut illi contenti fuerunt? nisi accipis *purpuram* – ut nunc imperiti loquuntur – genus
10 panni serici colore albo. Est autem purpura piscis, cuius sanguine lana tingitur, ideoque a tinctura datum est nomen panno, cuius color pro rubro accipi potest, licet sit magis nigricans et proximus colori sanguinis concreti et quasi violaceus. Inde ab Homero atque Virgilio purpureus dicitur sanguis et marmor porphyricum, cuius color est simillimus amethysto, Greci enim purpuram
15 ‚porphyram‘ vocant. *Coccineum* pro ‚rubro‘ accipi forte non ignoras, sed cur faciat *coccineum,* cum nos dicamus ‚coccum‘? Et *chlamys,* quod genus sit vestimenti, iurarem te plane nescire. Atque ut, ne se longius persequendo singulas vestes mendacem proderet, uno semel verbo complexus est dicens *omnia imperialia indumenta.* Quid, etiam ne illa, quibus in bello, quibus in
20 venatione, quibus in conviviis, quibus in ludis amiciri solet? Quid stultius quam omnia Cesaris indumenta dicere convenire pontifici? Sed quam lepide addit *seu etiam dignitatem imperialium presidentium equitum! Seu* inquit: distinguere duo hec invicem voluit, quasi multum inter se habeant similitudinis, et de imperatorio habitu ad equestrem dignitatem delabitur, nescio quid
25 loquens. Mira quedam effari vult, sed deprehendi in mendacio timet eoque inflatis buccis et turgido gutture *dat sine mente sonum (Verg., Aen. X 640).*

Conferentes ei etiam imperialia sceptra: que structura orationis! qui nitor! qui ordo! Quenam sunt *sceptra* ista *imperialia*? Unum est sceptrum, non plura. Si modo sceptrum gerebat imperator, num et pontifex sceptrum manu
30 gestabit? Cur non ei dabimus et ensem et galeam et iaculum? *Simulque cuncta signa atque banna:* quid tu *signa* accipis? Signa sunt aut statue, unde frequenter legimus ‚signa et tabulas‘ pro ‚sculpturis ac picturis‘ – prisci enim non in parietibus pingebant, sed in tabulis – aut vexilla, unde illud *signa, pares aquilas (Lucan, Pharsalia I 7).* A priore significato sigilla dicuntur parve
35 statue atque sculpture: num ergo statuas aut aquilas suas Silvestro dabat Constantinus? Quid hoc absurdius? At *banna,* quid sibi velit, non invenio. Deus te perdat, improbissime mortalium, qui sermonem barbarum attribuis seculo erudito. *Et diversa ornamenta imperialia:* quia dixit *banna,* satis putavit significatum esse et ideo cetera sub verbum universale conclusit. Et
40 quam frequenter inculcat *imperialia:* quasi propria quedam sint ornamenta imperatoris magis quam consulis, quam dictatoris, quam Cesaris. *Et omnem*

processionem imperialis culminis et gloriam potestatis nostre: proiicit ampul-
las et sesquipedalia verba (Horaz, Ars poet. 97), rex regum Darius *consan-*
guineusque deorum (Iul. Valerius, Res gestae Alex. I 37) nunquam nisi numero
plurali loquens. Que est ista *processio imperialis?* cucumeris per herbam torti
5 et crescentis in ventrem *(vgl. Verg., Georg. IV 121f.)?* Triumphasse existimas
Cesarem, quotiens domo prodibat, ut nunc solet papa precedentibus albis
equis, quos stratos ornatosque famuli dextrant? Quo, ut taceam alias ineptias,
nihil est vanius nihilque a pontifice Romano alienius. Que etiam ista *gloria*
est? Gloriam ne, ut Hebree lingue mos est, pompam et apparatus, illum splen-
10 dorem homo latinus appellasset? Et illud quoque *militiam* pro ‚milites‘, quod
ab Hebreis sumus mutuati, quorum libros Constantinus aut ipsius scribe
nunquam aspexerant.

Verum quanta est munificentia tua, imperator, qui non satis habes ornasse
pontificem, nisi ornes et omnem clerum. *Culmen singularis potentie et pre-*
15 *cellentie* ais *effici patricios consules:* quis audivit senatores alios ve homines
‚effici‘ patricios? Consules efficiuntur, non patricii ex domo vel patricia – que
eadem senatoria dicitur, siquidem senatores patres conscripti sunt – vel ex
equestri vel ex plebeia, plusque est senatorem quam patricium esse, nam senator est unus e delectis consiliariis rei publice, patricius vero, qui e domo sena-
20 toria ortum ducit. Ita qui senator aut ex patribus conscriptis non protinus et
patricius est. Ridiculeque Romani mei hoc tempore faciunt, qui pretorem
suum senatorem vocant, cum neque senatus ex uno homine constare possit
necesseque sit senatorem habere collegas, et is, qui senator nunc dicitur, fun-
gatur officio pretoris. ‚At dignitas patriciatus in multis libris invenitur‘,
25 inquies. Audio, sed in iis, qui de temporibus post Constantinum loquuntur,
ergo post Constantinum privilegium confictum est. Sed nunquid clerici fieri
consules possunt? Coniugio sibi interdixere Latini clerici et consules fient?
habitoque delectu militum cum legionibus et auxiliis in provincias, quas
fuerint sortiti, se conferent? Ministri ne et servi consules fient, nec bini, ut
30 solebat, sed centeni ac milleni? Ministri, qui Romane ecclesie servient, dignitate afficientur imperatoria? Et ego stolidus mirabar, quod papa affici diceretur. Ministri imperatores erunt, clerici vero milites: milites ne clerici fient
aut militaria ornamenta gestabunt? nisi *imperialia ornamenta* universis clericis
impertis, nam nescio quid dicas. Et quis non videt hanc fabulam ab iis excogi-
35 tatam esse, qui sibi omnem vestiendi licentiam esse voluerunt? ut existimem,
si qua inter demones, qui aerem incolunt, ludorum genera exercentur, eos
exprimendo clericorum cultu, fastu, luxu exerceri et hoc scenici lusus genere
maxime delectari.

Utrum magis insequar sententiarum an verborum stoliditatem? Senten-
40 tiarum audistis, verborum hec est, ut dicat senatum *videri adornari,* quasi
non utique adornetur, et quidem *adornari gloria;* et quod fit, factum esse

30*

velit, ut *promulgavimus* pro ‚promulgamus‘, illo enim modo sonat iocundius oratio; et eandem rem per presens et per preteritum enuntiet, velut *decernimus* et *decrevimus*; et omnia sint referta his vocibus: *decernimus, decoramus, imperialis, imperatoria, potentia, gloria*; et *extat* pro ‚est‘ posuerit – cum
5 extare sit supereminere vel superesse – et *nempe* pro ‚scilicet‘ et *concubitores* pro ‚contubernales‘: concubitores sunt, qui concumbunt et coeunt, nimirum scorta intelligenda sunt. Addit, cum quibus dormiat, ne timeat, opinor, nocturna phantasmata, addit *cubicularios*, addit *hostiarios*. Non otiosum est, quare hec ab eo minuta referuntur: pupillum instituit aut adolescentem
10 filium, non senem, cui omnia, quibus necesse habet tenera etas, ipse velut amantissimus pater preparat ‚ut David Salomoni fecit. Atque ut per omnes numeros fabula impleatur, dantur clericis *equi*, ne asinario illo Christi more super asellos sedeant, et dantur non ‚operti‘ sive ‚instrati operimentis coloris albi‘, sed *decorati colore albo*. At quibus operimentis? Non stragulis, non
15 babylonicis aut quo alio genere, sed *mappulis et linteaminibus*: mappe ad mensam pertinent, linteamina ad lectulos. Et quasi dubium sit, cuius sint hec coloris, interpretatur: *idest candidissimo colore*. Dignus Constantino sermo, digna Lactantio facundia cum in ceteris tum vero in illo *equos equitent*. Et cum de vestitu senatorum nihil dixerit, non de laticlavo, non de purpura, non
20 de ceteris, de *calciamentis* sibi loquendum putavit, nec ‚lunulas‘ appellavit, sed *udones* sive *cum udonibus,* quos, ut solet homo ineptus, exponit *idest candido linteamine*, quasi udones linteamen sint. Non occurrit impresentiarum, ubi reppererim udones, nisi apud *Martialem Valerium (XIV 140),* cuius distichon, quod inscribitur *Udones cilicini* hoc est: *Non hos lana dedit,*
25 *sed olentis barba mariti / Cinyphio poterit planta latere sinu.* Ergo non linei utique nec candidi sunt udones, quibus hic bipes asellus non ‚calceari pedes senatorum‘ ait, sed *senatores illustrari*. Atque per hoc *sicut celestia ita terrena ad laudem Dei decorentur*: que tu celestia vocas? que terrena? quomodo celestia decorantur? Que autem Deo laus sit ista, tu videris, ego vero, si qua
30 mihi fides est, nihil puto nec Deo nec ceteris hominibus magis esse invisum quam tantam clericorum in rebus secularibus licentiam. Verum quid ego in singula impetum facio? Dies me deficiat, si universa non dico amplificare, sed attingere velim.

Pre omnibus autem licentiam tribuimus beato Silvestro et successoribus eius
35 *ex nostro indictu, ut, quem placatus proprio consilio clericare voluerit et in religioso numero religiosorum clericorum connumerare, nullus ex omnibus presumat superbe agere.* (Constitutum Constantini, 242–248)

Quis est hic Melchisedech, qui patriarcham Abraam benedicit? Constantinus ne vix christianus facultatem ei, a quo baptizatus est et quem beatum appel-
40 lat, tribuit clericandi, quasi prius nec fecisset hoc Silvester nec facere potuis-

set? Et qua comminatione vetuit, ne quis impedimento esset: *nullus ex omnibus presumat superbe agere;* qua etiam elegantia: *connumerare in numero religioso religiosorum, clericare clericorum* et *indictu* et *placatus.* Atque iterum ad diadema revertitur:

5   *Decrevimus itaque et hoc, ut ipse et successores eius diademate, videlicet corona, quam ex capite nostro illi concessimus, ex auro purissimo et gemmis pretiosis uti debeant pro honore beati Petri.*
(Constitutum Constantini, 249–253)

Iterum interpretatur *diadema* – cum barbaris enim et obliviosis loquebatur –
10   et adiicit de *auro purissimo*, ne forte aliquid eris aut scorie crederes admixtum. Et *gemmas* cum dixit, addit *pretiosas* eodem timore, ne viles forsitan suspicareris. Cur tamen non ,pretiosissimas' quemadmodum aurum *purissimum*? Plus nanque interest inter gemmam et gemmam quam inter aurum et aurum. Et cum dicere debuisset ,distinctum gemmis', dixit *ex gemmis.* Quis
15   non videt ex eo loco sumptum, quem princeps gentilis non legerat: *Posuisti in capite eius coronam de lapide pretioso (Ps. 21,4)?* Sic locutus esset Cesar vanitate quadam corone sue iactande – si modo Cesares coronabantur – in se ipsum contumeliosus, qui vereretur, ne homines opinarentur eum non gestare coronam *ex auro purissimo cum gemmis pretiosis,* nisi indicasset?
20   Accipe causam, cur sic loquatur: *pro honore beati Petri,* quasi Christus non sit summus angularis lapis, in quo templum ecclesie constructum est *(vgl. Eph. 2,20),* sed Petrus, quod iterum postea facit. Quem si tantopere venerari volebat, cur non templum episcopale illi potius quam Ioanni Baptiste Rome dicavit? Quid, illa loquendi barbaries non ne testatur non seculo Constantini,
25   sed posteriori cantilenam hanc esse confictam?
  Decernimus quod *uti debeant* pro eo, quod est decernimus, ,ut utantur': sic nunc barbari homines vulgo loquuntur et scribunt ,iussi, quod deberes venire' pro eo, quod est ,iussi, ut venires'. Et *decrevimus* et *concessimus:* quasi non tunc fiant illa, sed alio quodam tempore facta sint.

30   *Ipse vero beatus papa super coronam clericatus, quam gerit ad gloriam beatissimi Petri, ipsa ex auro non est passus uti corona.*
(Constitutum Constantini, 253–255)

O tuam singularem stultitiam, Constantine! Modo dicebas coronam super caput pape ad honorem facere beati Petri, nunc ais non facere, quia Silvester
35   illam recusat, et cum factum recusantis probes, tamen iubes eum *aurea uti corona,* et quod hic non debere se agere existimat, id tu ipsius successores dicis agere debere. Transeo, quod rasuram *coronam* vocas et *papam* pontificem Romanum, qui nondum peculiariter sic appellari erat ceptus.

32*

Phrygium vero candidissimo nitore splendidum resurrectionem dominicam
designans eius sacratissimo vertici manibus nostris imposuimus, et tenentes
frenum equi pro reverentia beati Petri dextratoris officium illi exhibuimus,
statuentes eodem phrygio omnes eius successores singulariter uti in proces-
sionibus ad imperii nostri imitationem.

(Constitutum Constantini, 255–261)

Non ne videtur hic auctor fabule non per imprudentiam, sed consulto et dedita
opera prevaricari et undique ansas ad se reprehendendum prebere? In eodem
loco ait phrygio et *dominicam resurrectionem* representari et *imperii* Cesarei
esse *imitationem*: que duo inter se maxime discrepant. Deum testor, non
invenio, quibus verbis, qua verborum atrocitate confodiam hunc perditissi-
mum nebulonem, ita omnia verba plena insanie evomit. Constantinum non
tantum officio similem Moysi, qui summum sacerdotem iussu Dei ornavit,
sed secreta mysteria facit exponentem, quod difficillimum est iis, qui diu in
sacris litteris sunt versati. Cur non fecisti etiam Constantinum pontificem
maximum – ut multi imperatores fuerunt –, ut commodius ipsius ornamenta
in alterum summum pontificem transferrentur? Sed nescisti historias. Ago
itaque Deo etiam hoc nomine gratias, quod istam nefandissimam mentem
non nisi in stultissimum hominem cadere permisit. Quod etiam posteriora
declarant, nanque Aaron sedenti in equo Moysem inducit *dextratoris exhi-*
buisse officium, et hoc non per medium Israel, sed per Chananeos atque
Egyptios, idest per infidelem civitatem, ubi non tam imperium erat orbis
terrarum quam demonum et demones colentium populorum.

Unde ut pontificalis apex non vilescat, sed magis quam imperii terreni
dignitas gloria et potentia decoretur, ecce tam palatium nostrum quamque
Romanam urbem et omnes Italie sive occidentalium regionum provincias,
loca, civitates beatissimo pontifici et universali pape Silvestro tradimus
atque relinquimus et ab eo et a successoribus eius per pragmaticum consti-
tutum decrevimus disponendas atque iuri sancte Romane ecclesie per-
manendas. (Constitutum Constantini, 261–270)

De hoc in oratione Romanorum atque Silvestri multa disseruimus. Huius loci
est, ut dicamus neminem fuisse facturum, ut nationes uno cunctas verbo
donationis involveret et, qui minutissima queque superius est executus: *lorum,*
calceos, linteamina equorum, non referret nominatim provincias, quarum sin-
gule non singulos reges nunc aut principes regibus pares habent. Sed ignoravit
videlicet hic falsator, que provincie sub Constantino erant, que non erant,
nam certe cuncte sub eo non erant. Alexandro extincto videmus singulas
regiones in ducum partitione numeratas; a Xenophonte terras principesque
nominatos, qui vel ultro vel armis sub imperio Cyri fuerunt; ab Homero

33*

Grecorum barbarorumque regum nomen, genus, patriam, mores, vires, pulchritudinem, numerum navium et prope numerum militum catalogo comprehensum, cuius exemplum cum multi Greci tum vero nostri Latini Ennius, Virgilius, Lucanus, Statius aliique nonnulli imitati sunt; a Iosue et Moyse in
5 divisione terre promissionis viculos quoque universos fuisse descriptos: et tu gravaris etiam provincias recensere? *Occidentales* tantum *provincias* nominas: qui sunt fines occidentis? ubi incipiunt, ubi desinunt? Num ita certi constitutique sunt termini occidentis et orientis meridieique et septentrionis ut sunt Asie, Africe, Europe? Necessaria verba suptrahis, ingeris supervacua,
10 dicis *provincias, loca, civitates*: non ne et provincie et urbes *loca* sunt? Et cum dixeris *provincias,* subiungis *civitates,* quasi he sub illis non intelligantur. Sed non est mirum, qui tantam orbis terrarum partem a se alienat, eundem urbium provinciarumque nomina preterire et quasi lethargo oppressum, quid loquatur, ignorare. *Italie sive occidentalium regionum:* tanquam aut hoc aut
15 illud, cum tamen utrunque intelligat appellans *provincias regionum,* cum sint potius ‚regiones provinciarum‘, et *permanendam* dicens pro ‚permansuram‘.

Unde congruum perspeximus nostrum imperium et regiam potestatem
orientalibus transferri regionibus et in Byzantie provincie optimo loco
20 *nomini nostro civitatem edificari et illic nostrum constitui imperium.*
(Constitutum Constantini, 271–274)

Taceo, quod dixit *civitates edificari,* cum urbes edificentur, non civitates, et *Byzantiam provinciam.* Si tu es Constantinus, redde causam, cur illum potissimum locum condende urbi delegeris. Quod enim alio te transferas post
25 Romam traditam, non tam *congruum* quam necessarium est, nec te appelles *imperatorem,* qui Romam amisisti et de nomine Romano, quod discerpis, pessime meritus es, nec *regem,* quod nemo ante te fecit, nisi ideo te regem appelles, quia Romanus esse desiisti. Sed affers causam sane honestam:

Quoniam ubi princeps sacerdotum et christiane religionis caput constitutum
30 *est ab imperatore celesti, iustum non est, ut illic imperator terrenus habeat*
potestatem. *(Constitutum Constantini, 274–276)*

O stultum David, stultum Salomonem, stultum Ezechiam Iosiamque et ceteros reges, stultos ac parum religiosos, qui in urbe Ierusalem cum summis sacerdotibus habitare sustinuerunt nec tota illis urbe cesserunt. Plus sapit Constan-
35 tinus triduo, quam illi tota vita sapere potuerunt. Et *imperatorem celestem* appellas, quia terrenum accepit imperium, nisi Deum intelligis – nam ambigue loqueris – a quo terrenum principatum sacerdotum super urbe Romana ceterisque locis constitutum esse mentiris.

34*

Hec vero omnia, que per hanc imperialem sacram et per alia divalia decreta statuimus et firmamus, usque in finem mundi illibata et inconcussa permanere decrevimus.   (Constitutum Constantini, 277–279)

Modo *terrenum* te vocaveras, Constantine, nunc *divum sacrumque* vocas, ad
5 gentilitatem recidis et plus quam gentilitatem: deum te facis et verba tua
sacra et decreta immortalia, nam mundo imperas, ut tua iussa conservet
illibata et inconcussa. Non cogitas, quis tu es, modo ex sordidissimo impietatis ceno lotus et vix perlotus. Cur non addebas: *iota unum aut unus apex*
de privilegio hoc *non preteribit,* ut non magis pereat celum et terra *(vgl.*
10 *Matth. 5, 18)*? Regnum Saul a Deo electi ad filios non pervenit, regnum David
in nepote discerptum est et postea extinctum: et tu ad finem usque mundi
regnum, quod tu sine Deo tradis, permansurum tua auctoritate decernis? Quis
etiam tam cito te docuit mundum esse periturum? Nam poetis, qui hoc etiam
testantur, non puto te hoc tempore fidem habere. Ergo hoc tu non dixisses,
15 sed alius tibi affinxit. Ceterum qui tam magnifice superbeque locutus est,
timere incipit sibique diffidere eoque optestationibus agit:

*Unde coram Deo vivo, qui nos regnare precipit, et coram terribili eius
iudicio optestamur omnes nostros successores, imperatores vel cunctos optimates, satrapas etiam amplissimumque senatum et universum populum in
20 universo orbe terrarum, necnon et in posterum nulli eorum quoquo modo
licere hoc aut confringere vel in quoquam convelli.*
                            (Constitutum Constantini, 279–287)

Quam equa, quam religiosa adiuratio! Non secus ac si lupus per innocentiam
et fidem optestetur ceteros lupos atque pastores, ne oves, quas sustulit interque filios et amicos partitus est, aut illi adimere aut hi repetere temptent.
25 Quid tantopere extimescis, Constantine? Si opus tuum ex Deo non est, dissolvetur, sin ex Deo, dissolvi non poterit *(vgl. Act. 5, 38)*. Sed video, voluisti
imitari *Apocalypsim (22, 18f.),* ubi dicitur: *Contestor autem audienti omnia
verba prophetie libri huius: Si quis apposuerit ad hec, apponet Deus super
30 illum plagas scriptas in libro isto, et si quis diminuerit de verbis libri prophetie
huius, auferet Deus partem eius de libro vite et de civitate sancta.* At tu nunquam legeras Apocalypsim, ergo non sunt hec verba tua.

*Si quis autem, quod credimus, in hoc temerator extiterit, eternis condemnationibus subiaceat condemnatus, et sanctos Dei apostolos Petrum et
35 Paulum sibi in presenti et in futura vita sentiat contrarios, atque in inferno
inferiori concrematus cum diabolo et omnibus deficiat impiis.*
                            (Constitutum Constantini, 287–292)

Hic terror atque hec comminatio non secularis principis solet esse, sed priscorum sacerdotum ac flaminum et nunc ecclesiasticorum: itaque non est

Constantini oratio hec, sed alicuius clericuli stolidi, nec quid dicat aut quomodo dicat scientis, saginati et crassi ac inter crapulam interque fervorem
vini has sententias et hec verba ructantis, que non in alium transeunt, sed in
ipsum convertuntur auctorem. Primum ait *eternis condemnationibus subia-*
5 *ceat,* deinde, quasi plus addi queat, alia addere vult et post eternitatem pena-
rum adiungit penas *vite presentis;* et cum Dei condemnatione nos terreat
adhuc, quasi maius quiddam sit, terret nos odio Petri, cui Paulum cur adiun-
gat aut cur solum nescio. Iterumque solito lethargo ad penas eternas redit,
veluti non hoc ante dixisset. Quod si mine he execrationesque Constantini
10 forent, invicem execrarer ut tyrannum et profligatorem rei publice mee et illi
me Romano ingenio minarer ultorem. Nunc quis extimescat execrationem
avarissimi hominis et ritu histrionum verba simulantis ac sub persona Constantini alios deterrentis? Hoc est proprie hypocritam esse, si grecam vocem
exquirimus, sub aliena persona abscondere tuam.

15 *Huius vero imperialis decreti paginam propriis manibus roborantes super*
venerandum corpus beati Petri posuimus.

(*Constitutum Constantini, 293–295*)

Charta ne an membrana fuit *pagina,* in qua scripta hec sunt? tam et si paginam vocamus alteram faciem ut dicunt folii, veluti quinternio habet folia
20 dena, paginas vicenas. O rem inauditam et incredibilem! Cum essem ado-
lescentulus, interrogasse me quendam memini, quis librum Iob scripsisset,
cumque ille respondisset ‚ipse Iob‘, tunc me subiunxisse, quo pacto igitur de
sua ipsius morte faceret mentionem. Quod de multis aliis libris dici potest,
quorum ratio huic loco non convenit. Nam quomodo vere narrari potest id,
25 quod nondum esset administratum? et in tabulis contineri id, quod post tabularum, ut sic dicam, sepulturam factum esse ipse fateatur? Hoc nihil aliud
est, quam paginam privilegii ante fuisse mortuam sepultamque quam natam,
nec tamen unquam a morte atque sepultura reversam, presertim antequam
conscripta esset roboratam, nec id una tantum, sed utraque Cesaris manu. Et
30 quid istud est *roborare* illam? chirographo ne Cesaris aut anulo signatorio?
Magnum nimirum robur maiusque multo, quam si tabulis ereis mandavisset.
Sed non est opus scriptura erea, cum *super corpus beati Petri* charta repona-
tur. Cur hic Paulum retices, qui simul iacet cum Petro, et magis custodire
possent ambo, quam si afforet tantummodo corpus unius? Videtis artes mali-
35 tiamque nequissimi Sinonis: quia donatio Constantini doceri non potest, ideo
non in tabulis ereis, sed charteis privilegium esse, ideo latere illud cum cor-
pore sanctissimi apostoli dixit, ne aut auderemus e venerabili sepulcro inquirere aut, si inquireremus, carie absumptum putaremus.

Sed ubi tunc erat corpus beati Petri? certe nondum in templo, ubi nunc
40 est, non in loco sane munito ac tuto: ergo non illic Cesar paginam collocasset.

36*

An beatissimo Silvestro paginam non credebat ut parum sancto, parum cauto, parum diligenti? O Petre, o Silvester, o sancti Romane ecclesie pontifices, quibus oves Domini commisse sunt, cur vobis commissam paginam non custodistis? cur a tineis illam rodi, cur situ tabescere passi estis? Opinor, quia cor-
5 pora quoque vestra contabuerunt. Stulte igitur fecit Constantinus, en redacta in pulverem pagina ius simul privilegii in pulverem abiit.

Atqui, ut videmus, pagine exemplar ostenditur. Quis ergo illam de sinu sanctissimi apostoli temerarius accepit? Nemo, ut reor, hoc fecit. Unde porro exemplar? Nimirum aliquis antiquorum scriptorum debet afferri nec poste-
10 rior Constantini temporibus: at is nullus affertur. Sed fortasse aliquis recens? Unde hic habuit? Quisquis enim de superiore etate historiam texit, aut spiritu sancto dictante loquitur aut veterum scriptorum et eorum quidem, qui de sua etate scripserunt, sequitur auctoritatem. Quare quicunque veteres non sequitur, is de illorum numero erit, quibus ipsa vetustas prebet audaciam
15 mentiendi. Quod si quo in loco ista res legitur, non aliter cum antiquitate consentit, quam illa glossatoris Accursii de legatis Romanis ad leges accipiendas dimissis in Greciam plus quam stulta narratio cum Tito Livio aliisque prestantissimis scriptoribus convenit.

Datum Rome tertio Kalendas Aprilis Constantino Augusto quarto consule
20 *et Gallicano quarto consule.* (*Constitutum Constantini, 304–306*)

Diem posuit penultimum Martii, ut sentiremus hoc factum esse sub tempus sanctorum dierum, qui illo plerunque tempore solent esse. *Et Constantino quartum consule et Gallicano quartum consule:* mirum, si uterque ter fuerat consul et in quarto consulatu forent college, sed mirandum magis Augustum
25 leprosum elephantia, qui morbus inter ceteros ut elephas inter beluas eminet, velle etiam accipere consulatum, cum rex Azarias, simul ac lepra tactus est, in privato se continuerit, procuratione regni ad Ioatham filium relegata, ut fere omnes leprosi fecerunt. Quo uno argumento totum prorsus privilegium confutatur, profligatur, evertitur. Ac nequis ambigat ante leprosum esse
30 debuisse quam consulem, sciat et ex medicina paulatim hunc morbum succrescere et ex notitia antiquitatis consulatum iniri Ianuario mense magistratumque esse annuum: et hec Martio proximo gesta referuntur. Ubi neque hoc silebo: in epistolis scribi solere *datum,* non autem in ceteris nisi apud indoctos. Dicuntur enim epistole dari vel ,illi' vel ,ad illum' – ,illi' quidem, qui
35 perfert, utputa tabellario, ut reddat et in manum porrigat homini, cui mittuntur; ,ad illum' vero, ut ei a perferente reddantur, hic est is, cui mittuntur –, privilegium autem ut aiunt Constantini, quod reddi alicui non debebat, nec dari debuit dici, ut appareat eum, qui sic locutus est, mentitum esse nec scisse fingere, quod Constantinum dixisse ac fecisse verisimile esset.
40 Cuius stultitie atque vesanie affines se ac socios faciunt, quicunque hunc

vera dixisse existimant atque defendunt, licet nihil iam habeant, quo opinionem suam non dico defendere, sed honeste excusare possint. An honesta erroris excusatio est, cum patefactam videas veritatem, nolle illi acquiescere, quia nonnulli magni homines aliter senserint? magni, inquam, dignitate, non
5 sapientia nec virtute. Unde tamen scis, an illi, quos tu sequeris, si eadem audissent que tu, mansuri in sententia fuerint an a sententia recessuri? Et nihilominus indignissimum est plus homini velle tribuere quam veritati, idest Deo. Ita enim quidam omnibus defecti rationibus solent mihi respondere: ‚cur tot summi pontifices donationem hanc veram esse crediderunt?' Testificor
10 vos, me vocatis quo nolo, et invitum me maledicere summis pontificibus cogitis, quos magis in delictis suis operire vellem.

Sed pergamus ingenue loqui – quandoquidem aliter agi nequit hec causa –, ut fatear eos ita credidisse et non malitia fecisse: quid mirum, si ista crediderunt, ubi tantum lucri blanditur, cum plurima, ubi nullum lucrum ostenditur,
15 per insignem imperitiam credant? Non ne apud Aram Celi in tam eximio templo et in loco maxime augusto cernimus pictam fabulam Sibylle et Octaviani, ut ferunt ex auctoritate Innocentii tertii hec scribentis? Qui etiam de ruina templi Pacis sub natale salvatoris, hoc est in partu virginis, scriptum reliquit, que ad evertendam magis fidem, quia falsa, quam ad stabiliendam,
20 quia miranda sunt, pertinent. Mentiri ne ob speciem pietatis audet vicarius veritatis et se scientem hoc piaculo obstringere? An non mentitur? Immo vero a sanctissimis viris se, cum hoc facit, dissentire non videt. Tacebo alios, Hieronymus Varronis testimonio utitur decem Sibyllas fuisse, quod opus Varro ante Augustum condidit. Idem de templo Pacis ita scribit: *Vespasianus et*
25 *Titus Rome templo Pacis edificato vasa templi et universa donaria in delubro illius consecrarunt, que Greca et Romana narrat historia (Hieronymus, Comm. in Ioelem 3, 4–6).* Et hic unus indoctus plus vult libello suo etiam barbare scripto credi quam fidelissimis veterum prudentissimorum hominum historiis.

Quia Hieronymum attigi, non patiar hanc contumeliam ipsius tacito preteriri: Rome ex auctoritate pape ostenditur codex Biblie tanquam reliquie sanctorum luminibus semper accensis, quod dicant scriptum chirographo Hieronymi. Queris argumentum? Quia multum, ut inquit *Virgilius (Aen. IX 26)* est *pictai vestis et auri,* res, que magis Hieronymi manu indicat scriptum non esse. Illum ego diligentius inspectum comperi scriptum esse iussu regis, ut opinor, Roberti,
35 chirographo hominis imperiti. Huic simile est, quanquam decem milia huiusmodi Rome sunt, quod inter religiosa demonstratur in tabella effigies Petri et Pauli, quam Silvester Constantino ab eisdem apostolis in somnis admonito in confirmationem visionis exhibuit. Non hoc dico, quia negem effigies illas esse apostolorum – utinamque tam vera esset epistola nomine Lentuli missa de effi-
40 gie Christi, que non minus improbe ementita est quam privilegium, quod confutavimus –, sed quia tabella illa a Silvestro non fuerit exhibita Constantino.

38*

In quo non sustineo admirationem animi mei continere. Disputabo enim aliquid de fabula Silvestri, quia et omnis in hoc questio versatur et mihi, cum sermo sit cum pontificibus Romanis, de pontifice Romano potissimum loqui decebit, ut ex uno exemplo facile aliorum coniectura capiatur. Et ex multis
5 ineptiis, que ibi narrantur, unam tantum de dracone attingam, ut doceam Constantinum non fuisse leprosum. Etenim gesta Silvestri ab Eusebio quodam Greco homine, ut interpres testatur, composita sunt, que natio ad mendacia semper promptissima est, ut *Iuvenalis (Sat. X 174)* satyrica censura ait: *quicquid Grecia mendax audet in historia*. Unde draco ille venerat? Rome dra-
10 cones non gignuntur. Unde etiam illi venenum? In Africa tantum pestiferi dracones ob ardorem regionis esse dicuntur. Unde preterea tantum veneni, ut tam spatiosam civitatem peste corrumperet, presertim cum in tam alto specu demersus esset, ad quem centum quinquaginta gradibus descenderetur? Serpentes, excepto forsitan basilisco, non afflatu, sed morsu virus inspirant
15 atque interimunt. Nec Cato Cesarem fugiens cum tanta hominum manu per medias Africe arenas, dum iter faceret ac dormiret, ullum suorum comitum serpentis afflatu vidit extinctum neque illi populi ob id aerem sentiunt pestilentem, et si quid fabulis credimus, et Chimera et Hydra et Cerberus sine noxa vulgo conspecti sunt ac tacti. Adhuc quin eum Romani potius occidissent.
20 ,Non poterant‘, inquis? At multo grandiorem serpentem in Africa ad ripam Bagrade Regulus occidit, hunc vero vel obstructo ore specus facile erat interimere. An nolebant? Ita opinor, pro deo colebant, ut Babylonii fecerunt. Cur ergo, ut Daniel illum dicitur occidisse, non et Silvester hunc potius occidisset, quem canabaceo filo alligasset, et domum illam in eternum perdi-
25 disset?

Ideo commentor fabule noluit draconem interimi, ne plane Danielis narratio *(vgl. Dan. 14)* referri videretur. Quod si Hieronymus, vir doctissimus ac fidelissimus interpres, Apollinarisque et Origenes atque Eusebius et nonnulli alii narrationem Beli fictam esse affirmant, si eam Iudei in veteris instrumenti
30 archetypo non agnoscunt, idest si doctissimi quique Latinorum, plerique Grecorum, singuli Hebreorum illam ut fabulam damnant, ego non hanc adumbratam ex illa damnabo, que nullius scriptoris auctoritate fulcitur et que magistram multo superat stultitia? Nam quis belue supterraneam domum edificaverat? Quis illic eam collocaverat et, ne prodiret atque avolaret
35 – volant enim dracones, ut quidam aiunt, et si alii negant – imperaverat? Quis genus illud cibi excogitaverat? quis feminas easque virgines ac sanctimoniales descendere preceperat nec nisi kalendis? An tenebat draco, quis esset dies kalendarum? et tam parco raroque erat cibo contentus? Nec virgines tam altum specum, tam immanem et esurientem beluam exhorrebant? Credo,
40 blandiebatur eis draco ut feminis, ut virginibus, ut cibaria afferentibus; credo etiam, cum illis fabulabatur: quid ni, honor dicto, etiam coibat? Nam et

39*

Alexander et Scipio ex draconis serpentis ve cum matre concubitu geniti dicuntur. Quid, denegato postea victu non potius aut prodiisset aut fuisset extinctus? O miram hominum dementiam, qui his anilibus deliramentis fidem habent!

5 Iam vero quandiu hoc factitatum est? quando fieri ceptum? Ante adventum salvatoris an postea? Nihil horum scitur. Pudeat nos, pudeat harum neniarum et levitatis plus quam mimice, erubescat christianus homo, qui veritatis se ac lucis filium nominat, proloqui, que non modo vera non sunt, sed nec verisimilia. ‚At enim‘, inquiunt, ‚hanc demones potestatem in gentibus optinebant, 10 ut eas diis servientes illuderent.‘ Silete, imperitissimi homines, ne dicam sceleratissimos, qui fabulis vestris tale semper velamentum optenditis. Non desiderat sinceritas christiana patrocinium falsitatis, satis per se superque sua ipsius luce ac veritate defenditur sine istis commenticiis ac prestigiosis fabellis in Deum, in Christum, in Spiritum Sanctum contumeliosissimis. Siccine Deus 15 arbitrio demonum tradiderat genus humanum, ut tam manifestis, tam imperiosis miraculis seducerentur? ut propemodum posset iniustitie accusari, qui oves lupis commisisset, et homines magnam errorum suorum haberent excusationem? Quod si tantum olim licebat demonibus et nunc apud infideles vel magis liceret, quod minime videmus, nec ulle ab eis huiusmodi fabule profe- 20 runtur. Tacebo de aliis populis, dicam de Romanis, apud quos paucissima miracula feruntur eaque vetusta atque incerta.

Valerius Maximus (Memorabilia V 6,2) ait hiatum illum terre in medio foro, cum se in eum Curtius armatum adacto equo immisisset, iterum coisse inque pristinam formam continuo revertisse; item *(Memorabilia I 8,3)* Iuno- 25 nem Monetam, cum a quodam milite Romano captis Veiis per iocum interrogata esset, an Romam migrare vellet, respondisse velle. Quorum neutrum *Titus Livius* sentit et prior auctor et gravior, nam et hiatum permansisse vult nec tam fuisse subitum quam vetustum, etiam ante conditam urbem appellatumque Curtium lacum, quod in eo delituisset Curtius Mettius Sabinus Roma- 30 norum fugiens impressionem *(vgl. VII 6)*; et Iunonem annuisse, non respondisse, adiectumque fabule postea vocem reddidisse. Atque de nutu quoque palam est illos esse mentitos, vel quod motum simulacri – avellebant autem illud – interpretati sunt sua sponte esse factum vel, qua lascivia hostilem et victam et lapideam deam interrogabant, eadem lascivia annuisse finxerunt, 35 tam et si Livius inquit non annuisse, sed milites, quod annuisset, exclamasse *(vgl. V 22)*. Que tamen boni scriptores non defendunt facta, sed dicta excusant, nam prout idem *Livius (Praefatio 7)* ait: *Datur hec venia antiquitati, ut miscendo humana divinis primordia urbium augustiora faciat*, et alibi *(V 21,9)*: *Sed in rebus tam antiquis, si qua similia veri sunt, pro veris accipiantur, satis* 40 *habeam, hec ad ostentationem scene gaudentis miraculis aptiora quam ad fidem, neque affirmare neque refellere est opere pretium. Terentius Varro*

40*

(De lingua Latina V 148), his duobus et prior et doctior et, ut sentio, gravior auctor, ait triplicem historiam de lacu Curtio a totidem auctoribus proditam, unam a Procilio, quod is lacus ita sit appellatus a Curtio, qui se in eum deiecit, alteram a Pisone, quod a Mettio Sabino, tertiam a Cornelio, cuius rei socium
5 addit Lutatium, quod a Curtio consule, cui collega fuit M. Genutius. Neque vero dissimulaverim *Valerium* non plane posse reprehendi, quod ita loquatur, cum paulo post graviter et severe subiiciat *(Memorabilia I 8,7): Nec me pre-terit de motu et voce deorum immortalium humanis oculis auribusque per-cepto, quam in ancipiti opinione estimatio versetur. Sed quia non nova dicun-
10 tur, sed tradita repetuntur, fidem auctores vendicent.* De voce deorum dixit propter Iunonem Monetam et propter simulacrum Fortune, quod bis locutum fingitur his verbis *(Memorabilia I 8,4): Rite me, matrone, vidistis, rite dedi-castis.*

At vero nostri fabulatores passim inducunt idola loquentia, quod ipsi gen-
15 tiles et idolorum cultores non dicunt et sincerius negant quam christiani affir-mant. Apud illos paucissima miracula non fide auctorum, sed veluti sacra quadam ac religiosa vetustatis commendatione nituntur; apud istos recentiora quedam narrantur, que illorum homines temporum nescierunt. Neque ego admirationi sanctorum derogo nec ipsorum divina opera abnuo, cum sciam
20 tantum fidei, quantum est granum sinapis, montes etiam posse transferre *(vgl. Matth. 17,19).* Immo defendo illa et tueor, sed misceri cum fabulis non sino. Nec persuaderi possum hos scriptores alios fuisse quam aut infideles, qui hoc agerent in derisum christianorum, si hec figmenta per dolosos homines in manus imperitorum delata acciperentur pro veris, aut fideles habentes quidem
25 emulationem Dei, sed non secundum scientiam, qui non modo de gestis sanc-torum, verum etiam Dei genitricis atque adeo Christi improba quedam et pseudevangelia scribere non reformidarunt. Et summus pontifex hos libros appellat apocryphos, quasi nihil vitii sit, nisi quod eorum ignoratur auctor; quasi credibilia sint, que narrantur; quasi sancta et ad confirmationem reli-
30 gionis pertinentia, ut iam non minus culpe sit penes hunc, qui mala probat, quam penes illum, qui mala excogitavit. Nummos reprobos discernimus, separamus, abiicimus: doctrinam reprobam non discernemus, sed retinebi-mus? sed cum bona miscebimus? sed pro bona defendemus?

Ego vero, ut ingenue feram sententiam, gesta Silvestri nego esse apocry-
35 pha, quia, ut dixi, Eusebius quidam fertur auctor, sed falsa atque indigna que legantur existimo, cum in aliis tum vero in eo, quod narratur de dracone, de tauro, de lepra, propter quam refutandam tanta repetii. Neque enim, si Naa-man leprosus fuit, continuo et Constantinum leprosum fuisse dicemus. De illo multi auctores meminerunt, de hoc principe orbis terrarum nemo ne suo-
40 rum quidem civium scripsit, nisi nescio quis alienigena. Cui non aliter habenda est fides quam alteri cuidam de vespis intra nares Vespasiani nidificantibus et

de rana partu a Nerone emissa, unde Lateranum vocitatum locum dicunt, quod ibi rana lateat in sepulcro: quod nec vespe ipse nec rane, si loqui possent, dixissent. Transeo, quod cruorem puerorum ad curationem lepre facere dicunt, quod medicina non confitetur, nisi ad deos Capitolinos hoc referunt, quasi illi loqui consuessent et hoc fieri iussissent.

Sed quid mirer hec non intelligere pontifices, cum nomen ignorent suum: Cephas enim dicunt vocari Petrum, quia ,caput' apostolorum esset, tanquam hoc vocabulum sit grecum ἀπὸ τοῦ ,κεφαλή' et non ebraicum seu potius syriacum, quod Greci Κηφᾶσ scribunt, *quod* apud eos *interpretatur Petrus (Ioh. 1, 42)*, non ,caput'. Est enim ,Petrus' et ,petra' grecum vocabulum stulteque per etymologiam Latinam exponitur petra quasi ,pede trita'. Et metropolitanum ab archiepiscopo distinguunt voluntque illum a mensura civitatis dictum, cum grece dicatur non ,metropolis', sed μητρόπολις, idest mater civitas sive urbs; et patriarcham quasi ,patrem patrum', et papam ab interiectione ,pape' dictum, et fidem orthodoxam quasi ,recte glorie', et Simonem media correpta, cum legendum sit media longa ut Platonem et Catonem, et multa similia, que transeo, ne culpa aliquorum omnes summos pontifices videar insectari.

Hec dicta sint, ut nemo miretur, si donationem Constantini commenticiam fuisse pape multi non potuerunt deprehendere, tam et si ab aliquo eorum ortam esse hanc fallaciam reor.

V

,At', dicitis, ,cur imperatores, quorum detrimento res ista cedebat, donationem Constantini non negant, sed fatentur, affirmant, conservant?' Ingens argumentum, mirifica defensio! Nam de quo tu loqueris imperatore? Si de Greco, qui verus fuit imperator, negabo confessionem, sin de Latino, libenter etiam confitebor: etenim quis nescit imperatorem Latinum gratis factum esse a summo pontifice, ut opinor, Stephano? qui Grecum imperatorem, quod auxilium non ferret Italie, privavit Latinumque fecit, ita ut plura imperator a papa quam papa ab imperatore acciperet. Sane Troianas opes quibusdam pactionibus soli Achilles et Patroclus inter se partiti sunt. Quod etiam mihi videntur indicare Lodoici verba, cum ait:

Ego Lodoicus Imperator Romanus Augustus statuo et concedo per hoc pactum confirmationis nostre tibi, beato Petro, principi apostolorum, et per te vicario tuo, domino Pascali, summo pontifici, et successoribus eius in perpetuum, sicut a predecessoribus nostris usque nunc in vestra potestate et dicione tenuistis, Romanam civitatem cum ducatu suo et suburbanis atque viculis omnibus et territoriis eius montanis atque maritimis litoribus et portubus seu cunctis civitatibus, castellis, oppidis ac villis in Tuscie partibus.   *(Decretum Gratiani, Dist. LXIII c. 30)*

42*

Tu ne, Lodoice, cum Pascale pacisceris? Si tua, idest imperii Romani sunt ista, cur alteri concedis? si ipsius et ab eo possidentur, quid attinet te illa confirmare? Quantulum etiam ex imperio Romano tuum erit, si caput ipsum imperii amisisti? A Roma dicitur Romanus imperator. Quid, cetera que possides, tua
5   ne an Pascalis sunt? Credo, tua dices: nihil ergo valet donatio Constantini, si ab eo pontifici donata tu possides. Si valet, quo iure Pascalis tibi cetera remittit retentis tantum sibi que possidet? Quid sibi vult tanta aut tua in illum aut illius in te de imperio Romano largitio? Merito igitur *pactum* appellas quasi quandam collusionem. ‚Sed quid faciam‘, inquies, ‚repetam
10 armis, que papa occupat? At ipse iam factus est me potentior. Repetam iure? At ius meum tantum est, quantum ille esse voluit. Non enim hereditario nomine ad imperium veni, sed pacto, ut si imperator esse volo hec et hec invicem pape promittam. Dicam nihil donasse ex imperio Constantinum? At isto modo causam agerem Greci imperatoris et me omni fraudarem imperii
15 dignitate. Hac enim ratione papa se dicit facere imperatorem me quasi quendam vicarium suum et, nisi promittam, non facturum et, nisi pareamm, me abdicaturum. Dummodo mihi det, omnia fatebor, omnia paciscar. Mihi tamen crede, si Romam ego ac Tusciam possiderem, tantum abest, ut facerem que facio, ut etiam frustra mihi Pascalis donationis – sicut reor false – caneret
20 cantilenam. Nunc concedo, que nec teneo nec habiturum esse me spero. De iure pape inquirere non ad me pertinet, sed ad Constantinopolitanum illum Augustum.‘
    Iam apud me excusatus es, Lodoice, et quisquis alius princeps es Lodoici similis. Quid de aliorum imperatorum cum summis pontificibus pactione sus-
25 picandum est, cum sciamus, quid Sigismundus fecerit, princeps alioquin optimus ac fortissimus, sed iam affecta etate minus fortis? quem per Italiam paucis stipatoribus septum in diem vivere vidimus, Rome etiam fame periturum, nisi eum – sed non gratis, extorsit enim donationem – Eugenius pavisset. Is cum Romam venisset, ut pro imperatore Romanorum coronaretur, non
30 aliter a papa coronari potuit, quam Constantini donationem ratam haberet eademque omnia de integro donaret. Quid magis contrarium quam pro imperatore Romano coronari, qui Rome ipsi renuntiasset? et coronari ab illo, quem et confiteatur et, quantum in se est, dominum Romani imperii faciat? ac ratam habere donationem, que vera si sit nihil imperatori de imperio reliqui
35 fiat? Quod, ut arbitror, nec pueri fecissent. Quo minus mirum, si papa sibi arrogat Cesaris coronationem, que populi Romani esse deberet.
    Si tu, papa, et potes Grecum imperatorem privare Italia provinciisque occidentis et Latinum imperatorem facis, cur pactionibus uteris? cur bona Cesaris partiris? cur in te imperium transfers? Quare sciat, quisquis est, qui dicitur
40 imperator Romanorum, me iudice se non esse nec Augustum nec Cesarem nec imperatorem, nisi Rome imperium teneat, et, nisi operam det, ut urbem

43*

Romam recuperet, plane esse periurum. Nam Cesares illi priores, quorum fuit primus Constantinus, non adigebantur iusiurandum interponere, quo nunc Cesares obstringuntur: se, quantum humana ope prestari potest, nihil imminuturos esse de amplitudine imperii Romani eamque sedulo adaucturos. Non
5 ea re tamen vocati Augusti, quod imperium augere deberent – ut aliqui sentiunt Latine lingue imperiti – est enim Augustus quasi ‚sacer‘ ab avium gustu dictus, que in auspiciis adhiberi solebant, Grecorum quoque testante lingua, apud quos Augustus Σεβαστός dicitur, unde ‚Sebastia‘ vocata. Melius summus pontifex ab augendo Augustus diceretur, nisi quod, dum temporalia auget,
10 spiritualia minuit. Itaque videas, ut quisque pessimus est summorum pontificum, ita maxime defendende huic donationi incumbere, qualis Bonifacius octavus, qui Celestinum tubis parieti insertis decepit. Hic et de donatione Constantini scribit et regem Francie privavit regnumque ipsum, quasi donationem Constantini exequi vellet, ecclesie Romane fuisse et esse subiectum
15 iudicavit, quod statim successores eius, Benedictus et Clemens, ut improbum iniustumque revocarunt.

Verum quid sibi vult ista vestra, pontifices Romani, sollicitudo, quod a singulis imperatoribus donationem Constantini exigitis confirmari, nisi quod iuri diffiditis vestro? Sed laterem lavatis, ut dicitur, nam neque illa unquam
20 fuit, et quod non est, confirmari non potest, et quicquid donant Cesares, decepti exemplo Constantini faciunt, et donare imperium nequeunt.

Age vero, demus Constantinum donasse Silvestrumque aliquando possedisse, sed postea vel ipsum vel aliquem successorum a possessione deiectum. Loquor nunc de iis, que papa non possidet, postea loquar de iis, que possidet.
25 Quid possum vobis magis dare, quam ut ea, que nec fuerunt nec esse potuerunt, fuisse concedam? Tamen dico vos nec iure divino nec iure humano ad recuperationem agere posse. In lege veteri Hebreus supra sextum annum Hebreo servire vetabatur *(vgl. Deut. 15, 12)*, et quinquagesimo quoque anno omnia redibant ad pristinum dominum *(vgl. Lev. 25, 10)*: tempore gratie
30 Christianus a vicario Christi, redemptoris nostre servitutis, premetur servitio eterno? quid dicam, revocabitur ad servitutem, postquam liber factus est diuque potitus libertate? Sileo, quam sevus, quam vehemens, quam barbarus dominatus frequenter est sacerdotum. Quod si antea ignorabatur, nuper est cognitum ex monstro illo atque portento Ioanne Vitellesco cardinale et patri-
35 archa, qui gladium Petri, quo auriculam Malcho abscidit, in christianorum sanguine lassavit, quo gladio et ipse periit. An vero populis Israel a domo David et Salomonis, quos prophete a Deo missi unxerant, tamen propter graviora onera desciscere licuit factumque eorum Deus probavit: nobis ob tantam tyrannidem desciscere non licebit? ab iis presertim, qui nec sunt reges
40 nec esse possunt et qui de pastoribus ovium, idest animarum facti sunt fures ac latrones.

44*

Et ut ad ius humanum veniam, quis ignorat nullum ius esse bellorum aut, si quod est, tam diu valere quandiu possideas, que bello parasti? Nam cum possessionem perdis, et ius perdidisti. Ideoque captivos, si fugerint, nemo ad iudicem repetere solet, etiam nec predas, si eas priores domini receperint.
5 Apes et quedam alia volucrum genera, si e privato meo longius evolaverint et in alieno desederint, repeti non queunt: tu homines, non modo liberum animal, sed dominum ceterorum, si se in libertatem manu et armis asserant, non manu et armis repetes, sed iure, quasi tu homo sis, illi pecudes? Neque est quod dicas: ,Romani iuste bella nationibus intulerunt iusteque libertate illas
10 exuerunt.' Noli me ad istam vocare questionem, nequid in Romanos meos cogar dicere, quanquam nullum crimen tam grave esse potuit, ut eternam mererentur populi servitutem, cum eo, quod sepe culpa principis magni ve alicuius in re publica civis bella gesserunt et victi immerita servitutis pena affecti sunt. Quorum exemplis plena sunt omnia.
15 Neque vero lege nature comparatum est, ut populus sibi populum subigat. Precipere aliis eosque exhortari possumus, imperare illis ac vim afferre non possumus, nisi relicta humanitate velimus ferociores beluas imitari, que sanguinarium in infirmiores imperium exercent, ut leo in quadrupedes, aquila in volucres, delphinus in pisces. Veruntamen he belue non in suum genus sibi
20 ius vendicant, sed in inferius. Quod quanto magis faciendum nobis est et homo homini religioni habendus, cum, ut *M. Fabius (Ps. Quint., Decl. XII 27)* inquit, *nulla supra terras adeo rabiosa belua, cui non imago sua sancta sit.* Itaque quatuor fere cause sunt, ob quas bella inferuntur: aut ob ulciscendam iniuriam defendendosque amicos, aut timore accipiende postea calamitatis, si vires
25 aliorum augeri sinantur, aut spe prede, aut glorie cupiditate. Quarum prima nonnihil honesta, secunda parum, due posteriores nequaquam honeste sunt. Et Romanis quidem illata fuere frequenter bella, sed, postquam se defenderant, et illis et aliis ipsi intulerunt, nec ulla gens est, que dicioni eorum cesserit nisi bello victa et domita, quam recte aut qua causa ipsi viderint. Eos
30 ego nolim nec damnare tanquam iniuste pugnaverint, nec absolvere tanquam iuste. Tantum dicam eadem ratione Romanos ceteris bella intulisse qua reliqui populi regesque, atque ipsis, qui bello lacessiti victique sunt, licuisse deficere a Romanis, ut ab aliis dominis defecerunt, ne forte, quod nemo diceret, imperia omnia ad vetustissimos illos, qui primi domini fuere, idest qui primi
35 preripuere aliena, referantur. Et tamen melius in victis bello nationibus populo Romano quam Cesaribus rem publicam opprimentibus ius est. Quocirca si fas erat gentibus a Constantino et, quod multo plus est, a populo Romano desciscere, profecto et ab eo fas erit, cuicunque cesserit ille ius suum. Atque ut audacius agam, si Romanis licebat Constantinum aut exigere ut
40 Tarquinum aut occidere ut Iulium Cesarem, multo magis eum vel Romanis vel provinciis licebit occidere, qui in locum Constantini utcunque successit.

45*

Hoc et si verum, tamen ultra causam meam est, et iccirco me reprimere volo nec aliud ex his colligere que dixi, nisi ineptum esse, ubi armorum vis est, ibi ius quenquam afferre verborum, quia quod armis acquiritur, idem rursus armis amittitur. Eo quidem magis, quod alie nove gentes – ut de Gothis

5 accepimus – que nunquam sub imperio Romano fuerunt, fugatis veteribus incolis Italiam et multas provincias occuparunt, quas in servitutem revocari, in qua nunquam fuerunt, que tandem equitas est, presertim victrices et fortasse a victis? Quo tempore si que urbes ac nationes, ut factum fuisse scimus, ab imperatore deserte ad barbarorum adventum necesse habuerunt deligere

10 sibi regem, sub cuius auspiciis victoriam reportarunt: nunquid hunc postea a principatu deponerent? aut eius filios tum commendatione patris tum propria virtute favorabiles iuberent esse privatos? ut iterum sub Romano principe essent, maxime cum eorum opera assidue indigerent et nullum aliunde auxilium sperarent? Hos si Cesar ipse aut Constantinus ad vitam reversus aut

15 etiam senatus populusque Romanus ad commune iudicium, quale in Grecia Amphictyonum fuit, vocaret, prima statim actione repelleretur, quod a se olim custode desertos, quod tam diu sub alio principe degentes, quod nunquam alienigene regi subditos, quod denique homines libertati natos et in libertatem robore animi corporisque assertos ad famulatum servitiumque

20 reposceret, ut appareat, si Cesar, si populus Romanus a repetendo exclusus est, multo vehementius papam esse exclusum, et si licet aliis nationibus, que sub Roma fuerunt, aut regem sibi creare aut rem publicam tenere, multo magis id licere populo Romano, precipue adversus novam pape tyrannidem.

VI

25 Exclusi a defendenda donatione adversarii – quod nec unquam fuit et, si qua fuisset, iam temporum condicione intercidisset – confugiunt ad alterum genus defensionis, et velut relicta urbe in arcem se recipiunt, quam statim deficientibus cibariis dedere cogentur: ,prescripsit', inquiunt, ,Romana ecclesia in iis, que possidet'. Cur ergo, que maior pars est, ea reposcit, in quibus non pre-

30 scripsit et in quibus alii prescripserunt? nisi id non licet aliis in hanc, quod huic licet in alios.

Prescripsit Romana ecclesia: cur ergo ab imperatoribus totiens curat sibi ius confirmandum? cur donationem confirmationemque Cesarum iactat, si hoc unum satis est? Iniuriam ei facis, si de altero quoque iure non sileas. Cur

35 igitur de altero non siles? Nempe quia hoc sibi non sufficit.

Prescripsit Romana ecclesia: et quomodo potest prescripsisse, ubi de nullo titulo, sed de male fidei possessione constat? Aut si male fidei possessionem neges, profecto stulte fidei negare non possis. An in tanta re tamque aperta excusata debet esse et facti et iuris ignorantia? facti quidem, quod Romam provinciasque non dedit Constantinus – quod ignorare idiote hominis est, non summi pontificis – iuris autem, quod illa nec donari potuere nec accipi – quod nescire vix christiani est. Ita ne stulta credulitas dabit tibi ius in iis, que, si prudentior fores, tua nunquam fuissent? Quid, non ne nunc saltem, postquam te per ignorantiam atque stultitiam possedisse docui, ius istud, si quod erat, amittes? et quod inscitia male contulerat tibi, non ne id rursum cognitio bene adimet mancipiumque ab iniusto ad iustum dominum revertetur, fortassis etiam cum usufructu? Quod si adhuc possidere pergis, iam inscitia in malitiam fraudemque conversa est planeque effectus es male fidei possessor.

Prescripsit Romana ecclesia: o imperiti, o divini iuris ignari! Nullus quantusvis annorum numerus verum abolere titulum potest. An vero captus ego a barbaris creditusque perisse, post centum annos, quibus captivus fui, postliminio reversus paterne hereditatis repetitor excludar? Quid hac re inhumanius? Atque ut aliquod afferam exemplum, num Iephte, dux Israel, reposcentibus filiis Ammon terram *a finibus Arnon usque in Iaboc atque in Iordanem (Iudic. 11,13)* respondit ,prescripsit Israel iam per trecentos annos'? an, quod nunquam illorum, sed Amorreorum fuisset terra, quam reposcerent, ostendit et hoc argumentum esse ad Ammonitas illam non pertinere, quod nunquam intra tot annorum curriculum repoposcissent?

Prescripsit Romana ecclesia: tace, nefaria lingua! Prescriptionem, que fit de rebus mutis atque irrationabilibus, ad hominem transfers, cuius quo diuturnior in servitute possessio eo est detestabilior. Aves ac fere in se prescribi nolunt, sed quantolibet tempore possesse, cum libuerit et oblata fuerit occasio, abeunt: homini ab homine possesso abire non licebit? Accipe, unde magis fraus dolusque quam ignorantia Romanorum pontificum appareat utentium iudice bello, non iure, cui simile quiddam primos pontifices in occupanda urbe ceterisque oppidis credo fecisse. Parum ante me natum – testor eorum memoriam, qui interfuerunt – per inauditum genus fraudis Roma papale accepit imperium seu tyrannidem potius, cum diu libera fuisset. Is fuit Bonifacius nonus, octavo in fraude ut in nomine par – si modo Bonifacii dicendi sunt, qui pessime faciunt –, et cum Romani deprehenso dolo apud se indignarentur, bonus papa in morem Tarquini summa queque papavera virga decussit *(vgl. Livius I 54,6).* Quod cum postea, qui ei successit, Innocentius imitari vellet, urbe fugatus est. De aliis pontificibus nolo dicere, qui Romam vi semper oppressam armisque tenuerunt, licet quotiens potuit rebellavit ut sexto abhinc anno: cum pacem ab Eugenio optinere non posset nec par esset hostibus, qui eam obsidebant, et ipsa papam intra edes obsedit non permissura illum abire, priusquam aut pacem cum hostibus faceret aut administrationem civitatis relegaret ad cives. At ille maluit urbem deserere dissimulato habitu uno fuge comite quam

47*

civibus gratificari iusta et equa petentibus. Quibus si des electionem, quis ignorat libertatem magis quam servitium electuros? Idem suspicari libet de ceteris urbibus, que a summo pontifice in servitute retinentur, per quem a servitute liberari debuissent. Longum esset recensere, quot urbes ex hostibus captas populus Romanus olim liberas fecit, adeo ut T. Flamininus omnem Greciam, que sub Antiocho fuisset, liberam esse et suis uti legibus iuberet. At papa, ut videre licet, insidiatur sedulo libertati populorum. Ideoque vicissim illi quotidie oblata facultate – ad Bononiam modo respice – rebellant. Qui si quando sponte – quod evenire potest aliquo aliunde periculo urgente – in papale imperium consenserunt, non ita accipiendum est consensisse, ut servos se facerent, ut nunquam suptrahere a iugo colla possent, ut postea nati non et ipsi arbitrium sui habeant, nam hoc iniquissimum foret. Sponte ad te, summe pontifex, ut nos gubernares, venimus: sponte nunc rursus abs te, ne gubernes diutius, recedimus. Si qua tibi a nobis debentur, ponatur calculus datorum et acceptorum. At tu gubernare invitos vis, quasi pupilli simus, qui te ipsum forsitan sapientius gubernare possemus.

Adde huc iniurias, que aut abs te aut a tuis magistratibus huic civitati frequentissime inferuntur. Deum testamur, iniuria cogit nos rebellare, ut olim Israel a Roboam fecit. Et que tanta fuit illa iniuria, quanta portio nostre calamitatis graviora solvere tributa? Quid enim, si rem publicam nostram exhaurias? Exhausisti! Si templa spolies? Spoliasti! Si virginibus matribusque familias stuprum inferas? Intulisti! Si urbem sanguine civili perfundas? Perfudisti! Hec nobis sustinenda sunt? an potius, cum tu pater nobis esse desieris, nos quoque filios esse obliviscemur? Pro patre, summe pontifex, aut – si hoc te magis iuvat – pro domino hic te populus advocavit, non pro hoste atque carnifice. Patrem agere aut dominum non vis, sed hostem ac carnificem. Nos sevitiam tuam impietatemque, et si iure offense poteramus, tamen, quia christiani sumus, non imitabimur nec in tuum caput ultorem stringemus gladium, sed te abdicato atque summoto alterum patrem dominum ve adoptabimus. Filiis a malis parentibus, a quibus geniti sunt, fugere licet: nobis a te, non vero patre, sed adoptivo et pessime nos tractante, non licebit? Tu vero, que sacerdotii operis sunt, cura, et noli tibi ponere sedem ad aquilonem et illinc tonantem fulgurantia fulmina in hunc populum ceterosque vibrare *(vgl. Ies. 14, 13 und 1. Reg. 2, 10)*.

––––––––––

Sed quid plura opus est in re apertissima dicere? Ego non modo Constantinum non donasse tanta, non modo non potuisse Romanum pontificem in eisdem prescribere, sed etiam, si utrunque esset, tamen utrunque ius sceleribus possessorum extinctum esse contendo, cum videamus totius Italie multarumque

provinciarum cladem ac vastitatem ex hoc uno fonte fluxisse. Si fons amarus
est: et rivus; si radix immunda: et rami; si delibatio sancta non est: nec massa.
Ita e diverso, si rivus amarus: fons obstruendus est; si rami immundi: e radice
vitium venit; si massa sancta non est: delibatio quoque abominanda est *(vgl.*
5 *Rom. 11,15).* An possumus principium potentie papalis pro iure proferre,
quod tantorum scelerum tantorumque omnis generis malorum cernimus esse
causam? Quamobrem dico et exclamo – neque enim timebo homines Deo
fretus – neminem mea etate in summo pontificatu fuisse aut *fidelem dispen-*
satorem aut prudentem (Luc. 12,42), qui tantum abest, ut dederit familie Dei
10 cibum, ut *devorarit illam velut cibum* et escam panis *(vgl. Ps. 52,5).* Papa
et ipse bella pacatis populis infert et inter civitates principesque discordias
serit, papa et alienas sitit opes et suas exorbet, ut Achilles in Agamemnonem
δημοβόρος βασιλεύς, idest populi vorator rex *(Homer, Ilias I 231).* Papa non
modo rem publicam, quod non Verres, non Catilina, non quispiam peculator
15 auderet, sed etiam rem ecclesiasticam et spiritum sanctum questui habet, quod
Simon ille magus etiam detestaretur. Et cum horum admonetur et a quibusdam bonis viris reprehenditur, non negat, sed palam fatetur atque gloriatur:
licere enim quavis ratione patrimonium ecclesie a Constantino donatum ab
occupantibus extorquere, quasi eo recuperato religio christiana futura sit
20 beata et non magis omnibus flagitiis, luxuriis libidinibusque oppressa, si modo
opprimi magis potest et ullus est sceleri ulterior locus. Ut igitur recuperet
cetera membra donationis, male ereptas a bonis viris pecunias peius effundit
militumque equestres pedestresque copias, quibus omnia infestantur, alit,
cum Christus in tot milibus pauperum fame ac nuditate moriatur. Nec intel-
25 ligit, o indignum facinus, cum ipse secularibus auferre, que ipsorum sunt,
laborat, illos vicissim sive pessimo exemplo induci sive necessitate cogi – licet
non est vera necessitas – ad auferenda, que sunt ecclesiasticorum. Nulla itaque
usquam religio, nulla sanctitas, nullus Dei timor, et – quod referens quoque
horresco – omnium scelerum impii homines a papa sumunt excusationem: in
30 illo enim comitibusque eius esse omnis facinoris exemplum, ut cum *Esaia*
(52,5) et *Paulo (vgl. Rom. 2,21–24)* in papam et pape proximos dicere possimus: *Nomen Dei per vos blasphematur inter gentes. Qui alios docetis, vos*
ipsos non docetis; qui predicatis non furandum, latrocinamini; qui abomina-
mini idola, sacrilegium facitis; qui in lege et in pontificatu gloriamini per
35 *prevaricationem legis, Deum,* verum pontificem, *inhonoratis.* Quod si populus
Romanus ob nimias opes veram illam Romanitatem perdidit, si Salomon ob
eandem causam in idololatriam amore feminarum lapsus est, non ne idem
putamus fieri in summo pontifice ac reliquis clericis? Et postea putamus Deum
fuisse permissurum, ut materiam peccandi Silvester acciperet? Non patiar
40 hanc iniuriam fieri sanctissimo viro, non feram hanc contumeliam fieri pontifici optimo, ut dicatur imperia, regna, provincias accepisse, quibus renuntiare

etiam solent, qui clerici fieri volunt. Pauca possedit Silvester, pauca ceterique sancti pontifices, quorum aspectus apud hostes quoque erat sacrosanctus, veluti illius Leonis, qui trucem barbari regis animum terruit ac fregit, quem Romane vires nec frangere nec terrere potuerant. Recentes vero summi ponti-
5 fices, idest divitiis ac deliciis affluentes, id videntur laborare, ut, quantum prisci fuere sapientes et sancti, tantum ipsi et impii sint et stulti et illorum egregias laudes omnibus probris vincant. Hec quis christiani nominis queat equo animo ferre?

Verum ego in hac prima nostra oratione nolo exhortari principes ac popu-
10 los, ut papam effrenato cursu volitantem inhibeant eumque intra suos fines consistere compellant, sed tantum admoneant, qui forsitan iam edoctus veritatem sua sponte ab aliena domo in suam et ab insanis fluctibus sevisque tempestatibus in portum se recipiet. Sin recuset, tunc ad alteram orationem multo truculentiorem accingemur. Utinam, utinam aliquando videam – nec
15 enim mihi quicquam est longius quam hoc videre, et presertim meo consilio effectum – ut papa tantum vicarius Christi sit et non etiam Cesaris nec amplius horrenda vox audiatur: partes ecclesie, partes contra ecclesiam, ecclesia contra Perusinos pugnat, contra Bononienses. Non contra christianos pugnat ecclesia, sed papa, illa pugnat contra *spiritualia nequitie in celestibus (Eph.*
20 *6, 12).* Tunc papa et dicetur et erit pater sanctus, pater omnium, pater ecclesie, nec bella inter christianos excitabit, sed ab aliis excitata censura apostolica et papali maiestate sedabit.

50*